Studium und Praxis

Weber-Grellet
Europäisches Steuerrecht

Europäisches Steuerrecht

von

Professor Dr. Heinrich Weber-Grellet
Vorsitzender Richter am Bundesfinanzhof a.D.

2., völlig überarbeitete Auflage

C.H.BECK

www.beck.de

ISBN 978 3 406 68011 3

© 2016 Verlag C. H. Beck oHG
Wilhelmstraße 9, 80801 München
Druck und Bindung: Nomos Verlagsgesellschaft
In den Lissen 12, 76547 Sinzheim

Satz: Druckerei C. H. Beck Nördlingen
Umschlaggestaltung: Druckerei C. H. Beck Nördlingen

Gedruckt auf säurefreiem, alterungsbeständigem Papier
(hergestellt aus chlorfrei gebleichtem Zellstoff)

Vorwort zur 2. Auflage

Nach der 1. Auflage aus dem Jahr 2005 wird jetzt eine aktualisierte und überarbeitete Fassung des Kurzlehrbuchs vorgelegt. Eine vollständige Überarbeitung war angezeigt, weil die europäischen „Gesetzgeber" und die europäischen Gerichte überaus aktiv waren. Der Vertrag von Lissabon mit all seinen Änderungen und Folgeänderungen, die ungebrochene Dynamik der EuGH-Rechtsprechung und die nationalen Reaktionen haben eine Vielzahl von Änderungen veranlasst, die auch das „Europäische Steuerrecht" in erheblichem Ausmaß berührt haben.

Ein eigenes Europäisches Steuerrecht, das die nationalen Steuerrechte ablöst, kann, wird und soll es nicht geben. Es ist gerade die besondere Kunst und die besondere Herausforderung, die Selbständigkeit des eigenen nationalen (Steuer-)Systems (mit der individuellen Steuerbelastung der eigenen Bürger im Hinblick auf die Finanzierung der demokratisch definierten gesellschaftlichen Aufgaben) zu wahren, andererseits aber Behinderungen bei grenzüberschreitenden Aktivitäten zu vermeiden: Ziel ist die Beseitigung von Hindernissen und die Herstellung fairer Zustände, und dabei die Steuersouveränität der Mitgliedstaaten zu gewährleisten, andererseits aber grenzüberschreitende Aktivitäten der EU-Bürger vor Behinderungen und Beschränkungen zu schützen.

Der Inhalt der jetzt vorgelegten 2. Auflage ist in 5. Teile gegliedert und behandelt die Grundlagen des Europäischen Steuerrechts (einschl. der Grundfreiheiten), die direkte Harmonisierung indirekter Steuern, die (partielle) indirekte Harmonisierung der direkten Steuern, die Anwendung und Durchsetzung des EU-Rechts und abschließend die konkrete Auswirkungen des EU-Rechts auf das deutsche Steuerrecht. In den ersten Teilen werden die primär- und sekundärrechtlichen Rechtsgrundlagen (unter Berücksichtigung der EuGH-Rechtsprechung) erörtert; im 5. Teil werden die Auswirkungen der europarechtlichen Vorgaben auf das deutsche Steuerrecht behandelt.

Didaktisch zeichnet sich das Buch durch eine klare Gliederung, durch die jedem Kapitel vorangestellten Ausgangsfälle und vor allem – neu – durch zusammenfassende Übersichten aus, die in komprimierter Fassung die wesentlichen Erkenntnisse des einzelnen Kapitels wiedergeben.

Was die weitere Entwicklung des Europäischen Steuerrechts betrifft, so liegt der Fokus weniger auf einer vollständigen Harmonisierung und Vereinheitlichung der nationalen Rechte, sondern vor allem auf dem Abbau von Behinderungen und der Sicherung eines umfassenden Informationsaustausches, der eine angemessene Besteuerung ermöglicht und eine (vollständige oder partielle) Steuerflucht verhindern soll.

Anregungen und Verbesserungsvorschläge werden weiterhin unter der E-Mail-Adresse „webre@uni-muenster.de" gern entgegengenommen; gerade der Dialog mit den Lesern eröffnet die Möglichkeit, Versäumnisse zu erkennen sowie den Inhalt und die Darstellung weiter zu verbessern.

Bedanken möchte ich mich bei allen beteiligten Mitarbeitern des Verlages C. H. BECK, insbesondere bei Frau *Dr. Susanne Fischer* für die hervorragende Lektorierung.

Münster, im Januar 2016   *Heinrich Weber-Grellet*

Inhaltsübersicht

	Seite
Inhaltsverzeichnis	IX
Abkürzungsverzeichnis	XVII
Literaturverzeichnis	XXI

1. Teil: Grundlagen des Europäischen Steuerrechts

§ 1 Gegenstand und Kompetenzen	1
§ 2 Prozess der europäischen Integration	6
§ 3 Das institutionelle System der EU	10
§ 4 Rechtsquellen	14
§ 5 Rechtsgrundsätze der EU	25
§ 6 EU-Finanzen	29
§ 7 Das Steuerkonzept der EU	35
§ 8 Verhältnis des EU-Rechts zum internationalen Steuerrecht	42
§ 9 Grundfreiheiten	52

2. Teil: Direkte Harmonisierung indirekter Steuern und konzernsteuerrechtlicher Regelungen

§ 10 Überblick	107
§ 11 Umsatzsteuerrecht	109
§ 12 Verbrauchsteuerrecht	125
§ 13 Versicherungsteuerrecht	132
§ 14 Kraftfahrzeugsteuerrecht	136
§ 15 Energiesteuerrecht	139
§ 16 Harmonisierung des Zollrechts (Exkurs)	144

3. Teil: (Partielle) Indirekte Harmonisierung der direkten Steuern

§ 17 Harmonisierung der direkten Steuern	147
§ 18 Unternehmenssteuerrecht	154
§ 19 Konzernsteuerrecht	163

4. Teil: Anwendung und Durchsetzung des EU-Rechts

§ 20 Organisation der Gerichte	173
§ 21 Anwendung, Auslegung, Verfahren und Vollzug von Unionsrecht	182
§ 22 Amtshilfe und Informationsaustausch	189

5. Teil: Konkrete Auswirkungen des EU-Rechts auf das deutsche Steuerrecht und Perspektiven

§ 23 Abgabenordnung	195
§ 24 Einkommensteuergesetz	200
§ 25 Körperschaftsteuergesetz	215
§ 26 Gewerbesteuergesetz	219

Seite

§ 27 Umsatzsteuergesetz 219
§ 28 Auslandsbeziehungen und Außensteuergesetz (AStG) 220
§ 29 Erbschaftsteuergesetz 223
§ 30 Grunderwerbsteuergesetz 223
§ 31 Vermögensteuergesetz 224
§ 32 Eigenheimzulagengesetz 224
§ 33 Umwandlungssteuergesetz 224
§ 34 Entwicklungen 226

Sachverzeichnis 231

Inhaltsverzeichnis

	Seite
Abkürzungsverzeichnis	XVII
Literaturverzeichnis	XXI

1. Teil: Grundlagen des Europäischen Steuerrechts

§ 1 Gegenstand und Kompetenzen	1
I. Begriff	1
II. Fortbestehende Steuerrechtskompetenz der Mitgliedstaaten	2
III. Vertragliche Regelungen	4
§ 2 Prozess der europäischen Integration	6
I. Übersicht	6
II. Die Europäische Union	6
1. Der Vertrag von Maastricht	7
2. Der Vertrag von Amsterdam	7
3. Der Vertrag von Nizza	7
4. EU-Verfassung	7
5. Der Vertrag von Lissabon	7
III. Struktur der Europäischen Union	8
IV. Ziel der Union und grundlegende Werte	8
§ 3 Das institutionelle System der EU	10
I. Die Organe der EU	10
II. Das Europäische Parlament (Art. 14 EUV)	10
III. Der Europäische Rat (Art. 15 EUV)	11
IV. Der (Minister-)Rat (Art. 16 EUV)	11
V. Die Kommission (Art. 17 EUV)	11
VI. Der Europäische Gerichtshof (Art. 19 EUV)	12
§ 4 Rechtsquellen	14
I. Primärrecht, Sekundärrecht und Tertiärrecht	14
II. Handlungsformen (Art. 288 AEUV)	15
III. Primäre steuerliche Rechtsquellen	16
1. Regelungen	16
2. Gegenstand und Funktion	17
3. Einzelheiten	17
IV. Sekundäre steuerliche Rechtsquellen	19
V. Tertiäre steuerliche Rechtsquellen	23

Seite

§ 5 Rechtsgrundsätze der EU 25

    I. Demokratieprinzip 25
    II. Geltung und Anwendung der Grundrechte-Charta 25
    III. Subsidiarität – begrenzte Einzelermächtigung 26
    IV. Verhältnismäßigkeitsgrundsatz 26
    V. Vorrang des Unionsrechts 27
    VI. Grundsatz der EU-Rechts-konformen Auslegung 28
    VII. Geltung allgemeiner Rechtsgrundsätze 28

§ 6 EU-Finanzen 29

    I. Allgemeines 29
    II. Eigenmittelsystem 29
    III. Eigenmittelbeschluss vom 26.5.2014 30
    IV. Erschließung neuer Finanzierungsquellen durch eigene Steuern 31
      1 Allgemeine Erwägungen 31
      2. Europasteuer 31
      3. Tobinsteuer 32
      4. Kerosinsteuer 32
      5. Finanztransaktionssteuer 33
      6. Ausblick 33

§ 7 Das Steuerkonzept der EU 35

    I. Beseitigung negativer Wirkungen der nationalen Steuerrechts-
      ordnungen 35
    II. Ziele der Steuerpolitik 36
    III. Beihilfeverbot 37
    IV. Unternehmenssteuerpolitik 38
    V. Das Steuerkonzept der EU in der Krise 40

§ 8 Verhältnis des EU-Rechts zum internationalen Steuerrecht 42

    I. Allgemeines 42
    II. Doppelbesteuerungsabkommen (DBA) 43
      1. Übersicht über die Regelungen des OECD-Musterabkommens
        (OECD-MA 2014) 44
      2. Zulässigkeit von DBA und Umsetzung 44
    III. EU-Abkommen mit Drittstaaten 45
      1. EWR-Abkommen 45
      2. Europäische Abkommen mit der Schweiz 46
      3. Assoziierungs- und Partnerschaftsabkommen 46
    IV. Beschränkte Steuerpflicht 47
    V. Vereinbarkeit des AStG mit EU-Recht 48
      1. Entwicklung des AStG 48
      2. Inhalt des AStG 49
      3. EuGH-Entscheidungen zum AStG 49

Seite

§ 9 Grundfreiheiten 52

   I. Funktion, Inhalt und Grenzen der Grundfreiheiten 52
      1. Funktion der Grundfreiheiten im Rahmen des Binnenmarkt-
        konzepts 52
      2. Die Grundfreiheiten als Diskriminierungs- und Beschränkungs-
        verbote 53
      3. Ausstrahlungswirkungen auf das nationale Steuerrecht 61
   II. Rechtfertigungsgründe für Eingriffe in Grundfreiheiten 62
      1. Grundsätze 62
      2. Legitime Rechtfertigungen 63
      3. Unzureichende Gründe 67
   III. Allgemeines Diskriminierungsverbot (Art. 18 AEUV) 68
      1. Vertragliche Regelungen 68
      2. Konkretisierung 69
   IV. Freier Warenverkehr (Art. 28, 29 AEUV) 71
      1. Vertragliche Regelungen 71
      2. EuGH-Rechtsprechung 72
      3. Konkretisierung 72
   V. Freizügigkeit der Arbeitnehmer (Art. 45 AEUV) 75
      1. Vertragliche Regelungen 75
      2. EuGH-Rechtsprechung 76
      3. Konkretisierung 78
   VI. Niederlassungsfreiheit (Art. 49 AEUV) 82
      1. Vertragliche Regelungen 82
      2. EuGH-Rechtsprechung 83
      3. Konkretisierung 87
   VII. Dienstleistungsfreiheit (Art. 56, 57 AEUV) 95
      1. Vertragliche Regelungen 95
      2. EuGH-Rechtsprechung 96
      3. Konkretisierung 97
   VIII. Kapitalverkehrsfreiheit (Art. 63 AEUV) 101
      1. Vertragliche Regelungen 101
      2. EuGH-Rechtsprechung 102
      3. Konkretisierung 103

2. Teil: Direkte Harmonisierung indirekter Steuern und konzernsteuerrechtlicher Regelungen

§ 10 Überblick 107

§ 11 Umsatzsteuerrecht 109

   I. Grundlagen der Umsatzbesteuerung 109
   II. Mehrwertsteuer-Richtlinien 111
   III. Entwicklung des gemeinsamen Mehrwertsteuersystems 111
   IV. EuGH-Rechtsprechung 113
   V. Konkretisierung 115
      1. Steuerbarkeit 115

Seite

2. Unternehmer 115
3. Lieferung/Leistung 116
4. Grenzüberschreitende Umsätze 117
5. Steuerbefreiung 119
6. Bemessungsgrundlage 121
7. Vorsteuerabzug 121
8. Steuersatz 121

§ 12 Verbrauchsteuerrecht 125
    I. Verbrauchsteuern 125
    II. Unionsrechtliche Regelungen 126
    III. EuGH-Rechtsprechung 127
    IV. Konkretisierungen 128

§ 13 Versicherungsteuerrecht 132
    I. Die deutsche Versicherungsteuer 132
    II. Unionsrechtliche Regelungen 132
    III. EuGH-Rechtsprechung 134
    IV. Konkretisierungen 134

§ 14 Kraftfahrzeugsteuerrecht 136
    I. Die deutsche Kraftfahrzeugsteuer 136
    II. Unionsrechtliche Regelungen 136
    III. EuGH-Rechtsprechung 137

§ 15 Energiesteuerrecht 139
    I. Die deutsche Energiesteuer 139
    II. Unionsrechtliche Regelungen 139
    III. Ziele der Energiebesteuerung 140
    IV. EuGH-Rechtsprechung 141

§ 16 Harmonisierung des Zollrechts (Exkurs) 144
    I. Harmonisierter Zollkodex 144
    II. Unionsrechtliche Regelungen 144
    III. EuGH-Rechtsprechung 145
    IV. Konkretisierungen 145

3. Teil: (Partielle) Indirekte Harmonisierung der direkten Steuern

§ 17 Harmonisierung der direkten Steuern 147
    I. Fortbestehende nationale Steuerrechtssouveränität 147
    II. Harmonisierung des Rechts der direkten Steuern im Bereich des
        Konzernsteuerrechts 148

Seite

III. (Begrenzte) Harmonisierung auf der Grundkage der allgemeinen
     Harmonisierungsvorschrift 149
IV. „Stille Harmonisierung" des nationalen Steuerrechts 149
V. EuGH-Rechtsprechung 150
VI. Folgerungen 152

§ 18 Unternehmenssteuerrecht 154

I. Entwicklungen 154
II. Harmonisierung der Körperschaftbesteuerung 156
III. Harmonisierung der (steuerlichen) Gewinnermittlung 158
    1. Gemeinsame Konsolidierte Körperschaftssteuer-Bemessungs-
      grundlage (GKKB) 158
    2. Anti-BEPS (OECD-Projekt) 158
IV. Harmonisierung des Gesellschaftsrechts 159
    1. Richtlinien zur Rechnungslegung 160
    2. Gesellschaftsformen 160

§ 19 Konzernsteuerrecht 163

I. Entwicklungen 163
II. Fusionsrichtlinie 165
III. Mutter-Tochter-Richtlinie 167
III. Zinsen-Lizenzgebühren-Richtlinie 169
IV. Schiedsverfahrenskonvention 169
V. Gesellschaftsteuerrichtlinie 169

4. Teil: Durchsetzung und Umsetzung des EU-Rechts

§ 20 Organisation der Gerichte 173

I. Die Gerichte der EU 173
II. Der Europäische Gerichtshof 173
III. Das Gericht 178
IV. Das Verhältnis des EuGH zum Bundesverfassungsgericht 178

§ 21 Anwendung, Auslegung, Verfahren und Vollzug von Unionsrecht 182

I. Vorrang des Unionsrechts und Prinzip der Einzelermächtigung 182
II. Allgemeine Grundsätze 182
III. Grundrechtsschutz 183
IV. Auslegung europäischen Rechts 184
V. Abwehr von Gesetzesumgehung und Gestaltungsmissbrauch 185
VI. Grundsatz der Verfahrensautonomie und die Beseitigung unions-
     rechtswidriger Entscheidungen 186
VII. Indirekter Vollzug des EU-Rechts 187

§ 22 Amtshilfe und Informationsaustausch 189

I. Amtshilfe-Richtlinie 189
II. Zinsrichtlinie 190

Seite

  III. Fiscalis 191
  IV. Erweiterung des Informationsaustausches 191
   V. Übereinkommen über die gegenseitige Amtshilfe in Steuersachen 192

5. Teil: Konkrete Auswirkungen des EU-Rechts auf das deutsche Steuerrecht und Perspektiven

§ 23 Abgabenordnung 195

     I. Verwaltungsverfahren 195
    II. Steuergeheimnis und Drittschutz (§ 30 Abs. 4 AO) 196
   III. Steuerlicher Gestaltungsmissbrauch (§ 42 AO) 196
   IV. Gemeinnützigkeit und Spendenabzug 197
    V. Empfängerbenennung (§§ 90 Abs. 2, 160 AO) 198

§ 24 Einkommensteuergesetz 200

     I. Beschränkte Steuerpflicht 200
       1. Beschränkte Steuerpflicht gem. §§ 1 Abs. 4, 49 f. EStG 200
       2. Gleichbehandlung beschränkt Steuerpflichtiger mit hohem
          inländischen Einkünfteanteil 201
       3. Schweizer Grenzgänger 202
    II. Verlustabzug 202
   III. Nebeneinkünfte (§ 3 Nr. 26 EStG) 203
   IV. Abzug von Finanzierungs- und Beteiligungsaufwendungen
      (§ 3c EStG) 204
    V. Entnahme/Entstrickung 204
   VI. Reinvestitionsrücklage 205
  VII. Sonderausgaben 205
       1. Krankenversicherungsbeiträge 205
       2. Realsplitting 205
       3. Steuerberatungskosten 206
       4. Schulgeld 206
 VIII. Gemischte Aufwendungen – Auslandsreise 207
   IX. Dividendenbesteuerung (§ 20 EStG) 207
    X. Zinsbesteuerung 208
       1. Zinsrichtlinie – Ziel und Inhalt 208
       2. Zinsinformationsverordnung (ZIV) 208
   XI. Berücksichtigung von Einkünften im Wege des Progressionsvor-
      behalts 208
  XII. Unterhaltsleistungen (§ 33a EStG) 209
 XIII. Anrechnung ausländischer Steuern nach § 34c EStG 209
 XIV. Lohnsteuerbefreiung eines ausländischen Arbeitnehmerverleihers
      (§ 39b Abs. 6 EStG a. F.) 210
  XV. Bauabzugssteuer (§§ 48 ff. EStG) 210
 XVI. Mindeststeuersatz bei Veranlagung (§ 50 Abs. 3 EStG) 211
 XVII. Steuerabzug (§ 50a EStG) 211
XVIII. Unilaterales Treaty Override (§ 50d Abs. 8 EStG) 212
 XIX. Kindergeld 212
  XX. Riesterrente 213

Seite

§ 25 Körperschaftsteuergesetz 215

    I. Gemeinnützigkeit (§ 5 Abs. 2 Nr. 2 KStG) 215
    II. Verbot des Betriebsausgabenabzugs (§ 8b Abs. 1 KStG a. F.;
        § 3c EStG) 215
    III. Fiktive nicht abziehbare Betriebsausgaben (§ 8b Abs. 5 KStG) 215
    IV. Sitzverlegung von Kapitalgesellschaften in das Ausland (§ 12 KStG) 216
    V. Ertragsteuerliche Organschaft über die Grenze 216
    VI. Körperschaftsteueranrechnung 217

§ 26 Gewerbesteuergesetz 219

§ 27 Umsatzsteuergesetz 219

§ 28 Auslandsbeziehungen und Außensteuergesetz (AStG) 220

    I. Berichtigung von Einkünften 220
    II. Wegzugsbesteuerung; Entstrickung; Anwendung von DBA 221

§ 29 Erbschaftsteuergesetz 223

§ 30 Grunderwerbsteuergesetz 223

§ 31 Vermögensteuergesetz 224

§ 32 Eigenheimzulagengesetz 224

§ 33 Umwandlungssteuergesetz 224

§ 34 Entwicklungen 226

    I. Tendenzen 226
    II. Entwicklung der EuGH-Rechtsprechung 227
    III. Konturen eines Europäischen Steuerrechts 227

Sachverzeichnis 231

Abkürzungsverzeichnis

a. A.	anderer Ansicht
ABl. EG/EU	Amtsblatt der Europäischen Gemeinschaft/Europäischen Union
Abs.	Absatz
Abschn.	Abschnitt
AEUV	Vertrag über die Arbeitsweise der EU (v. 25.3.1957; in der konsolidierten Fassung des Vertrags von Lissabon v. 13.12.2007)[1]
a. F.	alte Fassung
Anm.	Anmerkung
AO	Abgabenordnung
Art.	Artikel
AStG	Außensteuergesetz
Aufl.	Auflage
BB	Betriebs-Berater (Zeitschrift)
Bd.	Band
BewG	Bewertungsgesetz
BfF	Bundesamt für Finanzen
BFH	Bundesfinanzhof
BFHE	Entscheidungssammlung des BFH
BFH/NV	Sammlung der amtlich nicht veröffentlichten Entscheidungen des BFH
BGB	Bürgerliches Gesetzbuch
BGBl.	Bundesgesetzblatt
BGH	Bundesgerichtshof
BMF	Bundesminister der Finanzen/Bundesministerium der Finanzen
BR-Drs.	Bundesrat-Drucksache
BStBl.	Bundesteuerblatt
BT-Drs.	Bundestags-Drucksache
Buchst.	Buchstabe
BVerfG	Bundesverfassungsgericht
BVerfGE	Entscheidungssammlung des BVerfG
BZSt	Bundeszentralamt für Steuern
bzw.	beziehungsweise
DB	Der Betrieb (Zeitschrift)
DBA	Doppelbesteuerungsabkommen
d. h.	das heißt
DStJG	Deutsche Steuerjuristische Gesellschaft
DStR	Deutsches Steuerrecht (Zeitschrift)
DStZ	Deutsche Steuerzeitschrift (Zeitschrift)
DVBl	Deutsches Verwaltungsblatt (Zeitschrift)
EFG	Entscheidungen der Finanzgerichte (Zeitschrift)
EGBGB	Einführungsgesetz zum BGB
EGV	Vertrag zur Gründung der Europäischen Gemeinschaft
Einl	Einleitung
ErbStG	Erbschaft- und Schenkungsteuergesetz
EStG	Einkommensteuergesetz
EStR	Einkommensteuerrichtlinien
EU	Europäische Union
EuAlÜbK	Europäisches Auslieferungsübereinkommen

---

[1] Dieser Vertrag erhielt seine heutige Bezeichnung durch Art. 1 des Vertrags von Lissabon (v. 13.12.2007).

EuGH	Europäischer Gerichtshof
EuGHE	Entscheidungssammlung des EuGH
EUV	Vertrag über die Europäische Union (in der konsolidierten Fassung des EUV gem. Art. 5 des Vertrags von Lissabon v. 13.12.2007)
evtl.	eventuell
EWiR	Europäischer Wirtschaftsraum
EWS	Europäisches Wirtschafts- und Steuerrecht (Zeitschrift)
FA	Finanzamt
FAZ	Frankfurter Allgemeine Zeitung
ff.	folgende
FG	Finanzgericht
FinVerw.	Finanzverwaltung
Fn.	Fußnote
FR	Finanzrundschau (Zeitschrift)
FS	Festschrift
FTD	Financial Times Deutschland
GA	Generalanwalt
gem.	gemäß
GewStG	Gewerbesteuergesetz
GG	Grundgesetz
ggf.	gegebenenfalls
GmbHR	GmbH-Rundschau (Zeitschrift)
GoB	Grundsätze ordnungsgemäßer Buchführung/Bilanzierung
Gr.	Gruppe
GR-Charta	Charta der Grundrechte der Europäischen Union (v. 14.12.2007)
GrErwStG	Grunderwerbsteuergesetz
GrStG	Grundsteuergesetz
GZD	Generalzolldirektion
Halbs.	Halbsatz
HGB	Handelsgesetzbuch
HZA	Hauptzollamt
h. M.	herrschende Meinung
i. d. F.	in der Fassung
i. d. R.	in der Regel
IDW	Institut der Wirtschaftsprüfer
Inf	Die Information (Zeitschrift)
insb.	insbesondere
i. S. d./i. S. v.	im Sinne des/der/im Sinne von
IStR	Internationales Steuerrecht (Zeitschrift)
i. V. m.	in Verbindung mit
IWB	Internationale Wirtschaftsbriefe (Zeitschrift)
JuS	Juristische Schulung (Zeitschrift)
JZ	Juristen-Zeitung (Zeitschrift)
Kap.	Kapitel
KapESt	Kapitalertragsteuer
KÖSDI	Kölner Steuerdialog (Zeitschrift)
KStG	Körperschaftsteuergesetz
LStDV	Lohnsteuer-Durchführungsverordnung
LStR	Lohnsteuerrichtlinien
m. E.	meines Erachtens
m. w. N.	mit weiteren Nachweisen

n. F. .... neue Fassung
NJW .... Neue Juristische Wochenschrift (Zeitschrift)
Nr. .... Nummer
NZG .... Neue Zeitschrift für Gesellschaftsrecht (Zeitschrift)

OECD .... Organisation for Economic Co-operation and Development (Organisation für wirtschaftliche Zusammenarbeit und Entwicklung)
OECD-MA .... Musterabkommen der OECD
OGH .... Oberster Gerichtshof

Rdnr., Rn. .... Randnummer
resp. .... respektive
Rev. .... Revision
RFH .... Reichsfinanzhof
RIW .... Recht der Internationalen Wirtschaft (Zeitschrift)
rkr. .... rechtskräftig
RStBl. .... Reichssteuerblatt
Rz. .... Randziffer

S. .... Satz/Seite
s. .... siehe
sog. .... so genannte
StBerJb .... Steuerberaterjahrbuch
Stbg .... Die Steuerberatung (Zeitschrift)
StbJb .... Steuerberater-Jahrbuch
StBp .... Steuerliche Betriebsprüfung (Zeitschrift)
StuB .... Steuer und Bilanzen (Zeitschrift)
StudZR .... Studentische Zeitschrift für Rechtswissenschaft (Zeitschrift)
StuW .... Steuer und Wirtschaft (Zeitschrift)

Tz. .... Textziffer

UAbs. .... Unterabsatz
UmwG .... Umwandlungsgesetz
UmwStG .... Umwandlungssteuergesetz
UN .... United Nations (Vereinte Nationen)
UStDV .... Durchführungsverordnung zum UStG
UStG .... Umsatzsteuergesetz
u. U. .... unter Umständen

v. .... vom
v. a. .... vor allem
vgl. .... vergleiche
vH .... vom Hundert
vs. .... versus, gegen
VSF Z .... Vorschriftensammlung der Zollverwaltung
VZ .... Veranlagungszeitraum

Wpg. .... Die Wirtschaftsprüfung (Zeitschrift)

z. B. .... zum Beispiel
ZEuS .... Zeitschrift für Europäische Studien
ZEV .... Zeitschrift für Erbrecht und Vermögensnachfolge
ZK .... Zollkodex
ZRP .... Zeitschrift für Rechtspolitik
zzt. .... zurzeit

Literaturverzeichnis

Ahlt, Michael/
Deisenhofer, Thomas ... Europarecht, 3. Aufl., München 2003

Anzinger, Heribert M. Harmonisierung der Zinsbesteuerung in der EU: Quellensteuer, Abgeltungssteuer, Informationsmodell – nur eine Frage des tragfähigen Kompromisses?, StuW 2002, 261

Arnold, Rainer .... Die Rolle der Mitgliedstaaten in der Europäischen Verfassungsordnung, EWS 2002, 216

Bayer, Walter .... Der EuGH und das nationale Gesellschaftsrecht, in: Reimer, Ekkehart u. a. (Hrsg.), Europäisches Gesellschafts- und Steuerrecht, 2007, 1

Bieber/Epiney/Haag .... Die Europäische Union – Europarecht und Politik, 11. Aufl., Baden-Baden 2015

Birk, Dieter (Hrsg.) ...... Handbuch des Europäischen Steuer- und Abgabenrechts, Herne/Berlin 1995

Birk, Dieter .... Das sog. „Europäische" Steuerrecht, FR 2005, 121

Böing, Christian .... Der Begriff des steuerlichen Gestaltungsmissbrauchs im Gemeinschaftsrecht, EWS 2007, 55

Brandt, Jürgen .... Steuerrechtsschutz durch den EuGH, AO-StB 2002, 236

Calliess, Christian/Ruffert, Matthias (Hrsg.) ... EUV/AEUV, 4. Aufl., 2011

Cordewener, Axel .... Europäische Grundfreiheiten und nationales Steuerrecht, Köln 2002

Cordewener, Axel .... Deutsche Unternehmensbesteuerung und europäische Grundfreiheiten – Grundzüge des materiellen und formellen Rechtsschutzsystems der EG, DStR 2004, 6

Cordewener, Axel .... DBA-Freistellung von Auslandsverlusten und EG-Grundfreiheiten, DStR 2004, 1634

Cordewener, Axel .... Juristische Auslegungsmethoden im Europäischen Mehrwertsteuerrecht, UR 2006, 673

Drüen, Klaus-Dieter/
Kahler, Björn .... Die nationale Steuerhoheit im Prozess der Europäisierung, StuW 2005, 171

Ehlers, Dirk (Hrsg.) ..... Europäische Grundrechte und Grundfreiheiten, 4. Aufl., Berlin 2014 (Grundrechte)

Englisch, Joachim .... Zur Dogmatik der Grundfreiheiten des EGV und ihren ertragsteuerlichen Implikationen, StuW 2003, 88

Englisch, Joachim .... Aufteilung der Besteuerungsbefugnisse – Ein Rechtfertigungsgrund für die Einschränkung von EG-Grundfreiheiten?, IFSt-Schrift Nr. 449, Juli 2008

Esser, Clemens .... Grenzüberschreitende Verlustverrechnung im Konzern, IFSt-Schrift Nr. 450, Juli 2008

Ettinger, Jochen (Hrsg.) Wegzugsbesteuerung, 2. Aufl. 2015

Fischer, Susanne .... Primäres Gemeinschaftsrecht und direkte Steuern, Diss. jur., Augsburg 2001

Fresl, Karlo D. .... Die Europäisierung des deutschen Bilanzrechts, Wiesbaden 2000

Geiger, Rudolf/Khan,
Daniel/Kotzur
Markus .... EUV/EGV, Kommentar, 5. Aufl., München 2010

Groeben, von der/
Schwarze/Hatje .... Europäisches Unionsrecht, 7. Aufl., Baden-Baden 2015

Gosch, Dietmar .... Vielerlei Gleichheiten – Das Steuerrecht im Spannungsfeld von bilateralen, supranationalen und verfassungsrechtlichen Anforderungen, DStR 2007, 1553

Häberle, Peter .... Europäische Verfassungslehre, 7. Aufl., Baden-Baden 2011

Hager, Günter .... Rechtsmethoden in Europa, Tübingen 2008

Hellert, Joos .... Der Einfluss des EG-Rechts auf die Anwendung nationalen Rechts, Diss. jur., Frankfurt 2001

Herdegen, Matthias ...... Europarecht, 16. Aufl., München 2014

Hey, Johanna .... Wettbewerb der Rechtsordnungen oder Europäisierung des Steuerrechts?, in: Reimer, Ekkehart u. a. (Hrsg.), Europäisches Gesellschafts- und Steuerrecht, 2007, 295

Jarass, Hans D. .... EU-Grundrechte, 2005.

Jarass, Lorenz .... Zinsbesteuerung in Europa, IStR 2002, 46

Jatzke, Harald .... Das System des deutschen Verbrauchsteuerrechts, 1997

Jatzke, Harald .... Neue gemeinschaftsrechtliche Rahmenbedingungen für die Energiebesteuerung, BB 2004, 21

Kellersmann, Dietrich/
Treisch, Corinna .... Europäische Unternehmensbesteuerung, Wiesbaden 2002

Klimke, Yvonne .... Die Entstrickung nach § 4 Abs. 1 S. 3 EStG, 2013

Klinke, Ulrich .... Kollisionsnormen und Gemeinschaftsrecht, Liber amicorum für Gerhard Kegel, München 2002, 1

Körner, Andreas .... Techniken konzerninterner Gewinnverlagerung – Darstellung und europarechtliche Analyse steuerrechtlicher Gewinnverlagerungsgestaltungen, Baden-Baden 2004

Krahnert, Rolf/
Seibold, Sabine .... Das Bestimmungslandprinzip auf dem Prüfstand, IStR 2003, 369

Kreibohm, Philipp .... Der Begriff der Steuer im Europäischen Gemeinschaftsrecht, Köln 2004

Krenzler, Horst Günter/ EU-Außenwirtschafts- und Zollrecht, Stand: Januar 2015
Herrmann, Christoph

Kruis, Tobias .... Der Anwendungsvorrang des EU-Rechts in Theorie und Praxis, Tübingen, 2012

Kube, Hanno .... EuGH und Steuerrecht – Steuerrechtliche Probleme bei Ausübung von Grundfreiheiten, in: Reimer, Ekkehart u. a. (Hrsg.), Europäisches Gesellschafts- und Steuerrecht, 2007, 225

Kußmaul, Heinz/
Niehren, Christoph ...... Grenzüberschreitende Verlustverrechnung im Lichte der jüngeren EuGH-Rechtsprechung, IStR 2008, 81

Lammel, Stefan/   Europäisches Unternehmenssteuerrecht – Eine Einführung, in:
Reimer, Ekkehart .... Reimer, Ekkehart u. a. (Hrsg.), Europäisches Gesellschafts- und Steuerrecht, 2007, 164

Lehner, Moris .... Begrenzung der nationalen Besteuerungsgewalt durch die Grundfreiheiten und Diskriminierungsverbote des EG-Vertrags, DStJG 23 (2000), 263

Lehner, Moris (Hrsg.) .. Grundfreiheiten im Steuerrecht der EU-Staaten (Münchener Schriften zum Internationalen Steuerrecht, Heft 23), München 2000

Lippross, Otto-Gerd ... Umsatzsteuer, 23. Aufl., 2012

Loewens, Lars .... Der Einfluß des Europarechts auf das deutsche Einkommen- und Körperschaftsteuerrecht, 2007

Matz-Lück, Nele/
Hong, Mathias (Hrsg.) Grundrechte und Grundfreiheiten im Mehrebenensystem – Konkurrenzen und Interferenzen, Heidelberg 2012

Mayr, Gunter .... Grenzen des Europarechts bei den direkten Steuern, FS Doralt, 2007, 303

Mitschke, Wolfgang ..... Plädoyer für eine Nichtanwendung der EuGH-Rechtsprechung im Bereich der direkten Steuern, FR 2008, 165

Müller, Claudia .... Besteuerung stiller Reserven bei Auslandbezug im Spannungsfeld zwischen Verfassung, Abkommens- und Europarecht

Papier, Hans-Jürgen ..... Europäische Verfassung, Grundgesetz und Bundesverfassungsgericht, EWS 8/2002, I

Peters, Anne .... Elemente einer Theorie der Verfassung Europas, Berlin 2001

Rehm, Helmut
Nagler, Jürgen .... Europäisches Steuerrecht, 2012

Reimer, Ekkehart u. a.
(Hrsg.) .... Europäisches Gesellschafts- und Steuerrecht, 2007

Reimer, Ekkehart/
Ribbrock, Martin .... Gemeinnützigkeit auch für ausländische Körperschaften?, RIW 2005, 611

Reiß, Wolfram .... Umsatzsteuer, 13. Aufl., Münster 2015

Riesenhuber, Karl (Hrsg.) Europäische Methodenlehre, 3. Aufl., 2015

Schaumburg, Harald/
Englisch, Joachim
(Hrsg.) .... Europäisches Steuerrecht, 2015 (abgekürzt: S/E)

Schießl, Harald .... Europäisierung der deutschen Unternehmensbesteuerung durch den EuGH, NJW 2005, 849

Schmidt, Ludwig .... Kommentar zum EStG, hrsg. v. Heinrich Weber-Grellet, 34. Aufl., München 2015

Schnitger, A. .... Die Grenzen der Einwirkung der Grundfreiheiten des EG-Vertrags auf das Ertragsteuerrecht, 2006

Schön, Wolfgang .... Unternehmensbesteuerung und Europäisches Gemeinschaftsrecht, StbJb 2003/04, 27

Schön, Wolfgang .... Besteuerung im Binnenmarkt – die Rechtsprechung des EuGH zu den direkten Steuern, IStR 2004, 289

Schön, Wolfgang/
Huber, Caroline (Hrsg.) Grundfragen des Europäischen Steuerrechts, Berlin/Heidelberg 2015

Schroeder, Werner .... Die Auslegung des EU-Rechts, JuS 2004, 180

Schulz, Sebastian .... Harmonisierung der steuerlichen Gewinnermittlung in der Europäischen Union, Diss., 2012

Sedemund, Jan .... Europäisches Ertragsteuerrecht, 2008

Seiler, Christian .... Das Steuerrecht unter dem Einfluss der Marktfreiheiten, StuW 2005, 25

Spengel, Christoph .... Gewinnermittlung und Bemessungsgrundlage als eigentliche Problem des Steuerwettbewerbs, in: Reimer, Ekkehart u. a. (Hrsg.), Europäisches Gesellschafts- und Steuerrecht, 2007, 253

Stapperfend, Thomas ... Der Einfluss der Grundfreiheiten und der Diskriminierungsverbote auf die inländische Besteuerung, FR 2003, 165

Stewen, Tobias .... Europäische Niederlassungsfreiheit und deutsches internationales Steuerrecht, Baden-Baden 2007

Streinz, Rudolf .... EUV/AEUV, Kommentar, München 2. Aufl., 2012

Streinz, Rudolf .... Europarecht, 9. Aufl., 2012

Suchowerskyj, Tanja ..... Der Begriff des Missbrauchs im europäischen Steuerrecht, Diss. jur. 2007

Terra, Ben/Wattel, Peter European Tax Law, 3. Aufl., London 2001
Terra/Ben J. M./
Wattel, Peter J. . ... European Tax Law, 4. Aufl., 2005

Thiele, Alexander .... Das Europäische Steuerrecht – Eine Herausforderung für den nationalen Gesetzgeber, ZEuS 2006, 41

Tipke, Klaus/
Lang, Joachim .... Steuerrecht, 22. Aufl., Köln 2015

Weber-Grellet,
Heinrich .... Finanzgerichte als Motor der EuGH-Rechtsprechung, NJW 2004, 1617

Weber-Grellet,
Heinrich .... Neu-Justierung der EuGH-Rechtsprechung, DStR 2009, 1229

Weber-Grellet,
Heinrich .... Rechtsphilosophie und Rechtstheorie, 6. Aufl., 2014

Wieland, Joachim .... Der Europäische Gerichtshof als Steuergesetzgeber, Festschrift Zuleeg, Baden-Baden 2005, 477

Wunderlich, Nina/
Albath, Lars .... Der Europäische Gerichtshof und die direkten Steuern, DStZ 2005, 547

Zorn, Nikolaus/
Twardosz, Benjamin ..... Gemeinschaftsgrundrechte und Verfassungsgrundrechte im Steuerrecht, DStR 2007, 2185

Zucman, Gabriel .... Steueroasen, 2014

1. Teil: Grundlagen des Europäischen Steuerrechts

§ 1 Gegenstand und Kompetenzen

Ausgangsfall: Eine süddeutsche GmbH soll für die Beurkundung ihres Gesellschaftsvertrags 2000 € an einen im OLG-Bezirk Karlsruhe beamteten Notar zahlen. Verstößt die Gebühr gegen EU-Recht?

I. Begriff

„Europäisches Steuerrecht" ist das Recht der Europäischen Union (EU), das **1** Steuern zum Gegenstand hat, mit Steuern in Zusammenhang steht und sich auf die nationalen Steuerrechtsordnungen auswirkt.[1] Es umfasst
- das eigene Steuerrecht der EU,[2]
- die Normen des primären Unionsrechts,[3] insbesondere die Grundfreiheiten und die Diskriminierungsverbote, soweit sie sich auf nationale Steuern und nationale Steuerrechtstatbestände auswirken,
- das sekundäre und tertiäre Unionsrecht (Verordnungen[4] und Richtlinien) und dessen Umsetzung in das nationale Recht der indirekten und direkten Steuern.[5]

Die **Funktion** des Europäischen Steuerrechts (des Steuerrechts der EU) besteht vor allem darin, steuerliche Neutralität zu bewirken; die Tätigkeit im Binnenmarkt darf steuerlich nicht zu einer Diskriminierung oder Beschränkung führen (s. Rz. 3).

Nach der Rechtsprechung des EuGH[6] ist der **Begriff der Steuer** auf der Grundlage **2** objektiver Merkmale nach Unionsrecht zu bestimmen.[7] Die Qualifizierung als Steuer, Abgabe oder Gebühr im Sinne des Unionsrechts ist nach den objektiven Merkmalen der Belastung – unabhängig von ihrer Qualifizierung im nationalen Recht – vorzunehmen.[8] Steuern sind Geldleistungen, die ein steuererhebungsberechtigtes Gemeinwesen zum Zwecke der Erzielung von Einnahmen ohne Gegenleistung erhebt.[9] Abzugrenzen sind Steuern von sog. parafiskalischen Abgaben,[10] z.B. Sonderabgaben oder Arbeitgeberbeiträgen zur Sozialversicherung. Keine Steuern sind Zölle[11] und

---

[1] *Englisch* in Tipke/Lang, Steuerrecht, § 4 Rz. 1 ff.; ähnlich *Schaumburg* in S/E, Rz. 1.3; zum europarechtlichen Koordinatensystem *Weber-Grellet* NJW 2004, 1617.

[2] In sehr begrenztem Umfang.

[3] *Englisch* in Tipke/Lang, Steuerrecht, § 4 Rz. 2 f.

[4] Durch Verordnungen des Rates wurde die Europäische Zollunion (Art. 288 ff. AEUV) verwirklicht; auf dem Gebiet des Steuerrechts sind Verordnungen nicht ergangen.

[5] *Englisch* in Tipke/Lang, Steuerrecht, § 4 Rz. 5 f.

[6] EuGH v. 13.2.1996 C-197/94, EuGHE 1996, I-505; EuGH v. 28.6.2007 C-466/03 – *Albert Reiss*, EuGHE 2007, I-5357, Rz. 40: Nach der Rechtsprechung sind Notargebühren als „Steuer" im Sinne der Richtlinie 69/335 zu qualifizieren, wenn sie für einen unter diese Richtlinie fallenden Vorgang von Notaren erhoben werden, die Beamte sind, und zumindest teilweise dem Staat für die Bestreitung öffentlicher Kosten zufließen.

[7] *Kreibohm* Der Begriff der Steuer im Europäischen Gemeinschaftsrecht; *Voß* Steuerrecht (Kap. J.) in: Dauses, Handbuch des EU-Wirtschaftsrechts, Band 2 Rz. 1. – Zur Rechtfertigung von Steuern im Binnenmarkt *Schön* IStR 2004, 289, 290.

[8] EuGH v 19.3.2002 C-426/98, EWS 2002, 295.

[9] Vgl. auch § 3 Abs. 1 AO.

[10] EuGH v. 7.7.1994 C-130/93 – *Lamaire NV*, EuGHE 1994, I-3215; *Kreibohm* Der Begriff der Steuer im Europäischen Gemeinschaftsrecht, 242.

[11] Vgl. hierzu § 16 Rz. 1.

Abgaben gleicher Wirkung sowie die mit Gegenleistungen verbundenen Gebühren und Beiträge;[12] die Zölle sind den Steuern vielfach gleichgestellt.[13]

II. Fortbestehende Steuerrechtskompetenz der Mitgliedstaaten

3   Das Steuerrecht ist in seiner Grundsubstanz weiterhin nationales Recht (vgl. Art. 110–115 AEUV) und würde erst mit der endgültigen Aufgabe der nationalen Steuersouveränität ganz in die Kompetenz der Union übergehen. Nach dem sog. **Prinzip der begrenzten Einzelermächtigung** (Art. 5 Abs. 1 u. 2 EUV) darf die Gemeinschaft nur „innerhalb der Grenzen der ihr in diesem Vertrag zugewiesenen Befugnisse" tätig werden, d. h. der Gemeinschaft müssen ihre einzelnen Kompetenzen ausdrücklich übertragen worden sein.[14] Das Prinzip der begrenzten Einzelermächtigung korrespondiert mit dem ebenfalls in Art. 5 EUV ausdrücklich normierten **Subsidiaritätsprinzip** (Art. 5 Abs. 3 u. 4 EUV);[15] danach ist Voraussetzung jeder Gemeinschaftsmaßnahme, dass sie als solche eine höhere Effektivität aufweist als vergleichbare nationale Maßnahmen.

Daraus folgt:

- Die Steuerrechtsordnungen der einzelnen Mitgliedstaaten bleiben unterschiedlich ausgestaltet.
- Es gibt keine EU-eigenen Gemeinschaftssteuern; Ausnahmen bestehen (bzw. bestanden) für:
  - Steuern auf Bezüge des EU-Personals,[16]
  - EGKS-Umlage (Montan-Umlage; Art. 49 EGKS-Vertrag).[17]

---

[12] Gebühren werden als Gegenleistung für eine in Anspruch genommene öffentliche Leistung erhoben. Ihr Betrag wird von der öffentlichen Hand einseitig festgelegt und lässt sich im Voraus ermitteln. Auch sonstige Abgaben, insbesondere Steuern, werden von der öffentlichen Hand einseitig festgesetzt und richten sich nach im Voraus bestimmten Kriterien, z. B. Steuersatz und Bemessungsgrundlage (GA EuGH C-366/10, EuGHE 2011, I-13755, Rz. 214).

[13] Vgl. § 3 Abs. 3 AO: Einfuhr- und Ausfuhrabgaben nach Art. 4 Nr. 10 und 11 des Zollkodexes sind Steuern im Sinne dieses Gesetzes. – Fassung ab 1.5.2016: Einfuhr- und Ausfuhrabgaben nach Artikel 5 Nummer 20 und 21 des Zollkodex der Union sind Steuern im Sinne dieses Gesetzes. Zollkodex der Union bezeichnet die Verordnung (EU) Nr. 952/2013 des Europäischen Parlaments und des Rates vom 9. Oktober 2013 zur Festlegung des Zollkodex der Union (ABl. 2013 L 269, 1, L 287, 90) in der jeweils geltenden Fassung.

[14] S. *Fischer* Primäres Gemeinschaftsrecht und direkte Steuern, 334 f.; *Schaumburg* in S/E, Rz. 11.1 f.

[15] *Geiger* EUV/AEUV, Art. 5 EUV Rz. 5 ff. – Unbestritten führt der europäische Einigungsprozess zu einem deutlichen Gestaltungsverlust der nationalen Parlamente (*Hirsch* ZRP 2007, 69).

[16] Art. 12 des Protokolls über die Vorrechte und Befreiungen der EU v. 8.4.1965, ABl. 1967, 152, 13, zuletzt geändert durch Protokoll Nr. 1 zum Lissaboner Vertrag. – *Bieber/Epiney/Haag* Die Europäische Union, § 19 Rz. 20. – Europäische Kommission, MEMO/11/907 (v. 3.12.2011): „Es gibt eine Reihe von Mythen über das EU-Personal, das angeblich keinerlei Steuern zahlt. In Wahrheit ist es so: Sie zahlen Steuern. Die Steuersätze reichen von 8 vH bis zu 45 vH. Der derzeitige Mindestsatz von 8 vH gilt für den Teil des steuerbaren Monatseinkommens von 109,85 EUR bis zu 1938,92 EUR. Der Höchstsatz von 45 vH gilt für jeden Teil des steuerbaren Monatseinkommens über 6938,39 EUR (für die Minderheit, die so viel verdient). Anders als in vielen nationalen staatlichen Steuersystemen ist die steuerliche Absetzung von Hypotheken, Kinderbetreuungskosten usw. nicht möglich. Die Steuern auf die Dienstbezüge der EU werden direkt vom Arbeitgeber einbehalten. Außerdem leisten EU-Beamte derzeit einen Beitrag von 11,6 vH ihrer Dienstbezüge zu ihrem Versorgungssystem – ein höherer Prozentsatz als bei Angehörigen des öffentlichen Dienstes in fast allen Mitgliedstaaten (0 vH in Deutschland). Sie tragen auch zu ihrer Kranken- und Unfallversicherung bei (1,8 vH des Grundgehalts) und zahlen eine zeitlich befristete Sonderabgabe (derzeit 5,5 vH), die die Kommission beibehalten und auf 6 vH anheben möchte. Unabhängig vom EU-Einkommen zahlen sie schließlich noch Abgaben am Aufenthaltsort: örtliche Steuern, Vermögenssteuern, MwSt usw."

[17] Ausgelaufen im Jahr 2001; der Montan-Vertrag war auf 50 Jahre befristet (Art. 97 EGKS-Vertrag).

Andererseits beeinflusst das Europarecht (das Recht der EU) zunehmend das nationale Steuerrecht, insbesondere

- durch EU-Richtlinien,
- durch die Rechtsprechung des EuGH,
- durch die Instrumentalisierung der Grundfreiheiten,[18]
- durch den Anwendungsvorrang des EU-Rechts und
- durch das Gebot der richtlinienkonformen Auslegung.[19]

Der europarechtliche Einfluss auf die nationalen Steuerrechtsordnungen nimmt ständig zu.[20] Nach der Rechtsprechung des EuGH fallen die direkten Steuern beim gegenwärtigen Stand der Entwicklung des Unionsrechts zwar in die Zuständigkeit der Mitgliedstaaten, diese jedoch haben ihre Befugnisse unter Wahrung des Unionsrechts auszuüben.[21] Die Haupteinwirkungsmodalitäten des Unionsrechts auf die direkten Steuern folgen aus der Überlagerung durch Grundfreiheiten und dem europarechtlichen Beihilfenregime.[22] Der EuGH, der sich als Motor der Integration versteht, prüft vor allem mit Hilfe der Grundfreiheiten auch das Steuerrecht auf seine Europarechtskonformität. Dabei geht es dem EuGH – zu Lasten des Territorialitätsprinzips – um die Schaffung eines einheitlichen Binnenmarktes; Regelungen, die diesem Ziel entgegenstehen, unterliegen seinem Verdikt. Die Sicherung des nationalen Steueraufkommens allein ist kein hinreichender Grund, der unterschiedliche Behandlungen rechtfertigen könnte. Allerdings sind auch nach Auffassung des EuGH Missbrauchsverhinderung und Vollzug der Steuergesetze legitime Interessen der Nationalstaaten; auch nach Auffassung des EuGH darf es weder zu ungerechtfertigten Entlastungen („weiße Einkünfte") noch zu Doppelbelastungen kommen.[23]

Schön[24] analysiert die Rechtsprechung des EuGH zur Wechselbeziehung zwischen den Grundfreiheiten und den nationalen Steuersystemen, plädiert für die strenge Anwendung eines auf dem Grundsatz der Nichtdiskriminierung basierenden, einseitigen Neutralitätsprinzips, lehnt die Rechtsprechungsansätze ab, die auf die Besteuerung grenzüberschreitender Sachverhalte durch zwei (oder mehr) Staaten eine umfassende Perspektive ableiten wollen, kritisiert die sich in der Rechtsprechung des EuGH abzeichnende Tendenz, die territoriale Abgrenzung mitgliedstaatlicher Besteuerungsrechte zu betonen und befürwortet eine differenzierte Anwendung des Konzepts der „Kohärenz", um die sich aus dem Postulat der Neutralität ergebenden Anforderungen mit den territorialen Grenzen von Besteuerungsrechten zu vereinbaren. Als heuristischer Rahmen dienen zwei grundlegende Besteuerungsprinzipien: das Prinzip der Neutralität und das Prinzip der Territorialität.[25]

Hinsichtlich der Einhaltung der Kompetenzgrenzen beansprucht das Bundesverfassungsgericht die Möglichkeit einer **Ultra-vires-Kontrolle,** da dem Sekundärrecht nur dann Vorrang zukommt, wenn es auf Grund einer im Unionsvertragsrecht enthaltenen Ermächtigung erlassen worden ist. Im Hinblick darauf, dass unionsrechtlich für die Feststellung sog. ausbrechender Rechtsakte der EuGH zu-

---

[18] *Englisch* in Tipke/Lang, Steuerrecht, § 4 Rz. 24 f.; *Reimer* in S/E, Rz. 7.22.

[19] *Englisch* in Tipke/Lang, Steuerrecht, § 4 Rz. 31; *Schaumburg* in S/E, Rz. 4.24 f.

[20] Vgl. hierzu im Einzelnen §§ 23 ff.

[21] Vgl. zuletzt EuGH v. 12.7.2012 C-269/09, BeckRS 2012, 81443.

[22] *Waldhoff* in Calliess/Ruffert (Hrsg.), EUV/AEUV, Art. 113 AEUV, Rz. 19.

[23] OECD und EU arbeiten an Maßnahmen gegen „weiße Einkünfte" durch sog. Linking Rules (dazu *Minalin* IStR 2015, 861).

[24] *Schön* in Schön/Heber, Grundfragen des Europäischen Steuerrechts, 2015, 109.

[25] Zur Einschränkung durch den EuGH s. § 17 Rz. 7.

ständig ist, wird das Bundesverfassungsgericht nur dann einschreiten, wenn der Verstoß gegen das Kompetenzgefüge offensichtlich ist und zudem erheblich ins Gewicht fällt oder wenn unter dem Gesichtspunkt des Schutzes der Verfassungsidentität (Identitätskontrolle) der fortschreitende Integrationsprozess die deutsche Verfassungsidentität aushöhlen würde.[26]

Mit „ultra vires" wird die aus dem anglo-amerikanischen Rechtskreis stammende Lehre bezeichnet, derzufolge die Rechtsfähigkeit von juristischen Personen auf ihre jeweiligen Aufgaben und Zwecke beschränkt ist. Der BGH hat die Ultra-vires-Lehre für juristische Personen des öffentlichen Rechtes anerkannt.[27] Ein Ultra-vires-Akt ist gegeben, wenn eine getroffene Entscheidung außerhalb der Kompetenzen der entscheidenden Stelle liegt. Dies wurde z.B. für die Mangold-Entscheidung des EuGH[28] behauptet, vom Bundesverfassungsgericht aber verneint.[29]

III. Vertragliche Regelungen

4 Der Vertrag über die Europäische Union (EUV)[30] und der Vertrag über die Arbeitsweise der Europäischen Union (AEUV)[31] enthalten kein spezielles Steuerrecht und nur wenige Einzelregelungen, die sich mit Steuern befassen.[32] Die Europäische Union ist **keine Steuerrechtsunion** (Art. 114 Abs. 2 AEUV),[33] insbesondere der Bereich der direkten Steuern fällt nicht in den Zuständigkeitsbereich der Gemeinschaft; die Mitgliedstaaten müssen aber die ihnen verbliebenen Befugnisse unter Beachtung des Unionsrechts ausüben.[34] Allerdings nimmt das Unionsrecht über die Grundfreiheiten und Diskriminierungsverbote – unter tatkräftiger Mitwirkung des EuGH – zunehmend Einfluss auf die inhaltliche Gestaltung der nationalen Steuerrechte.[35]

Berührungen mit den nationalen Steuerrechten ergeben sich aus folgenden Regelungen des AEUV:
- Zollunion und das Verbot von Zöllen und Abgaben mit zollgleicher Wirkung (Art. 28, 30 AEUV),
- Grundfreiheiten, Diskriminierungsverbot (Art. 45 ff., Art. 18 AEUV),
- Staatliche Beihilfen (Art. 107, 108 AEUV): Steuerliche Vergünstigungen als Beihilfen,
- Art. 110–113 AEUV:
  - Steuerausgleich bei Einfuhren
  - Steuerausgleich bei Ausfuhren

---

[26] *Schaumburg* in S/E, Kap. 4, Rz. 23.

[27] BGH v. 28.2.1956 I ZR 84/54, BGHZ 20, 119.

[28] EuGH v. 22.11.2005 C-144/04, EuGHE 2005, I-9981.

[29] BVerfG v. 6.7.2010 2 BvR 2661/06, BVerfGE 126, 286.

[30] Vertrag über die Europäische Union unterzeichnet zu Maastricht am 7.2.1992, geändert durch die Verträge von Amsterdam, Nizza und Lissabon (13.12.2007).

[31] Vertrag zur Gründung der Europäischen Gemeinschaft v. 25.3.1957, geändert durch die Verträge von Amsterdam, Nizza und Lissabon. – Dieser Vertrag erhielt seine heutige Bezeichnung durch Art. 1 des Vertrags von Lissabon (v. 13.12.2007).

[32] *Cordewener* Europäische Grundfreiheiten und nationales Steuerrecht, 4 f.

[33] *Weber-Grellet* Europäisiertes Steuerrecht?, StuW 1995, 336; *Bieber/Epiney/Haag* Die Europäische Union, § 19 Rz. 1.

[34] EuGH v. 28.4.1998 C-118/96 – *Safir,* EuGHE 1998, I-1897; EuGH v. 29.11.2001 C-17/00 – *Watermael-Boitsfort,* EWS 2002, 83; EuGH v. 12.12.2002 C-385/00 – *de Groot,* DStRE 2003, 150, Rz. 75.

[35] *Klein* Einfluss des Europarechts auf deutsches Steuerrecht, DStJG 19 (1996), 7, 8.

- Steuerausgleich bei direkten Steuern
- Harmonisierung der indirekten Steuern,
- Art. 114 Abs. 2 AEUV.[36]

Auf der Grundlage dieser Kompetenzen hat die EU (bzw. deren Organe) **5**
- Teile der indirekten Steuern harmonisiert,[37]
- Regelungen für direkte Steuern erlassen, die sich auf den freien Warenverkehr und den freien Binnenmarkt auswirken,[38] und
- nationale Steuerregelungen auf der Grundlage der Grundfreiheiten und des Diskriminierungsverbots auf ihre EU-Konformität geprüft.[39]

Lösung des Ausgangsfalles: Der EuGH sieht in der Beurkundungsgebühr eine unzulässige Be- **6** steuerung;[40] die Beurkundungsgebühr sei in einem System, in dem die Notare Beamte seien und ein Teil der Gebühren dem Staat zufließe, der diese Einnahmen für die Finanzierung seiner Aufgaben verwende, als Steuer anzusehen.[41] Art. 10 Buchst. c der Richtlinie 69/335 betreffend die indirekten Steuern auf die Ansammlung von Kapital stehe der Erhebung von Notargebühren für die Beurkundung der Übertragung von Geschäftsanteilen an einer Gesellschaft entgegen, die als Einlage im Rahmen einer Erhöhung des Gesellschaftskapitals einer Kapitalgesellschaft erfolgt sei, und dies in einem Rechtssystem, das dadurch gekennzeichnet sei, dass die Notare Beamte sind und die Gebühren zumindest teilweise dem Staat für die Bestreitung öffentlicher Kosten zuflößen. Die Höhe der Abgabe weise keinen Zusammenhang mit den tatsächlichen Aufwendungen für diese bestimmte Dienstleistung auf und richte sich nicht nach den Aufwendungen, für die sie die Gegenleistung darstelle, sondern nach den gesamten Betriebs- und Investitionskosten der mit dem betreffenden Vorgang befassten Stelle.

Übersicht zu § 1: Gegenstand und Kompetenzen

▸ Europäisches Steuerrecht ist das Recht der Europäischen Union (EU), das Steuern zum Gegenstand hat, mit Steuern in Zusammenhang steht und sich auf die nationalen Steuerrechtsordnungen auswirkt.

▸ Das Steuerrecht ist in seiner Grundsubstanz weiterhin nationales Recht.

▸ Der Vertrag über die EUV und der Vertrag über die Arbeitsweise der EUV (AEUV) enthalten kein spezielles Steuerrecht und nur wenige Einzelregelungen, die sich mit Steuern befassen.

---

[36] Die Rechtsangleichung direkter Steuern kann allenfalls über die allgemeine Regelung des Art. 115 AEUV herbeigeführt werden; in diesem Fall wird allerdings Einstimmigkeit verlangt.

[37] S. unten §§ 10–16.

[38] S. unten §§ 17–19.

[39] S. unten § 9.

[40] EuGH v. 21.3.2002 C-264/00 – *Gründerzentrum*, EuZW 2002, 368; EuGH v. 28.6.2007 C-466/03 – *Albert Reiss*, EuGHE 2007, I-5357, Rz. 34.

[41] *Laule* IFSt-Schrift Nr. 407 (2003), 8.

§ 2 Prozess der europäischen Integration

I. Übersicht

1   Hauptziel der römischen Verträge vom 25.3.1957 war die Errichtung eines „Gemeinsamen Marktes". Durch die Einheitliche Europäische Akte kam das sog. „Binnenmarktziel" hinzu. Ein wichtiger Meilenstein war der **Abschluss des Vertrags über die Europäische Union,** unterzeichnet zu Maastricht am 7.2.1992.[1]

Seit der Gründung der Europäischen Gemeinschaft wurden die Grundlagen durch eine Vielzahl von Verträgen verändert und fortgeschrieben:

- Verträge über die Europäische Wirtschaftsgemeinschaft (EWG) und die Europäische Atomgemeinschaft (EAG) v. 25.3.1957 („Römische Verträge"),
- EGKS-Vertrag v. 18.4.1951 (ausgelaufen 2001),
- Protokoll über die Vorrechte und Befreiungen der Europäischen Gemeinschaften v. 8.4.1965 (BGBl. II 1965, 1482),
- Einheitliche Europäische Akte v. 28.2.1986, die auf die Verwirklichung eines europäischen Binnenmarktes abzielte,
- Vertrag über die Europäische Union (EUV; „Maastricht-Vertrag") v. 7.2.1992 (ABl. 1992 C 191, 1),
- Novellierung des EG-Vertrags durch den Vertrag von Amsterdam v. 2.10.1997 (ABl. 1997 C 340, 145),
- Grundrechtecharta (ABl. 2000 C 364, 1),[2]
- Vertrag von Nizza v. 26.2.2001 (ABl. 2001C 80, 1),[3]
- Beitrittsvertrag v. 17.4.2003 (EU-Osterweiterung zum 1.5.2004),[4]
- Vertrag über eine neue Verfassung für Europa v. 29.10.2004 (nicht ratifiziert),
- Vertrag von Lissabon v. 13.12.2007 (ABl. 2007 C 306, 1).

II. Die Europäische Union

2   Die Europäische Union (EU) ist ein **Staatenverbund**[5] zur Förderung des europäischen Einigungsprozesses (Präambel; Art. 1, 2 EUV); sie versteht sich als eine Rechts- und Wertegemeinschaft und zeichnet sich durch einen prozesshaften Charakter aus (dynamischer Integrationsprozess).[6]

---

[1] ABl. 1992 C 191, 1; zur Entwicklung und zu den Phasen der Integration *Hufen* Europarecht § 2.

[2] Zur Bedeutung der Europäischen Grundrechtecharta *Rengeling* DVBl 2004, 453.

[3] Der Vertrag von Nizza enthält institutionelle Veränderungen, die darauf gerichtet sind, eine Erweiterung der EU zu ermöglichen; dazu im Einzelnen *Deipenbrock* Der Vertrag von Nizza – rechtliche oder (nur) politische conditio sine qua non für eine Erweiterung der Europäischen Union?, EWS 2002, 53.

[4] Zu den umsatzsteuerrechtlichen Folgen vgl. BMF v. 28.4.2004 IV B 2 – S 7058 – 7/04, DStR 2004, 914.

[5] BVerfG v. 12.10.1993 BvR 2134/92, 2 BvR 2159/92, BVerfGE 89, 155.

[6] *Häberle* Europäische Verfassungslehre, 7. Aufl., 2011, 763.

1. Der Vertrag von Maastricht

Der Vertrag von Maastricht (EU-Vertrag)[7] aus dem Jahr 1992 bedeutete eine neue   3
Stufe der Europäischen Integration, indem er die Gemeinschaftstätigkeit auf neue
Politikbereiche ausdehnte und folgende Ziele definierte:
* Förderung des wirtschaftlichen und sozialen Fortschritts,
* Identität auf internationaler Ebene,
* Freiheit und Sicherheit, Kontrolle an den Außengrenzen,
* Wahrung des gemeinschaftlichen Besitzstandes.

2. Der Vertrag von Amsterdam

Fortgeschrieben wurde der Maastrichter Vertrag durch den Vertrag von Amster-   4
dam vom 2.10.1997,[8] der am 1.5.1999 in Kraft trat. Durch den Vertrag von Amster-
dam wurde der Inhalt des Vertrags von Maastricht in fünf großen Bereichen geän-
dert und weiterentwickelt:
* Freiheit, Sicherheit und Recht,
* Unionsbürgerschaft,
* Außenpolitik,
* Organe der Union,
* Verstärkte Zusammenarbeit.

3. Der Vertrag von Nizza

Die Konferenz von Nizza[9] ebnete den Weg für die Erweiterung der Europäi-   5
schen Union; mit der Ratifikation des Vertrags von Nizza waren die für den **Bei-
tritt neuer Mitgliedstaaten** erforderlichen institutionellen Änderungen abgeschlossen.[10]

4. EU-Verfassung

Im Juni 2004 wurden die Verhandlungen über eine Verfassung für Europa erfolg-   6
reich abgeschlossen;[11] am 29.10.2004 wurde der Vertrag unterzeichnet. Der Verfas-
sungsvertrag (EVV) sollte die bisherigen Verträge EUV und EGV ersetzen und deren Inhalte zusammenfassen.[12] Die in Frankreich und in den Niederlanden im Juni
2005 durchgeführten Volksabstimmungen verliefen negativ.

5. Der Vertrag von Lissabon

Der Vertrag von Lissabon zur Änderung des Vertrags über die Europäische Uni-   7
on und des Vertrags zur Gründung der Europäischen Gemeinschaft[13] gab das Ver-
fassungskonzept auf; die bestehenden Verträge (u.a. EUV, EGV) blieben bestehen.

---

[7] I.d.F. v. 2.10.1997, ABl. 1997 C 340, 145; vgl. *Herdegen* Europarecht, § 4 Rz. 10 ff.; *Strunz*
Europarecht[8], Rz 37 ff.

[8] ABl. 1997 C 340, 173.

[9] Vertrag von Nizza zur Änderung des Vertrags über die Europäische Union, der Verträge zur
Gründung der Europäischen Gemeinschaften sowie einiger damit zusammenhängender Rechtsakte
(ABl. 2001 C 80, 1); dazu *Streinz* Europarecht[9], Rz. 53.

[10] Dazu *Pietsch* ZRP 2003, 1.

[11] Zur „Verfassung ohne Staat" vgl. *Aust* Der Verfassungsbegriff im europäischen Verbund,
StudZR 2004, 195. Zum weiteren Schicksal der EU-Verfassung *Wuermeling* ZRP 2005, 149.

[12] *Strunz* Europarecht[8], § 2 Rz 59.

[13] ABl. 2007 C 307, 1.

Allerdings wurde der EGV in „Vertrag über die Arbeitsweise der Europäischen Union (AEUV)" umbenannt.[14] Inhaltlich übernahm der Vertrag von Lissabon die wesentlichen Elemente des EU-Verfassungsvertrags, der 2005 abgelehnt worden war. Zu den Neuerungen des Vertrags von Lissabon zählten unter anderem die rechtliche Fusion von Europäischer Union und Europäischer Gemeinschaft, die Ausweitung des Mitentscheidungsverfahrens auf die polizeiliche und justizielle Zusammenarbeit in Strafsachen, die stärkere Beteiligung der nationalen Parlamente bei der Rechtsetzung der EU, die Einführung einer Europäischen Bürgerinitiative, das neue Amt des Präsidenten des Europäischen Rates, der Ausbau der Kompetenzen des Hohen Vertreters der EU für Außen- und Sicherheitspolitik, die Gründung eines Europäischen Auswärtigen Dienstes, die Rechtsverbindlichkeit der EU-Grundrechtecharta und die erstmalige Regelung eines EU-Austritts. Der Vertrag trat – nach Ratifikation in den einzelnen Mitgliedstaaten – schließlich zum 1.12. 2009 in Kraft.

III. Struktur der Europäischen Union

8   Grundlage der EU sind der EUV und der AEUV; beide Verträge sind rechtlich gleichrangig (Art. 1 EUV). Der EUV enthält die grundlegenden Bestimmungen (Ziele, Werte, Organe).[15] Die Union tritt an die Stelle der Europäischen Gemeinschaft, deren Rechtsnachfolger sie ist. Die Union besitzt Rechtspersönlichkeit (Art. 47 EUV). Die früheren drei Säulen (Europäische Gemeinschaften; also EG, EGKS, EAG), die Gemeinsame Außen- und Sicherheitspolitik (GASP) und die polizeiliche und justizielle Zusammenarbeit in Strafsachen (PJZS) wurden zusammengefasst. Der EUV enthält insgesamt fünf Titel:
– Titel I: Gemeinsame Bestimmungen
– Titel II: Bestimmungen über demokratische Grundsätze
– Titel III: Bestimmungen über die Organe
– Titel IV: Bestimmungen über eine verstärkte Zusammenarbeit
– Titel V: Allgemeine Bestimmungen über das auswärtige Handeln der Union und besondere Bestimmungen über die gemeinsame Außen- und Sicherheitspolitik.

IV. Ziel der Union und grundlegende Werte

9   Gem. Art. 3 Abs. 1 und 2 EUV ist es Ziel der Union, den Frieden, ihre Werte und das Wohlergehen ihrer Völker zu fördern. Die Union bietet ihren Bürgerinnen und Bürgern einen Raum der Freiheit, der Sicherheit und des Rechts ohne Binnengrenzen, in dem — in Verbindung mit geeigneten Maßnahmen in Bezug auf die Kontrollen an den Außengrenzen, das Asyl, die Einwanderung sowie die Verhütung und Bekämpfung der Kriminalität — der freie Personenverkehr gewährleistet ist. In ihren Beziehungen zur übrigen Welt schützt und fördert die Union gem. Art. 3 Abs. 5 EUV ihre Werte und Interessen und trägt zum Schutz ihrer Bürgerinnen und Bürger bei. Sie leistet einen Beitrag zu Frieden, Sicherheit, globaler nachhaltiger Entwicklung, Solidarität und gegenseitiger Achtung unter den Völkern, zu freiem und gerechtem Handel, zur Beseitigung der Armut und zum Schutz der Menschen-

---

[14] *Streinz* Europarecht[9], Rz. 62 f.
[15] *Ismer* in Herrmann/Heuer/Raupach, Einf ESt (8/2014), Rz. 400.

rechte, insbesondere der Rechte des Kindes, sowie zur strikten Einhaltung und Weiterentwicklung des Völkerrechts, insbesondere zur Wahrung der Grundsätze der Charta der Vereinten Nationen.

Die Werte, auf die sich die Union gründet, sind gem. Art. 2 EUV die Achtung   10 der Menschenwürde, Freiheit, Demokratie, Gleichheit, Rechtsstaatlichkeit und die Wahrung der Menschenrechte einschließlich der Rechte der Personen, die Minderheiten angehören. Diese Werte sind allen Mitgliedstaaten in einer Gesellschaft gemeinsam, die sich durch Pluralismus, Nichtdiskriminierung, Toleranz, Gerechtigkeit, Solidarität und die Gleichheit von Frauen und Männern auszeichnet.

Übersicht zu § 2: Prozess der Europäischen Integration

▶ Die Europäische Union (EU) ist ein Staatenverbund zur Förderung des europäischen Einigungsprozesses (Präambel; Art. 1, 2 EUV); sie versteht sich als eine Rechts- und Wertegemeinschaft und zeichnet sich durch einen prozesshaften Charakter aus (dynamischer Integrationsprozess).

▶ Grundlage der EU sind gem. Art. 1 EUV dieser Vertrag und der AEUV; beide Verträge sind rechtlich gleichrangig. Der EUV enthält die grundlegenden Bestimmungen (Ziele, Werte, Organe). Die Union tritt an die Stelle der Europäischen Gemeinschaft, deren Rechtsnachfolger sie ist. Die Union besitzt Rechtspersönlichkeit (Art. 47 EUV).

▶ Die Werte, auf die sich die Union gründet, sind gem. Art. 2 EUV die Achtung der Menschenwürde, Freiheit, Demokratie, Gleichheit, Rechtsstaatlichkeit und die Wahrung der Menschenrechte einschließlich der Rechte der Personen, die Minderheiten angehören.

§ 3 Das institutionelle System der EU

I. Die Organe der EU

1   Die in Art. 13 Abs. 1, 14 ff. EUV bestimmten Organe haben die ihnen vertraglich zugewiesenen Aufgaben umzusetzen:
– das Europäische Parlament,
– der Europäische Rat,
– der Rat,
– die Europäische Kommission (im Folgenden „Kommission"),
– der Gerichtshof der Europäischen Union,
– die Europäische Zentralbank,
– der Rechnungshof.
Jedes Organ handelt gem. Art. 13 Abs. 2 EUV nach Maßgabe der ihm in den Verträgen zugewiesenen Befugnisse nach den Verfahren, Bedingungen und Zielen, die in den Verträgen festgelegt sind. Die Organe arbeiten loyal zusammen. Exekutivorgan ist die Kommission (Art. 17 Abs. 1 EUV), die „Gesetzgebung" (Beschlussfassung) obliegt Parlament und (Minister-)Rat (Art. 14 Abs. 1, 16 Abs. 1 EUV).

II. Das Europäische Parlament (Art. 14 EUV)

2   Das Europäische Parlament (EP) wird gemeinsam mit dem Rat als Gesetzgeber tätig und übt gemeinsam mit ihm die Haushaltsbefugnisse aus. Es erfüllt Aufgaben der politischen Kontrolle und Beratungsfunktionen nach Maßgabe der Verträge. Es wählt den Präsidenten der Kommission (Art. 14 Abs. 1 EUV). Das EP setzt sich aus Vertretern der Unionsbürgerinnen und Unionsbürger zusammen. Ihre Anzahl darf 750 nicht überschreiten, zuzüglich des Präsidenten. Die Bürgerinnen und Bürger sind im Europäischen Parlament degressiv proportional, mindestens jedoch mit sechs Mitgliedern je Mitgliedstaat vertreten. Kein Mitgliedstaat erhält mehr als 96 Sitze. Der Europäische Rat erlässt einstimmig auf Initiative des EP und mit dessen Zustimmung einen Beschluss über die Zusammensetzung des Europäischen Parlaments, in dem die in Unterabsatz 1 genannten Grundsätze gewahrt sind. Die Mitglieder des EP werden in allgemeiner, unmittelbarer, freier und geheimer Wahl für eine Amtszeit von fünf Jahren gewählt. Das EP wählt aus seiner Mitte seinen Präsidenten und sein Präsidium.

Das EP sitzt in Straßburg; nach der letzten Europawahl (8. Wahlperiode) hat das Parlament derzeit 751 Mitglieder, darunter 96 deutsche (Art. 223 bis 234 AEUV). Das EP wirkt mit bei der Rechtssetzung. Als Organ, das die europäischen Bürger vertritt, bildet das EP das demokratische Fundament der Gemeinschaft. Um die volle demokratische Legitimität der Gemeinschaft zu gewährleisten, muss das EP uneingeschränkt am Gesetzgebungsprozess der Gemeinschaft beteiligt werden und im Namen der Bürger die übrigen Organe der Gemeinschaft politisch kontrollieren.[1]

3   Das ordentliche Gesetzgebungsverfahren (Art. 294 AEUV) ist das wichtigste Rechtssetzungsverfahren in der Europäischen Union. Die von der Kommission

---

[1] Zu den Institutionen *Hufen* Europarecht, § 3.

vorgeschlagenen Gesetze werden vom Europäischen Parlament und vom Ministerrat gemeinsam angenommen (mit einfacher, absoluter oder qualifizierter Mehrheit).
In bestimmten Fällen ist auch Einstimmigkeit vorgesehen (z. B. Art. 292, 293 Abs. 1,
294 Abs. 9, 311 AEUV).

Die jeweilige Präambel zeigt, wie die einzelnen Organe am Zustandekommen
einer Richtlinie in unterschiedlicher Weise beteiligt sind:

Beispiel: Richtlinie 2008/118/EG des Rates vom 16.12.2008 über das allgemeine Verbrauchsteuersystem und zur Aufhebung der Richtlinie 92/12/EWG:
- Der *Rat* der Europäischen Union
- gestützt auf den *Vertrag* zur Gründung der Europäischen Gemeinschaft, insbesondere auf Artikel 93,
- auf Vorschlag der *Kommission,*
- nach Stellungnahme des *Europäischen Parlaments,*
- nach Stellungnahme des *Europäischen Wirtschafts- und Sozialausschusses,*
- in Erwägung nachstehender Gründe: …

III. Der Europäische Rat (Art. 15 EUV)

Der Europäische Rat gibt der Union gem. Art. 15 EUV die für ihre Entwicklung **4**
erforderlichen Impulse und legt die allgemeinen politischen Zielvorstellungen und
Prioritäten hierfür fest. Er wird nicht gesetzgeberisch tätig. Der Europäische Rat
setzt sich zusammen aus den Staats- und Regierungschefs der Mitgliedstaaten sowie
dem Präsidenten des Europäischen Rates und dem Präsidenten der Kommission.
Der Hohe Vertreter der Union für Außen- und Sicherheitspolitik nimmt an seinen
Arbeiten teil. Der Europäische Rat tritt zweimal pro Halbjahr zusammen; er wird
von seinem Präsidenten einberufen. Soweit in den Verträgen nichts anderes festgelegt ist, entscheidet der Europäische Rat im Konsens. Der Europäische Rat wählt
seinen Präsidenten mit qualifizierter Mehrheit für eine Amtszeit von zweieinhalb
Jahren.

IV. Der (Minister-)Rat (Art. 16 EUV)

Nach Art. 16 EUV wird der Rat gemeinsam mit dem Europäischen Parlament als **5**
Gesetzgeber tätig und übt gemeinsam mit ihm die Haushaltsbefugnisse aus. Zu
seinen Aufgaben gehören die Festlegung der Politik und die Koordinierung nach
Maßgabe der Verträge. Der Rat besteht aus je einem Vertreter jedes Mitgliedstaats
auf Ministerebene, der befugt ist, für die Regierung des von ihm vertretenen Mitgliedstaats verbindlich zu handeln und das Stimmrecht auszuüben. Soweit in den
Verträgen nichts anderes festgelegt ist, beschließt der Rat mit qualifizierter Mehrheit (Art. 16 Abs. 4 EUV).

V. Die Kommission (Art. 17 EUV)

Die Kommission fördert die allgemeinen Interessen der Union und ergreift ge- **6**
eignete Initiativen zu diesem Zweck. Sie sorgt für die Anwendung der Verträge sowie der von den Organen kraft der Verträge erlassenen Maßnahmen. Sie überwacht
die Anwendung des EU-Rechts unter der Kontrolle des Gerichtshofs der Europäischen Union. Sie führt den Haushaltsplan aus und verwaltet die Programme. Sie
übt nach Maßgabe der Verträge Koordinierungs-, Exekutiv- und Verwaltungsfunk-

tionen aus. Außer in der Gemeinsamen Außen- und Sicherheitspolitik und den übrigen in den Verträgen vorgesehenen Fällen nimmt sie die Vertretung der Union nach außen wahr. Sie leitet die jährliche und die mehrjährige Programmplanung der Union mit dem Ziel ein, interinstitutionelle Vereinbarungen zu erreichen.

Soweit in den Verträgen nichts anderes festgelegt ist, darf ein Gesetzgebungsakt der Union nur auf Vorschlag der Kommission erlassen werden. Andere Rechtsakte werden auf der Grundlage eines Kommissionsvorschlags erlassen, wenn dies in den Verträgen vorgesehen ist. Die Amtszeit der Kommission beträgt fünf Jahre. Die Mitglieder der Kommission werden aufgrund ihrer allgemeinen Befähigung und ihres Einsatzes für Europa unter Persönlichkeiten ausgewählt, die volle Gewähr für ihre Unabhängigkeit bieten.

Die Kommission (Art. 17 EUV; Art. 244–250 AEUV) mit Sitz in Brüssel (ca. 20.000 Mitarbeiter; ein Viertel im Sprachendienst) umfasst 25 Mitglieder (ein Mitglied pro Mitgliedstaat; Amtszeit fünf Jahre), die dem Wohl der Gemeinschaften verpflichtet sind.

Die Kommission ist das einzige Exekutivorgan der Union; sie ist die Schaltzentrale für gemeinschaftliche Maßnahmen und der Garant ihrer Durchführung. Sie besitzt das Initiativrecht hinsichtlich der vom Ministerrat zu erlassenden Rechtsakte (Art. 17 Abs. 1, 2 EUV). Sie wird daher häufig als „Motor der Gemeinschaft" bezeichnet. Nur sie kann dem Rat den Erlass von Rechtsakten vorschlagen. Ihr ist des Weiteren die Kontrolle der Anwendung des Unionsrechts übertragen. Sie ist damit „Hüterin der Verträge". Es handelt sich dabei vor allem um das „Vertragsverletzungsverfahren" gegenüber den Mitgliedstaaten (Art. 258, 259, 348 Abs. 2 AEUV).[2] Sie kann, falls sie zu der Auffassung gelangt, ein Mitgliedstaat habe gegen das Unionsrecht verstoßen, Klage beim EuGH erheben, der dann gegebenenfalls die Vertragsverletzung feststellt.

Die Kommission hat den Haushaltsplan durchzuführen (Art. 317 AEUV), das Recht, die Staaten zu beauftragen, die in den Verträgen vorgesehenen Sicherheitsmaßnahmen vor allem in Übergangszeiträumen zu ergreifen, und Befugnisse im Bereich der Wettbewerbsregeln, vor allem die Kontrolle über staatliche Beihilfen (Art. 108 AEUV).[3]

VI. Der Europäische Gerichtshof (Art. 19 EUV)

7   Der Gerichtshof der Europäischen Union umfasst den Gerichtshof, das Gericht – ehemals Gericht erster Instanz – und die Fachgerichte. Er sichert die Wahrung des Rechts bei der Auslegung und Anwendung der Verträge.[4] Die Mitgliedstaaten schaffen die erforderlichen Rechtsbehelfe, damit ein wirksamer Rechtsschutz in den vom EU-Recht erfassten Bereichen gewährleistet ist.[5]

Der Gerichtshof besteht aus einem Richter je Mitgliedstaat. Er wird von Generalanwälten unterstützt. Als Richter und Generalanwälte des Gerichtshofs und als Richter des Gerichts sind Persönlichkeiten auszuwählen, die jede Gewähr für Unabhängigkeit bieten und die Voraussetzungen der Art. 253 und 254 AEUV erfüllen. Sie werden von den Regierungen der Mitgliedstaaten im gegenseitigen Einvernehmen für eine Amtszeit von sechs Jahren ernannt. Die Wiederernennung ausscheidender Richter und Generalanwälte ist zulässig.

---

[2] „Abstrakte Normenkontrolle"; dazu *Cordewener* DStR 2004, 6, 10.
[3] Zur Wirkung von Kommisions-Entscheidungen vgl. *Schaumburg* in S/E, Rz. 24.42.
[4] *Schwarze* Die Wahrung des Rechts durch den Gerichtshof der Europäischen Union, 2014 (Heft Nr. 208 der Uni Bonn PS 2420 Z 56–208).
[5] Zur Wirkung von EuGH-Urteilen vgl. *Schaumburg* in S/E, Rz. 24.1.

Der Gerichtshof der Europäischen Union entscheidet gem. Art. 19 Abs. 3 EUV nach Maßgabe der Verträge

a) über Klagen eines Mitgliedstaats, eines Organs oder natürlicher oder juristischer Personen;
b) im Wege der Vorabentscheidung auf Antrag der einzelstaatlichen Gerichte über die Auslegung des EU-Rechts oder über die Gültigkeit der Handlungen der Organe;
c) in allen anderen in den Verträgen vorgesehenen Fällen.[6]

Der EuGH (Art. 251 ff., insb. Art. 267 AEUV) mit Sitz in Luxemburg sichert die „Wahrung des Rechts bei der Auslegung und Anwendung dieses Vertrags". Jeder Mitgliedstaat stellt einen Richter; die Amtszeit beträgt sechs Jahre.[7] Die Zuständigkeiten des EuGH sind in den Art. 258 ff. AEUV geregelt. Der EuGH besitzt das „Entscheidungsmonopol" hinsichtlich der letztverbindlichen Auslegung des gesamten Gemeinschaftsrechts und der Verwerfung sekundären Gemeinschaftsrechts (Art. 267 AEUV). Nach Art. 256 Abs. 1 AEUV ist dem EuGH das mittlerweile selbstständige Gericht der Europäischen Union beigeordnet (Art. 254–256 AEUV).

Übersicht zu § 3: Das institutionelle System der EU

▶ Organe der EU sind gem. Art. 13 Abs. 1, 14 ff. EUV das Europäische Parlament, der Europäische Rat, der Rat, die Europäische Kommission, der Gerichtshof der Europäischen Union, die Europäische Zentralbank und der Rechnungshof.

▶ Die Organe haben die ihnen vertraglich zugewiesenen Aufgaben umzusetzen. Jedes Organ handelt nach Maßgabe der ihm in den Verträgen zugewiesenen Befugnisse nach den Verfahren, Bedingungen und Zielen, die in den Verträgen festgelegt sind.

▶ Der EuGH sichert die „Wahrung des Rechts bei der Auslegung und Anwendung dieses Vertrags". Jeder Mitgliedstaat stellt einen Richter; die Amtszeit beträgt sechs Jahre. Der EuGH besitzt das „Entscheidungsmonopol" hinsichtlich der letztverbindlichen Auslegung des gesamten Unionsrechts und der Verwerfung sekundären Unionsrechts (Art. 267 AEUV).

---

[6] *Ismer* in Herrmann/Heuer/Raupach, Einf ESt (8/2014), Rz. 420 f.
[7] Vgl. hierzu im Einzelnen § 20 Rz. 1 ff.

§ 4 Rechtsquellen

Ausgangsfall: Die Klägerin bezieht irisches Guinness-Bier. Mit entsprechender Biersteuererklärung meldet sie bei der Zentralstelle „Biersteuer" in Stuttgart das Bier als Fremdbier an. Das HZA erlässt einen entsprechenden Biersteuerbescheid. Die Klägerin beklagt die protektionistische Wirkung der Biersteuer. Zu Recht?[1]

I. Primärrecht, Sekundärrecht und Tertiärrecht

1   Das EU-Recht besteht aus mehreren Schichten. Das sog. **Primärrecht** umfasst die EU-Verträge, allgemeine Rechtsgrundsätze[2] und Gewohnheitsrecht;[3] seit Inkrafttreten des EUV gehört die Charta der Grundrechte der Europäischen Union zum Primärrecht (Art. 6 EUV). Das **Sekundärrecht**[4] umfasst alle von den Organen der Gemeinschaft erlassenen verbindlichen Verordnungen, Richtlinien und Entscheidungen sowie die unverbindlichen Empfehlungen und Stellungnahmen. Daneben besteht sog (ergänzendes) **Tertiärrecht,** das es der Kommission ermöglicht, „nicht wesentliche" Vorschriften eines Sekundärrechtsaktes zu ergänzen oder zu ändern (Art. 290 AEUV).[5] Die Reichweite des EU-Rechts ist begrenzt auf zwischenstaatliche Sachverhalte der Mitgliedstaaten und seiner Bürger.[6]

Das Primärrecht besteht aus den Verträgen und bildet eine Art Verfassungsrecht der Union.[3] Das Sekundärrecht besteht aus den Vorschriften des Unionsrechts, die aufgrund von primärrechtlichen Ermächtigungen erlassen wurden. Die aufgrund von sekundärrechtlichen Ermächtigungen erlassenen Vorschriften lassen sich als Tertiärrecht kennzeichnen.[4] Die in der Charta verankerten Grundrechte (und Grundsätze) sind dem Primärrecht zuzuordnen, da sie gem. Art. 6 Abs. 1 UAbs. 1 Halbs. 2 EUV den gleichen Rang wie die Verträge besitzen.[5] Die Rechtswirkungen der Charta werden folglich nicht dadurch geschmälert, dass die Grundrechte nicht in die Verträge integriert sind.[6] Die Charta ist Teil der obersten Schicht des EU-Rechts. Auch darf man die Bezeichnung als „Charta" nicht missverstehen: Die Charta hat den gleichen Rang und die gleiche Rechtskraft wie die Verträge. Insgesamt gilt für die Charta der Grundrechte nichts anderes als für die vom EuGH als allgemeine Rechtsgrundsätze entwickelten Grundrechte; sie sind Teil des Primärrechts.[7]

2   Das primäre Unionsrecht ist unmittelbar, d.h. ohne weitere Konkretisierung anwendbar, soweit den Mitgliedstaaten hinreichend bestimmte und unbedingte Handlungs- und Unterlassungspflichten auferlegt werden.[7]

---

[1] Nach BFH v. 5.8.2002 VII R 105/99, BFH/NV 2002, 1630.

[2] *Englisch* in S/E, Rz. 12.1 f.

[3] *Ismer* in Herrmann/Heuer/Raupach, Einf ESt (8/2014), Rz. 406.

[4] *Fischer* Europarecht, 69 ff.; *Ahlt/Deisenhofer* Europarecht, 31 ff.; *S. Fischer* Primäres Gemeinschaftsrecht und direkte Steuern, 102 f.; *Strunz* Europarecht[8], Rz 404 ff. – Zur Bedeutung und Entwicklungen der Verfassungen im europäischen Raum, zum Verfassungsvergleich und zum Verständnis des Verfassungsrechts als Kulturwissenschaft vgl. *Häberle* Europäische Verfassungslehre, 7. Aufl., 2011.

[5] *Schaumburg* in S/E, Rz. 3.3.

[6] *Schaumburg* in S/E, Rz. 4.64 f.

[7] *Ehlers* Grundrechte und Grundfreiheiten, § 7 Rz. 7; *Ahlt/Deisenhofer* Europarecht, 39 ff.; *Hufen* Europarecht, § 6.

Unmittelbare Verpflichtungen können sich auch aus anderen EU-Rechtsquellen **3** ergeben, wie etwa aus dem sog. **Europa-Abkommen.**[8] Soweit diese Abkommen Bestimmungen enthalten, die hinreichend klar und eindeutig formuliert und auf keine weiteren Umsetzungsakte angelegt sind, erzeugen sie unmittelbare Wirkung zugunsten der betroffenen Arbeitnehmer;[9] danach ist z.B. eine diskriminierende Befristung eines Arbeitsverhältnisses für polnische Fremdsprachenlektoren verboten. Staatsangehörige von MOE-Staaten[10] konnten bzw. können sich unmittelbar auf das Niederlassungsrecht in Europa-Abkommen berufen.[11]

Harmonisierung bedeutet die Anpassung, Annäherung oder Koordinierung des Rechts der Mitgliedstaaten an einen gemeinschaftsrechtlich definierten Standard. Für die indirekten Steuern ist hierfür in Art. 113 AEUV eine ausdrückliche Rechtsgrundlage vorhanden. Für die Harmonisierung der direkten Steuern gibt es kein Pendant, so dass insoweit eine weitere Harmonisierung zzt. nicht in Betracht kommt; Art. 114 Abs. 2 AEUV und das Prinzip der begrenzten Ermächtigung stehen dem entgegen.

II. Handlungsformen (Art. 288 AEUV)

Die Organe der EU handeln durch Verordnungen, Richtlinien, Beschlüsse, Emp- **4** fehlungen und Stellungnahmen (Art. 288 Abs. 1 AEUV).

Die **Verordnung**[12] hat allgemeine Geltung. Sie ist in allen ihren Teilen verbindlich und gilt unmittelbar in jedem Mitgliedstaat (Art. 288 Abs. 2 AEUV).[13] Die **Richtlinie** ist für jeden Mitgliedstaat, an den sie gerichtet wird, hinsichtlich des zu erreichenden Ziels verbindlich, überlässt jedoch den innerstaatlichen Stellen die Wahl der Form und der Mittel (Art. 288 Abs. 3 AEUV).[14] Die Richtlinien bedürfen der Umsetzung durch nationale Gesetze, z.B. die 6. EG-UStR-RL durch das UStG und (teilweise) die Mutter-Tochter-RL durch das UmwStG. Nach Art. 20 EUV sind alle Mitgliedstaaten zur Zusammenarbeit verpflichtet.[15] Bei nicht fristgerechter Umsetzung besteht ein Berufungsrecht des Einzelnen und eine Schadenersatzverpflichtung des Mitgliedstaates („Direktwirkung").[16] **Beschlüsse** sind in allen ihren Teilen verbindlich. Sind sie an bestimmte Adressaten gerichtet (Entscheidungen), so sind sie nur für diese verbindlich (Art. 288 Abs. 4 AEUV). Die **Empfehlungen** und **Stellungnahmen** sind dagegen nicht verbindlich (Art. 288 Abs. 5 AEUV; sog. soft-law);[17] diese Rechtsinstrumente werden angesichts der Erweiterung der EU und der in vielen Fäl-

---

[8] Genehmigt durch Beschluss 93/743/EG, EGKS, Euratom des Rats und der Kommission v. 13.12.1993.

[9] EuGH v. 29.1.2002 C-162/00, EWS 2002, 184. – Zum Verhältnis von Grundrechtecharta und sonstigem Recht vgl. *Jarass* EuR 2013, 29.

[10] Mitglieder im Zuge der Ost-Erweiterung (Estland, Lettland, Litauen, Malta, Polen, Slowakei, Slowenien, Tschechei, Ungarn, Zypern).

[11] EuGH v. 27.9.2001 C-63/99, EWS 2002, 37.

[12] Z. B. der Zollkodex; siehe § 16 Rz. 1.

[13] *Schaumburg* in S/E, Rz. 4.55.

[14] *Schaumburg* in S/E, Rz. 4.58; *Heidner* Wirkungsweise von EG-Richtlinien im deutschen Steuerrecht, UR 2003, 69.

[15] Nach Art. 23 Abs. 1 GG wirkt die Bundesrepublik Deutschland zur Verwirklichung eines vereinten Europas bei der Europäischen Union mit, die demokratischen, rechtsstaatlichen, sozialen und föderativen Grundsätzen und dem Grundsatz der Subsidiarität verpflichtet ist und einen diesem Grundgesetz im wesentlichen vergleichbaren Grundrechtsschutz gewährleistet.

[16] *Siegwart*, 32.

[17] Dazu *Schaumburg* in S/E, Rz. 3.24.f.; *Englisch* in Tipke/Lang, Steuerrecht, § 4 Rz. 11; *Fehling* in S/E, Rz. 10.23 f.

len nicht herzustellenden Einstimmigkeit erhöhte Bedeutung gewinnen.[18] Das EU-Recht entfaltet teilweise auch Drittwirkung auf Regelungen zwischen Privatrechtssubjekten („horizontale Drittwirkung").[19] Das EU-Recht geht dem nationalen Recht vor; ihm ist nach Möglichkeit eine optimale Wirkungskraft („effet utile") zu verschaffen, etwa durch eine „unionsrechtskonforme Auslegung".[20]

5 Das Steuerrecht ist nur in bestimmten engen Grenzen harmonisiert. Die Mitgliedstaaten besitzen weiterhin die Gesetzgebungs-, Verwaltungs- und Ertragskompetenz. Die EU-Regelungen können daher nur einen Rahmen vorgeben, die die **Richtlinie** als angemessene Rechtsform prädestiniert erscheinen lassen. Fast sämtliche steuerlichen Regelungsbereiche sind daher durch Richtlinien harmonisiert worden. Andererseits beklagt die Kommission, dass Richtlinien-Vorschläge nicht übernommen werden, dass die Richtlinien von den Mitgliedstaaten nicht immer EU-rechtskonform umgesetzt und durch immer neue Ergänzungen verfälscht und verfremdet werden. Die Kommission versucht daher, neue Wege einzuschlagen, die verstärkt auf pragmatische Koordinierung und Informationsaustausch setzen.

III. Primäre steuerliche Rechtsquellen

1. Regelungen

6 Die EU ist keine Steuerrechts-Union; dem ganz entsprechend hat das Steuerrecht primärrechtlich nur eine untergeordnete Bedeutung. Spezielle steuerliche Regelungen enthält der AEUV lediglich in Art. 110 ff. AEUV zu den indirekten Steuern;[21] dabei geht es um den **unzulässigen Steuerausgleich** bei Einfuhren durch höhere Abgaben und bei Ausfuhren durch Rückvergütungen, also um das Verbot der Begünstigung inländischer Produkte, sowie um die **Harmonisierung der indirekten Steuern:**
- verbotener Steuerausgleich bei Einfuhren (Diskriminierungs- und Protektionsverbot; Art. 110 AEUV);
- verbotener Steuerausgleich bei Ausfuhren (Privilegierungsverbot für Rückvergütungen; Art. 111 AEUV);
- Steuerausgleich bei direkten Steuern (Kompensationsverbot unter Genehmigungsvorbehalt; Art. 112 AEUV);
- Harmonisierung der indirekten Steuern (Art. 113 AEUV).

Nach Art. 114 Abs. 1 AEUV sind die Maßnahmen zur Angleichung der Rechts- und Verwaltungsvorschriften der Mitgliedstaaten zu treffen, welche die Errichtung und das Funktionieren des Binnenmarkts zum Gegenstand haben. Gem. Art. 114 Abs. 2 AEUV gilt Absatz 1 nicht für die Bestimmungen über die Steuern, die Bestimmungen über die Freizügigkeit und die Bestimmungen über die Rechte und Interessen der Arbeitnehmer. Eine Harmonisierung der direkten Steuern ist – theoretisch – unter den engen Voraussetzungen des Art. 115 AEUV nicht ausgeschlossen.[22]

Nach Art. 65 Abs. 1 AEUV berührt Art. 63 (Kapital- und Zahlungsverkehrfreiheit) nicht das Recht der Mitgliedstaaten, die einschlägigen Vorschriften ihres Steuerrechts anzuwenden, die Steuerpflichtige mit unterschiedlichem Wohnort oder Kapitalanlageort unterschiedlich behandeln und die un-

---

[18] *Bolkestein* DSWR 2002, 271, 273: Empfehlungen, Mitteilungen, Konzepte des „peer pressure" in informellen Arbeitsgruppen.

[19] Str.; vgl. Streinz/*Schröder* EUV/AEUV, Art. 34, Rz. 27; *Fischer* Europarecht, 109.

[20] Vgl. im Einzelnen § 21 Rz. 9.

[21] *Englisch* in S/E, Rz. 6.7.

[22] Für Art. 115 AEUV verbleibt im Wesentlichen der Bereich der direkten Steuern (*Kahl* in Calliess/Ruffert (Hrsg.), EUV/AEUV, Art. 115 AEUV, Rz. 11; Groeben, von der/Schwarze/Hatje, Europäisches Unionsrecht, Art. 115 AEUV, Rz. 17).

erlässlichen Maßnahmen zu treffen, um Zuwiderhandlungen gegen innerstaatliche Rechts- und Verwaltungsvorschriften, insbesondere auf dem Gebiet des Steuerrechts zu verhindern.

Nach Art. 223 Abs. 2 AEUV sind steuerliche Regelungen für Parlamentsabgeordnete einstimmig zu treffen. Nach Art. 3 des Protokolls über die Vorrechte und Befreiungen der Europäischen Union sind die Union, ihre Guthaben, Einkünfte und sonstigen Vermögensgegenstände von jeder direkten Steuer befreit.[23] Nach Art. 12 dieses Protokolls wird von den Gehältern, Löhnen und anderen Bezügen, welche die Union ihren Beamten und sonstigen Bediensteten zahlt, zugunsten der Union eine Steuer gemäß den Bestimmungen und dem Verfahren erhoben, die vom Europäischen Parlament und vom Rat durch Verordnungen gemäß dem ordentlichen Gesetzgebungsverfahren und nach Anhörung der betroffenen Organe festgelegt werden. – Die Beamten und sonstigen Bediensteten sind von innerstaatlichen Steuern auf die von der Union gezahlten Gehälter, Löhne und Bezüge befreit.[24]

2. Gegenstand und Funktion

Der AEUV enthält insbesondere Regelungen zu den indirekten Steuern, d.h. den **7** Steuern, die den Waren-, Personen-, Dienstleistungs- und Kapitalverkehr unmittelbar belasten, wie z.B. die Mehrwertsteuer. Die Harmonisierung dieser Steuern ist in den Art. 110 bis 113 AEUV geregelt. Die Harmonisierung der direkten Steuern, d.h. der Steuern, die das jeweilige Einkommen des Steuerpflichtigen belasten, ist im AEUV nicht ausdrücklich angesprochen. Im Bereich der direkten Steuern wurden die generalklauselartigen Harmonisierungsbefugnisse in Art. 115 AEUV sowie die Auffangklausel des Art. 352 AEUV für ausreichend erachtet, um notwendige Harmonisierungen zwischen den Mitgliedstaaten zu erreichen.[25] Art. 110ff. AEUV erfassen **verbrauchsbezogene (indirekte und direkte) Abgaben** (z.B. Stromsteuer, Kfz-Steuer), nicht aber solche Abgaben, die nicht an das Produkt, sondern an den Unternehmer als Person anknüpfen (z.B. Ertrag-, Vermögen-, Erbschaftsteuer).[26]

Im Vordergrund dieser Regelungen steht ihre wettbewerbspolitische Bedeu- **8** tung;[27] sie besitzen weder eine fiskalische Funktion noch eine Aufgabe im Rahmen der Stabilisierungs- und Verteilungspolitik. Art. 110ff. AEUV ergänzen Art. 29 AEUV;[28] die Warenverkehrsfreiheit darf weder durch Zölle (Art. 28, 30 AEUV) noch durch andere Abgaben, die einseitig den EU-Ausländer benachteiligen, beschränkt werden. Der Sache nach enthalten damit die Art. 110 bis 112 AEUV einen speziellen Schutz der Warenverkehrsfreiheit.[29] Die Frage, ob Art. 110 AEUV eher im Lichte von Art. 30 AEUV oder im Lichte von Art. 18 AEUV auszulegen ist, ist allenfalls von untergeordneter Bedeutung.[30]

3. Einzelheiten

Zur Vermeidung von Wettbewerbsverzerrungen durch produktbezogene Steuern **9** gibt es drei Gestaltungsprinzipien:
- das Bestimmungslandprinzip,
- das Ursprungslandprinzip und
- das Gemeinsame-Markt-Prinzip.

---

[23] ABl. EU v. 16.12.2004 Nr. C 310, 261.
[24] *Kofler* in S/E, Rz. 21.1.
[25] Groeben, von der/Schwarze/Hatje, Europäisches Unionsrecht, Vorbem. zu Art. 110–113 AEUV, Rz. 1.
[26] *Schön* EuR 2001, 216, 341, 343 m. w. N.; *Bieber/Epiney/Haag* Die Europäische Union, § 19 Rz. 3 f.
[27] *Bleckmann/Förster* Europarecht, Rz. 1985.
[28] *Schön* EuR 2001, 216, 220 m. w. N.
[29] *Siegwart*, 22; *Englisch* in S/E, Rz. 6.1 f.
[30] A. A. *Schön* EuR 2001, 216, 221.

Nach dem **Bestimmungslandprinzip** werden im grenzüberschreitenden Warenverkehr die produktbezogenen Steuern beim Export erstattet und bei der Einfuhr von dem Bestimmungsland nacherhoben.[31] Das **Ursprungslandprinzip** lässt die ausgeführten Güter weiter steuerbelastet und die Einfuhr steuerfrei. Das **Gemeinsame-Markt-Prinzip** nimmt eine Besteuerung in beiden Ländern vor, wobei sichergestellt sein muss, dass keine steuerliche Mehrbelastung eintritt.[32]

10   Den Art. 110–112 AEUV liegt das Bestimmungslandprinzip zu Grunde.[33] In die Finanzautonomie der Mitgliedstaaten wird nicht eingegriffen; die steuerlichen Maßnahmen werden an der Grenze wieder neutralisiert. Allerdings sind Ausgleichsmaßnahmen notwendig.[34]

11   Nach **Art. 110 AEUV** dürfen **Waren aus anderen Mitgliedstaaten** bei der Einfuhr nicht mit höheren inländischen Abgaben belastet werden (steuerliche Seite der Warenverkehrsfreiheit).[35] Art. 110 AEUV ergänzt die Bestimmungen über die Abschaffung der Zölle und Abgaben gleicher Wirkung und konkretisiert das allgemeine unionsrechtliche Diskriminierungsverbot des Art. 18 AEUV.[36] Ausländische Waren dürfen nicht mit Abgaben belastet werden, die geeignet sind, andere vergleichbare Produkte mittelbar zu schützen. Der zentrale Begriff des Art. 110 AEUV ist der der **Gleichartigkeit**; abzustellen ist auf die gleiche oder vergleichbare Verwendung.[37]

> **Beispiel** (EuGH v. 2.4.1998 C-213/96[38] – *Outukumpu Oy*): „Eine Verbrauchsteuer, die Elektrizität inländischen Ursprungs je nach der Art der Erzeugung mit unterschiedlichen Sätzen belastet, eingeführte Elektrizität dagegen mit einem einheitlichen Satz belegt, der über dem niedrigsten, aber unter dem höchsten Satz für Elektrizität inländischen Ursprungs liegt, stellt eine inländische Abgabe im Sinne von Art. 90 des Vertrags und keine Abgabe zollgleicher Wirkung im Sinne der Art. 23 und 25 dar, wenn sie Bestandteil einer allgemeinen Steuerregelung ist, die nicht nur elektrischen Strom als solchen, sondern auch verschiedene Primärenergiequellen erfasst, und wenn sowohl eingeführte Elektrizität als auch Elektrizität inländischen Ursprungs ein und derselben Steuerregelung unterliegen und die Steuer unabhängig vom Ursprung der Elektrizität von der gleichen Behörde nach den gleichen Verfahren erhoben wird. […] Art. 90 des Vertrags verbietet es nicht, dass der Satz einer inländischen Elektrizitätsteuer je nach der Art der Erzeugung der Elektrizität und den dafür verwendeten Ausgangsstoffen unterschiedlich ist, sofern für diese Differenzierung ökologische Gründe maßgebend sind."

12   Umgekehrt verbietet Art. 111 AEUV, **ausgeführte Waren** durch Rückvergütungen besser zu behandeln und damit die Ausfuhr inländischer Produkte zu erleichtern.[39] Art. 111 AEUV wendet sich gegen die wettbewerbsverzerrenden Begünstigungen einheimischer Unternehmer mit Hilfe des Abgabenrechts[40] und verbietet die steuerliche Subventionierung von Waren bei der Ausfuhr von Waren in andere Mitgliedstaaten.[41] Verboten sind also die Benachteiligung von Einfuhren und die

---

[31] *Waldhoff/Kahl* in Calliess/Ruffert (Hrsg.), EUV/AEUV, Art. 113 AEUV, Rz. 10, 14; kritisch *Krahnert/Seibold* IStR 2003, 369.
[32] *Bleckmann/Förster* Europarecht, Rz. 1988.
[33] *Schaumburg* in S/E, Rz. 11.34.
[34] *Bleckmann/Förster* Europarecht, Rz. 1989.
[35] EuGH v. 19.9.2002 C-101/00, IStR 2007, 769: Eine finnische Steuer auf importierte Gebrauchtwagen kollidiert mit dem Unionsrecht, wenn die Steuer ebenso hoch ist wie für ein vergleichbares Neufahrzeug.
[36] *Cremer/Waldhoff* in Calliess/Ruffert (Hrsg.), EUV/AEUV, Art. 110 AEUV, Rz. 5.
[37] *Cremer/Waldhoff* in Calliess/Ruffert (Hrsg.), EUV/AEUV, Art. 110 AEUV, Rz. 12.
[38] EuGHE 1998, I-1777; IStR 1998, 272.
[39] *Waldhoff/Kahl* in Calliess/Ruffert (Hrsg.), EUV/AEUV, Art. 111 AEUV, Rz. 1.
[40] *Waldhoff/Kahl* in Calliess/Ruffert (Hrsg.), EUV/AEUV, Art. 111 AEUV, Rz. 2.
[41] *Khan* in Geiger/Khan/Kotzur, Art. 111 AEUV, Rz 1.

Besserstellung von Ausfuhren.[42] In die Rückvergütung können nur die produktbezogenen indirekten Abgaben einbezogen werden. Art. 111 AEUV legt lediglich die Obergrenze fest; die Staaten können auch niedrigere Erstattungen gewähren oder überhaupt auf Erstattungen verzichten.[43]

Den Ausgleich auf **direkte Steuern** kann der Rat unter bestimmten Vorausset- **13** zungen für eine bestimmte Zeit genehmigen (Art. 112 AEUV). Da faktorbezogene Abgaben (im Unterschied zu produktbezogenen) nicht eindeutig den Export- bzw. Importwaren zurechenbar sind, besteht an sich keine Möglichkeit, zu einer Entlastung zu gelangen. Der Rat muss sie daher zuvor genehmigen. Von der Vorschrift ist noch kein Gebrauch gemacht worden.[44]

IV. Sekundäre steuerliche Rechtsquellen

Die **Richtlinie** ist für jeden Mitgliedstaat, an den sie gerichtet wird, hinsichtlich **14** des zu erreichenden Ziels verbindlich, überlässt jedoch den innerstaatlichen Stellen die Wahl der Form und der Mittel (Art. 288 Abs. 3 AEUV).[45] Die Richtlinien bedürfen der Umsetzung durch nationale Gesetze, z.B. die 6. EG-UStR-RL durch das UStG und (teilweise) die Mutter-Tochter-RL durch das UmwStG. Nach Art. 5 AEUV sind alle Mitgliedstaaten zur Zusammenarbeit verpflichtet.[46] Bei nicht fristgerechter Umsetzung besteht ein **Berufungsrecht** des Einzelnen und eine **Schadenersatzverpflichtung** des Mitgliedstaates („**Direktwirkung**").[47]

Auf primärrechtlicher Grundlage ist **steuerliches Sekundärrecht** bisher zu folgenden Bereichen ergangen, wobei die einzelnen Richtlinien zum Teil (auch mehrfach) geändert und neugefasst worden sind:

- **Umsatzsteuer** **15**
  - **1. Richtlinie** vom 11.4.1967, ABl. EG 1967, 1301, enthält das Programm zur Harmonisierung;
  - **6. Richtlinie** 7/388/EWG des Rates vom 17.5.1977 betreffend die Angleichung der steuerlichen Bemessungsgrundlagen (Mehrwertsteuersystem-Richtlinie);[48]
  - **8. Richtlinie** 79/1072/EWG des Rates vom 6.12.1979 betreffend die Erstattung von Mehrwertsteuer an nicht im Inland ansässige Steuerpflichtige;
  - **Richtlinie 2006/112/EG** des Rates vom 28.11.2006 über das gemeinsame Mehrwertsteuersystem (Neufassung der 6. Richtlinie – Mehrwertsteuersystem-Richtlinie);
  - **Mehrwertsteuer-Paket** vom 12.2.2008.
- **Verbrauchsteuern** **16**
  - **Strukturrichtlinien** (Richtlinie 92/83 betr. Alkohol; Richtlinien 95/59 bzw. jetzt 2011/64/EU betr. Tabakwaren; Richtlinie 2003/96 betr. Energieerzeugnisse und elektrischer Strom): Bestimmung der verbrauchsteuerpflichtigen Waren, Festlegung von verwendungsorientierten Steuerbefreiungen und Steu-

---

[42] *Musil* in Hübschmann/Hepp/Spitaler, Kommentar zur AO und FGO, Stand 9/2012, § 2 AO Rz. 212.

[43] *Khan* in Geiger/Khan/Kotzur, Art. 111 AEUV, Rz 3.

[44] *Khan* in Geiger/Khan/Kotzur, Art. 112 AEUV, Rz 2.

[45] *Heidner* Wirkungsweise von EG-Richtlinien im deutschen Steuerrecht, UR 2003, 69.

[46] Nach Art. 23 Abs. 1 GG wirkt die Bundesrepublik Deutschland zur Verwirklichung eines vereinten Europas bei der Europäischen Union mit, die demokratischen, rechtsstaatlichen, sozialen und föderativen Grundsätzen und dem Grundsatz der Subsidiarität verpflichtet ist und einen diesem Grundgesetz im wesentlichen vergleichbaren Grundrechtsschutz gewährleistet.

[47] *Siegwart*, 32.

[48] Außer Kraft; jetzt RL 2006/112/EG.

erermäßigungen; Energiesteuerrichtlinie 2003/96/EG des Rates vom 27.10.2003 zur Restrukturierung der gemeinschaftlichen Rahmenvorschriften zur Besteuerung von Energieerzeugnissen und elektrischem Strom

– **Steuersatzrichtlinien** (Richtlinien 92/79 und Richtlinie 92/80 bzw. 2011/64/EU[49] betr. Tabakwaren; Richtlinie 2003/96 betr. Energieerzeugnisse und elektrischer Strom; Richtlinie 92/84 betr. Alkohol): Von den EU-Mitgliedstaaten festgelegte Mindeststeuersätze für die einzelnen verbrauchsteuerpflichtigen Waren

– **Systemrichtlinie** (Richtlinie 2008/118/EG des Rates vom 16.12.2008 über das allgemeine Verbrauchsteuersystem und zur Aufhebung der Richtlinie 92/12/EWG): Festschreibung der Grundlagen des innergemeinschaftlichen Verbrauchsteuersystems für Energieerzeugnisse und elektrischer Strom, Alkohol, alkoholische Getränke und Tabakwaren

– **EMCS-Verordnung** – VO (EG) Nr. 684/2009 der Kommission vom 24.7.2009 zur Durchführung der Richtlinie 2008/118/EG des Rates in Bezug auf die EDV-gestützten Verfahren für die Beförderung verbrauchsteuerpflichtiger Waren unter Steueraussetzung

17 • **Steuern auf die Ansammlung von Kapital**[50]

– **Gesellschaftssteuerrichtlinie** – Richtlinie 69/335/EWG des Rates vom 17.7.1969 betreffend die indirekten Steuern auf die Ansammlung von Kapital.

– **Richtlinie 2008/7/EG** des Rates vom 12.2.2008 betreffend die indirekten Steuern auf die Ansammlung von Kapital

18 • **Versicherungsteuer**

– **Versicherungs-Richtlinie** – Zweite Richtlinie des Rates vom 22.6.1988 zur Koordinierung der Rechts – und Verwaltungsvorschriften für die Direktversicherung (mit Ausnahme der Lebensversicherung) und zur Erleichterung der tatsächlichen Ausübung des freien Dienstleistungsverkehrs sowie zur Änderung der Richtlinie 73/239/EWG (88/357/EWG).

19 • **Konzernbesteuerung**

– **Fusions-Richtlinie** – Richtlinie 90/434/EWG des Rates vom 23.7.1990 und später Richtlinie 2009/33/EG des Rates vom 23.4.2009 über das gemeinsame Steuersystem für Fusionen, Spaltungen, die Einbringung von Unternehmensteilen und den Austausch von Anteilen, die Gesellschaften verschiedener Mitgliedstaaten betreffen;[51]

– **Richtlinie 2005/19/EG** des Rates vom 17.2.2005 zur Änderung der Richtlinie 90/434/EWG über das gemeinsame Steuersystem für Fusionen, Spaltungen, die Einbringung von Unternehmensteilen und den Austausch von Anteilen, die Gesellschaften verschiedener Mitgliedstaaten betreffen.[52]

– **Kapitalgesellschaften – Verschmelzungs-Richtlinie** – Richtlinie 2005/56/EG des Europäischen Parlamentes und des Rates vom 26.10.2005 über die Verschmelzung von Kapitalgesellschaften aus verschiedenen Mitgliedstaaten.[53] Mit der Richtlinie über die Verschmelzung von Kapitalgesellschaften aus verschiedenen Mitgliedstaaten können Kapitalgesellschaften innerhalb der Europäischen Union miteinander fusionieren. Besonders interessant ist diese Möglichkeit für kleine und mittlere Unternehmen, die in mehr als einem Mitgliedstaat,

---

[49] RL 2011/64/EU des Rates vom 21.6.2011, ABl. 2011 L 176, 24.
[50] S. auch § 19 Rz. 22.
[51] ABl. 1990 L 225, 1. – Im Einzelnen § 19 Rz. 5f.
[52] RL 90/434/EWG außer Kraft.
[53] ABl. 2005 L 310, 1.

aber nicht europaweit operieren wollen und nicht auf das Statut der Europäischen Aktiengesellschaft (SE) zurückgreifen können. Die Richtlinie soll Kosten senken, gleichzeitig aber die nötige Rechtssicherheit gewährleisten und so vielen Unternehmen wie möglich zugute kommen. Sie gehört zu den zentralen Maßnahmen der Lissaboner Agenda zur Förderung von Wachstum und Beschäftigung. Es handelt sich um eine einfache Rahmenregelung mit zahlreichen Bezügen zu den für inländische Fusionen geltenden nationalen Bestimmungen. Eine Abwicklung des übernommenen Unternehmens ist danach nicht mehr erforderlich. Die Richtlinie, mit der eine wichtige Lücke im Gesellschaftsrecht geschlossen wird, ist die erste Regelung, die auf der Grundlage des Aktionsplans der Kommission zum Gesellschaftsrecht und zur Corporate Governance in der Europäischen Union (Mai 2003) erlassen wurde. Der steuerrechtliche Teil wurde mit Gesetz v. 7.12.2006, BGBl. I 2006, 2782, umgesetzt.

– **Mutter-Tochter-Richtlinie** – Richtlinien 90/435/EWG des Rates vom 23.7.1990 und 2011/96/EU des Rates vom 30.11.2011 über das gemeinsame Steuersystem der Mutter- und Tochtergesellschaften verschiedener Mitgliedstaaten;[54]
– **Richtlinie 2003/123/EG** des Rates vom 22.12.2003 zur Änderung der Richtlinie 90/435/EWG über das gemeinsame Steuersystem der Mutter- und Tochtergesellschaften verschiedener Mitgliedstaaten. Am 22.12.2003 hat der Rat die Richtlinie 2003/123/EG zur Änderung der Ratsrichtlinie 90/435/EWG über das gemeinsame Steuersystem der Mutter- und Tochtergesellschaften verschiedener Mitgliedstaaten angenommen. Zweck der Änderungen ist Erweiterung des Anwendungsbereichs und ein besseres Funktionieren der Richtlinie. Die ursprüngliche Richtlinie aus 1990 ist auf die Beseitigung von steuerlichen Hemmnissen bei Gewinnausschüttungen innerhalb von Unternehmensgruppen ausgerichtet. Dabei gilt,
  – dass Gewinnausschüttungen zwischen verbundenen Gesellschaften aus verschiedenen Mitgliedstaaten von der Quellensteuer befreit sind und dass
  – eine Doppelbesteuerung von Gewinnen, die eine Tochtergesellschaft an ihre Muttergesellschaft auszahlt, vermieden wird.
– Die Änderungsrichtlinie basiert auf einem Kommissionsvorschlag vom 8. September 2003 (siehe Pressemitteilung IP/03/1214), der im Wesentlichen die folgenden drei Elemente enthielt:
  – Erweiterung der Liste mit den Gesellschaftsformen, die in den Anwendungsbereich der Richtlinie fallen;
  – Absenkung des Beteiligungsschwellenwerts als Voraussetzung für den Wegfall der Quellenbesteuerung von Dividenden; und
  – Vermeidung der Doppelbesteuerung im Fall von Enkelgesellschaften.
– **Schiedsverfahrenskonvention** – Übereinkommen der Regierungsvertreter der Mitgliedstaaten über die Beseitigung der Doppelbesteuerung im Falle von Gewinnberichtigungen zwischen verbundenen Unternehmen.[55]
Die **Schiedsverfahrenskonvention** sieht zu Fragen der Gewinnabgrenzung zwischen Unternehmen und bei Betriebsstätten ein Verständigungsverfahren vor. Können sich die Mitgliedstaaten nicht innerhalb von 2 Jahren auf die Beseitigung der Doppelbesteuerung verständigen, ist ein Schiedsverfahren vorgeschrieben, durch das die Doppelbesteuerung auf jeden Fall beseitigt wird. In

---

[54] Fortentwickelt durch die RL 2003/123/EG des Rates vom 22.12.2003, ABl. 2004 L 7, 41; im Einzelnen § 19 Rz. 5f.
[55] Übereinkommen 90/436/EWG, BGBl. II 1993, 1309; im Einzelnen s. § 19 Rz. 21.

den neueren DBA wird immer öfter nach erfolglosem Verständigungsverfahren ein Schiedsverfahren vorgeschrieben.

20 • **Zinsbesteuerung**
- **Zins-Richtlinie** – Richtlinie 2003/48/EG des Rates vom 3.6.2003 im Bereich der Besteuerung von Zinserträgen:
  Die EU-Zinsrichtlinie 2003/48/EG über die Besteuerung von Zinserträgen vom 3.6.2003, auf deren Grundlage seit 2005 automatische Kontrollmitteilungen über Zinserträge versendet werden, sofern es sich um ein Anleger mit Wohnsitz im EU-Ausland handelt, ist erweitert worden. Nur Österreich und Luxemburg beteiligten sich bislang nicht. Mit der neuen EU-Zinsrichtlinie 2014/48/EU sollen künftig deutlich mehr Kapitalerträge gemeldet werden und die Ausnahmeregelung für Österreich und Luxemburg fällt weg. Die neue Richtlinie soll bis zum 1.1.2016 in nationales Recht umgesetzt sein, so dass ab dem 1.1.2017 die erweiterten Kontrollmitteilungen Anwendung finden.
- **Zinsen-Lizenzgebühren-Richtlinie** – Richtlinie 2003/49/EG vom 3.6.2003 betr. Steuerregelung für Zahlungen von Zinsen und Lizenzgebühren zwischen verbundenen Unternehmen (ZiLiRL).[56]
  Die ZiLiRL gestattet unter bestimmten Voraussetzungen die Abstandnahme von der Quellenbesteuerung von Zinsen und Lizenzgebühren.
- **Abkommen über den automatischen Austausch von Kontodaten**
  51 Staaten haben am 29.10.2014 in Berlin ein Abkommen über den automatischen Austausch von Kontodaten unterzeichnet und sich darin verpflichtet, sich einmal im Jahr gegenseitig automatisch über alle Arten von Kapitalerträgen zu informieren, die Bürger mit Wohnsitz im anderen Staat erzielen.[57]

21 • **Bilanzierung**[58]
- Bilanz-Richtlinie – 4. Richtlinie 78/660/EWG vom 25.7.1978 (außer Kraft)
- Konzern-Bilanz-Richtlinie – 7. Richtlinie 83/349/EWG vom 13.6.1983 (außer Kraft)
- Pflichtprüfungs-Richtlinie – 8. Richtlinie 84/253/EWG vom 10.4.1984 (außer Kraft)
- Bankenbewertungs-Richtlinie – 4. Richtlinie 2001/65/EG vom 27.9.2001 (überholt).
- **Richtlinie 2013/34/EU** (v. 26.6.2013; ABl. 2013 L 182, 19 v. 29.6.2013), die die 4. RL (78/660/EWG – BiRiLi) und die 7. RL (83/349/EWG – konsolidierter Abschluss) ersetzt. Umgesetzt worden ist die Bilanzrichtlinie durch das Bilanzrichtlinie-Umsetzungsgesetz v. 17.7.2015, BGBl. I 2015, 1245. Die Europäische Kommission hat die europaweit geltenden Rechnungslegungsstandards mit der Bilanzrichtlinie 2013/34/EU des Europäischen Parlamentes und des Rates vom 26. Juni 2013 über den Jahresabschluss, den konsolidierten Abschluss und damit verbundene Berichte von Unternehmen bestimmter Rechtsformen harmonisiert. Die bisher separaten Regelungsrahmen für die Rechnungslegung in Einzelunternehmen einerseits und im Konzern andererseits wurden angeglichen und zusammengeführt. Damit soll zugleich die bürokratische Belastung kleiner und mittlerer Unternehmen verringert werden. Die Europäische Union verfolgt damit ferner das Ziel, verantwortungsvolles Unternehmertum zu stär-

---

[56] *Kofler* in S/E, Rz. 15.1 f.
[57] Vgl. im Einzelnen § 22 Rz. 11 m. w. N.
[58] Die Bilanzregeln können sich über den sog. Maßgeblichkeitsgrundsatz (§ 5 Abs. 1 EStG) auf das Steuerrecht auswirken.

ken, um etwa auch Unternehmen der Rohstoffindustrie und der Primärwald-
forstwirtschaft stärkeren Transparenzanforderungen hinsichtlich ihrer Zahlungen an staatliche Stellen zu unterwerfen, um auf diese Weise Korruption ein-
zudämmen. Das Gesetz enthält Änderungen des Handelsgesetzbuches, des
Publizitätsgesetzes, des Aktiengesetzes, des Gesetzes betreffend die Gesellschaften mit beschränkter Haftung und der zugehörigen Einführungsgesetze.
Ferner werden kleine Unternehmen dadurch entlastet, dass die Schwellenwerte
für die Einstufung als mittelgroße Unternehmen in Ausübung der in der
Bilanzrichtlinie enthaltenen Optionen um ca. 20 vH angehoben werden.

- **EU-Amtshilferichtlinie 2011/16/EU**   22
  Im Rahmen der EU-Amtshilferichtlinie 2011/16/EU über die Zusammenarbeit
  der Verwaltungsbehörden im Bereich der Besteuerung vom 15.2.2011 versen-
  den die EU-Mitgliedstaaten ab 1.1.2015 erstmals **Kontrollmitteilungen** zu fol-
  genden Einkünftekategorien:
  – Arbeitslöhne,
  – Aufsichtsrats- und Verwaltungsratsvergütungen,
  – Lebensversicherungen,
  – Renten und Pensionen sowie
  – Einkünfte aus unbeweglichem Vermögen.
  Am 14.10.2014 hatten sich die EU-Finanzminister in Luxemburg bereits auf
  eine Erweiterung dieser EU-Amtshilferichtlinie i.S.d. Verlängerung der Liste
  und der Einführung des o.g. OECD-Standards geeinigt. Die Liste soll u.a. er-
  weitert werden auf
  – Dividenden,
  – Veräußerungsgewinne
  – Kapitalerträge und
  – Kontoguthaben.
  Die Erweiterung der EU-Amtshilferichtlinie soll bis 2017 in nationales Recht
  umgesetzt werden, wobei die Kontrollmitteilungen schon Daten aus dem Jahr
  2016 beinhalten werden. Österreich folgt ab 2018.

V. Tertiäre steuerliche Rechtsquellen

Zum sog. Tertiärrecht gehören delegierte Rechtsakte (Art. 290 AEUV) und   23
Durchführungsrechtsakte (Art. 291 Abs. 2 AEUV). In beiden Fallen handelt es sich
um eine unmittelbar verbindliche exekutive Rechtsetzung durch die Kommission
und ggf. auch des Rates auf Grund einer in einem legislativen Gesetzgebungsakt
verankerten Ermächtigung. Im Hinblick darauf ist das Tertiärrecht in der Normen-
hierarchie dem Primar- und Sekundarrecht untergeordnet; es besteht eine Parallele
zu den im deutschen Recht vorgesehenen Rechtsverordnungen (Art. 80 GG).[59]

Lösung des Ausgangsfalls[60] **(Ungleiche Besteuerung von Bier und Wein):** Bier unterliegt im 24
Steuergebiet der Biersteuer (§ 1 Abs. 1 BierStG). Die deutsche Bierbesteuerung ist trotz der Besteuerung von Wein zu einem Nullsatz mit dem Unionsrecht vereinbar; sie verstößt nicht gegen
Art. 110 Abs. 2 AEUV. Von der Biersteuer geht keine protektionistische Wirkung aus. –
Nach der Rechtsprechung des EuGH ist davon auszugehen, dass nur **Konsumweine**, die im Allgemeinen billig sind, ausreichend gemeinsame Merkmale mit Bier aufweisen, um eine Alternative
für den Verbraucher darzustellen und i.S.v. Art. 110 Abs. 2 AEUV mit Bier in Wettbewerb zu treten. Auf einer höheren Qualitätsstufe steht Wein in keinem Wettbewerbsverhältnis zu Bier.

---

[59] *Schaumburg* in S/E, Kap. 3 Rz. 15.
[60] BFH v. 5.8.2002 VII R 105/99, BFH/NV 2002, 1630.

Es spricht viel dafür, dass das, was für Wein auf gehobener Stufe gilt, umgekehrt auch für **Bier auf gehobener Stufe** zu gelten hat, für solches „Qualitätsbier" ein Wettbewerbsverhältnis zu Wein also gar nicht gegeben ist. Das HZA hat dazu mit Recht vorgetragen, dass es sich bei dem streitgegenständlichen Guinness Stout-Bier um ein hochpreisiges Bier handelt.

Selbst bei einem angenommenen Wettbewerbsverhältnis zwischen Guinness-Bier und deutschem Konsumwein kommt eine Verletzung des Art. 110 Abs. 2 AEUV nur in Betracht, wenn die Besteuerung des „eingeführten" Biers geeignet wäre, eine auch nur mittelbare **protektionistische Wirkung** zu Gunsten des in Deutschland erzeugten Weins zu entfalten.

Da mehr als 50 vH des in der Bundesrepublik konsumierten Weins aus ausländischer Produktion und der weitaus überwiegende Anteil des in der Bundesrepublik konsumierten Biers aus heimischer Produktion stammt, ist eine auch nur mittelbare protektionistische Wirkung der deutschen Bierbesteuerung zu Gunsten des heimischen Weins ausgeschlossen. Eine **Diskriminierung des importierten Biers** gerade gegenüber der heimischen Weinerzeugung, so wie es der Verbotstatbestand des Art. 110 Abs. 2 AEUV voraussetzt, liegt unter solchen Umständen nicht vor.

In umgekehrter Hinsicht schließt der überwältigend hohe Anteil des Biers aus heimischer Erzeugung am Gesamtbierkonsum in der Bundesrepublik, da dieses Bier in gleichem Maße wie importiertes Bier der Biersteuer unterliegt, eine protektionistische Wirkung der Biersteuer aus. Deshalb verletzt die nach der deutschen Steuergesetzgebung **differenzierende Besteuerung von Bier und Wein** nicht Art. 110 Abs. 2 AEUV; sie ist vielmehr **wettbewerbsneutral**. In Anwendung der Grundsätze der CILFIT-Entscheidung[61] ist das nationale Biersteuerrecht mit dem Unionsrecht vereinbar. Der ergangene Biersteuerbescheid ist daher nicht zu beanstanden.

Übersicht zu § 4: Rechtsquellen

▶ Das EU-Recht besteht aus mehreren Schichten. Das sog. **Primärrecht** (das Verfassungsrecht der Europäischen Union) umfasst die EU-Verträge, allgemeine Rechtsgrundsätze, Gewohnheitsrecht; seit Inkrafttreten des EUV gehört die Charta der Grundrechte der Europäischen Union zum Primärrecht (Art. 6 EUV). Das **Sekundärrecht** umfasst alle von den Organen der Gemeinschaft erlassenen verbindlichen Verordnungen, Richtlinien und Entscheidungen sowie die unverbindlichen Empfehlungen und Stellungnahmen. Daneben besteht sog. (ergänzendes) **Tertiärrecht**, das es der Kommission ermöglicht, „nicht wesentliche" Vorschriften eines Sekundärrechtsaktes zu ergänzen oder zu ändern (Art. 290 AEUV).

▶ Der AEUV enthält insbesondere Regelungen zu den indirekten Steuern, d.h. den Steuern, die den Waren-, Personen-, Dienstleistungs- und Kapitalverkehr unmittelbar belasten, wie z.B. die Mehrwertsteuer. Die Harmonisierung dieser Steuern ist in den Art. 110 bis 113 AEUV geregelt. Die Harmonisierung der direkten Steuern, d.h. der Steuern, die das jeweilige Einkommen des Steuerpflichtigen belasten, ist im AEUV nicht ausdrücklich angesprochen. Für den Bereich der direkten Steuern wurden die generalklauselartigen Harmonisierungsbefugnisse in Art. 115 AEUV sowie die Auffangklausel des Art. 352 AEUV für ausreichend erachtet, um notwendige Harmonisierungen zwischen den Mitgliedstaaten zu erreichen.

▶ Auf primärrechtlicher Grundlage ist **steuerliches Sekundärrecht** bisher zu folgenden Bereichen ergangen: Umsatzsteuer, Verbrauchsteuern, Steuern auf Ansammlung von Kapital, Versicherungsteuer, Konzernsteuerrecht, Zinsbesteuerung, Bilanzierung, Amtshilfe.

▶ Zum sog. Tertiärrecht gehören Rechtsakte (Art. 290 AEUV) und Durchführungsakte (Art. 291 Abs. 2 AEUV).

---

[61] EuGH v. 6.10.1982 283/81, EuGHE 1982, I-3415.

§ 5 Rechtsgrundsätze der EU

Jedes Rechtssystem enthält neben dem geschriebenen Recht auch – kodifizierte und nicht kodifizierte – Rechtsgrundsätze, die die allgemeine Richtung der Auslegung vorgeben, die aber im Einzelfall auch als Entscheidungshilfe heranzuziehen sind.[1]

I. Demokratieprinzip

Die Union achtet in ihrem gesamten Handeln den Grundsatz der Gleichheit ihrer 1 Bürgerinnen und Bürger, denen ein gleiches Maß an Aufmerksamkeit seitens der Organe, Einrichtungen und sonstigen Stellen der Union zuteil wird. Unionsbürger ist, wer die Staatsangehörigkeit eines Mitgliedstaats besitzt; die Unionsbürgerschaft tritt zur nationalen Staatsbürgerschaft hinzu, ersetzt sie aber nicht (Art. 9 EUV). Die Arbeitsweise der Union beruht auf der repräsentativen Demokratie (Art. 10 Abs. 1 EUV). Unionsbürgerinnen und Unionsbürger, deren Anzahl mindestens eine Million betragen und bei denen es sich um Staatsangehörige einer erheblichen Anzahl von Mitgliedstaaten handeln muss, können die Initiative ergreifen und die Europäische Kommission auffordern, im Rahmen ihrer Befugnisse geeignete Vorschläge zu Themen zu unterbreiten, zu denen es nach Ansicht jener Bürgerinnen und Bürger eines Rechtsakts der Union bedarf, um die Verträge umzusetzen (Art. 11 Abs. 4 EUV).

II. Geltung und Anwendung der Grundrechte-Charta

Die Union erkennt die Grundrechte-Charta an (Art. 6 Abs. 1 EUV) und ist der 2 EMRK beigetreten (Art. 6 Abs. 2 EUV).[2] Die Grundrechte, wie sie in der Europäischen Konvention zum Schutz der Menschenrechte und Grundfreiheiten gewährleistet sind und wie sie sich aus den gemeinsamen Verfassungsüberlieferungen der Mitgliedstaaten ergeben, sind als allgemeine Grundsätze Teil des EU-Rechts (Art. 6 Abs. 3 EUV).[3] Bei Zweifeln über den Inhalt der Grundrechte-Charta kommt eine Vorlage an den EuGH in Betracht,[4] so dass – wegen der Ähnlichkeit von Grundrechten der Charta und Grundrechten des GG – in manchen Konstellationen das BVerfG verdrängt wird. Durch die Bestimmungen der Charta werden die in den Verträgen festgelegten Zuständigkeiten der Union nicht erweitert (Art. 6 Abs. 1 S. 2 EUV).

Jede natürliche oder juristische Person kann gem. Art. 263 Abs. 4 AEUV gegen die an sie gerichteten oder sie unmittelbar und individuell betreffenden Handlungen sowie gegen Rechtsakte mit Verordnungscharakter, die sie unmittelbar betreffen und keine Durchführungsmaßnahmen nach sich ziehen, Klage erheben.

---

[1] *Weber-Grellet* Rechtsphilosophie und Rechtstheorie, 6. Aufl., 2014, Rz. 202.
[2] *Ismer* in Herrmann/Heuer/Raupach, Einf ESt (8/2014), Rz. 580.
[3] Zu den einzelnen Grundrechten s. *Jarass* EU-Grundrechte, 2005, §§ 8 ff.; *Ehlers* Europäische Grundrechte und Grundfreiheiten, § 14 Rz. 8.
[4] *Ehlers* Europäische Grundrechte und Grundfreiheiten, § 14 Rz. 123.

Der EuGH ist zuständig für die Auslegung und Anwendung europäischen Rechts. Maßstab sind insoweit auch die Grundrechte und die EMRK. Der EuGH prüft daher immer nur „europäische Rechtsverstöße". Ein EU-Bürger kann sich demzufolge nicht mit der Begründung an den EuGH wenden, dass ein deutscher Verwaltungsakt gegen Grundrechte verstoße.[5]

Mit dem Inkrafttreten der Charta der Grundrechte der EU ist die Relevanz der dort verankerten Rechte und Grundsätze in der Rechtsprechung des EuGH gestiegen;[6] die gestiegene Bedeutung zeigt sich etwa in der Entscheidung des EuGH zur Vorratsdatenspeicherung.[7]

III. Subsidiarität – begrenzte Einzelermächtigung

3   Die Zuständigkeiten der Union sind nach dem Grundsatz der begrenzten Einzelermächtigung abzugrenzen. Für die Ausübung der Zuständigkeiten der Union gelten die Grundsätze der Subsidiarität und der Verhältnismäßigkeit (Art. 5 Abs. 1 EUV). Nach dem Grundsatz der begrenzten Einzelermächtigung wird die Union nur innerhalb der Grenzen der Zuständigkeiten tätig, die die Mitgliedstaaten ihr in den Verträgen zur Verwirklichung der darin niedergelegten Ziele übertragen haben. Alle der Union nicht in den Verträgen übertragenen Zuständigkeiten verbleiben bei den Mitgliedstaaten (Art. 5 Abs. 2 EUV).

4   Nach dem Subsidiaritätsprinzip wird die Union in den Bereichen, die nicht in ihre ausschließliche Zuständigkeit fallen, nur tätig, sofern und soweit die Ziele der in Betracht gezogenen Maßnahmen von den Mitgliedstaaten weder auf zentraler noch auf regionaler oder lokaler Ebene ausreichend verwirklicht werden können, sondern vielmehr wegen ihres Umfangs oder ihrer Wirkungen auf Unionsebene besser zu verwirklichen sind. Die Organe der Union wenden das Subsidiaritätsprinzip nach dem Protokoll über die Anwendung der Grundsätze der Subsidiarität und der Verhältnismäßigkeit an. Die nationalen Parlamente achten auf die Einhaltung des Subsidiaritätsprinzips nach dem in jenem Protokoll vorgesehenen Verfahren (Art. 5 Abs. 3 EUV).

IV. Verhältnismäßigkeitsgrundsatz

5   Nach dem Grundsatz der Verhältnismäßigkeit gehen die Maßnahmen der Union inhaltlich wie formal nicht über das zur Erreichung der Ziele der Verträge erforderliche Maß hinaus. Die Organe der Union wenden den Grundsatz der Verhältnismäßigkeit nach dem Protokoll über die Anwendung der Grundsätze der Subsidiarität und der Verhältnismäßigkeit an (Art. 5 Abs. 4 EUV). Der Verhältnismäßigkeitsgrundsatz ist auch im Rahmen der Reichweite der Rechtfertigungsgründe von Bedeutung.[8]

---

[5] Wie auch umgekehrt sich die deutschen Grundrechte nicht auf supranationale Rechtsakte erstrecken sollen (*Sauer* in Matz-Lück/Hong (Hrsg.), Grundrechte und Grundfreiheiten im Mehrebenensystem, 2012, 1, 30); allerdings kommen die GG-Grundrechte zum Zuge, wenn der Gesetzgeber bei der Umsetzung von Unionsrecht Gestaltungsfreiheit hat (*Matz-Lück* in Matz-Lück/Hong (Hrsg.), Grundrechte und Grundfreiheiten im Mehrebenensystem, 2012, 161, 187).

[6] *Stotz* in Riesenhuber (Hrsg.), Europäische Methodenlehre, 3. Aufl., 2015, § 22, Rz. 21.

[7] EuGH v. 8.3.2014 C-293/12 u.a., NJW 2014, 2169: Nichtigerklärung der Richtlinie 2007/24/EG.

[8] *Ismer* in Herrmann/Heuer/Raupach, Einf ESt (8/2014), Rz. 444.

V. Vorrang des Unionsrechts

Im Verhältnis des Unionsrechts zum nationalen Recht besteht ein Vorrang des **6** Gemeinschaftsrechts, der sich aus einer autonomen Unionsgewalt ableitet.[9] Der EuGH hat bereits frühzeitig entschieden, dass Kollisionsfälle zwischen Unionsrecht und nationalem Recht nur durch einen umfassenden Vorrang des Unionsrechts gelöst werden können.[10] Dementsprechend sieht **Art. 23 Abs. 1 GG** ausdrücklich vor, dass der Bund Hoheitsrechte auf die Europäische Union übertragen kann. Der Vorrang bezieht sich auf alle Rechtsquellen des Unionrechts, einschließlich des sekundären Unionsrechts.[11] Der **Vorrang des Unionsrechts**[12] gegenüber dem nationalen Recht hat insbesondere zur Folge, dass unionsrechtswidrige Vorschriften des nationalen Steuerrechts nicht anzuwenden sind, ohne dass es einer Vorlage an das Bundesverfassungsgericht oder den EuGH bedarf (**Anwendungsvorrang**).[13]

Kollidieren Unionsrecht und nationales Recht, kommt dem Unionsrecht Vorrang zu. Hierbei ist grundsätzlich von einem (bloßen) Anwendungsvorrang auszugehen; das unionswidrige staatliche Recht bleibt gültig, es ist aber insoweit unanwendbar, als das Unionsrecht selbst unmittelbare Anwendung verlangt. Zur Nichtanwendung des dem Unionsrecht widersprechenden nationalen Rechts sind alle mit der Rechtssache befassten Instanzen verpflichtet.[14]

(„Ausbrechende") Rechtsakte sind nach der Maastricht-Entscheidung des Bundesverfassungsgerichts nicht verbindlich, wenn europäische Einrichtungen oder Organe den Unions-Vertrag in einer Weise handhaben und fortbilden, die von dem Vertrag nicht mehr gedeckt wäre.[15]

Der Gedanke des uneingeschränkten Vorrangs des Unionsrechts ist mit dessen **7** unmittelbarer Geltung verknüpft. Eine **unmittelbare Anwendung** des Unionsrechts setzt voraus, dass
– ein klares Ge- oder Verbot besteht,
– die Verpflichtung an keine weiteren Bedingungen geknüpft ist und
– zu ihrer Durchführung oder Wirksamkeit keine Maßnahme der Gemeinschaften oder der internen Rechtssetzung der Mitgliedstaaten erforderlich sind.[16]

Diese zunächst für das Primärrecht entwickelte Regel wurde später auf andere **8** Rechtsquellen, insbesondere auf das Sekundärrecht ausgedehnt.[17] Dem Richtlinien-Vorrang entsprechend hat das FG Hamburg, ohne die Sache dem EuGH vorzulegen, § 8b Abs. 7 KStG 1999 wegen Verstoßes gegen das Unionsrecht als nicht an-

---

[9] *Ismer* in Herrmann/Heuer/Raupach, Einf. ESt Rz. 401, 425.
[10] Vgl. Streinz/*Schroeder* EUV/AEUV, Art. 288 AEUV, Rz. 40 f. m. w. N.; *Cordewener* DStR 2004, 6, 9.
[11] Vgl. Streinz/*Schroeder* EUV/AEUV, Art. 288 AEUV, Rz. 44.
[12] *Musil* in Hübschmann/Hepp/Spitaler, Kommentar zur AO und FGO, Stand 9/2012, AO § 2 Rz. 180.
[13] BFH v. 24.10.2013 V R 17/13, BStBl. II 2015, 513 (zu § 12 Abs. 2 UStG); *Schaumburg* in S/E, Rz. 4.18; *Reimer* in S/E, Rz. 7.15; *Ismer* in Herrmann/Heuer/Raupach, Einf ESt (8/2014), Rz. 425; *Kruis* Der Anwendungsvorrang des EU-Rechts in Theorie und Praxis, Tübingen, 2012.
[14] Zu Vorstehendem vgl. *Ehlers* Europäische Grundrechte und Grundfreiheiten, § 7 Rz. 9; *Terhechte* Der Vorrang des EU-Rechts, JuS 2008, 403.
[15] BVerfG v. 12.10.1993 2 BvR 2134/92 – Maastricht, BVerfGE 89, 155; *Haltern* Europarecht, 2. Aufl., 2007, Rz. 992.
[16] Streinz/*Mögele* EUV/AEUV, Art. 216 AEUV Rz. 52 f.
[17] Streinz/*Mögele* EUV/AEUV, Art. 216 AEUV Rz. 52 f.

wendbar angesehen und die Korrektur um nicht-abziehbare Betriebsausgaben zugunsten der Klägerin unterlassen.[18]

VI. Grundsatz der EU-Rechts-konformen Auslegung

9   Der Grundsatz der EU-Rechts-konformen Auslegung nationalen Rechts verlangt, stets die Auslegungsvariante zu wählen, die einen Verstoß des nationalen Rechts gegen EU-Recht vermeidet.[19]

VII. Geltung allgemeiner Rechtsgrundsätze

10   Neben den besonderen EU-Rechtsgrundsätzen sind auch die allgemeinen Rechtsgrundsätze (wie etwa das Rechtsstaatsprinzip, die Gesetzmäßigkeit der Besteuerung; Besteuerungsgleichheit, Rechtssicherheit, Rückwirkungsverbot, Vertrauensschutz; Missbrauchsverbot) für die Anwendung des EU-Rechts von Bedeutung.[20]

Übersicht zu § 5: Rechtsgrundsätze der EU

▸ Jedes Rechtssystem enthält neben dem geschriebenen Recht auch kodifizierte und nicht kodifizierte Rechtsgrundsätze, die die allgemeine Richtung der Auslegung vorgeben, die aber im Einzelfall auch als Entscheidungshilfe heranzuziehen sind.

▸ EU-Rechtsgrundsätze sind vor allem: Demokratieprinzip, Geltung und Anwendung der Grundrechte-Charta, Subsidiaritätsprinzip, Vorrang des Unionsrechts, Grundsatz der EU-Rechts-konformen-Auslegung.

▸ Der EuGH ist zuständig für die Auslegung und Anwendung europäischen Rechts; Maßstab sind insoweit auch die Grundrechte und die EMRK. Der EuGH prüft daher immer nur „europäische Rechtsverstöße". Ein EU-Bürger kann sich daher nicht mit der Begründung an den EuGH wenden, dass ein deutscher Verwaltungsakt gegen Grundrechte verstoße.

▸ Neben den besonderen EU-Rechtsgrundsätzen gelten auch die allgemeinen Rechtsgrundsätze (wie etwa das Rechtsstaatsprinzip; die Gesetzmäßigkeit der Besteuerung; Besteuerungsgleichheit, Rechtssicherheit; Rückwirkungsverbot; Vertrauensschutz; Missbrauchsverbot).

---

[18] FG Hamburg v. 29.4.2004 VI 53/02, BB 2004, 1945.
[19] *Ismer* in Herrmann/Heuer/Raupach, Einf ESt (8/2014), Rz. 425; unten § 21 Rz. 9.
[20] *Englisch* in S/E, Rz. 12.1, 11 f.

§ 6 EU-Finanzen

I. Allgemeines

Die Finanzen der EU sind in Art. 310ff. AEUV geregelt. Alle Einnahmen und 1
Ausgaben der Union werden für jedes Haushaltsjahr veranschlagt und in den
Haushaltsplan eingesetzt. Der jährliche Haushaltsplan der Union wird vom Europäischen Parlament und vom Rat nach Maßgabe des Art. 314 AEUV aufgestellt.
Der Haushaltsplan ist in Einnahmen und Ausgaben auszugleichen (Art. 310 Abs. 1
AEUV). Die Union stattet sich mit den erforderlichen Mitteln aus, um ihre Ziele
erreichen und ihre Politik durchführen zu können. Der Haushalt wird unbeschadet
der sonstigen Einnahmen vollständig aus Eigenmitteln finanziert (Art. 311 AEUV).
Mit dem mehrjährigen Finanzrahmen soll sichergestellt werden, dass die Ausgaben
der Union innerhalb der Grenzen ihrer Eigenmittel eine geordnete Entwicklung
nehmen. Er wird für einen Zeitraum von mindestens fünf Jahren aufgestellt. Bei der
Aufstellung des jährlichen Haushaltsplans der Union ist der mehrjährige Finanzrahmen einzuhalten (Art. 312 Abs. 1 AEUV).

Die EU verfügt – von unbedeutenden Ausnahmen abgesehen – über keine eigenen 2
Steuererhebungskompetenzen.[1] Ihr Haushalt ist mit 142,7 Mrd. EUR (2014) vergleichsweise gering. Dies liegt vor allem daran, dass die wichtigsten Umverteilungssysteme, etwa das Sozialsystem, weiterhin auf nationaler Ebene angesiedelt sind. Die
beiden wichtigsten Ausgabenposten sind die Gemeinsame Agrarpolitik sowie die
Regionalpolitik der Europäischen Union, die jeweils rund 35 vH des Gesamtetats
ausmachen. Die EU hat vor allem Ausgaben im Bereich der Landwirtschaft und der
Strukturförderung (Interventionsinstrumente, Finanzausgleich, Regionalförderung).

Der EU-Haushalt setzt sich auf der Einnahmenseite aus den sog. Eigenmitteln
und den „sonstigen Einnahmen" zusammen. Die EU hat auf diese Einnahmen einen Rechtsanspruch, sie fließen ihr ohne gesonderten Beschluss einzelstaatlicher
Behörden zu. Im Einzelnen gibt es vier verschiedene Typen von Einnahmen (die
nachstehenden Zahlenangaben beziehen sich auf den Haushalt für 2011):
- **Traditionelle Eigenmittel** (ca. 13 vH der Einnahmen): Zölle, Zuckerabgaben;
- **Mehrwertsteuer-Eigenmittel** (ca. 11 vH der Einnahmen): prozentualer Anteil an
  den Mehrwertsteuereinnahmen der EU-Mitgliedstaaten;
- **BNE(Bruttonationaleinkommen)-Eigenmittel** (ca. 75 vH der Einnahmen): Beiträge der EU-Mitgliedstaaten entsprechend der Wirtschaftskraft des Landes;
- **Sonstige Einnahmen** (ca. 1 vH der Einnahmen): beispielsweise Steuern auf die
  und Abzüge von den Dienstbezügen des EU-Personals, Bankzinsen, Beiträge von
  Drittländern zu bestimmten EU-Programmen usw.

II. Eigenmittelsystem

Geregelt ist das System der Eigenmittel im Beschluss des Rates vom 7.6.2007, 3
2007/436/EG-Euratom, ABl. 2007 L 163, 17); das System soll gewährleisten, dass
die EU über angemessene Einnahmen für eine geordnete Finanzierung ihrer Politiken verfügt; dabei ist eine strikte Haushaltsdisziplin zu beachten.

---

[1] *Schick/Märkt* Braucht die EU eine eigene Steuer, DStZ 2002, 27, 28; s. auch Bericht über Symposium „The Future of EU Finances" v. 14.1.2016, BMF-Monatsbericht 2/2016.

- **Traditionelle Eigenmittel**
Die traditionellen Eigenmittel setzen sich aus den Zöllen des **Gemeinsamen Zolltarifs** und Abgaben im Rahmen der gemeinsamen Marktorganisation für Zucker (die „Zuckerabgaben") zusammen. Der Teil, den die Mitgliedstaaten von den gesamten Einnahmen für die Erhebung einbehalten können, beläuft sich auf 25 vH.

- **MwSt-Eigenmittel**
Die Mehrwertsteuer-Eigenmittelabgaben werden auf die zu diesem Zweck vereinheitlichte MwSt-Bemessungsgrundlage der Mitgliedstaaten erhoben.
Der maximale Abrufsatz der MwSt beträgt 0,30 vH. Die zur Berechnung des Abrufsatzes herangezogene maximale MwSt-Bemessungsgrundlage wird auf 50 vH des BNE jedes Mitgliedstaats festgesetzt („Kappung der MwSt-Eigenmittel"). Im Zeitraum 2007–2013 beträgt der Abrufsatz für die MwSt-Eigenmittel für Österreich 0,225 vH, für Deutschland 0,15 vH und für die Niederlande und Schweden 0,10 vH.

- **BNE-Einnahmen**
Unter Berücksichtigung aller Einnahmen aus den übrigen Eigenmitteln ergeben sich die BNE-Einnahmen aus der Anwendung eines einheitlichen Satzes auf den Gesamtbetrag der BNE aller Mitgliedstaaten. Im Zeitraum 2007–2013 wurden die jährlichen BNE-Beiträge zweier Mitgliedstaaten gekürzt: der BNE-Betrag der Niederlande um 605 Mio. EUR brutto und der BNE-Betrag Schwedens um 150 Mio. EUR brutto.

- **Korrektur zugunsten des Vereinigten Königreichs**
Die Korrektur der Haushaltsungleichgewichte zugunsten des Vereinigten Königreichs wird auf der Basis der Differenz zwischen dem Anteil der MwSt-Bemessungsgrundlage des Vereinigten Königreichs an der MwSt-Bemessungsgrundlage aller EU-Mitgliedstaaten und dem Anteil des VK an den aufteilbaren Gesamtausgaben berechnet. Die Deutschland, den Niederlanden, Österreich und Schweden zugestandene Reduzierung ihres Anteils an der Finanzierung dieser Korrektur bleibt erhalten und beträgt ein Viertel ihres normalen Beitrags.

- **Eigenmittelobergrenze**
Die Eigenmittelobergrenze wird bei 1,24 vH des BNE der Mitgliedstaaten der EU belassen. Die Obergrenze für die jährlichen Verpflichtungsermächtigungen wird auf 1,31 vH des BNE der Mitgliedstaaten der EU festgesetzt. Die Eigenmittel dienen der Finanzierung aller im Gesamthaushaltsplan der EU ausgewiesenen Ausgaben. Etwaige Mehrbeträge eines Haushaltjahres werden auf das folgende Haushaltsjahr übertragen.

- **Erhebung der Eigenmittel**
Die Methode der Eigenmittelerhebung wird weiterhin nach innerstaatlichen Bestimmungen festgelegt. Die Kommission nimmt in regelmäßigen Abständen eine Prüfung dieser Bestimmungen vor. Die Mitgliedstaaten informieren die Kommission regelmäßig über Unregelmäßigkeiten mit finanziellen Auswirkungen, die im Rahmen der Erhebung aufgetreten sind.

III. Eigenmittelbeschluss vom 26.5.2014

4　　Mit dem Eigenmittelbeschluss vom 26.5.2014 wird das bestehende Eigenmittelsystem in seinen wesentlichen Regelungen fortgeschrieben. Der Eigenmittelbeschluss war Teil des Verhandlungspakets zum mehrjährigen Finanzrahmen 2014–

2020, mit dem die Staats- und Regierungschefs der EU die Ausgabenobergrenzen der EU festgelegt haben. Der Eigenmittelbeschluss des Rates tritt erst nach Zustimmung aller Mitgliedstaaten im Einklang mit ihren jeweiligen verfassungsrechtlichen Vorschriften in Kraft. Er wird dann rückwirkend ab dem 1.1.2014 angewandt. In Deutschland ist hierfür ein Vertragsgesetz erforderlich, dem der Bundesrat zustimmen muss.[2]

IV. Erschließung neuer Finanzierungsquellen durch eigene Steuern

1. Allgemeine Erwägungen

Im Rahmen der Agenda 2000 wurde die Beibehaltung der **Obergrenze** für EU- 5 Eigenmittel von 1,27 vH des EU-BIP vereinbart. Insbesondere angesichts der Osterweiterung ist dieser finanzielle Rahmen jedoch eher unzureichend. Die auf der EU-Ebene angesiedelten Aufgaben erfordern – nach Beseitigung des derzeitigen **Demokratiedefizits** – eigene Steuerkompetenzen der EU; das EP sollte neben dem Ministerrat gleichberechtigte Entscheidungsbefugnisse in allen Finanzangelegenheiten erhalten.[3] Allerdings ist nach wie vor umstritten, ob die EU eigene Steuern „erfinden" kann, die die Unionsstaaten gar nicht oder nur vereinzelt kennen; aus dem Steuerharmonisierungsauftrag ergebe sich weder ein Steuererfindungsrecht noch die Befugnis, den Mitgliedstaaten neue Steuern vorzuschreiben.[4]

2. Europasteuer

Eine Europasteuer als eigene Einnahmequelle der EU wird von einigen Regie- 6 rungen der Mitgliedstaaten seit längerem diskutiert. Eine Europasteuer würde die **Transparenz der Einnahmenstruktur** des EU-Haushalts erhöhen, da die Zuweisungen der einzelnen Mitgliedstaaten an die EU nicht mehr nur aus dem allgemeinen Steueraufkommen erfolgten. Die Europasteuer könnte ergänzend und nicht als Substitut zu den bisherigen Eigenmitteln der EU erhoben werden, um den zu erwartenden zusätzlichen Finanzierungsbedarf der EU abzudecken; die Europasteuer müsste die finanzielle Leistungsfähigkeit der einzelnen Mitgliedstaaten beachten und progressiv ausgestaltet sein.[5] Ein Mehrwertsteuerzuschlag würde dagegen dieselben distributiven Unzulänglichkeiten aufweisen wie die derzeit von den Mitgliedstaaten abgeführten mehrwertsteuerbasierten Eigenmittel.[6]

Aus der Perspektive der **internationalen und interpersonellen Verteilungsgerechtigkeit** ist eine Europasteuer vorzuziehen, die am Einkommen bzw. an den Gewinnen oder am Vermögen ansetzt. Möglich wäre beispielsweise auch, die Erbschaft- oder Vermögensteuer EU-weit zu vereinheitlichen und einen bestimmten Anteil des Steueraufkommens als Europasteuer an die EU weiterzuleiten. Das erzielbare Aufkommen dieser Steuern wäre langfristig kalkulierbar und eine verlässliche Einnahmequelle.

Eine weitere Alternative wäre ein **Zuschlag auf eine Teilhabersteuer**, die auf der Ebene der Kapitalgesellschaften erhoben wird. Eine solche Europasteuer hätte gegenüber einem Zuschlag auf

---

[2] *BMF,* www.bundesfinanzministerium.de, Online-Redaktion, 11.12.2014.
[3] *Schratzenstaller* Steuerwettbewerb und Steuerpolitik in der Europäischen Union – Sachstand und Alternativen, 32.
[4] *Reich/König* Europäisches Steuerrecht, 2006, S. 17.
[5] *Traub* Einkommensteuerhoheit für die Europäische Union, 2005, der sich für eine EU-eigene Steuer – neben den mitgliedstaatlichen Einkommensteuern – ausspricht.
[6] Für eine Mehrwertsteuer-Finanzierung *Wieland* Erweitern und Teilen – Die künftige Finanzordnung der Europäischen Union, ZRP 2002, 503; ebenso *Kovács* FTD 3.3.2006, S. 16.

die nationale Einkommensteuer den Vorteil, dass sie in sämtlichen EU-Ländern auf einer einheitlichen Grundlage hinsichtlich Steuersatz und Bemessungsgrundlage beruhen würde. Dieses Kriterium kann ein Zuschlag auf die nationale Einkommensteuer nicht erfüllen, da deren Steuersätze zwischen den Mitgliedstaaten beträchtlich differieren.

3. Tobinsteuer

7   Mit einer **Steuer auf grenzüberschreitende Devisentransaktionen** hat sich bereits Anfang 2000 das Europäische Parlament befasst. Sie soll spekulative Kapitalflüsse reduzieren und könnte nach Ansicht ihrer Befürworter zu einer wichtigen Einnahmequelle für die globale Armutsbekämpfung werden. Ein Antrag auf Prüfung ihrer Einführung verfehlte nur knapp die erforderliche Mehrheit. Eine Tobinsteuer mit einem relativ geringen Steuersatz von 1 vH pro Transaktion auf sämtliche Devisengeschäfte würde sehr kurzfristige, auf geringfügige Kursdifferenzen abzielende Devisengeschäfte unrentabel machen und somit verhindern. Langfristige Investitionen und die Finanzierung des internationalen Güterhandels dagegen würden nur unwesentlich verteuert. Die Steuer hätte neben einem beträchtlichen Einnahme- auch ein (wenn auch begrenztes) **Stabilisierungspotenzial** für die Devisenmärkte.[7]

Die Schätzungen über die Höhe der tatsächlichen Einnahmen differieren erheblich. Welche Einnahmen anfallen, hängt insbesondere von der Steuerelastizität der Devisenumsätze sowie der Höhe des Steuersatzes ab. Eine **weltweite Tobinsteuer** soll Einnahmen in zweistelliger Milliardenhöhe erbringen.

Die Tobinsteuer könnte eine gerechtere internationale Steuerbelastung bewirken, da die reichen Länder innerhalb der EU ein höheres Volumen an Devisengeschäften tätigen; der Anteil des Tobinsteueraufkommens an ihrem Bruttosozialprodukt dürfte daher überproportional hoch sein. Was die personellen Verteilungswirkungen anbelangt, so wird die Tobinsteuer vom Händler auf die privaten Nachfrager – private Haushalte oder Unternehmen – überwälzt werden. Aktivitäten auf dem Devisenmarkt setzen eine gewisse finanzielle Leistungsfähigkeit privater Haushalte voraus; ihre Belastung mit einer Devisenumsatzsteuer ist daher auch aus verteilungspolitischer Sicht nicht unangemessen.

4. Kerosinsteuer

8   **Flugbenzin** ist gemäß der Direktive aus dem Jahr 1992 zur Besteuerung von Mineralöl in der EU zwingend von der Besteuerung ausgenommen. Diese Steuerbefreiung ist aus ökologischen Gründen kaum zu rechtfertigen, da sie den Luftverkehr gegenüber anderen, auch umweltfreundlicheren Verkehrsträgern privilegiert. Im Jahr 2000 reagierte die Kommission auf eine Studie zu den Möglichkeiten einer Besteuerung von Flugbenzin mit einem Bericht, in dem sie zunächst feststellte, dass aus „ökonomischen" Gründen eine unilaterale Besteuerung von Kerosin nur auf Intra-EU-Flüge nicht effektiv wäre, da die Steuer in großem Umfang umgangen werden könnte. Dennoch könnte eine Flugbenzinsteuer für alle Flüge von EU-Flughäfen aus beträchtliche ökologische Wirkungen erzielen. Die Kommission empfiehlt daher, eine Direktive für eine Rahmenregelung anzustreben, die es den einzelnen EU-Ländern erlaubt, Flugbenzin für Binnenflüge oder – per bilateralen Abkommen – Intra-EU-Flüge zu besteuern. Darüber hinaus könnten mittelfristig auch mit den wichtigsten am internationalen Flugverkehr beteiligten Nicht-EU-

---

[7] Die EU-Finanzminister haben das Projekt begraben (FAZ v. 13.4.2005, 14); vgl. auch *Weber-Grellet* ZRP 2003, 279/80; *Weber-Grellet* Steuern im modernen Verfassungsstaat, 2001, 136 zur Ablösung des gegenwärtigen Vielsteuersystems durch eine sog. APT-Steuer.

Ländern Vereinbarungen über die Besteuerung von Flugbenzin ins Auge gefasst werden.

5. Finanztransaktionssteuer

Bei der Finanztransaktionssteuer handelt es sich um eine **Umsatzsteuer bzw.**   9
Kapitalverkehrsteuer auf Finanzgeschäfte. Diese soll in insgesamt elf europäischen Staaten eingeführt werden (Belgien, Deutschland, Estland, Frankreich, Griechenland, Italien, Österreich, Portugal, Slowakei, Slowenien, Spanien). Am 14. Februar 2013 hat die Europäische Kommission erneut einen entsprechenden Richtlinienvorschlag vorgelegt,[8] der auf Art. 113 AEUV (i.V.m. Art. 326 ff. AEUV) gestützt ist. Der RL-Entwurf verfolgt vor allem drei Ziele: die Harmonisierung der Rechtsvorschriften, die Refinanzierung der Finanzkrise durch angemessene Beteiligung des Finanzsektors und die Hemmung riskanter Transaktionen. Das jährliche Steueraufkommen wird auf 30–35 Mrd. EUR bzw. 0,4–0,5 vH des BSP der teilnehmenden Mitgliedstaaten geschätzt. Gegenstand der Finanztransaktionsteuer sind:

- Geschäfte/Transaktionen auf geregelten Märkten und im außerbörslichen Handel.
- Alle Geschäfte/Transaktionen (wie z.B. Kauf und Verkauf, Wertpapier(ver)leihgeschäfte, Rechte- und Eigentumsübertragung, Austausch von Finanzinstrumenten, Pensionsgeschäfte, Abschluss und materielle Veränderung von Derivatekontrakten).
- Alle Finanzinstitute (Banken, Versicherungen, Hedge-Fonds, Fonds von Fonds usw.) aus teilnehmenden Mitgliedstaaten, die Partei einer Transaktion sind, oder die im Namen und/oder auf Rechnung einer Vertrags- oder Geschäftspartei handeln.

Das weitere Verfahren ist eher schleppend, auch wenn die Finanzminister gelegentlich Fortschritte vermelden.[9]

6. Ausblick

Notwendig ist Transparenz der individuellen Kosten der europäischen öffentli-   10
chen Güter und ein **rationaler Diskurs** über die erforderlichen Finanzmittel, der die **Nettozahlerdiskussion** beseitigt und zu mehr **Transparenz** in der europäischen Politik beiträgt. Vor diesem Hintergrund ist – zumindest auf lange Sicht – eine eigene Europasteuer dem Zuschlagsystem vorzuziehen.

---

[8] KOM 2013/71.
[9] Kritisch *Englisch* in Tipke/Lang, Steuerrecht, § 4 Rz. 66.

Übersicht zu § 6: Finanzen

▶ Der jährliche Haushaltsplan der Union wird vom Europäischen Parlament
   und vom Rat nach Maßgabe des Art. 314 AEUV aufgestellt; sein Volumen
   betrug 2014 142,7 Mrd. EUR.
▶ Der EU-Haushalt setzt sich auf der Einnahmenseite aus den sog. Eigenmit-
   teln und den „sonstigen Einnahmen" zusammen.
▶ Einnahmen-Typen
   – Traditionelle Eigenmittel
   – Mehrwertsteuer-Eigenmittel
   – BNE(Bruttonationaleinkommen)-Eigenmittel
   – Sonstige Einnahmen
▶ Erschließung neuer Finanzierungsquellen durch eigene Steuern
   – Europasteuer
   – Tobinsteuer
   – Kerosinsteuer
   – Finanztransaktionssteuer

§ 7 Das Steuerkonzept der EU

Ausgangsfall (Verbotene Diskriminierung durch Begünstigung des Fördergebiets; Beihilfe-verbot): § 52 Abs. 8 EStG i.d.F. des Jahressteuergesetzes 1996 erweiterte die durch § 6b EStG er-öffneten Möglichkeiten der Übertragung stiller Reserven. Begünstigt ist danach auch unter be-stimmten Voraussetzungen die Veräußerung von Anteilen an Kapitalgesellschaften, die ihren Sitz im Fördergebiet (§ 1 Abs. 2 FördG) haben. Ist diese Regelung als nach Art. 49 AEUV verbotene Diskriminierung (Verfälschung der Wettbewerbsbedingungen) anzusehen?

I. Beseitigung negativer Wirkungen der nationalen Steuerrechtsordnungen

Die Vertragsziele der EU sind gem. Art. 3 EUV gerichtet auf   1
- Errichtung eines Gemeinsamen Marktes (Binnenmarkt; Art. 3 Abs. 3 EUV),
- Errichtung einer Wirtschafts- und Währungsunion (Art. 3 Abs. 4 EUV),
- soziale Gerechtigkeit, Solidarität, Wirtschaftswachstum, Schutz des kulturellen Erbes (Art. 3 Abs. 3 und 5 EUV),
- Übernahme der Grundrechte (Art. 6 EUV).

Ein **einheitliches Steuerrecht** steht nach diesen Zielen nicht im Vordergrund der   2
EU-Politiken. Allerdings wird in **ökonomischer Hinsicht** eine optimale Allokation der Produktionsfaktoren erwartet, der die nationalen Steuerrechtsordnungen nicht im Wege stehen dürfen; eine zentrale Forderung an das Steuerrecht besteht daher in der Forderung nach **Entscheidungsneutralität** (Art. 113, 115 AEUV). Aus EU-Sicht besteht ein vorrangiges Interesse, potentielle **negative Wirkungen** der natio-nalen Steuerrechtsordnungen zu beseitigen.

In steuerlicher Hinsicht sind insoweit von Bedeutung:
- Art. 28 Abs. 1 AEUV: das **Verbot von Zöllen** und mengenmäßigen Beschrän-kungen bei der Ein- und Ausfuhr von Waren sowie aller sonstigen Maßnahmen gleicher Wirkung zwischen den Mitgliedstaaten;
- Art. 3 Abs. 3 EUV: ein **freier Binnenmarkt,** der durch die Beseitigung der Hin-dernisse für den freien Waren-, Personen-, Dienstleistungs- und Kapitalverkehr zwischen den Mitgliedstaaten gekennzeichnet ist;
- Art. 114 AEUV: die **Angleichung der innerstaatlichen Rechtsvorschriften,** soweit dies für das Funktionieren des Gemeinsamen Marktes erforderlich ist;
- Art. 107 Abs. 1 AEUV (**Beihilfeverbot;** i.E. Rz. 8f.): gegen einen unkontrollier-ten Subventionswettlauf.

Das Europäische Steuerrecht hat die Funktion, die nationalen Steuerrechte EU-kompatibel zu gestalten. Die EU-Steuerpolitik ist daher darauf gerichtet, nationale Diskriminierungen und Beschränkungen abzubauen. In Bezug auf Inlands- und Auslandsfälle muss das Steuerrecht neutral sein (Prinzip der Steuerneutralität). Bei der Frage, welcher Fiskus die Besteuerung vornehmen darf, ist das Prinzip der Ter-ritorialität zu beachten, z.B. durch das sog. Bestimmungslandprinzip oder durch eine Aufteilung der Besteuerungsbefugnisse.[1]

Konkretisierend verlangt **Art. 113 AEUV** die Harmonisierung der **indirekten**   3
Steuern (Mehrwertsteuer und Verbrauchsabgaben).[2] Eine Rechtsangleichung in anderen Steuerrechtsbereichen wird im Allgemeinen auf der Grundlage des (durch

---

[1] Vgl. *Schön* in Schön/Heber, Grundfragen des Europäischen Steuerrechts, 2015, 109.
[2] *Waldhoff/Kahl* in Calliess/Ruffert (Hrsg.), EUV/AEUV, Art. 113 AEUV, Rz. 1f.

die Art. 116 und 117 ergänzten) **Art. 115 AEUV** getroffen, der Maßnahmen zur Verhinderung von Marktverzerrungen vorsieht. Allerdings schließt Art. 114 Abs. 2 AEUV die Anwendung des Art. 114 Abs. 1 AEUV für die Bestimmungen über die Steuern ausdrücklich aus.

II. Ziele der Steuerpolitik

4   Der (Minister-)Rat darf unter den Voraussetzungen des Art. 113 AEUV Bestimmungen zur Harmonisierung der Rechtsvorschriften über die Umsatzsteuern, die Verbrauchsabgaben und sonstige indirekte Steuern, soweit diese Harmonisierung für die Errichtung und das Funktionieren des Binnenmarkts und die Vermeidung von Wettbewerbsverzerrungen notwendig ist, nur einstimmig erlassen. Es besteht also eine inhaltliche Beschränkung (keine direkten Steuern) und eine formale Beschränkung (Einstimmigkeit), so dass eine umfassende Steuerharmonisierung nach Vertragslage ausgeschlossen ist. – Ob eine einheitliche Bemessungsgrundlage für den Bereich der Unternehmensbesteuerung zulässig ist, scheint daher eher zweifelhaft.

Nach dem Kommissionsdokument von 1980 „Der Konvergenzspielraum der Steuersysteme in der Gemeinschaft"[3] ist die **Steuerhoheit** und **Steuergesetzgebungshoheit** nicht nur eine der grundlegenden Komponenten der nationalen Souveränität, sondern die Steuersysteme sind auch infolge der verschiedenen **Wirtschafts- und Sozialstrukturen** und der verschiedenen Auffassungen von der Bedeutung der Steuern im Allgemeinen oder einer bestimmten Steuer im Besonderen sehr unterschiedlich gestaltet.

Zahlen: Der prozentuale Anteil der Gesamtbesteuerung und der Ausgaben für soziale Sicherheit am BIP bewegt sich beispielsweise zwischen 34 vH in Griechenland und fast 55 vH in Schweden (der EU-Durchschnitt beträgt 42,6 vH). Direkte Steuern – im Wesentlichen personenbezogene Einkommens- und Gewerbesteuern – liegen zwischen 9 vH des BIP in Griechenland und 32 vH in Dänemark (EU-Durchschnitt 13,7 vH). Indirekte Steuern – im Wesentlichen Mehrwertsteuer und Verbrauchssteuern – liegen zwischen etwa 11 vH des BIP in Spanien und über 19 vH in Dänemark (EU-Durchschnitt 13,8 vH). Und die Sozialabgaben liegen zwischen nur 1,7 vH des BIP in Dänemark und über 19 vH in Frankreich (EU-Durchschnitt 15,1 vH). – Die bundesrepublikanische Steuerquote betrug 2012 23,2 vH, die der Slowakei 16,1 vH; die von Dänemark 47,1 vH.[4]

5   Nach Art. 126 AEUV vermeiden die Mitgliedstaaten übermäßige öffentliche Defizite. Gem. Art. 126 Abs. 2 AEUV überwacht die Kommission die Entwicklung der Haushaltslage und der Höhe des öffentlichen Schuldenstands in den Mitgliedstaaten im Hinblick auf die Feststellung schwerwiegender Fehler, insbesondere prüft sie die Einhaltung der Haushaltsdisziplin anhand von zwei Kriterien, nämlich daran, ob das Verhältnis des geplanten oder tatsächlichen öffentlichen Defizits zum Bruttoinlandsprodukt oder ob das Verhältnis des öffentlichen Schuldenstands zum Bruttoinlandsprodukt einen bestimmten Referenzwert überschreitet.

Mit den Bestimmungen des Maastrichter Vertrags über die Wirtschafts- und Währungsunion erlangte die allgemeine Steuerpolitik eine neue Dimension, indem die Möglichkeit der Regierungen zur Finanzierung öffentlicher Ausgaben durch Verschuldung stark eingeschränkt wurde. Gemäß dem **Stabilitäts- und Wachstumspakt** durfte das Haushaltsdefizit der an der EURO-Zone beteiligten Mitgliedstaaten zu keinem Zeitpunkt 3 vH des BIP überschreiten.

---

[3] KOM (1980), 139.
[4] www.eu-info.de (6.1.2016); BMF-Monatsbericht 6/2014, Tab. 17.

Bereits 1996 legte die Kommission ein **steuerpolitisches Gesamtkonzept** vor,[5]   **6**
mit dem Ziel, das Wachstum zu sichern und Arbeitsplätze zu schaffen, die Steuersysteme zu stabilisieren und den Binnenmarkt in allen Bereichen zu vollenden.
Gleichzeitig bemüht sich die OECD parallel dazu, dem **„schädlichen Steuerwettbewerb"** auf internationaler Ebene entgegenzutreten und insbesondere den „Steueroasen" ein Ende zu bereiten. Ziel der jüngsten Schritte hin zu einer allgemeinen
Steuerpolitik ist es, die nachteiligen Auswirkungen der **Steuerkonkurrenz** und des
Steuerwettbewerbs zu verhindern, insbesondere die steuerlich veranlasste „Abwanderung" von Unternehmen in niedrig besteuernde Mitgliedstaaten.

Im Hinblick auf die beschränkten Kompetenzen der EU-Organe auf dem Gebiet
des Steuerrechts scheidet eine Vereinheitlichung der nationalen (direkten) Steuersysteme von vornherein aus. Die EU muss sich insoweit auf die Rahmenbedingungen beschränken. Dementsprechend steht auf der Agenda der Kommission für 2015
die **Beseitigung „unfairer Zustände":**

- ein Aktionsplan gegen Steuerumgehung und Steuerbetrug, der auch Maßnahmen
  auf der EU-Ebene vorsieht, um zu einem Steuerrecht zu gelangen, bei dem Gewinne dort besteuert werden, wo sie erwirtschaftet wurden,
- ein automatischer Informationsaustausch in Steuersachen und
- eine Stabilisierung der Körperschaftssteuer-Bemessungsgrundlage.

Im Bereich der indirekten Steuern ist zu verhindern, dass Unterschiede bei den   **7**
Steuersätzen und -systemen den Wettbewerb innerhalb des Binnenmarkts verzer-
ren. Dies ist der Zweck der nach Art. 113 AEUV erlassenen Rechtsvorschriften
über die Umsatzsteuer und die Verbrauchsabgaben. Bei den **direkten Steuern**
zielen die Gemeinschaftsmaßnahmen nach wie vor hauptsächlich darauf ab, die
Lücken, die Steuerhinterziehung ermöglichen, zu schließen und Doppelbesteuerung zu vermeiden. Die Doppelbesteuerung von EU-Bürgern ist nicht mit dem Ziel
der Verwirklichung des Binnenmarktes vereinbar.

III. Beihilfeverbot

Art. 107 AEUV statuiert ein grundsätzliches Verbot der staatlichen Beihilfege-   **8**
währung. Der Begriff der Beihilfe ist weit auszulegen; auch Steuervergünstigungen
können unter den Begriff der Beihilfe fallen.[6] Verbotene Beihilfen unterliegen einem
Durchführungs*verbot* und Rückforderungs*gebot*.[7] Nach Art. 107 Abs. 1 AEUV
sind, soweit in den Verträgen nicht etwas anderes bestimmt ist, staatliche oder aus
staatlichen Mitteln gewährte Beihilfen gleich welcher Art, die durch die Begünstigung bestimmter Unternehmen oder Produktionszweige den Wettbewerb verfälschen oder zu verfälschen drohen, mit dem Binnenmarkt unvereinbar, soweit sie
den Handel zwischen Mitgliedstaaten beeinträchtigen. Art. 93 AEUV konstituiert
bestimmte **Ausnahmen vom Beihilfeverbot.**

Mit dem grundsätzlichen Verbot von Beihilfen in Art. 107 Abs. 1 AEUV will der
Unionsgesetzgeber verhindern, dass Vergünstigungen, die die Mitgliedstaaten an die
in ihrem Gebiet ansässigen Unternehmen gewähren, zu Wettbewerbsverzerrungen
innerhalb des Binnenmarktes führen. Mitgliedstaaten unterstützen Unternehmen

---

[5] „Steuern in der Europäischen Union" v. 20.3.1996, SEK (96), 487; KOM (1996), 546.
[6] *Englisch* in Tipke/Lang, Steuerrecht, § 4 Rz. 115 f.; *Englisch* in S/E, Rz. 9.1–9.70.
[7] *Englisch* in Tipke/Lang, Steuerrecht, § 4 Rz. 37 f.; *Ismer* in Herrmann/Heuer/Raupach, Einf ESt
(8/2014), Rz. 510 f.

nicht nur in konjunkturell schwierigen Zeiten, sondern auch dann, wenn ein Wirtschaftszweig strukturellen Veränderungen ausgesetzt ist; die in der Branche ohnehin schon vorhandenen Überkapazitäten werden durch die Beihilfen häufig beibehalten oder noch erhöht. Ein **unkontrollierter Subventionswettlauf** zwischen den
Mitgliedstaaten macht die Rückführung zu einer Wettbewerbswirtschaft unmöglich.[8]

9   Nach ständiger Rechtsprechung des Gerichtshofs kann eine steuerliche Maßnahme eine staatliche Beihilfe im Sinne von Art. 107 Abs. 1 AEUV darstellen.[9] Dies
ist der Fall, wenn die steuerliche Maßnahme den Empfängern eine steuerliche Vergünstigung gewährt, indem sie die Lasten verringert, die ein Unternehmen sonst zu
tragen hat („selektiver Vorteil").[10] Außerdem muss diese Maßnahme geeignet sein,
„bestimmte Unternehmen oder Produktionszweige" gegenüber anderen Unternehmen oder Produktionszweigen, die sich im Hinblick auf das mit der betreffenden Regelung verfolgte Ziel in einer vergleichbaren tatsächlichen und rechtlichen
Situation befinden, zu begünstigen. Bei der Beurteilung dieser Maßnahmen ist der
selektive Vorteil damit das ausschlaggebende Kriterium unter den vier kumulativen
Kriterien, die in dieser Bestimmung des AEU-Vertrags genannt werden.

Der Beihilfenbegriff des Art. 107 Abs. 1 AEUV wird vom EuGH und ihm fol-
gend von der Kommission bei der Kontrolle steuerrechtlicher Maßnahmen der
Mitgliedstaaten anhand folgender Merkmale geprüft: Erstens muss die untersuchte
steuerliche Maßnahme bestimmten Unternehmen einen selektiven Vorteil in Gestalt
einer steuerlichen Entlastung verschaffen. Zweitens muss diese Steuervergünstigung
als „staatliche und staatlich finanzierte" Maßnahme zu qualifizieren sein. Drittens
muss sie den Handel zwischen Mitgliedstaaten beeinträchtigen (muss sich m.E. also
gezielt und unmittelbar gegen **europäische Mitbewerber** richten) und schließlich
viertens eine wettbewerbsverfälschende Wirkung haben.[11]

Der Beihilfe-Begriff darf nicht dazu führen, dass das gesamte mitgliedstaatliche
Steuerrecht einer potenziellen Beihilfekontrolle unterworfen wird; Beihilfen sind
nur solche Vorteile, die nicht in der steuerlichen Be- und Entlastungsentscheidung
angelegt sind.[12] Begründete Billigkeitsmaßnahmen i.S.e. Nachteilsausgleichs sind
m.E. daher keine Beihilfen;[13] eine „selektive Begünstigung"[14] liegt nicht vor.

IV. Unternehmenssteuerpolitik

10   Die Unternehmenssteuerpolitik der Europäischen Kommission hat sich im Laufe
der letzten 40 Jahre in folgenden Schritten und Maßnahmen entwickelt:
- Werner Stufenplan (1971),
- Vorschläge zur Harmonisierung der Körperschaftsteuer (1975),
- Forderung der Angleichung der Steuersysteme (1987),

---

[8] *von Wallenberg/Schütte* in Grabitz/Hilf/Nettesheim, Das Recht der EU, 54. Erglfg., 2014,
Art. 107 AEUV, Rz. 10.
[9] EuGH v. 24.7.2003 C-280/00 – *Altmark/Trans*, NJW 2003, 2515.
[10] BFH v. 25.3.2015 X R 23/13, BStBl. II 2015, 696, Rz. 85. – Zur dreistufigen Prüfung der Selek-
tivität (Regel, Ausnahme, Rechtfertigung) vgl. *Ismer/Piotrowski* IStR 2015, 257.
[11] *Englisch* in S/E, Rz. 9.7; zur Abgrenzung von Beihilfen und Steuervergünstigungen vgl. *Hey*
StuW 2015, 331.
[12] *Englisch* in Tipke/Lang, Steuerrecht, § 4 Rz. 120.
[13] Dazu BFH v. 25.3.2015 X R 23/13, BStBl. II 2015, 696.
[14] *Englisch* in S/E, Rz. 9.12 f.

- Betonung des Subsidiaritätsprinzips (ab 1990),
- Fusionsrichtlinie (1990),
- Mutter-Tochter-Richtlinie (1990),
- Vorschlag einer Zins-Lizenzgebühren-Richtlinie (1990),
- Vorschlag einer Auslandsverlust-Richtlinie (1990),
- Ruding-Report (1992),[15]
- Monti-Bericht (1996),[16]
- Bekämpfung des schädlichen Unternehmenssteuerwettbewerbs (ab 1996).[17]

Die unternehmenssteuerpolitischen Ziele haben vor allem folgende Maßnahmen **11** zum Gegenstand:[18]

- Erweiterung der Mutter-Tochter-Richtlinie und der Fusions-Richtlinie,
- Regelung der Auslandsverlustberücksichtigung,
- Verrechnungspreisgrundsätze,
- EU-Version des OECD-Musterabkommens,
- Geltung der IAS/IFRS,
- konsolidierte europäische Steuerbilanzierung.

Die (Europa-)Grünen haben im November 2014 einen „10 Punkte Plan gegen **12** Steuervermeidung von Großunternehmen in Europa" **vorgelegt:**

A. Durchsetzung bestehender Steuer-Gesetze

1. Luxemburg-Leaks auswerten und ungenehmigte steuerliche Beihilfen zu-rückfordern,
2. Betrug bei EU-Haushaltsbeiträgen unterbinden,
3. Durchgreifen gegen Steuertricks auch in Mitgliedstaaten.

B. Mehr Steuertransparenz

4. Volle Transparenz für Unternehmensgewinne,
5. Transparenz per Gesetz statt Leaks zu Steuerdeals,
6. Klarheit bei Unternehmensanteilen: Was gehört wem?

C. Steuerharmonisierung statt unfairen Steuerwettbewerbs

7. Gesetzeslücken bei der Körperschaftsteuer schließen,
8. Steuerumgehung über außereuropäische Steueroasen verhindern,
9. Einheitliche Bemessungsgrundlage für die Unternehmensteuer,
10. Mindeststeuersätze für die EU-Unternehmenbesteuerung.

Die Europäische Kommission verfolgt einen pragmatischen Ansatz auf der **13** Grundlage des Subsidiaritätsprinzips, der den Fortbestand paralleler nationaler Steuersysteme nicht in Frage stellt, der aber die **Binnenmarktkompatibilität** der nationalen Steuersysteme verlangt.[19] Die Einkommensteuer wird daher auch dann den Mitgliedstaaten überlassen bleiben, wenn die EU ein höheres Integrationsniveau als das derzeitige erreicht.

---

[15] Deutsche Fassung in DB 1992, Beilage 5.
[16] Kommission der EG, KOM (1996), 546 endg.
[17] Kommission der EG, KOM (1997), 495 endg.; BR-Drs. 814/97; dazu *Schön* EuZW 1998, 129.
[18] Zu den Entwicklungen *Wehrheim/Marquardt* IStR 2003, 14. – Die Kommission hat am 21.10.2015 entschieden, dass die Vorabsprachen, die die Steuerbehörden der Niederlande und Luxemburg mit den Unternehmen Starbucks und Trade getroffen hatten, gegen EU-Beihilferecht verstoßen (FAZ v. 24.10.2015, 15). Die Regierungen in Den Haag und Luxemburg erwägen juristische Schritte.
[19] *Bolkestein* Auf dem Wege zu einer europäischen Besteuerung?, DSWR 2002, 271, 273.

V. Das Steuerkonzept der EU in der Krise

14   Durch die Insolvenz der US-amerikanische Investmentbank Lehman Brothers (15.9.2008), durch die Aufdeckung der Luxemburg-Leaks[20] und durch die griechische Staatskrise ist auch das Steuerrecht in Mitleidenschaft gezogen worden. Verhinderung von Missbrauch durch Änderung von Richtlinien, Beteiligung des Bankensektors durch eine Finanztransaktionssteuer und die rigorose Aufsicht über die griechischen Finanzen stehen verstärkt auf dem Programm der EU-Organe, um die Probleme dauerhaft in den Griff zu bekommen. Die Abschreibung und der Umtausch griechischer Staatsanleihen werden hingegen mit den Mitteln des nationalen Rechts abgewickelt.[21]

15   **Lösung des Ausgangsfalls:** Nach Art. 107 AEUV sind staatliche oder aus staatlichen Mitteln gewährte Beihilfen gleich welcher Art, die durch die Begünstigung bestimmter Unternehmen oder Produktionszweige den Wettbewerb verfälschen oder zu verfälschen drohen, mit dem gemeinsamen Markt unvereinbar, soweit sie den Handel zwischen den Mitgliedstaaten beeinträchtigen. Weicht eine Steuervorschrift vom „Normalmaß" der Besteuerung ab, so bildet sie eine Beihilfe (**Beihilfeverbot**).[22] Steuerrechtlich von Bedeutung sind folgende Bereiche des Beihilferechts:
- Grundlagen des Beihilferechts
- Verbotene Beihilfen
- Wettbewerbsverfälschung und Handelsbeeinflussung durch Beihilferegeln
- Verfahren in Beihilfefällen
- Handhabung steuerlicher Beihilfen vor ihrer Genehmigung in Deutschland
- Rückforderung steuerlicher Beihilfen

Nationale Maßnahmen, die eine teilweise Vergütung von Energieabgaben für nur bestimmte produzierende Unternehmen zum Gegenstand haben, sind Beihilfen i.S. des Art. 112 AEUV.[23] Insbesondere auch Steuererleichterungen und Steuervergünstigungen können daher Beihilfen sein, soweit sie spezifisch für bestimmte Unternehmen oder Produktionszweige bestimmt sind.[24]

Nach Auffassung des EuGH ist die Entscheidung „K (1998) 231 endg." der Kommission vom 21.1.1998 betreffend eine steuerliche Maßnahme zur Förderung der Reinvestition von Kapital in kleinen und mittleren Unternehmen in den neuen deutschen Bundesländern nicht nichtig. Die Kommission sei zu Recht zu der Schlussfolgerung gelangt, dass § 52 Abs. 8 EStG in der Fassung des Jahressteuergesetzes 1996 (**Erweiterung der durch § 6b EStG eröffneten Möglichkeiten der Übertragung stiller Reserven**) eine nach Art. 49 AEUV verbotene Diskriminierung bewirkte.[25] Betriebsbeihilfen verfälschten grundsätzlich die Wettbewerbsbedingungen.

---

[20] Durch „Vermarktung der Souveränität" (*Zucman* Steueroasen, 98).

[21] Vgl. BFH v. 21.9.2011 I R 89/10, BStBl. II 2014, 612; *Berberich u. a.,* DStR 2012, 2501.

[22] *Schön* Der „Wettbewerb" der europäischen Steuerordnungen als Rechtsproblem, DStJG 23 (2000), 191, 214 f. – In das Beihilfe-Blickfeld geraten sind auch die Rückstellungen für die Entsorgung und Stilllegung von Kernkraftwerken (*Reich/Helios* IStR 2005, 44). M. E. ist das bei ratierlicher Bildung nicht der Fall (s. aber EuG v. 26.1.2006 T-92/02 – *Stadtwerke Schwäbisch Hall,* BeckRS 2006, 70076, aufgehoben durch EuGH v. 29.11.2007 C-176/06, EuZW 2008, 49).

[23] EuGH v. 8.11.2001 C-143/99, EWS 2002, 80.

[24] *Siegwart,* 30.

[25] EuGH v. 19.9.2000 C-156/98, BFH/NV 2001, Beilage 2, 981.

Übersicht zu § 7: Das Steuerkonzept der EU

▶ Ein einheitliches Steuerrecht ist nicht Gegenstand der EU-Politiken. Allerdings wird in ökonomischer Hinsicht eine optimale Allokation der Produktionsfaktoren erwartet, der die nationalen Steuerrechtsordnungen nicht im Wege stehen dürfen; eine zentrale Forderung an das Steuerrecht besteht daher in der Forderung nach Entscheidungsneutralität (Art. 113, 115 EUV). Aus EU-Sicht besteht ein vorrangiges Interesse, potentielle negative Wirkungen der nationalen Steuerrechtsordnungen zu beseitigen.

▶ Agenda der Kommission für 2015 zur Beseitigung „unfairer Zustände":
  • ein Aktionsplan gegen Steuerumgehung und Steuerbetrug, der auch Maßnahmen auf der EU-Ebene vorsieht, um zu einem Steuerrecht zu gelangen, bei dem Gewinne dort besteuert werden, wo sie erwirtschaftet wurden,
  • ein automatischer Informationsaustausch in Steuersachen und
  • eine Stabilisierung der Körperschaftsteuer-Bemessungsgrundlage.

▶ Unternehmenssteuerpolitisch verfolgt die Kommission folgende Ziele:
  • Erweiterung der Mutter-Tochter-Richtlinie und der Fusions-Richtlinie,
  • Regelung der Auslandsverlustberücksichtigung,
  • Verrechnungspreisgrundsätze,
  • EU-Version des OECD-Musterabkommens,
  • Geltung der IAS/IFRS,
  • konsolidierte europäische Steuerbilanzierung.

§ 8 Verhältnis des EU-Rechts zum internationalen Steuerrecht

Ausgangsfall: Der Antragsteller war französischer Staatsbürger, der mit gebrauchten und neuen Waren handelte. Er unterhielt in Deutschland einen Gewerbebetrieb. Nach den Ermittlungen des FA hat er in den Streitjahren 1992 bis 1997 von seinem inländischen Betrieb aus Waren an seine Betriebe in Frankreich und auf Martinique „veräußert". Das FA beanstandete die Angemessenheit der verrechneten Preise; die Verkaufspreise hätten unter denen gelegen, wie sie unter fremden Dritten vereinbart und gezahlt worden wären. Die ermittelten Mehrgewinne wurden gem. § 1 Abs. 1 AStG den erklärten gewerblichen Einkünften hinzugerechnet. Zu Recht?

I. Allgemeines

1   Das **internationale Steuerrecht** ist der Sache nach **Doppelbesteuerungsrecht** und regelt die Abgrenzung, die Zuordnung und die Aufteilung der (multilateralen) staatlichen Steueransprüche.[1] Die **internationale Doppelbesteuerung** wird dadurch verursacht, dass der Wohnsitzstaat und der Quellenstaat (konkurrierend) Besteuerungsrechte geltend machen. Diese Folge des Welteinkommensprinzips wird von den meisten Staaten bereits durch einseitige Maßnahmen gemildert oder ganz vermieden.[2] Das EU-Recht hingegen dient der Schaffung eines einheitlichen Binnenmarktes; das europäische Steuerrecht ist im Wesentlichen darauf gerichtet, die nationalen Rechte an EU-Vorgaben anzupassen und Diskriminierungen zu beseitigen.

Im deutschen Steuerrecht finden sich Regelungen, die Auslandssachverhalte betreffen, vor allem im Gesetz über die Besteuerung von Auslandsbeziehungen (AStG), aber auch im EStG, im KStG, im UStG, im InvStG und in der AO. Das AStG tritt ergänzend neben diese Bestimmungen, die in der AO und den anderen Steuergesetzen die Besteuerung von Auslandsbeziehungen regeln. Die **bilateralen Abkommen zur Vermeidung der Doppelbesteuerung** (Doppelbesteuerungsabkommen – DBA) gehen dem AStG ebenso wie den übrigen Steuergesetzen vor.

2   Aus dem Bereich des primären EU-Rechts sind für das internationale Steuerrecht bedeutsam:
- Art. 351 AEUV, der das Verhältnis zwischen dem EU-Recht und (früheren) völkerrechtlichen Verträgen der Mitgliedstaaten zum Gegenstand hat,
- die Grundfreiheiten der Art. 45 ff. AEUV sowie
- das Beihilfenverbot nach Art. 107 ff. AEUV.

Nicht (mehr) im AEUV enthalten ist eine dem Art. 293 EG a. F. entsprechende Verpflichtung der Mitgliedstaaten zur Beseitigung der Doppelbesteuerung.[3]

Das EU-Recht besitzt **Anwendungsvorrang** gegenüber dem Recht der Mitgliedstaaten.[4] Der BFH trägt dem Anwendungsvorrang des EU-rechtlichen Primärrechts im Rahmen einer „geltungserhaltenden Reduktion" einer strittigen innerstaatlichen Norm Rechnung, indem er die vom EuGH verbindlich formulierten

---

[1] *Bauschatz* Steuerlicher Gestaltungsmissbrauch und Europarecht, IStR 2002, 291, 293.
[2] Vgl. z. B. § 34 c EStG: Steuerermäßigung bei ausländischen Einkünften.
[3] S. dazu *Vogel/Lehner* DBA, 5. Aufl., Einl. Rz. 264, 264a.
[4] S. bereits EuGH v. 15.7.1964 6/64 – *Costa/E. N. E. L.,* EuGHE 1964, 1251; EuGH v. 9.3.1978 106/77 – *Simmenthal,* EuGHE 1978, 629; st. Rspr., neuerdings EuGH v. 14.6.2012 C-606/10 – *ANAFE,* NVwZ-RR 2012, 736, Tz. 73 f. m. w. N.

EU-rechtlichen Erfordernisse in die betroffene nationale Norm „hineinliest".[5] Der Anwendungsvorrang des EU-Rechts gilt nicht nur im Verhältnis zu den Vorschriften des originär innerstaatlichen Rechts der Mitgliedstaaten; er gilt auch – mit Besonderheiten bei völkerrechtlichen Verträgen zwischen den Mitgliedstaaten und Drittstaaten – für die von den Mitgliedstaaten abgeschlossenen und in innerstaatliches Recht umgesetzten völkerrechtlichen Verträge. Vom Anwendungsvorrang des EU-Rechts umfasst sind also auch die zwischen Mitgliedstaaten der Union abgeschlossenen DBA;[6] das Europarecht geht den DBA vor.[7] Der AEUV hat jedoch grundsätzlich keine Bedeutung für die Frage, ob ein Mitgliedstaat gegen seine abkommensrechtlichen Verpflichtungen zur Beseitigung der Doppelbesteuerung verstoßen hat.[8]

Europarechtlich ist eine (stillschweigende) Durchbrechung des Unionsprimärrechts nicht gestattet,[9] selbst wenn die Mitgliedstaaten der Union dazu im Rahmen der Verhandlungen und der Ratifizierung der internationalen Übereinkunft bereit wären.[10]

Auf nationaler Ebene hat der BFH mit Entscheidung v. 20.8.2014[11] dem BVerfG die Frage vorgelegt, ob der Gesetzgeber mit der Regelung des § 50d Abs. 9 S. 1 Nr. 2 S. 1 EStG 2002/2007/2009 aufgrund eines sog. Treaty Override gegen Verfassungsrecht und ob die entsprechende Übergangsvorschrift § 52 Abs. 59a S. 9 EStG 2009/2013 gegen das Rückwirkungsverbot verstößt. Das FA hatte die Einkünfte eines deutschen Piloten, der im Dienst einer irischen Fluggesellschaft stand, wegen § 50d Abs. 9 S. 1 Nr. 2 EStG in die Bemessungsgrundlage der deutschen Steuer einbezogen, da die Vergütungen sonst aufgrund des Doppelbesteuerungsabkommens überhaupt keiner Besteuerung unterliegen würden.

II. Doppelbesteuerungsabkommen (DBA)

Eine stärkere **Entlastung** bewirken die DBA, indem der Wohnsitzstaat aus dem   **3**
Ausland bezogene Einkünfte begünstigt und der Quellenstaat die Besteuerung beschränkt Steuerpflichtiger mildert. Die DBA basieren fast alle auf dem OECD-Musterabkommen; sie begründen keine Besteuerungsrechte, sondern enthalten allein durch entsprechende Aufteilungen und Zuordnungen des Steueranspruchs **partielle Steuer-Verzichte**. Auch DBA, die zwischen zwei Mitgliedstaaten abgeschlossen sind, unterliegen dem Unionsrecht; auch DBA-Regelungen können gegen EU-Recht verstoßen.[12] Allerdings sind die Mitgliedstaaten weiterhin befugt, die Kriterien für eine Beseitigung einer Doppelbesteuerung vertraglich oder sogar einseitig festzulegen. Da die Grundfreiheiten grds. keinen Schutz vor einer Doppelbesteuerung bieten,[13] sind DBA auch im Rahmen der EU-Rechtsordnung weiterhin

---

[5] So z.B. BFH v. 21.10.2009 I R 114/08, BStBl. II 2010, 774.

[6] EuGH v. 27.2.1962 10/61 – *Kommission gg. Italien*, EuGHE 1962, 1 für Verträge, die vor Geltung des EG- bzw. EWG-Vertrags geschlossen wurden; EuGH v. 20.5.2003 C-469/00 – *Ravil SARL*, EuGHE 2003, I-5053, Rz. 37; EuGH v. 19.1.2006 C-265/04 – *Bouanich*, EuGHE 2006, I-923, Rz. 50.

[7] Vgl. EuGH v. 16.7.2009 C-128/08 – *Damseaux*, IStR 2009, 622, Rz. 34 m. w. N.

[8] Vgl. EuGH v. 16.7.2009 C-128/08 – *Damseaux*, IStR 2009, 622.

[9] In diesem Sinne auch Urteil Kadi und Al Barakaat International Foundation/Rat und Kommission (C-402/05 P und C-415/05 P, EU:C:2008:461, Rz. 285), wonach die Verpflichtungen aufgrund einer internationalen Übereinkunft nicht die Verfassungsgrundsätze der Verträge beeinträchtigen können.

[10] EuGH, Schlussanträge vom 13.6.2014, C-2/13, Celex-Nr. 62013CP0002.

[11] BFH v. 20.8.2014 I R 86/13, BStBl. II 2015, 18; zur Zulässigkeit eines *Treaty Override* BVerfG v. 15.12.2015 2 BvL 1/12, BeckRS 2016, 41952.

[12] *Oellerich* in S/E, Rz. 8.154; 8.163.

[13] *Ismer* in Herrmann/Heuer/Raupach, Einf ESt (8/2014), Rz. 497.

von Bedeutung. Die Verteilung des Besteuerungsrechts auf die Vertragsstaaten führt nicht (jedenfalls nicht ohne weiteres) zu einer Diskriminierung oder Beschränkung der Grundfreiheiten.[14]

1. Übersicht über die Regelungen des OECD-Musterabkommens (OECD-MA 2014)

Abschnitt I. Geltungsbereich des Abkommens
Art. 1 Unter das Abkommen fallende Personen
Art. 2 Unter das Abkommen fallende Steuern
Abschnitt II. Begriffsbestimmungen
Art. 3 Allgemeine Begriffsbestimmungen
Art. 4 Ansässige Personen
Art. 5 Betriebstätte
Abschnitt III. Besteuerung des Einkommens
Art. 6 Einkünfte aus unbeweglichem Vermögen
Art. 7 Unternehmensgewinne
Art. 8 Seeschifffahrt, Binnenschifffahrt und Luftfahrt
Art. 9 Verbundene Unternehmen
Art. 10 Dividenden

Art. 11 Zinsen
Art. 12 Lizenzgebühren
Art. 13 Gewinne aus der Veräußerung von Vermögen
Art. 14 Selbständige Arbeit
Art. 15 Einkünfte aus unselbstständiger Arbeit
Art. 16 Aufsichtsrats- und Verwaltungsratsgebühren
Art. 17 (Unterhaltungs-)Künstler und Sportler
Art. 18 Ruhegehälter
Art. 19 Öffentlicher Dienst
Art. 20 Studenten
Art. 21 Andere Einkünfte
Abschnitt IV. Besteuerung des Vermögens
Art. 22 Vermögen

Abschnitt V. Methoden zur Vermeidung der Doppelbesteuerung
Art. 23 A Befreiungsmethode
Art. 23 B Anrechnungsmethode
Abschnitt VI. Besondere Bestimmungen
Art. 24 Gleichbehandlung
Art. 25 Verständigungsverfahren
Art. 26 Informationsaustausch
Art. 27 Amtshilfe bei der Erhebung von Steuern
Art. 27 Diplomaten und Konsularbeamte
Art. 29 Ausdehnung des räumlichen Geltungsbereichs
Abschnitt VII. Schlussbestimmungen
Art. 30 In-Kraft-Treten
Art. 31 Kündigung

2. Zulässigkeit von DBA und Umsetzung

4   Für DBA mit Nichtmitgliedstaaten besteht zur Zeit noch im Hinblick auf eine fehlende umfassende Harmonisierung eine uneingeschränkte Abschlusskompetenz.[15] Wünschenswert wäre ein EU-Musterabkommen für DBA mit Drittstaaten. Auch untereinander können die Mitgliedstaaten nach wie vor – allerdings unter Beachtung der EU-rechtlichen Vorgaben – DBA abschließen.[16] Art. 293 EG a.F.[17] sah ausdrücklich vor, dass die Mitgliedstaaten untereinander **subsidiäre Übereinkommen** treffen können, und zwar

- zum Schutz und Genuss der Rechte, die jeder Staat seinen eigenen Angehörigen einräumt,
- zur Beseitigung der Doppelbesteuerung,
- zur gegenseitigen Anerkennung von Gesellschaften und
- zur Anerkennung und Vollstreckung richterlicher Entscheidungen.

Ein Handeln der Mitgliedstaaten kommt auf Grund des Vorrangs des Unionsrechts erst dann nicht mehr in Betracht, wenn die EU von ihrer Kompetenz unionskonform Gebrauch gemacht hat.[18]

---

[14] *Oellerich* in S/E, Rz. 8.154; 8.167; EuGH v. 19.11.2015 C-241/14 *Bukovansky*, BB 2105, 2978.

[15] *Musil* in Hübschmann/Hepp/Spitaler, Kommentar zur AO und FGO, Stand 9/2012, § 2 AO Rz. 264f.

[16] *Musil* in Hübschmann/Hepp/Spitaler, Kommentar zur AO und FGO, Stand 9/2012, § 2 AO Rz. 266; diskutiert wird zzt. auch die Möglichkeit, auf EU-Ebene Clearing-Systeme zu installieren (vgl. Tagungsbericht über das 14. Berliner Steuergespräch zu Fragen der Wegzugsbesteuerung in Europa).

[17] Eine entsprechende Regelung ist im AEUV nicht mehr enthalten.

[18] *Musil* in Hübschmann/Hepp/Spitaler, Kommentar zur AO und FGO, Stand 9/2012, § 2 AO Rz. 267.

Bei der **Umsetzung der Abkommen** in innerstaatliches Recht ist das Unionsrecht 5
zu beachten; insbesondere dürfen die Grundfreiheiten nicht verletzt werden.[19]
Allein die Rechtsform des DBA, das „Gleichgewicht" der DBA-Regelungen, die
Kohärenz und die Kompetenzverteilung können Diskriminierungen nicht rechtfertigen.[20] Es besteht aber kein Anspruch auf eine sog. Meistbegünstigung, z. B. bei
der klaren und eindeutigen Vereinbarung von Verrechnungspreisen.[21]

Das Abkommensrecht wird zunehmend vom Unionsrecht verdrängt; das Unions- 6
recht überlagert das Abkommensrecht und geht demselben vor.[22] In der Sache
Wielockx[23] war eine im DBA Niederlande/Belgien vereinbarte Gegenseitigkeitsregelung (Verzicht auf die Besteuerung im Ausland bezogener Renten) nicht geeignet, die Diskriminierung unter dem Aspekt der Kohärenz zu rechtfertigen.

Beispiel: Der in Belgien ansässige belgische Staatsangehörige *Wielockx* (W), der in den Niederlanden seine gesamten Einkünfte erzielt hatte, beantragte beim niederländischen *Inspecteur der
directe belastingen,* eine (später zu besteuernde) Altersrücklage von 5145 HFL abzuziehen. Auf
diese Rente kann nach dem DBA Belgien/Niederlande keine Steuer erhoben werden.
Der EuGH war der Auffassung, dass W diskriminiert werde. Da die steuerliche Kohärenz auf
der Grundlage eines mit einem anderen Mitgliedstaat geschlossenen bilateralen Abkommens
gewährleistet werde, könne dieser Grundsatz nicht herangezogen werden, um die Verweigerung
einer Abzugsmöglichkeit, wie sie hier in Rede stehe, zu rechtfertigen.

Doppelbelastungen, die sich daraus ergeben, dass zwei Mitgliedstaaten Besteuerungsbefugnisse parallel ausüben, wie es z. B. bei der (nicht anrechenbaren) Erhebung von Quellensteuer passieren kann, sind nach wie vor durch DBA zu beseitigen.[24]

III. EU-Abkommen mit Drittstaaten

1. EWR-Abkommen

Das Abkommen über den europäischen Wirtschaftsraum schafft einen Binnen- 7
markt zur Erleichterung des Handels zwischen der EU und den Staaten der Europäischen Freihandelsassoziation (EFTA) und soll die Handels- und Wirtschafts-
beziehungen zwischen der EU und den Staaten der EFTA stärken.[25] Es dehnt die
vier innerhalb des Binnenmarkts geltenden Freiheiten teilweise auf diese Staaten aus
und führt eine Handelsregelung ein, die die Einhaltung der Wettbewerbsregeln
sicherstellen soll. Es wird weder ein Markt ohne Grenzen noch eine Zollunion
errichtet. Das Abkommen gilt nicht für landwirtschaftliche Erzeugnisse, Fischerei-
erzeugnisse und indirekte Steuern.

---

[19] *Musil* in Hübschmann/Hepp/Spitaler, Kommentar zur AO und FGO, Stand 9/2012, § 2 AO
Rz. 277 ff.; *Laule* IFSt-Schrift Nr. 407 (2003), 10.
[20] Zu den Rechtsfolgen bei Kollisionen von DBA-Recht und Gemeinschaftsrecht vgl. *Birk*
Handbuch des Europäischen Steuer- und Abgabenrechts, Rz. 300 f.
[21] BFH v. 9.11.2005 I R 27/03, BStBl. II 2006, 564, im Anschluss an EuGH v. 5.7.2005 C-376/03,
DStR 2005, 1219; dazu auch – unter dem Gesichtspunkt des „Endes der Meistbegünstigung"
Rödder/Schönfeld DStR 02006, 883; *Oellerich* in S/E, Rz. 8.162.
[22] *Lehner/Reimer* IStR 2005, 542, 547.
[23] EuGH v. 11.8.1995 C-80/94, EuGHE 1995, I-2493.
[24] EuGH v. 14.11.2006 C-513/04 – *Kerckhaert/Morres,* DStR 2006, 2118; *Ismer,* in Herrmann/
Heuer/Raupach, Einf ESt (8/2014), Rz. 494.
[25] *Ismer* in Herrmann/Heuer/Raupach, Einf ESt (8/2014), Rz. 550 f.

2. Europäische Abkommen mit der Schweiz

8   Wegen der Ablehnung einer Mitgliedschaft im EWR vereinbarten zur Fortsetzung der wirtschaftlichen Integration die EU und die Schweiz zahlreiche bilaterale Abkommen.[26] Das erste Paket (die 2002 verabschiedeten „bilateralen Abkommen I") befasst sich mit politischen Maßnahmen im Bereich Luftverkehr, öffentliches Beschaffungswesen, Forschung, Landwirtschaft, technische Handelshemmnisse. Das zweite Paket (die 2005 verabschiedeten „bilateralen Abkommen II") betrifft das Schengener und das Dubliner Übereinkommen, die Besteuerung von Zinserträgen, die Bekämpfung von Betrug, landwirtschaftliche Verarbeitungserzeugnisse, die Statistik, Renten, die Umwelt, das audiovisuelle Programm MEDIA, die Bildung, die berufliche Ausbildung und die Jugend. Aufgrund dieser Abkommen hat die Schweiz abgeleitetes Recht der EU in ihr nationales Recht übernommen.[27]

Nach dem im März 2015 abgeschlossenen Abkommen zur Steuertransparenz werden ab 2018 die EU-Mitgliedstaaten und die Schweiz automatisch Kontendaten austauschen. Damit können EU-Bürger nicht mehr länger undeklarierte Einkommen auf Schweizer Konten vor dem Finanzamt verstecken. Die Mitgliedstaaten erhalten jährlich Name, Adressen, Steuernummern und Geburtsdaten ihrer Bürger mit Konten in der Schweiz, zusammen mit einer Reihe von Kontendaten. Dies steht im Einklang mit den OECD/G20-Standards für den automatischen Informationsaustausch.

3. Assoziierungs- und Partnerschaftsabkommen

9   Die Assoziierung (als ein besonders enges wirtschaftliches Kooperationsverhältnis zwischen Staaten, die nicht der EU angehören [Drittstaaten] und der EU) bezweckt einen möglichst ungehinderter Handel und die Abschaffung der Beschränkungen im Warenverkehr.[28] Neuere Assoziierungsabkommen beinhalten oft auch Regelungen zum politischen Dialog und zur engen Zusammenarbeit in Kultur, Wissenschaft und Bildung. Die Assoziierung geht über rein handelspolitische Vereinbarungen hinaus, bedeutet jedoch keine volle Beteiligung und kein Stimmrecht in den EU-Entscheidungsgremien. Eine Assoziierung begründet grundsätzlich auch keinen Anspruch auf eine EU-Mitgliedschaft. Die Assoziierungsabkommen der EU können sehr verschiedene Zielrichtungen haben:

- Vorstufe zum EU-Beitritt;
- AKP-Staaten (Staaten Afrikas, der Karibik und des Pazifiks):
  Die Abkommen haben einen entwicklungspolitischen Hintergrund. Anlass für den Abschluss dieser Abkommen war die Einführung des gemeinsamen Außenzolls der EU-Staaten.
- Mittelmeerländer:
  Besondere Beziehungen mit der EU begründen auch die Assoziierungsabkommen mit den Mittelmeerdrittländern im Rahmen der Partnerschaft „Europa-Mittelmeer". Sie sehen ähnliche Vereinbarungen vor wie die Europa-Abkommen. Sie enthalten aber keine Beitrittsperspektive.

---

[26] *Ismer* in Herrmann/Heuer/Raupach, Einf ESt (8/2014), Rz. 555 f.; zum Vorrang von DBA (Anknüpfung an die Staatsangehörigkeit) gegenüber dem Freizügigkeitsabkommen vgl. EuGH v. 19.11.2015 C-241/14 – *Bukovansky*, BB 2015, 2978.

[27] http://www.europarl.europa.eu.

[28] *Ismer* in Herrmann/Heuer/Raupach, Einf ESt (8/2014), Rz. 565.

• Partnerschaftsabkommen:
Partnerschafts- und Kooperationsabkommen hat die EU mit Russland, der Ukraine, Weißrussland, Moldawien, Kasachstan, Kirgisistan, Georgien, Armenien und Aserbaidschan geschlossen. Diese Abkommen sind keine Assoziierungsverträge, sehen aber einen institutionalisierten politischen Dialog vor. Den betroffenen Ländern werden beim Handel keine weiterreichenderen Zugeständnisse eingeräumt als anderen Drittstaaten (http://www.europawahl-bw.de/assoziations-abkommen_eu.html).

IV. Beschränkte Steuerpflicht

Steuerpflichtig sind auch – unabhängig von persönlichen Voraussetzungen – vereinfacht formuliert in Deutschland erzielte Einkünfte. Die in Deutschland der sog. **beschränkten Steuerpflicht**[29] unterliegenden (inländischen) Einkünfte sind in § 49 EStG enumerativ aufgeführt. Eine Besteuerung in Deutschland kommt allerdings nur in Betracht, soweit die DBA dem Quellenstaat ein Besteuerungsrecht zuweisen. Für die Durchführung der Besteuerung gilt das **Abzugsverfahren** (im Unterschied zum Veranlagungsverfahren). **10**

Für Fälle der beschränkten Steuerpflicht kennt das EStG drei Formen von Abzugssteuern. Die Einkommensteuer für Einkünfte, die dem Steuerabzug vom Arbeitslohn (§§ 38 ff. EStG) oder vom Kapitalertrag (§§ 43 ff. EStG) oder dem Steuerabzug auf Grund des § 50a EStG unterliegen, gilt bei beschränkt Steuerpflichtigen durch den Steuerabzug als abgegolten (§ 50 Abs. 2 EStG).

Lange Zeit führte die beschränkte Steuerpflicht zu einer relativ rohen Objektbesteuerung.[30] Die EuGH-Rechtsprechung hat hier zu einer anderen Sichtweise geführt; der Umstand der Erzielung von EU-ausländischen Einkünften darf keine Benachteiligung bewirken; das gilt in Bezug auf das objektive und subjektive Nettoprinzip, aber auch im Hinblick auf proportionale Sondersteuersätze.[31]

In der Sache **Gerritse** hatte ein niederländischer Musiker geltend gemacht, dass die Abgeltung **11** der Einkommensteuer nach § 50 Abs. 5 Satz 1 EStG **(Bruttoquellenbesteuerung)** nicht mit Art. 49 AEUV (Art. 43 EG) im Einklang stehe.[32] Der EuGH hielt mit Urteil vom 12.6.2003[33] wesentliche Teile des Bruttoquellensteuerabzugs nach § 50a Abs. 4 EStG für nicht europarechtskonform; er kam zu dem Ergebnis, dass der Steuersatz von 25 vH (heute 20 vH) nach Abzug der Ausgaben anzuwenden sei, es sei denn, dass sich nach der Einkommensteuer-Grundtabelle auf das zu versteuernde Einkommen zuzüglich des Grundfreibetrags eine geringere Steuer ergebe.[34] Daraufhin entschied das FG Berlin,[35] dass die sog. Einkommensteuer-Grundtabelle unter Berücksichtigung des Progressionsvorbehalts nach § 32b Abs. 1 Nr. 3 EStG anzuwenden sei. Nach Auffassung des BFH

---

[29] § 1 Abs. 4 EStG: weder Wohnsitz noch gewöhnlicher Aufenthalt im Inland; dazu *Hey* Die beschränkte Steuerpflicht im Lichte von Territorialitätsprinzip, Isolationstheorie und Objektsteuercharakter, in: Gassner/Lang u. a. (Hrsg.), Die beschränkte Steuerpflicht im Einkommen- und Körperschaftssteuerrecht, 2003, 15 ff.

[30] *Birk* FR 2005, 121, 126.

[31] *Hey* a. a. O. (Fn. 29), 32.

[32] Dazu vgl. *Grams/Molenaar* IStR 2002, 423.

[33] EuGH v. 12.6.2003 C-234/01 – *Gerritse*, DStR 2003, 1112 mit Anm. *Grams/Molenaar* DStR 2003, 1245; ähnl. EuGH v. 1.7.2004 C-169/03 – *Wallentin* DStRE 2004, 1346: Beschränkt Steuerpflichtige, die im Inland keine Einkünfte aus Arbeit beziehen, haben einen Anspruch darauf, dass ihnen auf im Ausland erzielte Einkünfte der den dortigen Einwohnern zustehende Grundfreibetrag ebenfalls gewährt wird.

[34] Dazu *Schnitger* Das Ende der Bruttobesteuerung beschränkt Steuerpflichtiger, FR 2003, 745.

[35] FG Berlin v. 25.8.2003 9 K 9312/99, EFG 2003, 1709; aufgehoben durch BFH v. 10.1.2007 I R 87/03, BStBl. II 2008, 22.

verstößt der Mindeststeuersatz gem. § 50 Abs. 3 Satz 2 EStG 1990 von 25 vH des Einkommens eines gebietsfremden beschränkt Steuerpflichtigen aus selbständiger Arbeit weder gegen Gemeinschafts- noch gegen Verfassungsrecht, sofern er nicht höher sei als der Steuersatz, der sich für den betroffenen Steuerpflichtigen tatsächlich aus der Anwendung des progressiven Steuertarifs auf die Nettoeinkünfte zuzüglich eines Betrages in Höhe des Grundfreibetrages ergeben würde.[36]

12   Dementsprechend vertrat der BFH[37] in Zusammenhang mit der Beiratstätigkeit eines Niederländers die Auffassung, dass bei der Berechnung der Einkommensteuer der Grundfreibetrag gem. § 32a Abs. 1 Satz 2 Nr. 1 EStG zu berücksichtigen sei. Zwar sei es gemeinschaftsrechtlich grundsätzlich zulässig, bestimmte Steuervergünstigungen nur Gebietsansässigen zu gewähren.[38] Es sei jedoch nicht möglich, § 32a Abs. 1 S. 2 EStG so auszulegen, dass der Grundfreibetrag gem. § 32a Abs. 1 Satz 2 Nr. 1 EStG auf beschränkt Steuerpflichtige nicht anwendbar sei, obwohl dies im Streitfall zu einer zutreffenderen Besteuerung führen würde.

Im Anschluss an den Fall *Gerritse*[39] haben sich der BFH und der EuGH danach mit zahlreichen unionsrechtlichen Bedenken gegen die Vorschrift des § 50a EStG auseinander gesetzt.[40] Die Vereinbarkeit des Steuerabzugsverfahrens nach § 50a mit Verfassungs- und Unionsrecht ist nach wie vor umstritten. Die Ungleichbehandlung (Art. 3 Abs. 1 GG) beschränkt Steuerpflichtiger im Verhältnis zu anderen Steuerpflichtigen hinsichtlich der dem Steuerabzug unterliegenden Einkünfte ist durch die besonderen Schwierigkeiten einer Steuererhebung bei Personen gerechtfertigt, die sich i.d.R. nur gelegentlich oder nur für kurze Zeit, u.U. auch nur für einen Tag, im Inland aufhalten.[41] Die Belange des Unionsrechts werden durch die mit der Neufassung der §§ 50, 50a EStG geschaffenen Alternativen zur bisherigen Bruttobesteuerung (Nettobesteuerung zu 30 vH, Antragsveranlagung gem. § 50 Abs. 2 S. 2 Nr. 4b und Nr. 5 n.F.) und durch die Modifizierung der Bruttosteuerabzugs (Berücksichtigung bestimmter Aufwendungen, Steuersatz von 15 vH) hinreichend berücksichtigt.[42]

V. Vereinbarkeit des AStG mit EU-Recht

1. Entwicklung des AStG

13   Das Außensteuergesetz (AStG) geht zurück auf den sog. Steueroasenbericht der Bundesregierung vom 23. Juni 1964 „über die Wettbewerbsverzerrungen, die sich aus Sitzverlagerungen in das Ausland und aus dem zwischenstaatlichen Steuergefälle ergeben".[43] Mit dem AStG verfolgt der Gesetzgeber das Ziel, den Verlust von Steuersubstrat durch internationale, grenzüberschreitende Gestaltungen von Steuerpflichtigen zu verhindern. Das AStG steht schon seit seiner Einführung mit fast allen darin enthaltenen Normen im Verdacht, die Vorgaben des EU-Rechts

---

[36] BFH v. 10.1.2007 I R 87/03, BStBl. II 2008, 22.
[37] BFH v. 19.11.2003 I R 34/02, DStR 2004, 627.
[38] Vgl. EuGH v. 14.9.1999 C-391/97, BStBl. II 1999, 841.
[39] FG Berlin v. 28.5.2001 9 K 9312/99; EuGH v. 12.6.2003 C-234/01 – *Gerritse,* BStBl. II 2003, 859.
[40] Scorpio (EuGH v. 3.10.2006 C-290/04, IStR 2006, 743; BFH v. 24.4.2007 I R 39/04, FR 2008, 143) und Centro (EuGH v. 15.2.2007 C-345/04, IStR 2007, 212; BFH v. 24.4.2007 I R 93/03, BStBl. II 2008, 132).
[41] S. jetzt EuGH v. 18.10.2012 C-498/10 – „*X*", IStR 2013, 26: Steuerabzug als geeignetes Mittel zur Gewährleistung der Beitreibung der geschuldeten Steuer.
[42] Schmidt/*Loschelder* EStG, § 50a, Rz. 3.
[43] BT-Drs. IV/2512.

nicht (immer) einzuhalten. Deshalb hat sich der Europäische Gerichtshof schon mehrfach zu Sachverhalten, in welchen das AStG eine Rolle spielte, geäußert.

2. Inhalt des AStG

§ 1 AStG ermöglicht die **Berichtigung von Einkünften** bei Auslandsgeschäften **14** mit nahestehenden Personen; §§ 2–5 AStG enthalten die sog. erweiterte beschränkte Steuerpflicht bei Wohnsitzwechsel in niedrig besteuernde Gebiete (**Fortdauer der inländischen Steuerpflicht**). Mit den §§ 7–14 AStG soll Steuervorteilen begegnet werden, die Inländer durch ausländische, nur „passiv" tätige Basisgesellschaften (Zwischengesellschaften) unter Ausnutzung des internationalen Steuergefälles erzielen (**Hinzurechnung von Einkünften**).

3. EuGH-Entscheidungen zum AStG

Rechtssache	Fundstelle	Gegenstand	
EuGH v. 7.9.2006 C-470/04	IStR 2006, 702	Besteuerung fiktiven Wertzuwachses auf wesentliche Beteiligungen bei Verlegung des steuerlichen Wohnsitzes in einen anderen EU-Mitgliedstaat	**15**
EuGH v. 6.12.2007 C-298/05 – *Columbus*	DStR 2007, 2308	Unternehmensinhaber kommen bei Einkünften aus einer Firmenniederlassung im EU-Ausland nicht am deutschen Fiskus vorbei. Die Erträge unterliegen der inländischen Besteuerung. Dabei muss allerdings die im Ausland erhobene Steuer angerechnet werden. Die Mitgliedstaaten verfügen beim gegenwärtigen Stand der Harmonisierung des gemeinschaftlichen Steuerrechts über eine gewisse Autonomie.	
EuGH v. 21.1.2010 C-311/08	IStR 2010, 144	Die streitige belgische Regelung sieht ähnlich wie § 1 AStG bei verflochtenen Unternehmen eine Hinzurechnung von fremdunüblich bemessenen Vorteilsgewährungen vor. Der EuGH schloss sich nun weitgehend den Schlussanträgen von Generalanwältin *Kokott* an, dass es sich hierbei um eine Beschränkung der Niederlassungsfreiheit handele, weil die Regelung nur grenzüberschreitend greife. Diese Beschränkung sei aber zu rechtfertigen mit dem Ziel der ausgewogenen Aufteilung von Besteuerungsbefugnissen zwischen den Staaten, sofern die Regelung keine marktüblichen Transaktionen erfasst und die Steuerpflichtigen die Möglichkeit haben, den Vorwurf der Unangemessenheit zu entkräften. Allerdings relativiert der EuGH diese Aussage – entgegen der Schlussanträge – dahingehend, dass das vorlegende nationale Gericht im Einzelfall zu prüfen habe, ob die jeweilige Regelung zur Erreichung des Ziels einer ausgewogenen Verteilung von Besteuerungsrechten noch angemessen ist.	
EuGH v. 30.6.2011 C-262/09 – *Meilicke II*	IStR 2011, 551	Zur Berechnung der Höhe der Steuergutschrift, auf die ein in einem Mitgliedstaat unbeschränkt steuerpflichtiger Anteilseigner in Verbindung mit von einer in einem anderen Mitgliedstaat ansässigen Kapitalgesellschaft gezahlten Dividenden Anspruch hat, unter der Geltung des Anrechnungsverfahrens	

Rechtssache	Fundstelle	Gegenstand
EuGH v. 29.11.2011 C-371/10 – *National Grid Indus*	DStR 2011, 2334	Die Schlussbesteuerung der nicht realisierten Wertzuwächse beim Vermögen einer Gesellschaft, die ihren Sitz in einen anderen Mitgliedstaat verlegt, ist grundsätzlich zulässig.
BFH v. 15.1.2015 I R 69/12 – *Meilicke* Schlussurteil	DStR 2015, 1297	Keine Anrechnung, weil es sowohl an der Vorlage ordnungsmäßiger Körperschaftsteuerbescheinigungen (betr. Anrechnung niederländischer und dänischer Körperschaftsteuer) als auch an Nachweisen über die Höhe ggf. anrechenbarer Körperschaftsteuern mangele.

16   **Lösung des Ausgangsfalls:** Nach § 1 Abs. 1 AStG sind Einkünfte aus Geschäftsbeziehungen zum Ausland mit einer nahe stehenden Person so anzusetzen, wie sie unter den zwischen unabhängigen Dritten vereinbarten Bedingungen angefallen wären. Dementsprechend hat das FA die vom Antragsteller erklärten Gewinne korrigiert, weil dieser die an seine Betriebe in Frankreich und auf Martinique gelieferten Waren zum **jeweiligen Einkaufspreis** weitergegeben habe. Diese Einkaufspreise überstiegen zwar die Teilwerte der Wirtschaftsgüter, so dass keine Entnahmen (§ 4 Abs. 1, § 6 Abs. 1 Nr. 4 EStG) vorlägen. Der Antragsteller habe jedoch auf **angemessene Gewinnaufschläge**, wie sie unter fremden Dritten üblich seien, **verzichtet.**

Der BFH[44] folgte den Bedenken, die im Schrifttum[45] und auch bereits im Urteil vom 29.11.2000 I R 85/99, DStR 2001, 737 gegenüber der Vereinbarkeit von § 1 Abs. 1 AStG mit dem Gemeinschaftsrecht geäußert worden seien. Eine Diskriminierung liege darin, dass derjenige Steuerpflichtige, der Geschäfte **mit einem nahe stehenden Geschäftspartner in einem anderen EU-Mitgliedstaat** tätige, steuerlich ungünstiger behandelt werde als ein Steuerpflichtiger, der entsprechende Geschäfte im Inland betreibe. Der Rechtsprechung des EuGH sei zu entnehmen, dass beim Vergleich der Gebietsansässigen und der Gebietsfremden auf die Belastung des jeweiligen Steuerpflichtigen abgestellt werden müsse, nicht aber auf eine **„Zusammenschau"** voneinander verschiedener Unternehmen, auch wenn diese nahe stehend seien. Eine Ausnahme könne nur für den Fall einer steuerlichen „Kohärenz" gemacht werden, wenn der erlittene steuerliche Nachteil durch eine korrespondierende steuerliche Begünstigung desselben Staatsangehörigen kompensiert werde.[46] Die Ungleichbehandlung lasse sich auch nicht dadurch rechtfertigen, dass die **direkten Steuern** innerhalb der EU noch **nicht harmonisiert** seien und dass deswegen zu befürchten sei, einander nahe stehende Unternehmen könnten veranlasst sein, ein „Steuergefälle" zu ihren Gunsten auszunützen; die Mitgliedstaaten seien verpflichtet, die ihnen verbliebenen Befugnisse unter Wahrung des Gemeinschaftsrechts auszuüben.[47]

Schließlich werde die Schlechterstellung desjenigen, der mit einem Gebietsfremden kontrahiere, nicht durch die Gewinnkorrekturvorschrift in **Art. 5 DBA Deutschland/Frankreich** legitimiert. Zum einen begründe diese – Art. 9 des OECD-Musterabkommens nachgebildete – Regelung selbst keine Steuerpflicht, sondern beschränke lediglich eine nach dem Steuerrecht des Anwenderstaates bestehende Berichtigungsmöglichkeit. Zum anderen gehe das Gemeinschaftsrecht ohnehin sowohl dem Völkervertragsrecht als auch dem innerstaatlichen Recht vor.[48] Nach alledem war das FA nicht berechtigt, die Einkünfte zu berichtigen.

---

[44] BFH v. 21.6.2001 I B 141/00, BFH/NV 2001, 1169; gegen FG Münster EFG 2000, 1389; vgl. auch *Rättig/Protzen* IStR 2003, 195 zur Europarechtswidrigkeit der §§ 7–14 AStG; GmbHR 2003, 503.

[45] Z.B. *Wassermeyer* IStR 2001, 113; *Köplin/Sedemund* IStR 2000, 307; *Herlinghaus* FR 2001, 241; *Dautzenberg/Goksch* BB 2000, 904, 908 ff.

[46] Vgl. z.B. EuGH-Urteil v. 26.10.1999 C-294/97 – *Eurowings,* IStR 1999, 691, Rz. 41 ff.; BFH v. 30.12.1996 I B 61/96, BStBl. II 1997, 466. – Das BMF-Schreiben vom 14.5.2004, BStBl. I 2004, Sondernr. 1, zum AStG enthält keine Ausführungen zur EU-Kompatibilität.

[47] Vgl. z.B. EuGH v. 26.10.1999 C-294/97 – *Eurowings,* IStR 1999, 691, Rz. 32.

[48] Vgl. *Herlinghaus* FR 2001, 241, 243.

Übersicht zu § 8:
Verhältnis des EU-Rechts zum internationalen Steuerrecht

▶ Das internationale Steuerrecht ist der Sache nach Doppelbesteuerungsrecht und regelt die Abgrenzung, die Zuordnung und die Aufteilung der (multilateralen) staatlichen Steueransprüche. Das EU-Recht hingegen dient der Schaffung eines einheitlichen Binnenmarktes; das europäische Steuerrecht ist im Wesentlichen darauf gerichtet, die nationalen Rechte an EU-Vorgaben anzupassen und Diskriminierungen zu beseitigen.

▶ Aus dem Bereich des primären EU-Rechts sind für das internationale Steuerrecht bedeutsam:
  • Art. 351 AEUV, der das Verhältnis zwischen dem EU-Recht und (früheren) völkerrechtlichen Verträgen der Mitgliedstaaten zum Gegenstand hat,
  • die Grundfreiheiten der Art. 45 ff. AEUV sowie
  • das Beihilfeverbot nach Art. 107 ff. AEUV.

▶ Vom Anwendungsvorrang des EU-Rechts umfasst sind also auch die zwischen Mitgliedstaaten der Union abgeschlossenen DBA; das Europarecht geht den DBA vor. Der AEUV hat jedoch grundsätzlich keine Bedeutung für die Frage, ob ein Mitgliedstaat gegen seine abkommensrechtlichen Verpflichtungen zur Beseitigung der Doppelbesteuerung verstoßen hat.

▶ Europarechtlich ist eine (stillschweigende) Durchbrechung des Unionsprimärrechts verboten, selbst wenn die Mitgliedstaaten der Union dazu im Rahmen der Verhandlungen und der Ratifizierung der internationalen Übereinkunft bereit wären.

▶ Doppelbelastungen, die sich daraus ergeben, dass zwei Mitgliedstaaten Besteuerungsbefugnisse parallel ausüben, wie es z.B. bei der (nicht anrechenbaren) Erhebung von Quellensteuer passieren kann, sind nach wie vor durch DBA zu beseitigen.

▶ Das EWR-Abkommen und die Assoziierung von Drittstaaten bezwecken einen möglichst ungehinderter Handel und die Abschaffung der Beschränkungen im Warenverkehr.

▶ Die Rechtsprechung des BFH und des EuGH haben den Gesetzgeber zu einer EU-rechtskonformen Ausgestaltung der beschränkten Steuerpflicht veranlasst.

▶ Das AStG steht schon seit seiner Einführung mit fast allen darin enthaltenen Normen im Verdacht, die Vorgaben des EU-Rechts nicht (immer) einzuhalten. Deshalb hat sich der Europäische Gerichtshof schon mehrfach zu Sachverhalten, in welchen das AStG eine Rolle spielte, geäußert.

§ 9 Grundfreiheiten

I. Funktion, Inhalt und Grenzen der Grundfreiheiten

1. Funktion der Grundfreiheiten im Rahmen des Binnenmarktkonzepts

1   Die Grundfreiheiten dienen der Durchsetzung des Binnenmarkt-Konzepts (Art. 3 EUV) und sollen insoweit existierende ungerechtfertigte Beschränkungen hinsichtlich des (freien) Waren-, Personen-, Dienstleistungs- und Kapitalverkehrs verhindern und beseitigen;[1] sie gehören zum Kernbereich des Europäischen Steuerrechts.[2] Geschützt wird die **grenzüberschreitende Tätigkeit,** also der ungehinderte Wechsel zwischen den Mitgliedstaaten.[3] Die Grundfreiheiten erfassen nur Sachverhalte mit grenzüberschreitendem Bezug.[4] Die Grundfreiheiten konkretisieren das allgemeine Diskriminierungsverbot des Art. 18 AEUV.[5] Jede Differenzierung zwischen internen und grenzüberschreitenden Situationen kann potenziell eine unionsrechtswidrige Differenzierung darstellen. Bei der Prüfung der Rechtfertigung von Beschränkungen sind die speziellen Rechtfertigungsgründe, der Grundsatz der Verhältnismäßigkeit sowie die sog. *rule of reason* von Bedeutung.[6] Die Grundfreiheiten begrenzen auch die Bandbreite zulässiger Auslegungen des Sekundärrechts.[7]

2   Die sog. Grundfreiheiten erfüllen eine spezifische Funktion im Rahmen der Entwicklung eines Gemeinsamen Marktes; sie bewirken – im Unterschied zu einer positiven Integration durch Rechtsharmonisierung – eine **„negative Integration",** indem der EuGH mit den Grundfreiheiten inkompatible nationale Regelungen aufdeckt (Instrumentalisierung der Grundfreiheiten) und auch nicht harmonisiertes Recht (wie große Bereiche des Steuerrechts) auf seine Grundfreiheits-Vereinbarkeit prüft.[8] Da das Unionsrecht eine von den Rechtsordnungen der Mitgliedstaaten unabhängige Rechtsordnung **mit unmittelbarer Geltung** in den Mitgliedstaaten darstellt, haben die Grundfreiheiten **unmittelbare innerstaatliche Wirksamkeit**[9] und genießen *Anwendungsvorrang* vor jedem nationalen Recht.[10]

---

[1] Vgl. auch *Kingreen* Die Struktur der Grundfreiheiten des Europäischen Gemeinschaftsrechts, 190 f., der die Grundfreiheiten als transnationale Teilhabe- und Schutzgewährrechte versteht. Die Grundfreiheiten gewähren einen Anspruch auf Teilhabe, nicht aber auf Errichtung der aus dem Herkunftsstaat gewohnten Marktordnung. – Ferner *Gundel* Die Mobilität der Unternehmen im Binnenmarkt, EuR, Beiheft 2/2006, 13: wachsender Einfluss der Grundfreiheiten.

[2] *Reimer* in S/E, Rz. 7.1; *Ismer* in Herrmann/Heuer/Raupach, Einf ESt (8/2014), Rz. 430f.

[3] Zum Anwendungsbereich und zu den Bezügen der Grundfreiheiten s. *Reimer* in S/E, Rz. 7.26.

[4] Dieser fehlte etwa in der Sache *Schempp* (s. § 9 Rz. 55).

[5] *Ehlers* Europäische Grundrechte und Grundfreiheiten, § 7 (Allgemeine Lehren) Rz. 24; *Schaumburg* in S/E, Rz. 4.27.

[6] Zu den Rechtfertigungsgründen *Ehlers* Europäische Grundrechte und Grundfreiheiten, § 7 Rz. 107ff., 136.

[7] *Reimer* in S/E, Rz. 7.19 (wechselseitige Beeinflussung, „Nachverdichtung" der Grundfreiheiten durch Sekundärrecht).

[8] *Seiler* StuW 2005, 25; *Englisch* in S/E, Rz. 6.1; kritisch im Hinblick auf die Vorgaben der sog Maastricht-Entscheidung des BVerfG *Steinhauff* jurisPR-StR 22/06 Anm. 2 (zu BFH VIII B 107/04).

[9] *Ehlers* Europäische Grundrechte und Grundfreiheiten, § 7 Rz. 7.

[10] *Englisch* in Tipke/Lang, Steuerrecht, § 4 Rz. 24; zum. Anwendungsvorrang s. a. § 5 Rz. 6.

Ein Verstoß gegen Grundfreiheiten kann zur EU-Rechtswidrigkeit von nationa-   3
len Steuerrechtsnormen führen. Die einzelnen Grundfreiheiten enthalten bereichsspezifische Diskriminierungs- und Beschränkungsverbote;[11] sie werden ergänzt
durch das allgemeine Diskriminierungsverbot des Art. 18 AEUV.

Die Grundfreiheiten dienen der Durchsetzung des Binnenmarkt-Konzepts und
sollen insoweit existierende ungerechtfertigte Beschränkungen verhindern und beseitigen; die Grundfreiheiten schützen den Marktzugang; ob jede Behinderung tatbe-
standsmäßig ist oder nur eine Verhinderung, ist strittig.[12] Geschützt wird die **grenzüberschreitende Tätigkeit,** der ungehinderte Wechsel zwischen den Mitgliedstaaten.

Die einzelnen Freiheiten, die eine gemeinsame Wurzel haben,[13] berühren unter-   4
schiedliche wirtschaftliche Sachbereiche; gemeinsam ist ihnen die **Sicherung der
Funktionsfähigkeit des Gemeinsamen Marktes.**

Das Recht zur Vermeidung der Doppelbesteuerung durch DBA (Abkommens-   5
recht) wird mehr und mehr vom Unionsrecht verdrängt; das Unionsrecht überlagert das Abkommensrecht und geht demselben vor.[14] Andererseits können die
Grundfreiheiten in bezug auf eine mögliche Doppelbesteuerung eher als Ver-
schlechterungsverbote gedeutet werden.[15] In der Sache *Wielockx*[16] war eine im DBA
Niederlande/Belgien vereinbarte Gegenseitigkeitsregelung (Verzicht auf die Besteuerung im Ausland bezogener Renten) nicht geeignet, die Diskriminierung unter
dem Aspekt der Kohärenz zu rechtfertigen.

Art. 30 AEUV verbietet die Erhebung von Zöllen, Art. 45 AEUV „gewährleis-   6
tet" die Freizügigkeit der Arbeitnehmer, Art. 49, 56 und 63 AEUV verbieten „Beschränkungen" in Bezug auf die freie Niederlassung, die freie Dienstleistung und
den freien Kapital- und Zahlungsverkehr. Art. 18 AEUV verbietet jede Diskriminierung aus Gründen der Staatsangehörigkeit. Die Regelungen lassen erkennen,
dass bestimmte Freiheiten gewährleistet sein sollen und dass – korrespondierend –
die Beschränkung dieser Freiheiten verboten ist.[17]

2. Die Grundfreiheiten als Diskriminierungs- und Beschränkungsverbote

a) Umfassender Schutz

Die Grundfreiheiten enthalten spezifische Diskriminierungsverbote[18] *und* Be-   7
schränkungsverbote;[19] sie schützen den EU-Ausländer (durch Gleichbehandlung

---

[11] *Musil* in Hübschmann/Hepp/Spitaler, Kommentar zur AO und FGO, Stand 9/2012, § 2 AO
Rz. 212 f; *Klein* DStJG 19 (1996), 7, 16 f.; im Einzelnen *Wernsmann* Steuerliche Diskriminierungen
und ihre Rechtfertigung durch die Kohärenz des nationalen Rechts – Zur Dogmatik der Schran-
ken der Grundfreiheiten, EuR 1999, 754 mit zahlreichen weiteren Nachweisen. – Vgl. auch *Terra/
Wattel* European Tax Law, 98: „Non-discrimination in EC income tax law: painting the colours of a
chameleon-like principle".
[12] *Dietz/Streinz* EuR 2015, 50.
[13] *Lehner* Steuergerechtigkeit in der Rechtsprechung des EuGH, FS für Klaus Offerhaus, 117, 121.
[14] *Wassermeyer* Die Vermeidung der Doppelbesteuerung im Europäischen Binnenmarkt, DStJG
19 (1996), 151, 156. *Lehner/Reimer* IStR 2005, 542, 547.
[15] *Reimer* in S/E, Rz. 7.182.
[16] EuGH v. 11.8.1995 C-80/94, EuGHE 1995, I-2493.
[17] So auch *Ahlt/Deisenhöfer* Europarecht, 184.
[18] *Ehlers* Europäische Grundrechte und Grundfreiheiten, § 7 Rz 24 ff.
[19] *Ehlers* Europäische Grundrechte und Grundfreiheiten, § 7 Rz. 30 ff. – Im Schrifttum ist diese
Sicht der Dinge nach wie vor umstritten (*Ehlers,* Europäische Grundrechte und Grundfreiheiten,
§ 7 Rz. 31, m. w. N.). – So favorisiert *Kingreen* (in Callies/Ruffert EUV/AEUV[4] 2011, Art. 34–36
AEUV, Rz. 66 f.) nach wie vor einen „gleichheitsrechtlichen" Ansatz.

mit dem EU-Inländer) und den EU-Inländer (durch den ungehinderten EU-Auslandszutritt). Die Grundfreiheiten in ihrer Ausgestaltung als (konvergierende) Diskriminierungs- und Beschränkungsverbote haben den umfassenden Schutz aller EU-Bürger zum Inhalt. Die Diskriminierungsverbote schützen vor Ungleichbehandlung (im „Zuzugsstaat"), die Beschränkungsverbote verhindern Eingriffe (im „Wegzugsstaat"), die die Ausübung der verschiedenen Freiheiten behindern oder weniger attraktiv machen; positiv formuliert enthalten die Grundfreiheiten Gleichheitsgebote und Freiheitsrechte.[20] Die Grundfreiheiten schützen Inländer (Beschränkungsverbot; „Outbound-Fall") und Ausländer (Diskriminierungsverbot).

Nach ständiger Rechtsprechung steht Art. 45 AEUV (früher Art. 39 EG) zum einen nicht nur offensichtlichen Diskriminierungen aufgrund der Staatsangehörigkeit, sondern auch allen **versteckten Formen der Diskriminierung** entgegen, die durch die Anwendung anderer Unterscheidungsmerkmale tatsächlich zu dem gleichen Ergebnis führen. Und zum anderen verbietet diese Vorschrift jede Bestimmung, die einen Staatsangehörigen eines Mitgliedstaats daran **hindert** oder davon abhält, sein Herkunftsland zu verlassen, um von seinem Recht auf Freizügigkeit Gebrauch zu machen.[21]

8   Der zunächst entwickelte Grundsatz der **Inländerbehandlung** (inländische Vorteile auch für EU-Ausländer; keine [ungerechtfertigte] Schlechterbehandlung des EU-Ausländers) sichert die Gleichbehandlung der Ausländer im Gastland und gewährt ihnen den Status der Inländer. Die **Beschränkungsverbote** hingegen, die in erster Linie eigene Staatsangehörige betreffen, verbieten alle Maßnahmen, die die Ausübung der durch die Grundfreiheit verbürgten Rechte des Einzelnen ungerechtfertigt behindern.[22] Die Beschränkungsverbote sichern die Möglichkeiten des Inländers, unbeschränkt von nationalen Regelungen im EU-Ausland zu wirken. Die Inländerbehandlung gewährt einen **Anspruch auf Teilhabe,** nicht auf Errichtung der aus dem Herkunftsstaat gewohnten Marktordnung; das Beschränkungsverbot verbietet – unabhängig von Ungleichbehandlungen – nicht gerechtfertigte Einschränkungen der Mobilität durch das Heimatland, wie etwa im Steuerrecht die Fortbildung an jedem beliebigen EU-Ort.[23] Eine Betätigung darf nicht mit dem Hinweis auf einen „gebietsfremden Anknüpfungspunkt" behindert werden.[24]

b) Diskriminierungsverbote

9   Der EuGH hat die Bedeutung und Wirkkraft der Grundfreiheiten in den vergangenen Jahren sukzessive erweitert. Die Diskriminierungsverbote verbieten demnach nicht nur jede Ungleichbehandlung von In- und Ausländern, sondern umfassen auch verdeckte oder mittelbare Diskriminierungen.[25] Der EuGH legt einen sehr weiten Diskriminierungsbegriff zugrunde. Diskriminierungen müssen sich aber nicht nur auf den Ausländer beziehen, sondern können auch den Inländer, z.B. bei Diskriminierung durch Wegzugshindernisse, treffen. Die speziellen Diskriminie-

---

[20] *Voß* Steuerrecht (Kap. J.) in: Dauses, Handbuch des EU-Wirtschaftsrechts, Band 2, Rz. 34, beschränkt die Wirkung der Grundfreiheiten noch auf die Inländergleichbehandlung.

[21] EuGH v. 15.9.2011 C-240/10, BStBl. II 2013, 56.

[22] *Weber-Grellet* NJW 2004, 1617; *Schaumburg* in S/E, Rz. 4.31, 4.42.

[23] EuGH v. 28.10.1999 C 55/98 – *Vestergaard*, BB 2000, 288.

[24] Deshalb ist m.E. das Verbot des Zugangs zu holländischen Coffee-Shops EU-widrig (so auch *Ehlers* Europäische Grundrechte und Grundfreiheiten, § 7 Rz. 69, 77; a.A. EuGH v. 16.12.2010 C-137/09 – *Josemans*, EuZW 2011, 219).

[25] *Ehlers* Europäische Grundrechte und Grundfreiheiten, § 7 Rz. 28, 90.

rungsverbote der Grundfreiheiten gehen dem allgemeinen Diskriminierungsverbot des Art. 18 AEUV vor.[26] Die Diskriminierungsverbote stehen nationalen Regelungen entgegen, die – ohne zwischen inländischen und ausländischen Rechtssubjekten zu unterscheiden – den Zutritt zu einem nationalen Markt behindern, ohne einem eigenen legitimen Sachziel in angemessener Weise zu dienen;[27] der Marktzutritt darf nicht unverhältnismäßig beschränkt werden. Aus der Prüfung nationaler Regelungen am Verhältnismäßigkeitsgrundsatz ergibt sich die Schärfe des grundfreiheitlichen Diskriminierungsverbots für das mitgliedstaatliche Steuerrecht, das auf diese Weise einer strikten Einzelfallprüfung unterzogen wird.[28]

Beispiel: Die ICI war zu 49 vH an der nicht im Vereinigten Königreich sitzenden Tochtergesellschaft CAH beteiligt. ICI beansprucht den Abzug von Verlusten, die die CAH erlitten hatte. Die Gewährung des von ICI beantragten Steuervorteils wurde abgelehnt. Der EuGH,[29] der darauf abstellte, ob eine unterschiedliche ungleiche steuerliche Behandlung von Tochtergesellschaften vorlag und ob diese Ungleichbehandlung gerechtfertigt war, hielt die Regelung (kein Abzug von Verlusten einer ausländischen Tochtergesellschaft) für unionsrechtswidrig, da sie sich nicht konkret gegen eine Steuerumgehung wende, keine weiteren Rechtfertigungsgründe i.S.d. Art. 63 AEUV (früher Art. 56 EG) gegeben seien und kein unmittelbarer Zusammenhang zwischen dem Steuervorteil (Verlustabzug) und der Besteuerung der Gewinne im Sinne der Kohärenz bestehe. Die Entscheidung zeigt die Bedeutung der Rechtfertigungsgründe. Eine binnenmarktbeschränkende Ungleichbehandlung wird im Bereich des nicht harmonisierten Steuerrechts häufig gegeben sein; entscheidende Bedeutung kommt daher der Frage zu, ob die Ungleichbehandlung gerechtfertigt ist.

Im Bereich des Steuerrechts sind in erster Linie **verdeckte (mittelbare) Diskriminierungen** anzutreffen. Häufigster Fall ist der Eingriff durch staatliche Gesetze. Aber auch durch „private Normen" eines nicht öffentlich-rechtlichen Verbandes und sogar durch Vorgaben einer Privatperson kann in den Schutzbereich der Grundfreiheiten eingegriffen werden. **10**

EU-Ausländer können auf ganz unterschiedliche Weise diskriminiert werden. Verstöße sind z.B. denkbar in Zusammenhang mit: **11**
- Mindeststeuersatz für Einkünfte von beschränkt Einkommensteuerpflichtigen,
- Steuerabzug mit Abgeltungswirkung bei bestimmten inländischen Einkünften,
- Umqualifizierung von Zinsen in vGA nach § 8a KStG,[30]
- Korrektur von Einkünften nach § 1 AStG,
- verschiedene Formen der Wegzugsbesteuerung (§ 12 KStG; § 6 AStG),[31]
- Hinzurechnungsbesteuerung (§§ 7ff. AStG),[32]
- Vereinbarkeit der geltenden DBA mit Unionsrecht.

---

[26] EuGH v. 12.7.2005 C-403/03 – *Schempp*, DStR 2005, 1265 (ähnl. GA *Geelhoed* in seinen Schlussanträgen v. 27.1.2005, IStR 2005, 166).

[27] *Schön* DStJG 23 (2000), 191, 209.

[28] *Cordewener* Grundfreiheiten, 979.

[29] EuGH v. 16.7.1998 C-264/96 – *Imperial Chemical Industries*, EuGHE 1998, I-4695, EuZW 1999, 20, unter Tz. 23 und 24; dazu *Cordewener* Grundfreiheiten, 642.

[30] Die Neuregelung der Gesellschafter-Fremdfinanzierung war erforderlich geworden, da der EuGH die bisherige Regelung, deren Anwendungsbereich sich auf Steuerpflichtige beschränkte, die im Inland nicht zu einer Veranlagung herangezogen wurden, als Verstoß gegen die Niederlassungsfreiheit und daher als europarechtswidrig ansah (vgl. EuGH v. 12.12.2002 C-324/00 – *Lankhorst/Hohorst*, DStR 2003, 25). Damit war § 8a KStG a.F. innerhalb der EU (und des EWR) nicht mehr anwendbar.

[31] EuGH v. 11.3.2004 C-9/02 – *Hughes de Lasteyrie du Saillant*, DStR 2004, 551; BMF v. 8.6.2005 IV B 5 – S 1348 – 35/05, BStBl. I 2005, 714.

[32] *Schön* DB 2001, 940: als schlüssige Ergänzung des Welteinkommensprinzips im Kern legitim und ausbaufähig; aA (in Bezug auf EU) EuGH v. 12.9.2006 C-196/04 – *Cadbury-Schweppes*, DStR 2006, 1686; krit *Wassermeyer* DB 2006, 2050. – Auch im Verhältnis zur Schweiz wird die Hinzurechungsbesteuerung für EU-widrig gehalten (FG Baden-Württemberg v. 12.8.2015, BB 2015, 2851).

c) Beschränkungsverbote

12 Die Beschränkungsverbote erstrecken die Grundfreiheiten auf Inländer, soweit sie grenzüberschreitend im EU-Ausland tätig werden.[33] In der Daily-Mail-Entscheidung vom 27.9.1988[34] hat der EuGH die Grundfreiheiten über das Gleichbehandlungsgebot hinaus erstmals als **Beschränkungsverbote** interpretiert:[35]

„Zwar sollen diese Bestimmungen ihrer Fassung nach insbesondere die Inländerbehandlung im Aufnahmemitgliedstaat sicherstellen, sie verbieten es aber *auch* dem Herkunftsstaat, die Niederlassung seiner Staatsangehörigen oder einer nach seinem Recht gegründeten, der Definition des Art. 58 (jetzt Art. 65 AEUV) genügenden Gesellschaft in einem anderen Mitgliedstaat zu **behindern**. Wie die Kommission zu Recht ausgeführt hat, wären die in Art. 52 ff. (jetzt Art. 59 ff. AEUV) gewährten Rechte sinnentleert, wenn der Herkunftsstaat Unternehmen verbieten könnte, auszuwandern, um sich in einem anderen Mitgliedstaat niederzulassen."[36]

In weiteren Entscheidungen hat der EuGH diesen Ansatz konkretisiert, z.B. mit der Entscheidung *Gebhard* vom 30.11.1995,[37] in der es um die Zulassung eines Rechtsanwalts in Italien ging: „Aus der Rechtsprechung des Gerichtshofes ergibt sich jedoch, dass nationale Maßnahmen, die die Ausübung der durch den Vertrag garantierten grundlegenden Freiheiten *behindern oder weniger attraktiv machen können*, vier Voraussetzungen erfüllen müssen: Sie müssen in nicht-diskriminierender Weise angewandt werden, sie müssen aus zwingenden Gründen des Allgemeininteresses gerechtfertigt sein, sie müssen geeignet sein, die Verwirklichung des mit ihnen verfolgten Zieles zu gewährleisten, und sie dürfen nicht über das hinausgehen, was zur Erreichung dieses Zieles erforderlich ist."

Eine weitere wichtige Etappe für die Entwicklung des Beschränkungsverbotes war das Urteil in der Rs. Sache *Kraus*.[38] Herr Kraus wandte sich gegen eine Genehmigungspflicht für die Führung ausländischer akademischer Grade. Der Gerichtshof hielt zwar die Genehmigungspflicht als solche für vereinbar mit der Arbeitnehmerfreizügigkeit, verlangte aber, dass die Modalitäten der Genehmigung nicht unverhältnismäßig seien dürften. Der EuGH führte aus, dass die Arbeitnehmerfreizügigkeit einer Regelung entgegenstehe, die „zwar ohne Diskriminierung aus Gründen der Staatsangehörigkeit anwendbar ist, die aber geeignet ist, die Ausübung der (…) Freiheiten (…) zu behindern oder weniger attraktiv zu machen". Bestätigt hat der Gerichtshof schließlich die Geltung eines Beschränkungsverbotes schließlich auch in den Sachen *Graf*[39] und *Schilling*.[40]

---

[33] *Schaumburg* in S/E, Rz. 4.31, 4.42.

[34] EuGH v. 27.9.1988, 81/87, EuGHE 1988, I-5483, Rz. 16 – Erfordernis der Zustimmung des Finanzamts zur Sitzverlegung.

[35] Streinz/*Franzen* EUV/AEUV, Art. 45 AEUV, Rz. 86; vgl. auch *Lehner* Begrenzung der nationalen Besteuerungsgewalt durch die Grundfreiheiten und Diskriminierungsverbote des EG-Vertrags, DStJG 23 (2000), 263, 266 f.; kritisch zur Trennung *M. Lang* DStJG 23 (2000), 290 (Diskussionsbeitrag), der darauf hinweist, dass zwischen dem Verständnis des Gleichheitsgrundsatzes als Sachlichkeitsprinzip und als Relationsbegriff kein struktureller Unterschied bestehe. Das Verständnis als Sachlichkeitsprinzip sei lediglich eine Verkürzung des regulären gleichheitsrechtlichen Prüfungsschemas. Eine Trennung zwischen Beschränkungs- und Diskriminierungsverboten sei nicht erforderlich.

[36] Hervorhebungen durch den Verfasser.

[37] EuGH v. 30.11.1995 C-55/94 – *Gebhard*, EuGHE 1995, I-4165.

[38] EuGH v. 31.3.1993 C-19/92 – *Kraus*, EuGHE 1993, I-1663, Rz. 32.

[39] EuGH v. 27.1.2000 C-190/98 – *Graf*, EuGHE 2000, I-493.

[40] EuGH v. 13.11.2003 C-209/01 – *Schilling*, DStRE 2003, 1437.

Eine Beschränkung liegt vor, wenn eine Betätigung verhindert, erschwert oder 13 weniger attraktiv gemacht wird. Aus diesem Grund erfüllt jede Doppelbesteuerung den Tatbestand der Beschränkung;[41] damit stellt sich die Rangfolge mitgliedstaatlicher Besteuerungszuständigkeiten. Entscheidende Bedeutung hat die Rechtfertigung der Beschränkung, die im Wege des Inländervergleichs (z.B. wenn sich ein Ausländer auf dem inländischen Markt betätigen will), aber auch mit Hilfe anderer Kriterien (z.B. die *rule of reason* bei einer Zugangsbeschränkung zum ausländischen Markt) zu prüfen ist. Entgegen der Auffassung von *Cordewener*[42] ist nicht die gleichheitsrechtliche Komponente der Grundfreiheiten von entscheidender Bedeutung, sondern im Vordergrund steht die Behinderung der freien wirtschaftlichen Betätigung im Bereich des Binnenmarktes.

Geschützt wird die **grenzüberschreitende Tätigkeit,** der ungehinderte Wechsel 14 zwischen den Mitgliedstaaten, eine **„Ortsveränderung im Hinblick auf eine wirtschaftliche Tätigkeit".**[43] Jede Differenzierung zwischen internen und grenzüberschreitenden Situationen kann potenziell eine unionsrechtswidrige Differenzierung darstellen.[44] Die Entfaltung der Grundfreiheiten als **Beschränkungsverbote** steht im Dienste der Wettbewerbsneutralität.[45] Danach haben sich die Grundfreiheiten – über ihre Funktion als den einzelnen Bürger schützende Diskriminierungsverbote hinaus – zu Beschränkungsverboten für die nationalen Gesetzgebungen entwickelt.[46]

Die Grundfreiheiten verbieten, dass der Herkunftsstaat die freie Annahme und 15 Ausübung einer Beschäftigung durch einen seiner Staatsangehörigen in einem anderen Mitgliedstaat **behindert,**[47] dass also dem Inländer durch inländische Regelungen der Zugang zum Auslandsmarkt erschwert wird; abzustellen ist auf eine spezifische Benachteiligung des grenzüberschreitenden im Vergleich zum rein nationalen Wirtschaftsvorgang.[48] Jede Behinderung kann allerdings auch als Ungleichbehandlung interpretiert werden; deshalb argumentiert EuGH auch bei einer Beschränkung „gleichheitsrechtlich".[49] Die Erweiterung des Anwendungsbereichs der Grundfreiheiten auf Inländer ist der entscheidende Aspekt.[50]

---

[41] *Von Wilmowsky* in Ehlers, Europäische Grundrechte und Grundfreiheiten, § 12 Rz. 22.

[42] *Cordewener* Grundfreiheiten, 976.

[43] So Rz. 60 der Schlussanträge des Generalanwalts *Léger* in EuGH v. 1.3.2005 C-152/03 – *Ritter-Coulais,* IStR 2005, 237; EuGH v. 21.2.2006 C-152/03 – *Ritter-Coulais,* DStR 2006, 362.

[44] *van Thiel/Achilles* IStR 2003, 530, 553.

[45] *Lehner* Begrenzung der nationalen Besteuerungsgewalt durch die Grundfreiheiten und Diskriminierungsverbote des EG-Vertrags, DStJG 23 (2000), 263, 272, 284/5.

[46] *S. Fischer* Primäres Gemeinschaftsrecht und direkte Steuern, 330f.; *Musil* in Hübschmann/Hepp/Spitaler, Kommentar zur AO und FGO, Stand 9/2012, § 2 AO Rz. 291, 294; gegen die allgemeine Entwicklung zu Beschränkungsverboten *Cordewener* Grundfreiheiten, 976; skeptisch auch *Reimer/Ribbrock* RiW 2005, 611, 613f. im Hinblick auf den unionsrechtlichen Gewaltenteilungsgrundsatz.

[47] EuGH v. 12.12.2002 C-385/00 – *de Groot,* DStRE 2003, 151, Rz. 79; *Klinke* Kollisionsnormen und Gemeinschaftsrecht, Liber amicorum für Gerhard Kegel, 17.

[48] *Englisch* StuW 2003, 88, 90.

[49] EuGH v. 28.10.1999 C-55/98 – *Vestergard* EuGHE 1999, I-7641.

[50] *Geibel* JZ 2007, 277, 279.

Die Grundfreiheiten haben je nach Fall eine unterschiedliche Richtung:

– **Outbound-Fall (Steuerinländer im Ausland):** Auslandsaktivitäten werden nicht stärker besteuert als Inlandsaktivitäten (Beschränkungsverbot),

– **Inbound-Fall (Steuerausländer im Inland):** beschränkt Steuerpflichtige werden nicht stärker besteuert als unbeschränkt Steuerpflichtige (Inländergleichbehandlung: Diskriminierungsverbot).[51]

d) Räumlicher Anwendungsbereich

16 Der Anwendungsbereich der Grundfreiheiten und der Diskriminierungsverbote ist nur berührt, wenn ein **relevanter EU-Auslandssachverhalt** betroffen ist. Der EU-Vertrag garantiert freies Wirtschaften im gesamten Gemeinschaftsgebiet – in welcher Form auch immer. Die Grundfreiheiten erfassen nur grenzüberschreitende Sachverhalte.[52] Aus diesem Grund wird die sog. reine Inländerdiskriminierung, die sich ausschließlich auf einen inländischen Sachverhalt bezieht, dem ein grenzüberschreitender Bezug fehlt, vom Regelungsgehalt des EU-Vertrags nicht erfasst.[53] Die Mitgliedstaaten sind an einer binnenmarktneutralen (internen) Benachteiligung der eigenen Staatsangehörigen unionsrechtlich nicht gehindert (sog. umgekehrte Diskriminierung). Das inländische Recht kann einseitig die Inländer belasten oder Ausländer begünstigen (z.B. Reinheitsgebot für Bier), das inländische Recht kann strenger als das Recht anderer Mitgliedstaaten sein, sofern nicht zwischen In- und Ausländern differenziert wird (Disparität der Rechtsordnungen).[54]

17 In räumlicher Hinsicht wird jeder grenzüberschreitenden **wirtschaftlichen** Tätigkeit im Binnenmarkt in ihren unterschiedlichen Ausprägungen unionsrechtlicher Schutz gewährt.[55]

Beispiel: Der Vorstand der Rechtsanwaltskammer Mailand legte in einem Disziplinarverfahren Herrn Gebhard zur Last, gegen seine Verpflichtungen aus dem Gesetz Nr. 31 vom 9.2.1982 über den freien Dienstleistungsverkehr der Rechtsanwälte, die Staatsangehörige eines Mitgliedstaats der Europäischen Gemeinschaften sind (GURI Nr. 42 vom 12.2.1982), verstoßen zu haben, indem er in Italien unter Verwendung der Bezeichnung „avvocato" eine dauernde Berufstätigkeit in der von ihm eingerichteten Kanzlei ausgeübt habe. Unterliegt die Aufnahme einer spezifischen Tätigkeit im

---

[51] *Loewens* Der Einfluß des Europarechts auf das deutsche Einkommen- und Körperschaftsteuerrecht, 2007, 51: Inbound-Konstellation: Ein in einem anderen Staat Ansässiger erzielt in Deutschland Einkünfte. – Outbound-Konstellation: Ein in Deutschland Ansässiger hat ausländische Einkünfte. – BFH v. 3.2.2010 I R 21/06, HFR 2008, 706: Outbound-Konstellation bedeutet die Beteiligung eines Gebietsansässigen an einer gebietsfremden Kapitalgesellschaft. – Inbound-Konstellation bedeutet die Beteiligung eines Gebietsfremden an einer inländischen Kapitalgesellschaft.
[52] *Ehlers* Europäische Grundrechte und Grundfreiheiten, § 7 Rz. 20.
[53] *Musil* in Hübschmann/Hepp/Spitaler, Kommentar zur AO und FGO, Stand 9/2012, § 2 AO Rz. 181; GA *Geelhoed* in seinen Schlussanträgen vom 27.1.2005, IStR 2005, 166, zur Rechtssache C-403/03 – *Schempp*.
[54] *Nicolaysen* Europarecht I, § 4 II 1 e.
[55] *Cordewener* Grundfreiheiten, 975.

Aufnahmestaat keiner Regelung, so hat der Angehörige jedes anderen Mitgliedstaats das Recht, sich dort niederzulassen und diese Tätigkeit auszuüben. Unterliegt die Aufnahme oder Ausübung dieser Tätigkeit im Aufnahmemitgliedstaat jedoch bestimmten Bedingungen, so muss der Angehörige eines anderen Mitgliedstaats, der diese Tätigkeit ausüben will, diese Bedingungen grundsätzlich erfüllen.[56]

Im Zuge der eventuellen Rechtfertigung der Beschränkung prüft der EuGH, ob **18** eine äußere Ungleichbehandlung materiell gerechtfertigt ist. Voraussetzung einer relevanten Ungleichbehandlung ist also stets ein vergleichbarer Sachverhalt bzw. eine vergleichbare Situation.[57] Eine Diskriminierung liegt vor, wenn in einer „**vergleichbaren Situation**" eine nachteilige Ungleichbehandlung vorgenommen wird.[58] In der Sache *Ritter-Coulais*[59] heißt es schlicht, dass gebietsfremde Arbeitnehmer (Wohnen in Frankreich, Arbeit in Deutschland) durch die nationale Regelung ungünstiger behandelt würden als Arbeitnehmer, die in Deutschland im eigenen Haus wohnten. Keine vergleichbare Situation besteht in der Regel im Hinblick auf die direkten Steuern zwischen Gebietsansässigen und Gebietsfremden, denn das Einkommen, das ein Gebietsfremder im Hoheitsgebiet eines Staates erzielt, stellt zumeist nur einen Teil seiner Gesamteinkünfte dar, deren Schwerpunkt an seinem Wohnort liegt. Die persönliche Steuerkraft des Gebietsfremden, die sich aus der Berücksichtigung seiner Gesamteinkünfte sowie seiner persönlichen Verhältnisse und seines Familienstandes ergibt, kann am leichtesten an dem Ort beurteilt werden, an dem der Mittelpunkt seiner persönlichen Interessen und seiner Vermögensinteressen liegt; dieser Ort ist in der Regel der Ort des gewöhnlichen Aufenthalts der betroffenen Person.[60]

In den sog. **Grenzpendlerfällen**[61] ist eine „vergleichbare Situation" dann gege- **19** ben, wenn der Pendler nennenswerte Einkünfte nicht in seinem Wohnsitzstaat, sondern nur im Beschäftigungsstaat erzielt. Erzielt der Pendler hingegen bereits Einkünfte, die ihn in den Genuss der üblichen persönlichen Vergünstigungen kommen lassen, so fehlt eine vergleichbare Situation.

e) Persönlicher Anwendungsbereich

Die Diskriminierungsverbote verbürgen den EU-Ausländern ein Recht auf **20** Gleichbehandlung mit den Inländern des jeweiligen Mitgliedstaates. Die Grundfreiheiten schützen die Staatsangehörigen der Mitgliedstaaten; bezüglich der Freiheit des Kapitalverkehrs allerdings auch Drittstaaten-Angehörige,[62] da Art. 63 AEUV auch Beschränkungen zwischen Mitgliedstaaten und dritten Ländern verbietet. Gesellschaften nach Art. 54 AEUV können sich ebenfalls auf die Grundfreiheiten berufen (Niederlassungsfreiheit).

Verpflichtet zur Respektierung der Grundfreiheiten und damit zur Unterlassung **21** von Diskriminierungen sind die **Staaten,** nach der Rechtsprechung des EuGH aber auch **private Verbände** (Drittwirkung der Grundfreiheiten). Im Grunde genom-

---

[56] Nach EuGH v. 30.11.1995 C-55/94 – *Gebhard*, EuGHE 1995, I-4165.

[57] *Musil* in Hübschmann/Hepp/Spitaler, Kommentar zur AO und FGO, Stand 9/2012, § 2 AO Rz. 216, 220.

[58] *S. Fischer* Primäres Gemeinschaftsrecht und direkte Steuern, 317.

[59] EuGH v. 21.2.2006 C-152/03 – *Ritter-Coulais*, DStR 2006, 362.

[60] EuGH v. 1.7.2004 C-169/03 – *Wallentin*, DStRE 2004, 1346; Rz. 82 der Schlussanträge des GA *Léger* v. 1.3.2005 zu EuGH C-152/03 – *Ritter-Coulais,* IStR 2005, 237.

[61] Z.B. EuGH v. 28.1.1992 C-204/90 – *Bachmann*, EuGHE 1992, I-249; EuGH v. 26.1.1993 C-112/91 – *Werner*, EuGHE 1993, I-429.

[62] *Schnitger* Geltung der Grundfreiheiten des EGV für Drittstaatsangehörige im Steuerrecht, IStR 2002, 711.

men ist jeder Marktteilnehmer – sei es der Staat, ein Verband[63] oder auch ein Privater – verpflichtet, EU-Ausländerdiskriminierungen zu unterlassen.

In der **Bosman-Entscheidung** hat der EuGH[64] hervorgehoben, dass nicht nur gesetzliche oder behördliche Maßnahmen am Maßstab des Art. 45 AEUV (früher Art. 39 EG) zu messen sind, sondern auch Vorschriften und Regelungen privater Verbände, wenn es sich um Vorschriften handelt, die der „kollektiven Regelung unselbstständiger Arbeit" dienen:

„Zur Anwendung der Gemeinschaftsbestimmungen über die Freizügigkeit der Arbeitnehmer ist es nicht erforderlich, dass der Arbeitgeber die Unternehmenseigenschaft besitzt, da nur verlangt wird, dass ein Arbeitsverhältnis oder der Wille vorliegt, ein solches Verhältnis zu begründen.

Regeln, die die wirtschaftlichen Beziehungen zwischen den Arbeitgebern eines Tätigkeitsbereichs betreffen, fallen in den Geltungsbereich der Gemeinschaftsbestimmungen über die Freizügigkeit der Arbeitnehmer, wenn ihre Anwendung die Beschäftigungsbedingungen der Arbeitnehmer beeinflusst. Dies ist bei Regeln über den Transfer von Spielern zwischen Fußballvereinen der Fall, die, auch wenn sie die wirtschaftlichen Beziehungen zwischen Vereinen und nicht die Arbeitsverhältnisse zwischen Vereinen und Spielern betreffen, auf Grund der Verpflichtung der Vereine als Arbeitgeber, bei der Einstellung eines Spielers von einem anderen Verein Entschädigungen zu zahlen, die Möglichkeiten für die Spieler beeinflussen, eine Beschäftigung zu finden, wie auch die Bedingungen, zu denen diese Beschäftigung angeboten wird."

Diesen Ansatz hat der EuGH im Fall **Angonese**[65] weiter geführt und das Verbot der Diskriminierung auch auf Privatpersonen erstreckt. Das in Art. 45 AEUV (früher Art. 39 EG) ausgesprochene Verbot der Diskriminierung auf Grund der Staatsangehörigkeit gilt somit auch für Privatpersonen.

22, 23   *einstweilen frei*

f) Prüfungsmaßstab

24   Allgemeiner dreigliedriger Prüfungsmaßstab[66] aller Grundfreiheiten ist eine nicht zu rechtfertigende binnenmarktrelevante **Ungleichbehandlung** des Ausländers bzw. eine **Freiheitsbeschränkung** des Inländers:[67]
- grenzüberschreitende Betätigung;[68]
- Ungleichbehandlung des Ausländers oder Behinderung des Inländers;
- keine Rechtfertigung (dazu unten II; Rz. 29ff.).

---

[63] Z.B. auch Selbstverwaltungskörperschaften der freien Berufe (EuGH v. 19.2.2002 C-309/99 – *Wouters*, NJW 2002, 877).

[64] EuGH v. 15.12.1993 C-415/93, NJW 1996, 505/9.

[65] EuGH v. 6.6.2000 C-281/98 – *Angonese*, EuGHE 2000, I-4139; kritisch *Herdegen* Europarecht, § 14 Rz. 14, § 16 Rz. 12.

[66] Ähnlich *Kingreen* Die Struktur der Grundfreiheiten des Europäischen Gemeinschaftsrechts, 182f., der 1. den Schutzbereich, 2. eine (grenzüberschreitende) Beeinträchtigung und 3. eine Rechtfertigung prüft; ferner *Körner* Techniken konzerninterner Gewinnverlagerung, 206ff; *Ehlers,* Europäische Grundrechte und Grundfreiheiten, § 7 Rz. 136 (Schutzbereich, Beeinträchtigung, Rechtfertigung).

[67] Vgl. nur EuGH-Urteile v. 21.11.2002 C-436/00 – *X und Y II,* FR 2003, 84, zur Benachteiligung einer verdeckten Einlage in eine ausländische Gesellschaft; v. 12.12.2002 C-324/00 – *Lankhorst-Hohorst* DB 2002, 2690, zu § 8a KStG – Benachteiligung einer inländischen Tochtergesellschaft, die von ihrer ausländischen Mutter ein Darlehen erhalten hatte. – *Blumenberg* Auswirkungen aktueller EuGH-Verfahren auf die Besteuerungspraxis, in: Lüdicke (Hrsg.), Besteuerungspraxis bei grenzüberschreitender Tätigkeit, 2003, 1/5: Diskriminierung und Beschränkung sind ein einheitlicher Verstoß gegen die Grundfreiheiten des EG-Vertrags.

[68] So auch *Cordewener* DStR 2004, 6, 7. – Die Hinzurechnung von Miet- und Pachtzinsen bei einem inländischen Steuerpflichtigen verstößt daher nicht gegen EU-Recht (BFH v. 15.7.2005 I R 21/04, BB 2005, 2051).

Bei der Prüfung der **Rechtfertigung** von Beschränkungen sind die speziellen 25
Rechtfertigungsgründe, der Grundsatz der Verhältnismäßigkeit und die sog. *rule of
reason* von Bedeutung. Der EuGH nimmt eine umfassende Gesamtbetrachtung vor;
im Rahmen des umfassenden Abwägungsprozesses sind auch die berechtigten Interessen des Mitgliedstaats zu berücksichtigen. Auf der einen Seite soll eine übermäßige Steuerbelastung (insbesondere eine Doppelbesteuerung) der EU-Bürger verhindert werden, andererseits soll aber auch vermieden werden, dass diese in Anbetracht ihrer Leistungsfähigkeit unfaire Steuervorteile genießen („weiße Einkünfte")
und Vorteile aufgrund des Unionsrechts doppelt in Anspruch nehmen (sog. *double
dip*).

3. Ausstrahlungswirkungen auf das nationale Steuerrecht

Im Bereich der nicht harmonisierten direkten Steuern[69] wirken die Grundfreihei- 26
ten vor allem als (bereichsspezifische) **Diskriminierungs- und Differenzierungs-
verbote**.[70] Eine Diskriminierung kann *offen, unmittelbar, formal oder rechtlich* sein,
sie kann aber ebenso *versteckt, mittelbar, materiell und faktisch* wirken. Ungleichbehandlungen können dadurch entstehen, dass der Ausländer, der sich auf dem In-
landsmarkt bewegt, schlechter behandelt wird als der Inländer (Ausländerdiskriminierung); eine solche Diskriminierung ist z.B. auch dann gegeben, wenn – wie im Fall
Lankhorst/Hohorst[71] – die Tochtergesellschaft einer ausländischen Muttergesellschaft dadurch benachteiligt wird, dass Zinszahlungen an die ausländische Muttergesellschaft als vGA behandelt werden.

Bedeutung für die nationalen Steuerrechtsordnungen erlangen die Grundfreihei- 27
ten und Diskriminierungsverbote daher besonders durch ihre **Ausstrahlungswirkung**. Die Grundfreiheiten und Diskriminierungsverbote bieten zwar keine Kompetenz zur Normierung eigener Steuerrechtsnormen; sie wirken aber in der Weise,
dass die einzelnen nationalen Steuerrechtsnormen weder gegen die Grundfreiheiten
noch gegen die Diskriminierungsverbote verstoßen dürfen. Die unterschiedlichen
Steuersysteme und Steuerbelastungen dürfen die grenzüberschreitende Tätigkeit
innerhalb der Gemeinschaft nicht beeinträchtigen. Über die Grundfreiheiten und
Diskriminierungsverbote erhalten auch die nationalen Steuerrechtsordnungen, soweit sie grenzüberschreitende Wirkungen entfalten, eine ganz erhebliche **europarechtliche Dimension**.[72]

Inländerbehandlung (Nicht-Diskriminierung von Ausländern; Inbound-Kon- 28
stellation) und Beschränkungsverbote (Freiheit für Inländer; Outbound-Konstellation) führen nicht wie bei der Harmonisierung zu einer vollständigen, sondern
nur zu einer punktuellen Anpassung des nationalen Steuerrechts an EU-Standards.
Deshalb sind z.B. unterschiedlich hohe Steuersätze in den einzelnen Mitgliedstaaten nach wie vor erlaubt;[73] auch eine beschränkte Steuerpflicht ist prinzipiell zulässig. Die Grundfreiheiten sind daher nicht in dem Sinne zu verstehen, dass es dem
Inländer möglich ist, seine Inländer-Rechte (z.B. das Recht auf einen einkom-
mensteuerrechtlichen Grundfreibetrag in bestimmter Höhe) ungeschmälert in das
EU-Ausland „mitzunehmen".[74] Das einzelne Land darf Ausländer nicht schlechter

---

[69] S. auch oben Rz. 13.
[70] Zum allgemeinen Diskriminierungsverbot vgl. unten Rz. 45 ff.
[71] EuGH v. 12.12.2002 C-324/00, DB 2002, 2690.
[72] *Weber-Grellet* NJW 2004, 1617/8.
[73] *Musil* in Hübschmann/Hepp/Spitaler, Kommentar zur AO und FGO, Stand 9/2012, § 2 AO
Rz. 224.
[74] *Hahn* IStR 2002, 681/7.

behandeln als die eigenen Bürger;[75] es ist aber nicht verpflichtet, den ausländischen Status zu übernehmen und zu wahren. Im Bereich des Steuerrechts kann die fehlende Kompetenz auf dem Gebiet der direkten Steuern und der Grundsatz der Subsidiarität nicht durch eine extensive Anwendung und Auslegung der Grundfreiheiten ersetzt und umgangen werden.[76]

II. Rechtfertigungsgründe für Eingriffe in Grundfreiheiten[77]

1. Grundsätze

29 Wird ein tatbestandlicher Eingriff in eine Grundfreiheit festgestellt, ist weiter zu prüfen, ob dieser Eingriff gerechtfertigt sein könnte.[78] Diskriminierungen und Beschränkungen können gerechtfertigt sein, wenn dies der EU-Vertrag ausdrücklich vorsieht (z.B. Art. 36 AEUV), aus **zwingenden Gründen des Allgemeininteresses** sowie nach Maßgabe des **Grundsatzes der Verhältnismäßigkeit**[79] und der „**rule of reason**",[80] die dazu berechtigt, „legitime Ziele" zu berücksichtigen. In der Entscheidung C-324/00 – *Lankhorst-Hohorst*, DB 2002, 2690 führt der EuGH wörtlich aus:

> „Zu prüfen bleibt, ob eine nationale Maßnahme wie die in § 8a Abs. 1 Nummer 2 KStG enthaltene ein legitimes Ziel verfolgt, das mit dem EG-Vertrag vereinbar und durch zwingende Gründe des Allgemeininteresses gerechtfertigt ist. Erforderlich ist zudem, dass die Maßnahme zur Erreichung des fraglichen Zieles geeignet ist und nicht über das hinausgeht, was hierzu erforderlich ist (vgl. u.a. EuGH v. 15.5.1997 C-250/95, EuGHE 1997, I-2471, Rz. 26 – Futura Participations und Singer, und v. 6.6.2000 C-35/98, EuGHE 2000, I-4071, Rz. 43 – Verkooijen)."

30 Unter (zusätzlicher) Heranziehung des Verhältnismäßigkeitsgrundsatzes und der *rule of reason* lässt der EuGH all die Argumente in seine Betrachtung einfließen, die dem Gebot der Angemessenheit und Vernunft entsprechen. Elemente des Grundsatzes der Verhältnismäßigkeit sind die Geeignetheit, die Erforderlichkeit und die Zumutbarkeit.

31 Zu den vom EuGH anerkannten Gründen des Allgemeininteresses zählen z.B.:[81]
- der Schutz geistigen Eigentums,
- der soziale Schutz der Arbeitnehmer,
- der Verbraucherschutz,
- die Berufs- und Standesregeln,

---

[75] EuGH v. 12.12.2002 C-385/00 – *de Groot*, DStRE 2003, 151; *Klinke* Kollisionsnormen und Gemeinschaftsrecht, Liber amicorum für Gerhard Kegel, 2002, 1, 16.

[76] *Birk* FR 2005, 121/7, der von einer fallweisen Deformierung des nationalen Steuerrechts spricht und der EuGH-Rechtsprechung vorhält, nur eine Komplizierung der nationalen Steuerrechtsordnungen ausgelöst zu haben.

[77] Im Einzelnen *Cordewener* Grundfreiheiten, 926 f.; *ders.* DStR 2004, 6, 8; *Laule* IFSt-Schrift Nr. 407 (2003), 15 f; *Reimer* in S/E, Rz. 7.49, 7.202 f. – Ferner *Gundel* Die Mobilität der Unternehmen im Binnenmarkt, EuR, Beiheft 2/2006, 13, 28: Die geschriebenen und ungeschriebenen Rechtfertigungsgründe dürfen nicht genutzt werden, um unter ihrem Deckmantel den Schutz bestimmter wirtschaftlicher Interessen durchzusetzen.

[78] Dazu i.E. *Englisch* in S/E, Rz. 7.200 ff.; *Ismer* in Herrmann/Heuer/Raupach, Einf ESt (8/2014), Rz. 436 f.

[79] *Reimer* in S/E, Rz. 7.50. Dazu *von Danwitz* EWS 2003, 393, der die gemeinschaftgerichtliche Verhältnismäßigkeitskontrolle gegenüber dem Gemeinschaftsgesetzgeber auch vor dem Hintergrund eines Demokratiedefizits als zu gering einstuft.

[80] Vgl. z.B. *Fischer* Europarecht, 288 ff. für den Bereich der Arbeitnehmerfreizügigkeit; für den Bereich des freien Dienstleistungsverkehrs, a.a.O. 325 f.

[81] *Fischer* Europarecht, 323 f.

- abweichende technische Regelungen,[82]
- kulturpolitische Belange,
- die Kohärenz der nationalen Steuersysteme,
- das finanzielle Gleichgewicht des Systems der sozialen Sicherheit,
- der gute Ruf des nationalen Finanzsektors,
- Notwendigkeit wirksamer steuerlicher Kontrollen,[83]
- der Schutz vor sozialschädlichen Lotterien.

2. Legitime Rechtfertigungen

a) Ausdrücklich normierte Rechtfertigungsgründe

Ausdrücklich normiert sind **Rechtfertigungsgründe** z.B. in den Art. 36, 45 **32**
Abs. 3, 52 Abs. 1, 62 AEUV; danach können Freiheiten durch Gründe der öffentlichen Ordnung, Sicherheit und Gesundheit beschränkt werden. Nach Art. 65 Abs. 1 AEUV dürfen Steuerpflichtige mit unterschiedlichem Wohnort oder Kapitalanlageort unterschiedlich behandelt werden.[84] Die steuerliche Ungleichbehandlung von beschränkt und unbeschränkt Steuerpflichtigen ist danach zulässig. Allerdings darf damit nach Art. 65 Abs. 3 AEUV keine willkürliche Diskriminierung oder verschleierte Beschränkung des freien Kapital- und Zahlungsverkehrs verbunden sein.

b) Ungeschriebene Rechtfertigungsgründe

Allgemein kann die Beschränkung von Grundfreiheiten unter **vier (kumulativen)** **33**
Voraussetzungen gerechtfertigt werden:[85]
- keine diskriminierende Anwendung der Regelung,
- Rechtfertigung aus zwingenden Gründen des Allgemeininteresses,[86]
- Eignung, die Verwirklichung des verfolgten Zieles zu gewährleisten,
- Beschränkung auf das, was zur Erreichung dieses Zieles erforderlich ist.

So heißt es in der EuGH-Entscheidung v. 30.11.1995:[87]

„Diese Bedingungen, die insbesondere in der Verpflichtung bestehen können, bestimmte Diplome zu besitzen, einer Berufsorganisation beizutreten, sich bestimmten Standesregeln oder einer Regelung über die Verwendung von Berufsbezeichnungen zu unterwerfen, müssen jedoch einige zwingende Voraussetzungen erfüllen, wenn sie die Ausübung einer durch den Vertrag garantierten grundlegenden Freiheit, wie der Niederlassungsfreiheit, behindern oder weniger attraktiv machen können. Dabei geht es um vier Voraussetzungen: Keine diskriminierende Anwendung, Rechtfertigung aus zwingenden Gründen des Allgemeininteresses, Eignung, die Verwirklichung des verfolgten Zieles zu gewährleisten, und Beschränkung auf das, was zur Erreichung dieses Zieles erforderlich ist.“

---

[82] EuGH v. 14.7.1994 C-379/92 – *Peralta*, EuGHE 1994, I-3453, 3499: Beeinträchtigungen der Niederlassungsfreiheit auf Grund abweichender technischer Regelungen sind nicht anders als die Unterschiede, die z.B. auf unterschiedliche Lohnkosten, Sozialabgaben oder das Steuersystem zurückzuführen sind.

[83] *Englisch* in S/E, Rz. 7.289.

[84] Nach Auffassung von *Cordewener* Grundfreiheiten, 980, enthält die Regelung analogiefähige Vorgaben für die übrigen Grundfreiheiten; nach Auffassung von *von Wilmowsky* in Ehlers, Europäische Grundrechte und Grundfreiheiten, § 12 Rz. 18, hat die Regelung – vor dem Hintergrund des Art. 65 Abs. 3 AEUV – nur deklaratorische Bedeutung.

[85] Zu Rechtfertigungsgründen nach der „Cassis"-Rechtsprechung *Fischer* Europarecht, 226 f.

[86] EuGH v. 4.6.2002 C-503/99, NJW 2002, 2303 zur Zulässigkeit „goldener Aktien" (staatliche Sonderrechte in privatisierten Unternehmen) aus Gründen des Art. 58 EG (jetzt Art. 65 AEUV) oder aus zwingenden Gründen des Allgemeininteresses.

[87] EuGH v. 30.11.1995 C-55/94, EuGHE 1995, I-4165.

c) Zwingende Gründe des Allgemeininteresses

34 Zwingende Gründe des Allgemeininteresses sind z. B. die Aufrechterhaltung der Sicherheit und Ordnung. Art. 45 Abs. 3 AEUV enthält ausdrücklich den Vorbehalt der Beschränkung aus Gründen der öffentlichen Ordnung, Sicherheit und Gesundheit.

> **Beispiel** (C-415/93 – *Bosman*):[88] Nichts spricht dagegen, dass sich Privatpersonen zur Rechtfertigung ihnen vorgeworfener Beschränkungen der Freizügigkeit der Arbeitnehmer auf Rechtfertigungsgründe in Bezug **auf die öffentliche Ordnung, Sicherheit und Gesundheit** berufen, wie sie nach Art. 39 des Vertrags (jetzt Art. 45 AEUV) geltend gemacht werden können. Die Tragweite und der Inhalt dieser Rechtfertigungsgründe sind nämlich nicht vom öffentlichen oder privaten Charakter einer beschränkenden Regelung abhängig, zu deren Stützung sie in Anspruch genommen werden.

35 Zur Unzulässigkeit einer **Ausweisung auf Lebenszeit** wegen eines Verstoßes gegen Vorschriften über Betäubungsmittel hat der EuGH auf das **Grundinteresse der Gemeinschaft** abgestellt.

> **Beispiel** (C-348/96):[89] „Die Art. 39, 43 und 49 des Vertrags (jetzt Art. 45, 49, 56 AEUV) sowie Art. 3 der Richtlinie 64/221 zur Koordinierung der Sondervorschriften für die Einreise und den Aufenthalt von Ausländern, soweit sie aus Gründen der öffentlichen Ordnung, Sicherheit oder Gesundheit gerechtfertigt sind, stehen einer Regelung entgegen, die dem nationalen Gericht – abgesehen von einigen insbesondere familienbezogenen Ausnahmen – vorschreibt, Staatsangehörige anderer Mitgliedstaaten, die für schuldig befunden worden sind, Straftaten der Beschaffung und des Besitzes von ausschließlich zum Eigenverbrauch bestimmten Betäubungsmitteln begangen zu haben, auf Lebenszeit auszuweisen.“

36 Eine solche Strafe stellt eine Behinderung der von den genannten Artikeln geschützten Grundfreiheiten dar. Ein Mitgliedstaat kann zwar den Verbrauch von Betäubungsmitteln als eine Gefährdung der Gesellschaft ansehen, die besondere Maßnahmen zum Schutz der öffentlichen Ordnung gegen Ausländer rechtfertigt, die gegen Vorschriften über Betäubungsmittel verstoßen. Die Ausweisung eines Gemeinschaftsbürgers kann nur dann aus Gründen der öffentlichen Ordnung, die insbesondere in Art. 45 Abs. 3 AEUV vorgesehen sind, gerechtfertigt sein, wenn er nicht nur gegen das Betäubungsmittelgesetz verstoßen hat, sondern sein persönliches Verhalten darüber hinaus eine tatsächliche und hinreichend schwere Gefährdung darstellt, die ein Grundinteresse der Gemeinschaft berührt. Das ist nicht der Fall, wenn die Ausweisung auf Lebenszeit aufgrund einer strafrechtlichen Verurteilung automatisch verfügt wird, ohne dass das persönliche Verhalten des Täters oder die von ihm ausgehende Gefährdung der öffentlichen Ordnung entsprechend gewürdigt wird.

d) Steuerrechtliche Rechtfertigungsgründe

37 Zwingende Gründe des Allgemeininteresses sind im Steuerrecht
- die Verhinderung von Steuerumgehungen und Steuerhinterziehungen,[90]
- die Gewährleistung von Maßnahmen der Steueraufsicht,[91]
- Gründe der Kohärenz mit der nationalen Steuerrechtsordnung.[92]

---

[88] EuGH v. 15.12.1993 C-415/93, NJW 1996, 505.
[89] EuGH v. 19.1.1999 C-348/96, EuGHE 1999, I-11.
[90] *Cordewener* Grundfreiheiten, 980.
[91] EuGH v. 15.5.1997 C-250/95, EuGHE 1997, I-2471.
[92] *S. Fischer* Primäres Gemeinschaftsrecht und direkte Steuern, 2001, 319; kritisch zur Kohärenz-Formel *Wernsmann* EuR 1999, 754, 761 ff.

Unter den **Rechtfertigungsgrund der wirksamen steuerlichen Kontrolle** sind 38
all die Regelungen zu fassen, deren Zweck in der Verhinderung von Steuerumgehung und Steuervermeidung und in der Verhinderung von Möglichkeiten der Steuerflucht bestehen.[93] In der Sache *Danner*[94] hat der EuGH hingegen – unter Hinweis
auf die Möglichkeit der Amtshilfe – nicht gelten lassen, dass der Ausschluss der
Abziehbarkeit von Beiträgen an ausländische Versicherungsgesellschaften durch die
Notwendigkeit wirksamer Steuerkontrollen gerechtfertigt sei.

Im Fall *Werner* hat der EuGH den Schutz der Grundfreiheiten versagt, weil die Diskrepanz von 39
Wohnsitz- und Tätigkeitsstaat nicht durch eine transnationale wirtschaftliche Betätigung, sondern
durch den privat motivierten Akt der Wohnsitzverlagerung entstanden war;[95] im Fall *Schumacker*[96]
hingegen durfte der Ort des privaten Wohnens nicht dazu führen, dass der Lohnsteuer-
Jahresausgleich versagt wurde.[97]

e) Rechtfertigungsgrund der Kohärenz und Symmetrie

Der Rechtfertigungsgrund der Kohärenz,[98] der in Art. 11 Abs. 3 EUV („Kohä- 40
renz [wohl auch i.S.v. Sinnhaftigkeit] und Transparenz") in Bezug auf das Handeln
der EU besonders erwähnt wird, verlangt die Beachtung von Zusammenhängen;
sachlich zusammengehörende Regelungen sind in ihrem Zusammenhang zu beurteilen.[99] Der Gedanke der Kohärenz hat seine besondere Bedeutung im Hinblick
auf die Autonomie der Mitgliedstaaten bezüglich der direkten Steuern. Er dient als
Rechtfertigungsgrund, wenn ein zwingender unmittelbarer Zusammenhang zwischen Steuervorteil (Abzug) und der Besteuerung bei demselben Steuerpflichtigen
besteht.[100] Innerstaatliche Lastengleichheit, Symmetrie und Systemkongruenz sind
grundlegende Erfordernisse des Steuersystems.[101]

Die Rechtfertigung durch Kohärenz bedeutet, dass die einzelne (Abzugs-)Norm
nicht isoliert, sondern in ihrem (System-)Zusammenhang erfasst wird. Ist der Abzug von Altersvorsorgebeiträgen mit der späteren Besteuerung der Rentenzahlun-
gen verbunden (nachgelagerte Besteuerung), kommt ein Abzug nicht in Betracht,
wenn die spätere Besteuerung des EU-Ausländers entfällt.

Die Kohärenz bedeutet indes nicht nationale Aufkommenssymmetrie im Wege
der Steuer-Saldierung, sondern verlangt einen zwingenden funktionalen Zusam-

---

[93] *Bauschatz* IStR 2002, 291, 297.
[94] EuGH v. 3.10.2002 C-136/00 – *Danner*, EWS 2002, 523.
[95] EuGH v. 26.1.1993 C-112/91 – *Werner*, EuGHE 1993, I-429.
[96] EuGH v. 14.2.1995 C-279/93 – *Schumacker*, EuGHE 1995, I-225 ff. Der Belgier Schumacker
hatte die Arbeitnehmer-Freizügigkeit genutzt, um in einem anderen Staat (in Deutschland) eine
nicht selbstständige Tätigkeit auszuüben, nachdem er zuvor auch bereits in Belgien gearbeitet
hatte.
[97] Zu den Unterschieden vgl. Rz. 59, 60 der Schlussanträge des GA *Léger* v. 1.3.2005 zu EuGH
C-152/03 – *Ritter-Coulais*, IStR 2005, 237; nunmehr EuGH v. 21.2.2006 C-152/03, DStR 2006, 362.
[98] *Ismer* in Herrmann/Heuer/Raupach, Einf ESt (8/2014), Rz. 438; *Beiser*, Kohärenz und Steuersymmetrie im Gemeinschaftsrecht, IStR 2009, 236: Das allgemeine Kohärenzprinzip umfasst die
innere Kohärenz als Wahrung des Zusammenhalts der Union im Inneren, die äußere Kohärenz im
Sinne des gemeinsamen Auftretens gegen Drittstaaten und die inhaltliche Kohärenz im Sinne wi-
derspruchsfreier Maßnahmen.
[99] *Cordewener* Grundfreiheiten, 980 Rz. 1: In sinnvoller Weise stelle sich die Frage der Kohärenz
nur im Bereich des materiellen Steuerrechts und dort speziell bei der Ausgestaltung der einzelnen
Teilelemente des Steueranspruchs im engeren Sinne, d.h. insbesondere im Hinblick auf die Bemessungsgrundlage und den Tarif.
[100] EuGH v. 6.6.2000 C-35/98 – *Verkooijen*, EuGHE 2000, I-4071.
[101] *Beiser* Kohärenz und Steuersymmetrie im Gemeinschaftsrecht, IStR 2009, 236, *Lippert* Das
Kohärenzerfordernis des EuGH, EuR 2012, 9.

menhang bestimmter Regelungen i. S. einer „Korrespondenz".[102] Das Kohärenz-Argument dient auch der Sicherung der Einmalbesteuerung und damit der Verhinderung sog. weißer Einkünfte und ungerechtfertigter Vorteile. Das Kohärenz-Argument versagt, wenn die „Auslands"-Eigenschaft der wahre Anknüpfungspunkt ist. Eine nationale Korrespondenzregelung wird daher nicht dadurch EU-widrig, dass der ausländische Staat eine entsprechende steuerliche Regelung nicht kennt und damit die Korrespondenz-Situation nicht hergestellt werden kann.[103]

41   Den **Kohärenz-Gedanken**[104] hat der EuGH erstmals in der *Bachmann*-Entscheidung[105] verwendet. In der *Wielockx*-Entscheidung[106] – dem Belgier Wielockx wurde in den Niederlanden die Bildung eines Altersrücklage verwehrt – hat der EuGH bei der **Analyse des steuerlichen Systemzusammenhangs** das zwischen Belgien und den Niederlanden bestehende DBA in die Beurteilung einbezogen. Da die Kohärenz durch ein bilaterales Abkommen (DBA) gewährleistet werde, könne der Grundsatz nicht die Verweigerung einer Abzugsmöglichkeit legitimieren. Auch in jüngeren Entscheidungen hat der EuGH den Grundsatz der Kohärenz herangezogen, zumeist allerdings – im Hinblick auf einen nur mittelbaren Zusammenhang – mit negativem Ergebnis (keine Rechtfertigung). So hat der EuGH in der Entscheidung C-136/00 – **Danner**[107] im Hinblick auf das Verbot, Rentenbeiträge an einen ausländischen Rentenversicherer – im Unterschied zu Zahlungen an einen inländischen Versicherer – abzuziehen, entschieden, dass der Gedanke der Kohärenz nicht greife, da Renten nach finnischem Recht unabhängig davon besteuert würden, ob die Beiträge abgezogen worden seien oder nicht. Einen Anwendungsfall des Kohärenzgedankens hat der EuGH auch in der **Lankhorst-Hohorst-Entscheidung**[108] zu § 8a KStG abgelehnt. Der Gerichtshof habe in seinen Urteilen vom 28.1.1992 in der Rechtssache C-204/90[109] und vom 28.1.1992 in der Rechtssache C-300/90[110] zwar ausgeführt hat, dass das Erfordernis, die Kohärenz eines Steuersystems zu gewährleisten, eine Regelung rechtfertigen könne, die die Freizügigkeit beschränke. Bei § 8a KStG sei dies jedoch nicht der Fall; hier werde die Tochtergesellschaft einer gebietsfremden Muttergesellschaft einseitig steuerlich nachteilig behandelt, ohne dass sich die deutsche Regierung auf irgendeinen Steuervorteil berufen habe, der eine derartige Behandlung bei diesem Steuerpflichtigen ausgleichen könnte.[111] Die Rechtfertigung durch Kohärenz verlangt also, dass ein direkter Zusammenhang zwischen der Gewährung einer Steuervergünstigung und dem Ausgleich dieser Vergünstigung durch eine Steuererhebung besteht und der Abzug und die Erhebung im Rahmen derselben Besteuerung gegenüber demselben Steuerpflichtigen erfolgen („Vorteilsausgleich").[112] Die steuerliche Kohärenz soll die Integrität der nationalen Steuersysteme schützen, vorausgesetzt, dass sie die Integration dieser Systeme im Rahmen des Binnenmarktes nicht behindert; das Niederlassungs-

---

[102] Wie z. B. beim Realsplitting (§ 10 Abs. 1 Nr. 1a EStG); EuGH v. 12.7.2005 C-403/03 – *Schempp*, DStR 2005, 1265 (vgl. auch GA *Geelhoed* in seinen Schlussanträgen v. 27.1.2005, IStR 2005, 166); zu den Unsicherheiten des Kohärenzbegriffs *Lang* IStR 2005, 289, 292.

[103] EuGH v. 12.7.2005 C-403/03 – *Schempp*, DStR 2005, 1265; s. auch unten Rz. 92.

[104] *Cordewener* Grundfreiheiten, 958 ff.

[105] EuGH v. 28.1.1992 C-204/90 – *Bachmann*, EuGHE 1992, I-249: Beschränkte Abzugsfähigkeit von Zahlungen an Versicherungsunternehmen. – War der Abzug solcher Beiträge nicht möglich, waren diese Beträge dagegen von der Steuer befreit. – Dazu kritisch *Englisch* in S/E, Rz. 7.279.

[106] EuGH v. 11.8.1995 C-80/94 – *Wielockx*, EuGHE 1995, I-2493.

[107] EuGH v. 3.10.2002 C-136/00 – *Danner*, EWS 2002, 523: In diesem (finnischen) Fall fehlte ein solcher unmittelbarer Zusammenhang zwischen der Abzugsfähigkeit der Versicherungsbeiträge und der Besteuerung der vom Versicherer gezahlten Renten, wie er im Fall Bachmann bestand.

[108] EuGH v. 12.12.2002 C-324/00 – *Lankhorst-Hohorst*, DB 2002, 2690.

[109] EuGH v. 28.1.1992 C-204/90 – *Bachmann*, EuGHE 1992, I-249.

[110] *Kommission/Belgien*, EuGHE 1992, I-305.

[111] Vgl. in diesem Sinne EuGH v. 11.8.1995 C-80/94 – *Wielockx*, EuGHE 1995, I-2493, Rz. 24; v. 14.11.1995 C-484/93 – *Svensson und Gustavsson*, EuGHE 1995, I-3955, Rz. 18; v. 26.10.1999 C-294/97 – *Eurowings*, EuGHE 1999, I-7447; v. 6.6.2000 C-35/98 – *Verkooijen*, EuGHE 2000, I-4071, Rz. 56 bis 58, und v. 13.4.2000 C-251/98 – *Baars*, EuGHE 2000, I-2787, Rz. 40.

[112] Rz. 113 der Schlussanträge des GA *Léger* v. 1.3.2005 zu EuGH C-152/03 – *Ritter-Coulais*, IStR 2005, 237; dazu kritisch GA *Maduro* in der Sache C-446/03 – *Marks & Spencer* v. 7.4.2005, Rz. 71 (die Schlussanträge sind im Internet zu finden unter http://curia.eu.int); vgl. auch *Elicker* Die steuerrechtliche Kohärenz in der Rechtsprechung des EuGH, IStR 2005, 89.

recht darf von den Wirtschaftsteilnehmern nicht zu dem einzigen Zweck genutzt werden, das Gleichgewicht und die Kohärenz der nationalen Steuersysteme zu gefährden.[113]

In dem Urteil *Marks & Spencer*[114] erkennt der EuGH als Rechtfertigungsgrund die **„Ausgewogenheit der Aufteilung der Besteuerungsbefugnis"** an.[115] In ähnlicher Weise argumentiert der EuGH in der Sache **Lidl**;[116] der Ausschluss der Verrechnung von Verlusten ausländischer Betriebsstätten nach den einschlägigen DBA sei mit den Grundfreiheiten vereinbar. Der EuGH bleibt bei der steuerlichen „Symmetriethese", die Verlustverrechnung nur bei definitiven Verlusten zuzulassen.[117] Der Symmetriegedanke besagt, dass bestimmte Vorgänge einheitlich („symmetrisch") zu behandeln sind. Sind etwa Gewinne dem Sitzstaat der ausländischen Tochtergesellschaft zugewiesen, können auch Verluste nur dort berücksichtigt werden. Der Symmetriegedanke wird aber durch den Grundsatz der Verhältnismäßigkeit begrenzt; Verluste sind trotz Symmetrie im Staat der Muttergesellschaft anzusetzen, wenn es sich um sog. finale Verluste handelt.[118]

Eher materiell-rechtlich argumentiert der EuGH in den Sachen ‚**Liga Portuguesa**'[119] und **Hartlauer**:[120] Eine nationale Regelung sei nur dann geeignet, die Verwirklichung des geltend gemachten Ziels zu gewährleisten, wenn sie tatsächlich dem Anliegen gerecht wird, es in kohärenter und systematischer Weise zu erreichen.

f) Rechtfertigung durch Maßnahmen der Steueraufsicht

Sofern **Maßnahmen der Steueraufsicht** geltend gemacht werden, ist darzulegen, inwiefern die jeweilige Regelung es den Steuerbehörden ermöglichen würde, den Betrag der steuerpflichtigen Einkünfte zu kontrollieren. In der Sache *Lankhorst-Hohorst*[121] beanstandete der EuGH, dass in keiner Weise dargelegt worden sei, inwiefern die in § 8a Abs. 1 Nr. 2 KStG enthaltene Bewertungsregel es den deutschen Steuerbehörden ermöglichen würde, den Betrag der steuerpflichtigen Einkünfte zu kontrollieren.

42

3. Unzureichende Gründe

Das Bemühen, die Vielfalt der Kulturen zu wahren, rechtfertigt nicht, zumindest nicht allein und nicht ohne Weiteres – trotz Art. 167 AEUV –, die Freiheiten zu beschränken.

43

Beispiel (Entscheidung *Bosman*):[122] Die durch Art. 39 EG (jetzt Art. 45 AEUV) garantierte Freizügigkeit der Arbeitnehmer, die im System der Gemeinschaften eine grundlegende Freiheit darstellt, kann in ihrer Tragweite nicht durch die Verpflichtung der Gemeinschaft eingeschränkt wer-

---

[113] Schlussanträge des GA *Maduro* in der Sache C-446/03 *Marks & Spencer* v. 7.4.2005, Rz. 66 f., der auch von einem „delikaten Gleichgewicht" spricht. Kritisch zur EuGH-Rechtsprechung *Wieland* Der EuGH als Steuergesetzgeber?, FS für Manfred Zuleeg, 2005, 477.
[114] EuGH v. 13.12.2005 C-446/03, DB 2005, 2788.
[115] *Ismer* in Herrmann/Heuer/Raupach, Einf ESt (8/2014), Rz. 439; *Herzig/Wagner* DStR 2005, 1: Begrenzter Zwang zur Öffnung nationaler Gruppenbesteuerungssysteme für grenzüberschreitende Sachverhalte.
[116] EuGH v. 15.5.2008 C-414/06 – *Lidl*, EuGHE 2008, I-3601.
[117] *Sedemund* DB 2008, 1120.
[118] *Weber-Grellet* DStR 2009, 1229/32; *Englisch* in S/E, Rz. 7.247; *Oellerich* in S/E, Rz. 8.100.
[119] EuGH v. 8.9.2009 C-42/07 – *Liga Portuguesa*, EuGHE 2009, I-7633.
[120] EuGH v. 10.3.2009 C-169/07 – *Hartlauer*, EuZW 2009, 298, Rz. 55.
[121] EuGH v. 12.12.2002 C-324/00, DB 2002, 2690.
[122] EuGH v. 15.12.1993 C-415/93, NJW 1996, 505.

den, bei der Ausübung der ihr durch Art. 148 Abs. 1 AEUV im Kulturbereich eingeräumten Befugnisse beschränkten Umfangs die nationale und regionale Vielfalt der Kulturen der Mitgliedstaaten zu wahren.

44   Eine unzulässige Diskriminierung hat der EuGH auch darin gesehen, dass vorgeschrieben wird, dass die betreffenden Sprachkenntnisse auf dem nationalen Hoheitsgebiet erworben sein müssen.[123] Und vergleichbar hat der EuGH in der Sache C 281/98[124] zur **Vorlage eines Sprachendiploms** entschieden:

> „Es stellt daher eine gegen Art. 39 des Vertrags (jetzt Art. 45 AEUV) verstoßende Diskriminierung aufgrund der Staatsangehörigkeit dar, wenn ein Arbeitgeber für den Zugang eines Bewerbers zu einem Auswahlverfahren zur Einstellung von Personal die Verpflichtung aufstellt, dass der Bewerber seine Sprachkenntnisse ausschließlich mit einem Diplom wie der Bescheinigung nachweist, das in einer einzigen Provinz eines Mitgliedstaats ausgestellt wird. Auf die Vorlagefrage ist daher zu antworten, dass Art. 39 des Vertrags (jetzt Art. 45 AEUV) dem entgegensteht, dass ein Arbeitgeber die Bewerber in einem Auswahlverfahren zur Einstellung von Personal verpflichtet, ihre Sprachkenntnisse ausschließlich durch ein einziges in einer einzigen Provinz eines Mitgliedstaats ausgestelltes Diplom nachzuweisen."

III. Allgemeines Diskriminierungsverbot (Art. 18 AEUV)

Ausgangsfall 1: Der deutsche Verkehrsminister plant die Einführung einer Infrastrukturabgabe für die Nutzung von Bundesfernstrassen (Pkw-Maut). Das vom Deutschen Bundestag beschlossene Gesetz über die Erhebung einer zeitbezogenen Infrastrukturabgabe für die Benutzung von Bundesfernstraßen (Infrastrukturabgabengesetz, InfrAG) sieht vor, dass eine **Infrastrukturabgabe** eingeführt werden soll, die von Haltern von im Inland und im Ausland zugelassenen Pkw und Wohnmobilen gleichermaßen für die Nutzung von Bundesautobahnen und Bundesstraßen zu entrichten ist. Halter von nicht in der Bundesrepublik Deutschland zugelassenen Pkw und Wohnmobilen sind zunächst nur auf Bundesautobahnen abgabepflichtig. Um eine solche Doppelbelastung mit der neuen Abgabe und der bereits bestehenden Kfz-Steuer zu vermeiden, ist beim Übergang von einer steuerfinanzierten zu einer nutzerfinanzierten Infrastruktur im Bereich der Bundesfernstraßen zu vermeiden, im KfzStG ein Steuerentlastungsbetrag für Kraftfahrzeuge, die in den Anwendungsbereich der Infrastrukturabgabe fallen, normiert. Sind diese Regelungen mit EU-Recht vereinbar?

Ausgangsfall 2: Der in München lebende Kläger ist geschieden. Er machte Unterhaltszahlungen an seine in Salzburg lebende frühere Ehefrau im Rahmen des Realsplittings gem. § 10 Abs. 1 Nr. 1 EStG geltend. Das Finanzamt berücksichtigte die Zahlungen nicht, da die Ehefrau die Versteuerung der Zahlungen nicht durch eine Bescheinigung der österreichischen Steuerbehörden nachgewiesen habe. Einspruch und Klage hatten keinen Erfolg.[125] Der Kläger sieht in der Regelung eine ungerechtfertigte Diskriminierung. Die Regelung des § 1a Abs. 1 Nr. 1 EStG treffe typologisch all die nachteilig, die selbst in Deutschland und deren Unterhaltsgläubiger in Österreich ansässig seien. Zu Recht?

1. Vertragliche Regelungen

45   Unbeschadet besonderer Bestimmungen des Vertrags ist in seinem Anwendungsbereich **jede Diskriminierung aus Gründen der Staatsangehörigkeit** verboten (**Art. 18 AEUV** – Diskriminierungsverbot). Erfasst werden „offene" wie „versteckte" Diskriminierungen. Es gilt der Grundsatz der Inländergleichbehandlung.

46   Der **Rat** kann im Rahmen der durch den Vertrag auf die Gemeinschaft übertragenen Zuständigkeiten **auf Vorschlag der Kommission** und nach **Anhörung des Europäischen Parlaments** einstimmig geeignete Vorkehrungen treffen, um Diskriminierungen aus Gründen des Geschlechts, der Rasse, der ethnischen Herkunft,

---

[123] EuGH v. 28.11.1989 C-379/87 – *Groener*, EuGHE 1989, I-3967, Rz. 23.

[124] EuGH v. 6.6.2000 C-281/98 – *Angonese*, EuGHE 2000, I-4139.

[125] Nach BFH v. 22.7.2003 XI R 5/02, BStBl. II, 851; EuGH v. 12.7.2005 C-403/03 – *Schempp*, DStR 2005, 1265.

der Religion oder der Weltanschauung, einer Behinderung, des Alters oder der sexuellen Ausrichtung zu bekämpfen (**Art. 19 AEUV** – Antidiskriminierungsmaßnahmen).

Art. 18 AEUV enthält ein allgemeines Diskriminierungsverbot, das sich im Unterschied zu den Grundfreiheiten nicht auf bestimmte wirtschaftliche Sachbereiche bezieht, sondern auf das Verbot von Diskriminierungen aus Gründen der Staatsangehörigkeit. Dieses Verbot kann als „Leitmotiv des ganzen Vertrags" bezeichnet werden.[126] Konkretisiert wird das allgemeine Diskriminierungsverbot durch das Recht auf Freizügigkeit nach Art. 21 AEUV, das dem einzelnen Unionsbürger erlaubt, sich – vorbehaltlich vertraglicher Einschränkungen – im Hoheitsgebiet der Mitgliedstaaten frei zu bewegen und aufzuhalten. Die in den Grundfreiheiten enthaltenen Diskriminierungsverbote sind besondere Bestimmungen i.S.d. Art. 18 AEUV und damit vorrangig.[127]

Für den Bereich der indirekten Steuern besteht das Diskriminierungsverbot des Art. 110 AEUV;[128] danach erheben die Mitgliedstaaten auf Waren aus anderen Mitgliedstaaten weder unmittelbar noch mittelbar höhere inländische Abgaben gleich welcher Art als für gleichartige inländische Waren. Art. 110 AEUV geht als *lex specialis* den allgemeinen Diskriminierungsverboten vor.[129]

2. Konkretisierung

Die Diskriminierungsverbote (Schlechterstellungsverbote) gebieten die Gleichbehandlung in Bezug auf bestimmte Merkmale. An diese Merkmale dürfen keine Differenzierungen geknüpft werden. Begünstigte der Diskriminierungsverbote sind wiederum dem Vertragszweck entsprechend EU-Bürger, die im Vergleich zu anderen EU-Ausländern nicht schlechter behandelt werden dürfen. Relevant sind nur Schlechterstellungen im Hinblick auf einen grenzüberschreitenden Vorgang.[130] Die Diskriminierung Ansässiger gegenüber Gebietsfremden wird ebenso wenig erfasst wie eine Diskriminierung innerhalb der Gruppe der Ansässigen.[131] Ob der EuGH neben den Art. 18, 19 AEUV in seiner Rechtsprechung einen allgemeinen Gleichheitssatz als ungeschriebenen allgemeinen Rechtsgrundsatz des Gemeinschaftsrechts entwickelt hat, scheint fraglich, da insoweit keine besondere Notwendigkeit besteht.[132]

Die zu den Grundfreiheiten als sachbezogene Diskriminierungsverbote entwickelten Rechtfertigungsgründe können auf den Bereich der Art. 18 und 19 AEUV übertragen werden.[133] Da die Vertragsbestimmungen über den freien Kapitalverkehr, die besondere Diskriminierungsverbote vorsehen, anwendbar sind, findet Art. 18 AEUV in der Ausgangsrechtssache somit keine Anwendung.[134]

Beispiel 1: Das inländischen Bürgern eingeräumte Recht, dass Strafverfahren in ihrer Sprache durchgeführt werden, muss vergleichbar auch den Angehörigen anderer Mitgliedstaaten eingeräumt

---

[126] Streinz/*Streinz* EUV/AEUV, Art. 18 AEUV, Rz. 2f.

[127] EuGH v. 28.10.1999 C-55/98 – *Vestergaard*, EuGHE 1999, I-7641, Rz. 17; *Epiney* in Calliess/Ruffert (Hrsg.), EUV/AEUV, Art. 18 AEUV, Rz. 4.

[128] S. oben § 9 Rz. 1.

[129] *Musil* in Hübschmann/Hepp/Spitaler, Kommentar zur AO und FGO, Stand 9/2012, § 2 AO Rz. 212.

[130] *Ehlers* Europäische Grundrechte und Grundfreiheiten, § 7 Rz. 73.

[131] *Bauschatz* IStR 2002, 291, 294.

[132] Dazu *Kokott/Dobratz* in Schön/Heber, Grundfragen des Europäischen Steuerrechts, 2015, 25.

[133] Vgl. im Einzelnen oben § 8 Rz. 29f.

[134] EuGH v. 31.3.2011 C-450/09 – *Schröder*, DStR 2011, 8.

werden, die dieselbe Sprache sprechen und sich in diesem Gebiet bewegen und aufhalten.[135] Der durch eine nationale Regelung eröffnete Anspruch darauf, dass ein Strafverfahren in einer anderen als der Hauptsprache des betreffenden Staates durchgeführt wird, fällt in den Anwendungsbereich des EG-Vertrags (jetzt EUV) und muss mit Art. 12 EG/Art. 18 AEUV im Einklang stehen. Art. 12 EG/Art. 18 AEUV steht einer nationalen Regelung entgegen, die Bürgern, die eine bestimmte Sprache sprechen, bei der es sich nicht um die Hauptsprache des betreffenden Mitgliedstaats handelt, und die im Gebiet einer bestimmten Körperschaft leben, den Anspruch darauf einräumt, dass Strafverfahren in ihrer Sprache durchgeführt werden, ohne dieses Recht auch den Angehörigen anderer Mitgliedstaaten einzuräumen, die dieselbe Sprache sprechen und sich in diesem Gebiet bewegen und aufhalten.

52 **Beispiel 2: Kindertagesstättenplätze** müssen männlichen Beamten nicht unter den gleichen Bedingungen wie weiblichen Beamten bereitgestellt werden; allerdings muss allein erziehenden männlichen Beamten der Zugang zu den gleichen Bedingungen eröffnet werden (Art. 2 Abs. 1 und 4 RL 76/207/EWG des Rates vom 9.2.1976 zur Verwirklichung des Grundsatzes der Gleichbehandlung von Männern und Frauen hinsichtlich des Zugangs zur Beschäftigung, zur Berufsbildung und zum beruflichen Aufstieg sowie in Bezug auf die Arbeitsbedingungen).[136]

53 **Beispiel 3:** Die höhere Einkommensbesteuerung eines Ruhegehalts einer Finnin, die nach ihrer Pensionierung in Spanien lebt, kann gegen Art. 21 AEUV verstoßen.[137]

54 **Lösung des Ausgangsfalls 1:** Die Kommission ist der Auffassung, dass eine Diskriminierung auf zwei Ebenen stattfindet: Einerseits würden deutsche Nutzer – und allein diese – die Straßennutzungsgebühr nicht zahlen, weil ihre Kfz-Steuer um den exakten Betrag der Gebühr gesenkt wird. Dementsprechend würden sich aus der Kombination der Be- und Entlastungsentscheidungen des InfrAG und des 2. VerkehrStÄndG Bedenken im Hinblick auf die Vereinbarkeit mit Art. 92 AEUV sowie dem Diskriminierungsverbot des Art. 18 AEUV ergeben. Die Kommission zweifelt auch an der Vereinbarkeit der deutschen Regelungen mit der Warenverkehrs- und Dienstleistungsfreiheit (Art. 34 und 56 AEUV), da die Unterscheidung zwischen im Inland und im Ausland zugelassenen Fahrzeugen auch Auswirkungen auf die grenzüberschreitende Lieferung von Waren und Erbringung von Dienstleistungen habe. Die Kommission vertritt zudem die Auffassung, dass die Preise für Kurzzeitvignetten, die typischerweise für ausländische Nutzer vorgesehen sind, überproportional teuer sind, was auf eine mittelbare Diskriminierung von in anderen EU-Mitgliedstaaten zugelassenen privaten oder gewerblich genutzten Pkw gegenüber im Inland zugelassenen Pkw hindeute.

In Reaktion auf das Aufforderungsschreiben hat die Bundesregierung den ursprünglich für den 1. Januar 2016[198] vorgesehenen Beginn der Abgabenerhebung sowie die vorherige Ausschreibung und Vergabe des erforderlichen Systems zur Erhebung der Infrastrukturabgabe (§ 16 InfrAG) bis zum Vorliegen eines das Verfahren abschließenden Urteils des EuGH verschoben. Nach Eingang des Aufforderungsschreibens hat die Bundesregierung zwei Monate Zeit, um auf die Argumente der Kommission einzugehen. Sollte die Kommission zur Schlussfolgerung gelangen, dass die Reaktion auf dieses Schreiben nicht zufriedenstellend ist, wird sie über eine mit Gründen versehene Stellungnahme im Vertragsverletzungsverfahren gem. Art. 258 Abs. 1 AEUV an Deutschland befinden. Vor diesem Hintergrund bleibt abzuwarten, wie sich die Bundesregierung oder der Bundesgesetzgeber zu den Einwänden der Kommission verhalten werden.

Nach einer Ausarbeitung des Deutschen Bundestags leisten inländische Kfz-Halter lediglich mittelbar durch die Kfz-Steuer als Teil des Bundeshaushalts einen Beitrag zur Verkehrsinfrastrukturfinanzierung. Dieser mittelbare Beitrag steht jedoch nicht in einem Substitutionsverhältnis zu einer zweckgebundenen Infrastrukturabgabe und besteht mithin unabhängig von den im Rahmen der Abgabe anfallenden Belastungen. Mangels Gleichartigkeit lassen sich beide Positionen nicht saldieren. Die Verbindung der Be- und Entlastungsentscheidungen im KfzStG und InfrAG führt zu einer mittelbaren Diskriminierung von EU-ausländischen Infrastrukturnutzern.[138]

55 **Lösung des Ausgangsfalls 2:**[139] Es könnte Art. 18 und 21 AEUV widersprechen, wenn ein deutscher Staatsangehöriger Unterhaltsleistungen an seine in Österreich wohnende geschiedene Ehefrau

---

[135] EuGH v. 24.11.1998 C-274/96, EuGHE, 1998, I-7637.

[136] EuGH v. 19.3.2002 C-476/99, EWS 2002, 249.

[137] EuGH v. 9.11.2006 C-520/04 – *Turpeinen*, BeckRS 2006, 70876.

[138] Ausarbeitung des Deutschen Bundestags (Fachbereich: PE 6: Fachbereich Europa) v. 9.7.2015 PE 6–3000 – 68/15.

[139] Nach BFH v. 22.7.2003 XI R 5/02, BStBl. II, 851; EuGH v. 12.7.2005 C-403/03 – *Schempp*, DStR 2005, 1265.

nicht gem. § 1a Abs. 1 Nr. 1, § 10 Abs. 1 Nr. 1 EStG abziehen kann. Nach Art. 18 Abs. 1 AEUV ist jede Diskriminierung aus Gründen der Staatsangehörigkeit verboten. Die Mitgliedstaaten dürfen eine schlechter stellende Differenzierung nicht auf das Kriterium der **Staatsangehörigkeit** stützen. Verboten ist auch die versteckte (indirekte) Diskriminierung, bei der die Differenzierung nicht unmittelbar an die Staatsangehörigkeit anknüpft, sondern an Kriterien, die typischerweise nur Ausländer oder Inländer erfüllen, z. B. Erfordernisse hinsichtlich des **Wohnortes**.[140] Die direkten Steuern fallen zwar in die Zuständigkeit der Mitgliedstaaten, diese haben aber ihre Befugnisse in diesem Bereich unter Wahrung des Gemeinschaftsrechts auszuüben und müssen sich deshalb jeder offensichtlichen oder versteckten Diskriminierung aufgrund der Staatsangehörigkeit enthalten.[141] Vorschriften, die einen Staatsangehörigen eines Mitgliedstaats daran hindern oder davon abhalten, sein Herkunftsland zu verlassen, um von seinem Recht auf Freizügigkeit Gebrauch zu machen, stellen eine Beschränkung dieser Freiheit dar.[142]

Indes entfaltet bei Abwägung aller Umstände § 1a Abs. 1 Nr. 1 i. V. m. § 10 Abs. 1 Nr. 1 EStG keine diskriminierende Wirkung.[143] In Bezug auf den Kläger selbst besteht kein grenzüberschreitender Bezug; zudem stellt die Regelung sicher, dass das für das Realsplitting wesentliche Korrespondenzprinzip gewahrt bleibt. Die bestehende Rechtslage ist die Folge einer fehlenden Koordinierung der Steuersysteme der Mitgliedstaaten und kann nur durch die Gemeinschaftsgesetzgebung behoben werden. Entgegen der Auffassung von Herrn Schempp können daher Unterhaltsleistungen an einen in Deutschland wohnenden Empfänger nicht mit Unterhaltsleistungen an einen in Österreich wohnenden Empfänger verglichen werden. Denn in diesen beiden Fällen unterliegt der Empfänger, was die Besteuerung der Unterhaltsleistungen angeht, einer unterschiedlichen steuerrechtlichen Regelung.

einstweilen frei **56–59**

IV. Freier Warenverkehr (Art. 28, 29 AEUV)

Ausgangsfall (Höhere Besteuerung eingeführter Elektrizität): *Outokumpu/Finnland* importierte auf Grund eines Vertrags mit der schwedischen Gesellschaft *Vattenfall AB* Elektrizität aus Schweden. Dafür wurde bei der Bezirkszollkammer eine Steuererklärung für 1995 eingereicht. In einem Begleitschreiben zu dieser Erklärung führte *Outokumpu* aus, dass die Erhebung einer Verbrauchsteuer auf Elektrizität auf diese Einfuhren gegen die Art. 12 und 13 EG (jetzt Art. 18, 19 AEUV) verstoße, so dass die Steuer nicht geschuldet sei. Daraufhin entschied die Bezirkszollkammer, dass *Outokumpu* gem. § 4 des Gesetzes Nr. 1473/94 eine Verbrauchsteuer auf Elektrizität von 1,3 p/kWh + 0,9 p/kWh, entsprechend den Steuersätzen für eingeführte Elektrizität, zu zahlen habe. Zu Recht?[144]

1. Vertragliche Regelungen

Eines der wichtigsten im EU-Vertrag formulierten Ziele der Union ist die Errichtung eines Gemeinsamen Marktes in dem Waren, Personen, Dienstleistungen und Kapital frei zirkulieren können.[145] **Grundlage der Union** ist eine **Zollunion** (Art. 28 AEUV), die sich auf den gesamten Warenaustausch erstreckt; sie umfasst das Verbot, zwischen den Mitgliedstaaten **Ein- und Ausfuhrzölle** und Abgaben gleicher Wirkung zu erheben, sowie die Einführung eines gemeinsamen Zolltarifs gegenüber dritten Ländern[146] (gemeinsamer Außenzoll). **60**

---

[140] Vgl. *Geiger* EUV/EGV, Art. 18 AEUV Rz. 9.

[141] EuGH v. 12.12.2002 C-385/00 – *de Groot*, DStRE 2003, 150, Rz. 75.

[142] EuGH v. 12.12.2002 C-385/00 – *de Groot*, DStRE 2003, 150, Rz. 78.

[143] EuGH v. 12.7.2005 C-403/03 – *Schempp*, DStR 2005, 1265; so auch der GA *Geelhoed* in seinen Schlussanträgen v. 27.1.2005, IStR 2005, 166.

[144] Nach EuGH v. 2.4.1998 C-213/96 – *Outukumpu Oy*, EuGHE 1998, I-1777.

[145] *Bieber/Epiney/Haag* Die Europäische Union, § 11 Rz. 1.

[146] Vgl. auch Art. 30 AEUV: Ein- und Ausfuhrzölle oder Abgaben gleicher Wirkung sind zwischen den Mitgliedstaaten verboten. So hat der EuGH Pflichtbeiträge auf Kartoffelausfuhren, mit denen keine besonderen Zwecke verfolgt wurden, für unzulässig erklärt (EuGH v. 7.7.1994 C-130/93 – *Lamaire NV*, EuGHE 1994, I-3215).

Ergänzt wird diese Regelung durch die **Art.110f. AEUV** (verbotener Steuerausgleich). Nach Art. 110 AEUV dürfen die Mitgliedstaaten auf die Einfuhr von Waren aus anderen Mitgliedstaaten keine höheren Abgaben erheben als auf gleichartige inländische Waren. Ebenso dürfen nach Art. 111 AEUV bei Ausfuhren Abgaben nicht rückvergütet werden.

Für direkte Abgaben dürfen Entlastungen und Rückvergütungen bei der Ausfuhr sowie Ausgleichsabgaben bei der Einfuhr nur vorgenommen werden, soweit der Rat sie für eine begrenzte Zeit genehmigt (Art. 112 AEUV).

61   Nach Art. 113 AEUV erlässt der Rat die notwendigen Regelungen zur Harmonisierung der indirekten Steuern.[147] Art. 114 Abs. 2 AEUV nimmt die Bestimmungen über die (direkten) Steuern ausdrücklich von der Rechtsangleichung aus; die Steuerautonomie ist ein sorgsam verteidigter Teil der einzelstaatlichen Souveränität. Die Harmonisierungskompetenz der EU bezieht sich damit auf die Rechts- und Verwaltungsvorschriften, die sich unmittelbar auf die Errichtung oder das Funktionieren des Gemeinsamen Marktes auswirken.

2. EuGH-Rechtsprechung

62   Zum Bereich des freien Warenverkehrs, der eine der Grundbedingungen des Binnenmarktes bildet, hat der EuGH u. a. folgende Entscheidungen getroffen:

Rechtssache	Fundstelle	Gegenstand der Entscheidung
EuGH v. 11.7.1974 8/74 – *Dassonville*	EuGHE 1974, 837	Diskriminierung eingeführter Waren
EuGH v. 20.2.1979 120/78 – *Rewe/Cassis de Dijon*	EuGHE 1979, I-649	Einfuhr einer Partie „Cassis de Dijon" aus Frankreich
EuGH v. 24.11.1993 C-267, 268/91 – *Keck*	EuGHE 1993, I-6097	Weiterverkauf zum Verlustpreis
EuGH v. 7.7.1994 C-130/93 – *Lamaire NV*	EuGHE 1994, I-3215	Pflichtbeiträge auf Kartoffelausfuhren
EuGH v. 2.4.1998 C-213/96 – *Outukumpu Oy*	EuGHE 1998, I-1777	Unterschiedliche Besteuerung von inländischer und ausländischer Elektrizität
EuGH v. 11.12.2007 C-438/05 – *Viking*	EuGHE 2007, I-10779	Streikdrohung gegen Umflagung
EuGH v. 30.4.2009 C-531/07 – *Österreich*	EuGHE 2009, I-3717	Preisbindung für eingeführte Bücher
EuGH v. 21.12.2011 C-28/09 – *Österreich*	EuGHE 2011, I-13525	Fahrverbot für LKW auf Inntalautobahn

3. Konkretisierung

63   Der freie Warenverkehr wird insbesondere durch die Art. 28–37 AEUV gewährleistet, durch eine **Zollunion** (Art. 28 AEUV),[148] durch das **Verbot mengenmäßiger Beschränkungen** (Art. 34, 35 AEUV) und durch die **Umformung staatlicher Handelsmonopole** (Art. 37 AEUV).[149]

---

[147] *Bleckmann/Förster* Europarecht, Rz. 2010f.
[148] Zum Zollkodex s. unten § 16.
[149] Im Einzelnen *Fischer* Europarecht, 212ff.; *Ahlt/Deisenhofer* Europarecht, 162ff.

Voraussetzung für die Anwendbarkeit der Bestimmungen ist, dass es sich um **64** Waren im Sinne von Art. 28 Abs. 2 AEUV handelt. Darunter sind alle Gegenstände zu verstehen, die einen Geldwert haben und daher Gegenstand von Handelsgeschäften sein können. Des Weiteren muss es sich um eine Gemeinschaftsware handeln. Dies ist zunächst der Fall, wenn die Waren aus den Mitgliedstaaten selbst stammen. Erfasst werden aber auch Waren aus Drittländern, die sich in den Mitgliedstaaten im freien Warenverkehr befinden (Art. 29 AEUV).

Verboten sind nach Art. 34 AEUV mengenmäßige Beschränkungen sowie Maß- **65** nahmen gleicher Wirkung. **Mengenmäßige Beschränkungen** sind staatliche Maßnahmen, die die Einfuhr oder Ausfuhr einer Ware dem Wert oder der Menge nach begrenzen.[150]

Nach der sog. **Dassonville-Formel**[151] des EuGH ist „**Maßnahme gleicher Wir-** **66** **kung**" jede Handelsregelung der Mitgliedstaaten, die geeignet ist, den innergemeinschaftlichen Handel unmittelbar oder mittelbar, tatsächlich oder potenziell zu behindern.

Konkretisiert hat der EuGH den weiten Anwendungsbereich dieser Formel in **67** der Rechtssache **Keck:**[152]

„Unter diese Definition fallen Hemmnisse für den freien Warenverkehr, die sich in Ermangelung einer Harmonisierung der Rechtsvorschriften daraus ergeben, dass Waren aus anderen Mitgliedstaaten, die dort rechtmäßig hergestellt und in den Verkehr gebracht worden sind, bestimmten Vorschriften entsprechen müssen (wie etwa hinsichtlich ihrer Bezeichnung, ihrer Form, ihrer Abmessungen, ihres Gewichts, ihrer Zusammensetzung, ihrer Aufmachung, ihrer Etikettierung und ihrer Verpackung), selbst dann, wenn diese Vorschriften unterschiedslos für alle Erzeugnisse gelten, sofern sich die Anwendung dieser Vorschriften nicht durch einen Zweck rechtfertigen lässt, der im Allgemeininteresse liegt und den Erfordernissen des freien Warenverkehrs vorgeht.

Demgegenüber ist die Anwendung nationaler Bestimmungen, die bestimmte **Verkaufsmodalitä-** **68** **ten** beschränken oder verbieten, auf Erzeugnisse aus anderen Mitgliedstaaten nicht geeignet, den Handel zwischen den Mitgliedstaaten im Sinne dieser Definition zu behindern, sofern diese Bestimmungen **für alle betroffenen Wirtschaftsteilnehmer** gelten, die ihre Tätigkeit im Inland ausüben, und sofern sie den Absatz der inländischen Erzeugnisse und der Erzeugnisse aus anderen Mitgliedstaaten rechtlich wie tatsächlich in der gleichen Weise berühren. Sind diese Voraussetzungen nämlich erfüllt, so ist die Anwendung derartiger Regelungen auf den Verkauf von Erzeugnissen aus einem anderen Mitgliedstaat, die den von diesem Staat aufgestellten Bestimmungen entsprechen, nicht geeignet, den Marktzugang für diese Erzeugnisse zu versperren oder stärker zu behindern, als sie dies für inländische Erzeugnisse tut. Diese Regelungen fallen daher nicht in den Anwendungsbereich von Art. 28 des Vertrags (jetzt Art. 34 AEUV)."

---

[150] *Geiger* EUV/EGV, Art. 34 AEUV Rz. 7.

[151] EuGH v. 11.7.1974 8/74 – *Dassonville*, EuGHE 1974, 837: Es ging um ein in Belgien eingeleitetes Strafverfahren gegen Händler, die einen in Frankreich im freien Verkehr befindlichen Posten Scotch Whisky zwar ordnungsgemäß erworben, aber unter Verletzung belgischer Rechtsvorschriften nach Belgien eingeführt hatten, da sie nicht im Besitz einer Ursprungsbescheinigung der britischen Zollbehörden waren. Den Akten sowie den in der mündlichen Verhandlung gemachten Ausführungen war zu entnehmen, dass ein Händler, der in Frankreich bereits im freien Verkehr befindlichen Whisky nach Belgien einzuführen wünsche, eine solche Bescheinigung, im Gegensatz zu einem aus dem Erzeugerland unmittelbar einführenden Importeur, nur unter erheblichen Schwierigkeiten zu beschaffen vermochte.

[152] EuGH v. 24.11.1993 C-267, 268/91 – *Keck*, EuGHE 1993, I-6097: In Strafverfahren gegen *B. Keck* und *D. Mithouard* wurde diesen vorgeworfen, unter Verstoß gegen Art. 1 des französischen Gesetzes Nr. 63–628 v. 2.7.1963 in der Fassung des Artikels 32 der Ordonnance Nr. 86–1243 v. 1.12.1986 Erzeugnisse in unverändertem Zustand zu unter ihrem tatsächlichen Einkaufspreis liegenden Preisen weiter verkauft zu haben. Die Angeklagten machen zu ihrer Verteidigung geltend, ein allgemeines Verbot des Weiterverkaufs zum Verlustpreis, wie es diese Vorschriften vorsähen, sei mit Art. 30 EWG-Vertrag und den Grundsätzen der Freizügigkeit, des freien Dienstleistungs- und Kapitalverkehrs sowie des freien Wettbewerbs innerhalb der Gemeinschaft unvereinbar.

69   Weiter eingeschränkt wurde der Anwendungsbereich des (heutigen) Art. 34 AEUV (Art. 28 EG) durch die „**Cassis-Rechtsprechung**" des EuGH. Es ging erstmals um eine nationale Regelung, der Inlands- und Auslandsware gleichermaßen unterworfen waren. Die deutsche Vorschrift, nach der bestimmte Liköre gleich welcher Herkunft nur mit einem Mindestalkoholgehalt von 25 vH verkehrsfähig waren, verhinderte den Import des französischen Fruchtlikörs Cassis de Dijon nach Deutschland und verstieß damit gegen Art. 28 EG (Art. 34 AEUV). Zwar seien die Mitgliedstaaten zuständig, solche streitigen Handelsregelungen zu erlassen; die sich dabei aus der Verschiedenheit der nationalen Regelungen ergebenden Handelshemmnisse müssten hingenommen werden; allerdings nur „soweit diese Bestimmungen notwendig sind, um zwingenden Erfordernissen gerecht zu werden".[153]

70   **Lösung des Ausgangsfalls:**[154]
1. Eine Verbrauchsteuer, die Elektrizität inländischen Ursprungs je nach der Art der Erzeugung mit unterschiedlichen Sätzen belastet, eingeführte Elektrizität dagegen mit einem einheitlichen Satz belegt, der über dem niedrigsten, aber unter dem höchsten Satz für Elektrizität inländischen Ursprungs liegt, stellt eine **inländische Abgabe** im Sinne von Art. 110 AEUV und keine Abgabe zollgleicher Wirkung im Sinne der Art. 28 und 29 AEUV dar, wenn sie Bestandteil einer allgemeinen Steuerregelung ist, die nicht nur elektrischen Strom als solchen, sondern auch verschiedene Primärenergiequellen erfasst, und wenn sowohl eingeführte Elektrizität als auch Elektrizität inländischen Ursprungs ein und derselben Steuerregelung unterliegen und die Steuer unabhängig vom Ursprung der Elektrizität von der gleichen Behörde nach den gleichen Verfahren erhoben wird. Der Umstand, dass eingeführte Elektrizität zum Zeitpunkt der Einfuhr und Elektrizität inländischen Ursprungs **zum Zeitpunkt der Erzeugung** besteuert wird, ist für die Qualifizierung einer solchen Steuer irrelevant, da diese beiden Zeitpunkte in Anbetracht der besonderen Merkmale der Elektrizität der gleichen Handelsstufe – Einspeisung der Elektrizität in das nationale Verteilungsnetz – entsprechen.

71   2. Das Unionsrecht beschränkt beim derzeitigen Stand seiner Entwicklung nicht die Freiheit der Mitgliedstaaten, ein **differenziertes Steuersystem** für bestimmte, sogar im Sinne von Art. 110 AEUV gleichartige Erzeugnisse nach Maßgabe objektiver Kriterien, wie der Art der verwendeten Ausgangsstoffe oder der angewandten Herstellungsverfahren, zu errichten. Solche Differenzierungen sind jedoch mit dem Gemeinschaftsrecht nur vereinbar, wenn sie **Ziele verfolgen, die ihrerseits mit den Erfordernissen des Vertrags und des abgeleiteten Rechts vereinbar sind,** und wenn ihre Modalitäten geeignet sind, **jede unmittelbare oder mittelbare Diskriminierung** von Einfuhren aus anderen Mitgliedstaaten und jeden Schutz inländischer konkurrierender Produktionen auszuschließen. Art. 114 AEUV verbietet es daher nicht, dass der **Satz einer inländischen Elektrizitätsteuer je nach der Art der Erzeugung der Elektrizität und den dafür verwendeten Ausgangsstoffen unterschiedlich ist,** sofern für diese Differenzierung ökologische Gründe maßgebend sind. Es handelt sich nämlich ein wesentliches Ziel der Gemeinschaft. Deren Aufgabe ist es u. a., ein beständiges, nicht inflationäres und umweltverträgliches Wachstum zu fördern, und ihre Tätigkeit umfasst eine Politik auf diesem Gebiet. Außerdem stellt die Umweltverträglichkeit der Stromerzeugungsverfahren ein wichtiges Ziel der Energiepolitik der Gemeinschaft dar.

72   3. Art. 110 AEUV **verbietet** aber, dass eine Verbrauchsteuer, die auf einem nationalen System der Besteuerung von Energiequellen beruht, **Elektrizität inländischen Ursprungs** je nach der Art der Erzeugung mit unterschiedlichen Sätzen belastet, **eingeführte Elektrizität** dagegen unabhängig von der Art der Erzeugung mit einem einheitlichen Satz belegt, der, auch wenn er unter dem höchsten Satz für Elektrizität inländischen Ursprungs liegt, zu einer höheren Belastung der eingeführten Elektrizität inländischen Ursprungs liegt, zu einer höheren Belastung der eingeführten Elektrizität – sei es auch nur in bestimmten Fällen – führt. Eine inländische Steuerregelung verstößt nämlich gegen Art. 114 AEUV, wenn **die Steuer auf das eingeführte Erzeugnis und die Steuer auf das gleichartige inländische Erzeugnis in unterschiedlicher Weise und nach unterschiedlichen Modalitäten berechnet werden,** so dass das eingeführte Erzeugnis – sei es auch nur in bestimmten Fällen – höher belastet wird. Der Umstand, dass es sich aufgrund der besonderen Merkmale der Elektrizität als außerordentlich schwierig erweisen kann, die Art der Erzeugung der eingeführten Elektrizität und damit die für die Erzeugung verwendeten Primär-

---

[153] EuGH v. 20.2.1979, 120/78 – *Rewe Zentral AG*, EuGHE 1979, I-649.
[154] EuGH v. 2.4.1998 C-213/96 – *Outukumpu Oy*, EuGHE 1998, I-1777.

energiequellen genau zu bestimmen, kann eine solche Steuerregelung nicht rechtfertigen, da **praktische Schwierigkeiten** nicht geeignet sein können, die Erhebung inländischer Abgaben zu rechtfertigen, durch die aus anderen Mitgliedstaaten stammende Waren diskriminiert werden. Art. 114 AEUV verpflichtet die Mitgliedstaaten zwar grundsätzlich nicht, die objektiv gerecht- **73** fertigten Differenzierungen abzuschaffen, die in nationalen Rechtsvorschriften zwischen den inländischen Steuern auf einheimische Erzeugnisse getroffen werden; anders verhält es sich jedoch, wenn die **Abschaffung die einzige Möglichkeit ist, eine unmittelbare oder mittelbare Diskriminierung der eingeführten Erzeugnisse zu verhindern.**

Ergebnis: Art. 110 AEUV **verbietet,** dass eine Verbrauchsteuer **Elektrizität inländischen Ur-** **74** **sprungs** je nach der Art der Erzeugung mit unterschiedlichen Sätzen belastet, eingeführte Elektrizität dagegen unabhängig von der Art der Erzeugung mit einem einheitlichen Satz belegt. In der Sache C-213/96[155] – *Outukumpu Oy* hat der EuGH daher entschieden, dass die eingeführte Elektrizität ohne ausreichenden Grund höher besteuert worden ist.

einstweilen frei **75–79**

V. Freizügigkeit der Arbeitnehmer (Art. 45 AEUV)

Ausgangsfall: A und B waren Jahr 1991 als Beamte der Europäischen Gemeinschaft mit Wohnsitz und Lebensmittelpunkt in Luxemburg tätig. Im Haushalt lebten drei 1982, 1983 und 1986 geborene Kinder. In der Bundesrepublik Deutschland (Bundesrepublik) erzielte der Kläger Einkünfte aus Vermietung und Verpachtung und in geringem Umfang im Veranlagungszeitraum 1992 Einkünfte aus selbstständiger Arbeit. Streitig ist der Abzug von Aufwendungen für die Beschäftigung einer Haushaltshilfe (§ 10 Abs. 1 Nr. 8 EStG), für die A und B Pflichtbeiträge zur luxemburgischen gesetzlichen Rentenversicherung abgeführt hatten. Das FA versagte den Abzug, da keine Beiträge zur inländischen gesetzlichen Rentenversicherung entrichtet worden seien. A und B sind der Ansicht, dass sie nach Art. 14 des Protokolls über die Vorrechte und Befreiungen der Europäischen Gemeinschaften vom 8.4.1965 (BGBl. II 1965, 1482, 1488; geändert durch Art. 1 des Protokolls Nr. 1 zum Lissaboner Vertrag) – jetzt Art. 13 – so zu behandeln seien, als würden sie weiterhin in der Bundesrepublik leben. Wie ist die Rechtslage?[156]

1. Vertragliche Regelungen

Art. 21 AEUV regelt die Freizügigkeit im Allgemeinen, Art. 45 AEUV die spe- **80** zielle Freizügigkeit für Arbeitnehmer.[157] Nach Art. 21 AEUV hat jeder **Unionsbürger** das Recht, sich im Hoheitsgebiet der Mitgliedstaaten vorbehaltlich der in diesem Vertrag und in den Durchführungsvorschriften vorgesehenen Beschränkungen und Bedingungen **frei zu bewegen und aufzuhalten.**

Art. 45 Abs. 2 AEUV gewährleistet innerhalb der Union die **Freizügigkeit der** **81** **Arbeitnehmer.** Sie umfasst die Abschaffung jeder auf der Staatsangehörigkeit beruhenden **unterschiedlichen Behandlung der Arbeitnehmer** der Mitgliedstaaten in Bezug auf Beschäftigung, Entlohnung und sonstige Arbeitsbedingungen. Nach Art. 45 Abs. 3 AEUV gibt sie – vorbehaltlich der aus Gründen der öffentlichen Ordnung, Sicherheit und Gesundheit gerechtfertigten Beschränkungen – den Arbeitnehmern das Recht,

- sich um tatsächlich angebotene Stellen zu **bewerben;**
- sich zu diesem Zweck im Hoheitsgebiet der Mitgliedstaaten **frei zu bewegen;**
- sich in einem Mitgliedstaat **aufzuhalten,** um dort nach den für die Arbeitnehmer dieses Staates geltenden Rechts- und Verwaltungsvorschriften eine Beschäftigung auszuüben;

---

[155] EuGH v. 2.4.1998 C-213/96 – *Outukumpu Oy,* EuGHE 1998, I-1777.
[156] Nach BFH v. 21.2.2001 XI R 29/00, BStBl. II, 582; EuGH v. 13.11.2003 C-209/01 – *Schilling,* DStRE 2003, 1437.
[157] *Ismer* in Herrmann/Heuer/Raupach, Einf ESt (8/2014), Rz. 451 f.

- nach Beendigung einer Beschäftigung im Hoheitsgebiet eines Mitgliedstaats unter Bedingungen zu **verbleiben,** welche die Kommission in Durchführungsverordnungen festlegt.

  Art. 45 AEUV findet keine Anwendung auf die Beschäftigung in der öffentlichen Verwaltung (Art. 45 Abs. 4 AEUV).

82   Nach **Art. 46 AEUV** treffen das Parlament und der Rat alle erforderlichen Maßnahmen, um die Freizügigkeit der Arbeitnehmer im Sinne des Art. 45 AEUV herzustellen, insbesondere

a) durch Sicherstellung einer engen **Zusammenarbeit zwischen den einzelstaatlichen Arbeitsverwaltungen;**

b) durch die **Beseitigung der Verwaltungsverfahren und -praktiken** sowie der für den Zugang zu verfügbaren Arbeitsplätzen vorgeschriebenen Fristen, die sich aus innerstaatlichen Rechtsvorschriften oder vorher zwischen den Mitgliedstaaten geschlossenen Übereinkünften ergeben und deren Beibehaltung die Herstellung der Freizügigkeit der Arbeitnehmer hindert;

c) durch die **Beseitigung aller Fristen** und sonstigen Beschränkungen, die in innerstaatlichen Rechtsvorschriften oder vorher zwischen den Mitgliedstaaten geschlossenen Übereinkünften vorgesehen sind und die den Arbeitnehmern der anderen Mitgliedstaaten für die freie Wahl des Arbeitsplatzes andere Bedingungen als den inländischen Arbeitnehmern auferlegen;

d) durch die Schaffung geeigneter Verfahren für die **Zusammenführung und den Ausgleich von Angebot und Nachfrage** auf dem Arbeitsmarkt zu Bedingungen, die eine ernstliche Gefährdung der Lebenshaltung und des Beschäftigungsstands in einzelnen Gebieten und Industrien ausschließen.

2. EuGH-Rechtsprechung

83   Der EuGH hat bereits zahlreiche Entscheidungen zum Verhältnis von Binnenmarkt-Arbeitnehmerfreizügigkeit und dem Verbot „steuerlicher Diskriminierung" getroffen:

Rechtssache	Fundstelle	Gegenstand der Entscheidung
EuGH v. 8.5.1990 75/88 – *Biehl I*	EuGHE 1990, I-1779	Durchführung eines Lohnsteuerjahresausgleichs bei Verlegung des Wohnsitzes
EuGH v. 28.1.1992 C-204/90 – *Bachmann*	EuGHE 1992, I-249, 276	Beschränkte Abziehbarkeit von Zahlungen an Versicherungsunternehmen. Der deutsche, in Belgien beschäftigte Bachmann durfte seine Beiträge zur deutschen KV nicht in Belgien absetzen, aber nach EuG Rechtfertigung wegen Kohärenz zwischen Abzug der Beiträge und Besteuerung der Erträge
EuGH v. 26.1.1993 C-112/91 – *Werner*	EuGHE 1993, I-429	Deutscher mit Wohnsitz im Ausland erhält als beschränkt Steuerpflichtiger nicht den Splitting-Tarif; höhere Steuerbelastung wegen Auslandswohnsitz gerechtfertigt

Rechtssache	Fundstelle	Gegenstand der Entscheidung
EuGH v. 14.2.1995 C-279/93 – *Schumacker*	EuGHE 1995, I-225	Belgier, der in Deutschland (nur) arbeitet: LStJA eigentlich Sache des Wohnsitzstaats, es sei denn dort keine nennenswerten Einkünfte, da der Wohnsitzstaat nicht in der Lage ist, die entsprechenden Vergünstigungen zu gewähren
EuGH v. 26.10.1995 C-151/94 – *Biehl II*	EuGHE 1995, I-3685	Wie *Biehl I*
EuGH v. 12.5.1998 C-336/96 – *Gilly*	EuGHE 1998, I-2793	Höherer Steuersatz durch Anwendung des Kassenstaatsprinzips nach DBA-Regelung
EuGH v. 14.9.1999 C-391/97 – *Gschwind*	EuGHE 1999, I-5451	Splittingtarif als Regelung zur Berücksichtigung der persönlichen Lebensumstände
EuGH v. 12.12.2002 C-385/00 – *de Groot*	DStRE 2003, 151	NL – Einkünfte aus verschiedenen EU-Ländern; Unterhaltszahlungen nur unzureichend berücksichtigt
EuGH v. 1.7.2003 C-169/03 – *Wallentin*	HFR 2004, 1039	Deutscher Student, der kurze Zeit in Schweden arbeitet; Schweden muss pers. Abzüge gewähren; keine Gefahr der Doppelentlastung
EuGH v. 15..9.2005 C-462/02 – *Dänemark*	BFH/NV Beilage 2006, 6	Gleichbehandlung der ausländischen Nutzung eines Firmenfahrzeugs
EuGH v. 21.2.2006 C-152/03 – *Ritter-Coulais*	DStR 2006, 362	Nichtberücksichtigung ausländischer Verluste (BFH I R 13/02, DStR 2003, 685: Streitjahr 1987); endg. Entsch. IStR 2007, 148
EuGH v. 9.11.2006 C-520/04 – *Turpeinen*	IStR 2006, 821	Finnische Ruhegehaltsempfängerin, die in Spanien wohnt
EuGH v. 26.10.2006 C-345/05 – *Portugal*	BFH/NV Beilage 2006, 43	Steuerfreie Immobilienveräußerung nicht nur bei Reinvestition in Portugal
EuGH v. 30.1.2007 C-150/04 – *Dänemark*	BFH/NV Beilage 2007, 156	Verbot der Beschränkung von Steuervorteilen auf Erträge aus Verträgen mit im Inland ansässigen Versicherungträgern
EuGH v. 18.7.2007 C-182/06 – *Lakebrink*	DStR 2007, 1339	Berücksichtigung von negativen (deutschen) Vermietungseinkünften im Beschäftigungsstaat Luxemburg
EuGH v. 15.9.2011 C-240/10 – *Schulz*	BStBl. II 2013, 56	Keine Gewährung des § 3 Nr 64 EStG für in Deutschland arbeitende französische Lehrerin (kein Verstoß gegen Art. 45 AEUV)

Rechtssache	Fundstelle	Gegenstand der Entscheidung
EuGH v. 12.7.2012 C-269/09 – Spanien	HFR 2012, 1025	Einbeziehung sämtlich nicht verrechneter Einkünfte in den letzten VZ bei Verlegung des Wohnsitzes ins Ausland unzulässig (Spanien)
EuGH v. 28.2.2013 C-544/11 – Petersen	BStBl. II 2013, 847	Steuerbefreiung von Einkünften aufgrund von Auslandstätigkeiten im Rahmen der Entwicklungshilfe (Benin) geboten, auch wenn der Arbeitgeber im Ausland (Dänemark) ansässig ist
EuGH v. 18.6.2015 C-9/14 – Kieback	DStRE 2015, 1233	Keine Steuervorteile für gebietsfremden Arbeitnehmer, wenn Einkünfte nicht wesentlicher Teil der insgesamt zu versteuernden Einkünfte

3. Konkretisierung

84 Jeder Unionsbürger, der von dem Recht auf Freizügigkeit als Arbeitnehmer Gebrauch gemacht und in einem anderen Mitgliedstaat als dem Wohnsitzstaat eine Berufstätigkeit ausgeübt hat, fällt unabhängig von seinem Wohnort und seiner Staatsangehörigkeit in den Anwendungsbereich von Art. 45 AEUV.[158] Sämtliche Vertragsbestimmungen über die Freizügigkeit von Unionsbürgern sollen die Ausübung beruflicher Tätigkeiten aller Art im gesamten Gebiet der Union erleichtern und Maßnahmen entgegenstehen, die die Unionsbürger benachteiligen könnten, wenn sie eine Erwerbstätigkeit in einem anderen Mitgliedstaat ausüben wollen.[159] Auch wenn die Bestimmungen über die Freizügigkeit der Arbeitnehmer nach ihrem Wortlaut insbesondere die Inländerbehandlung im Aufnahmestaat sichern sollen (Inländerbehandlung des EU-Ausländers),[160] verbieten sie es doch auch, dass der Herkunftsstaat die freie Annahme und Ausübung einer Beschäftigung durch einen seiner Staatsangehörigen in einem anderen Mitgliedstaat behindert (Behinderungsverbot des EU-Inländers).[161] Entsprechend verbieten die Bestimmungen über die Freizügigkeit der Arbeitnehmer auch, dass der Wohnsitzmitgliedstaat eines steuerpflichtigen Unionsbürgers die freie Annahme und Ausübung einer Beschäftigung in einem anderen Mitgliedstaat behindert, selbst wenn der Arbeitgeber im EU-Ausland ansässig ist.[162]

a) (Verdeckte) Diskriminierungen im Bereich der direkten Steuern

85 Der Grundsatz der Gleichbehandlung auf dem Gebiet der Entlohnung darf nicht durch diskriminierende nationale Vorschriften über die Einkommensteuer beein-

---

[158] Vgl. in diesem Sinne EuGH v. 12.12.2002 C-385/00 – de Groot, EuGHE 2002, I-11 819, Rz. 76 und die dort angeführte Rechtsprechung.
[159] EuGH v. 7.7.1992 C-370/90 – Singh, EuGHE 1992, I-4265, Rz. 16; v. 26.1.1999 C-18/95 – Terhoeve, EuGHE 1999, I-345, Rz. 37, und de Groot, Rz. 77.
[160] Schaumburg in S/E, Rz. 4.30; Ismer in Herrmann/Heuer/Raupach, Einf ESt (8/2014), Rz. 435.
[161] Vgl. in diesem Sinne Urteile Terhoeve, Rz. 27–29, und de Groot, Rz. 79.
[162] EuGH v. 28.2.2013 C-544/11 – Petersen, BStBl. II 2013, 847.

trächtigt werden;[163] deshalb hat der Rat in Art. 7 Abs. 2 seiner Verordnung Nr. 1612/68[164] vorgesehen, dass ein Arbeitnehmer, der Staatsangehöriger eines Mitgliedstaats ist, im Hoheitsgebiet der anderen Mitgliedstaaten die gleichen steuerlichen Vergünstigungen genießt wie die inländischen Arbeitnehmer.

Ein Mitgliedstaat verstößt gegen seine Verpflichtungen aus Art. 39 Abs. 2 EG (jetzt Art. 45 Abs. 2 AEUV) und aus Art. 7 Abs. 2 der VO (EWG) Nr. 1612/68 über die Freizügigkeit der Arbeitnehmer innerhalb der Gemeinschaft, wenn er nationale Rechtsvorschriften aufrechterhält, denen zufolge die zuviel einbehaltenen Steuern auf die Löhne und Gehälter eines Staatsangehörigen eines Mitgliedstaats, der nur während eines Teils des Jahres im Inland niedergelassen oder dort im Lohn- oder Gehaltsverhältnis beschäftigt war, nicht erstattet werden können und der Staatskasse verfallen.[165]

Nach der Entscheidung **Schumacker**[166] ist Art. 39 EG (jetzt Art. 45 AEUV) dahin auszulegen, dass er Rechtsvorschriften eines Mitgliedstaats **im Bereich der direkten Steuern** entgegensteht, die Verfahren wie den Lohnsteuer-Jahresausgleich und die Einkommensteuerveranlagung nur für Gebietsansässige vorsehen, ihre Anwendung jedoch natürlichen Personen verweigern, die im Hoheitsgebiet dieses Mitgliedstaats Einkünfte aus nichtselbstständiger Arbeit erzielen, dort jedoch weder einen Wohnsitz noch ihren gewöhnlichen Aufenthalt haben.[167] Die Versagung des Lohnsteuer-Jahresausgleichs für EU-Bürger, die ihren wirtschaftlichen Bezug allein im Inland haben, ist unzulässig, auch wenn sie im Ausland wohnen. **86**

In der (m. E. überholten) Entscheidung **Werner**[168] hatte der EuGH noch entschieden, dass ein Deutscher mit Wohnsitz im Ausland als beschränkt Steuerpflichtiger nicht den Splitting-Tarif in Anspruch nehmen darf; die höhere Steuerbelastung sei wegen des Auslandswohnsitzes gerechtfertigt. Mittlerweile verlangt der EuGH die vollständige Berücksichtigung der persönlichen und familiären Situation. **87**

Der Entscheidung C-385/00 – *de Groot* vom 12.12.2002[169] lag der Fall zu Grunde, dass der niederländische Staatsangehörige **de Groot** in verschiedenen EU-Ländern Einkünfte bezogen hatte. Die Niederlande wandten ihre Regelungen zur Vermeidung der Doppelbesteuerung an; die Unterhaltszahlungen des Herrn de Groot wurden nur unzureichend berücksichtigt. **88**

Der EuGH betonte die besondere Verpflichtung des Wohnsitzstaates und entschied (Rz. 78– 111): Vorschriften, die einen Staatsangehörigen eines Mitgliedstaats daran hinderten oder davon abhielten, sein Herkunftsland zu verlassen, um von seinem Recht auf Freizügigkeit Gebrauch zu machen, stellten eine **Beschränkung dieser Freiheit** dar. Es sei grundsätzlich Sache des **Wohnsitzstaats**, dem Steuerpflichtigen sämtliche an seine persönliche und familiäre Situation geknüpften steuerlichen Vergünstigungen zu gewähren, da dieser Staat am besten die persönliche Steuerkraft des Steuerpflichtigen beurteilen könne, weil dieser dort den Mittelpunkt seiner persönlichen und **89**

---

[163] EuGH v. 8.5.1990 75/88 – *Biehl I,* EuGHE 1990, I-1779.

[164] ABl. 1968 L 257,2 v. 19.10.1968.

[165] EuGH v. 26.10.1995 C-151/94 – *Biehl II,* EuGHE 1995, I-3685.

[166] EuGH v. 14.2.1995 C-279/93, EuGHE 1995, I-225, 228.

[167] Vgl. auch Schlussanträge des GA *Léger* v. 20.6.2002 C-385/00 – *de Groot,* IStR 2002, 523: Eine Regelung, die eine steuerliche Vergünstigung an eine Wohnsitzvoraussetzung knüpft, stellt eine mittelbare Diskriminierung dar, wenn die eigenen Staatsangehörigen eine solche Voraussetzung leichter erfüllen können als die Wanderarbeitnehmer, die die Staatsangehörigkeit anderer Mitgliedstaaten besitzen.

[168] EuGH v. 26.1.1993 C-112/91 – *Werner,* EuGHE 1993, I-429.

[169] DStRE 2003, 150; kritisch *Schnitger* FR 2003, 148, im Hinblick auf den Umstand, dass nicht notwendigerweise der überwiegende Teil der Einkünfte in einem Staat erzielt werden müsse, so dass möglicherweise wegen fehlenden Steuersubstrats die gebotene Entlastung nicht vorgenommen werden könne.

seiner Vermögensinteressen habe.[170] Der **Beschäftigungsmitgliedstaat** sei nur dann zur Berücksichtigung der persönlichen und familiären Situation verpflichtet, wenn der Steuerpflichtige sein gesamtes oder nahezu gesamtes zu versteuerndes Einkommen aus einer Tätigkeit beziehe, die er in diesem Staat ausübe, und in seinem Wohnsitzstaat keine nennenswerten Einkünfte habe, so dass der Wohnsitzstaat nicht in der Lage sei, ihm die Vergünstigungen zu gewähren, die sich aus der Berücksichtigung seiner persönlichen Lage und seines Familienstands ergäben.

90   Die Entscheidung „de Groot" enthält eine auf die Grundfreiheiten und die DBA-Systematik gestützte detaillierte Analyse des Steuerausgleichs bei länderübergreifenden Tätigkeiten. Bestätigt wird das Verständnis der Grundfreiheiten als Diskriminierungs- und Beschränkungsverbote. Hervorgehoben wird die Verantwortlichkeit des Wohnsitzstaates, der sich auf vertragliche Weise mit den Beschäftigungsmitgliedstaaten arrangieren kann. Die Rechtfertigung einer Steuerregelung durch Kohärenz greift nur bei einem unmittelbaren Zusammenhang zwischen Beschränkung und Entlastung, zwischen Nachteil und Vorteil.

91   Allerdings ist nach wie vor zu beachten, dass der Vertrag einem Unionsbürger nicht garantiert, dass die Verlegung seiner Tätigkeit in einen anderen Mitgliedstaat als denjenigen, in dem er bis dahin gewohnt hat, steuerneutral ist. Aufgrund der unterschiedlichen Regelungen der Mitgliedstaaten in diesem Bereich kann eine solche Verlegung für diesen Bürger je nach dem Einzelfall mehr oder weniger vorteilhaft oder nachteilig sein.[171]

b) Kohärenz der steuerrechtlichen Regelungen und des Steuersystems

92   Allerdings ist auch im Rahmen der Gewährleistung der Arbeitnehmer-Freizügigkeit die Kohärenz der steuerrechtlichen Normen zu berücksichtigen.[172] Im Fall **Bachmann**[173] war der deutsche Herr Bachmann in Belgien tätig. Für vor dem Umzug in Deutschland abgeschlossene Versicherungsverträge versagte Belgien den Abzug der Prämien. Der EuGH sah eine verdeckte Diskriminierung als gegeben an und einen Verstoß gegen Art. 39 EG (jetzt Art. 45 AEUV), der aber wegen der **Kohärenz des Steuersystems** gerechtfertigt sei. Die Kohärenz des Steuersystems (Zusammenhang von Abzug der Prämien und späterer Besteuerung) rechtfertigte in diesem Fall die steuerliche Nichtberücksichtigung von Versicherungsprämien.

Die Notwendigkeit, die **Kohärenz der Steuerregelung** zu gewährleisten, könne Vorschriften rechtfertigen, die geeignet seien, Grundfreiheiten einzuschränken.[174] In den Rechtssachen, die zu den Urteilen *Bachmann* und Kommission/Belgien[175] geführt hätten, habe ein direkter Zusammenhang zwischen der Abzugsfähigkeit der im Rahmen von Alters- und Todesfallversicherungsverträgen gezahlten Beiträge und der Besteuerung der zur Durchführung dieser Verträge erhaltenen Beträge, der zur Erhaltung der Kohärenz des betreffenden Steuersystems zu wahren war, bestanden. Wenn aber die steuerliche Kohärenz auf der Grundlage eines mit einem anderen Mitgliedstaat geschlossenen bilateralen Abkommens gewährleistet wird,

---

[170] So auch EuGH v. 1.7.2003 C-169/03, HFR 2004, 1039.

[171] EuGH v. 15.9.2011 C-240/10 – *Schulz*, BStBl. II 2013, 56: Keine Gewährung des § 3 Nr. 64 EStG für in Deutschland arbeitende französische Lehrerin (kein Verstoß gegen Art. 45 AEUV). – Zuvor in diesem Sinne Urteile vom 15. Juli 2004 C-365/02 – *Lindfors*, EuGHE 2004, I-7183, Rz. 34, und v. 12.7.2005 C-403/03 – *Schempp*, EuGHE 2005, I-6421, Rz. 45.

[172] Zur Kohärenz im Allgemeinen s. oben Rz. 40.

[173] EuGH v. 28.1.1992 C-204/90, EuGHE 1992, I-249.

[174] EuGH v. 12.12.2002 C-385/00 – *de Groot*, DStRE 2003, 150.

[175] EuGH v. 28.1.1992 C-204/90 – *Bachmann*, EuGHE 1992, I-249, Rz. 28, und C-300/90 – *Kommission/Belgien*, EuGHE 1992, I-305, Rz. 21.

kann dieser Grundsatz nicht herangezogen werden, um die Verweigerung einer Abzugsmöglichkeit (Zuführung zur Altersrücklage) zu rechtfertigen.[176]

Die Artikel 12 Abs. 1 EG und 18 Absatz 1 EG (jetzt Art. 18 und 21 AEUV) sind dahin auszulegen, dass es ihnen *nicht* zuwiderläuft, dass ein in Deutschland wohnender Steuerpflichtiger seine Unterhaltsleistungen an seine in einem anderen Mitgliedstaat, in dem diese Unterhaltsleistungen steuerfrei sind, wohnende frühere Ehefrau nicht abziehen kann, während er dazu berechtigt wäre, wenn sie in Deutschland ansässig wäre.[177]

Die Kohärenz rechtfertigte auch in der Sache *Jundt* nicht die Diskriminierung der Auslandtätigkeit (deutscher Anwalt, der in Straßburg tätig war und die Anwendung des § 3 Nr. 26 EStG begehrte). Eine Lehrtätigkeit, die ein in einem Mitgliedstaat Steuerpflichtiger im Dienst einer juristischen Person des öffentlichen Rechts wie einer Universität ausübt, die sich in einem anderen Mitgliedstaat befindet, fällt auch dann in den Anwendungsbereich von Art. 49 EG (jetzt Art. 56 AEUV), wenn die Tätigkeit nebenberuflich und quasi ehrenamtlich ausgeübt wird.[178]

c) Zusammenveranlagung und Splittingtarif

Eine nationale Regelung, die auf dem Gebiet der Einkommensteuer die Zusammenveranlagung von Ehegatten, die weder tatsächlich noch auf Grund einer gerichtlichen Entscheidung getrennt leben, von der Voraussetzung abhängig macht, dass sie beide im Inland wohnen, und diese steuerliche Vergünstigung einem Arbeitnehmer verweigert, der im Inland wohnt und dort praktisch das gesamte Einkommen des Haushalts erzielt und dessen Ehegatte in einem anderen Mitgliedstaat wohnt, verstößt gegen Art. 39 Abs. 2 EG (jetzt Art. 45 Abs. 2 AEUV) und Art. 7 Abs. 2 VO (EWG) Nr. 1612/68 über die Freizügigkeit der Arbeitnehmer.[179] Die Zusammenveranlagung muss also auch dann zulässig sein, wenn ein Ehepartner im Ausland wohnt, aber das gesamte Einkommen im Inland verdient wird. In der Schweiz ansässige Ehegatten deutscher Staatsangehörigkeit, die ihre gesamten Einkünfte in Deutschland versteuern, können aufgrund einer Auslegung des § 1a Abs. 1 EStG im Lichte des Freizügigkeitsübereinkommens die Zusammenveranlagung wählen.[180] **93**

d) Steuersatzzuständigkeit

Art. 39 EG (jetzt Art. 45 AEUV) ist mit einer nationalen Regelung vereinbar, die eine unterschiedliche Besteuerung zum einen für Grenzgänger vorsehen, je nachdem, ob sie im privaten oder im öffentlichen Sektor beschäftigt sind und, wenn sie im öffentlichen Sektor beschäftigt sind, je nachdem, ob sie die Staatsangehörigkeit des Staates, in dessen Verwaltung sie beschäftigt sind, besitzen oder nicht, und zum anderen für Lehrkräfte, je nachdem, ob ihr Aufenthalt in dem Staat, in dem sie ihre Berufstätigkeit ausüben, von kurzer Dauer ist oder nicht. **94**

Frau **Gilly** war deutsche und französische Staatsbürgerin; sie war Lehrerin an einer deutschen Schule, lebte aber in Frankreich; die deutsche Steuer wurde nur teilweise in Frankreich angerechnet. Frau Gilly zahlte mehr Steuern als ein vergleichbarer Franzose. Der EuGH war gleichwohl der

---

[176] EuGH v. 11.8.1995 C-80/94 – *Wielockx*, EuGHE 1995, I-2493.
[177] EuGH v. 12.7.2005 C-403/03 – *Schempp*, EuGHE 2005, I-6421.
[178] EuGH v. 18.12.2007 C-281/06 – *Jundt*, EuGHE 2007, I-12231.
[179] EuGH v. 16.5.2000 C-87/99 – *Zurstrassen*, EuGHE 2000, I-3337.
[180] FG Baden-Württemberg, v. 18.4.2013 3 K 825/13, DStRE 2015, 591 (Folgeentscheidung zu EuGH v. 28.2.2013 C-425/11 – *Ettwein*, DStR 2013, 514).

Auffassung, dass ein Anspruch auf Gleichbehandlung nicht bestehe, da die Unterschiede letzten Endes in der nationalen **Steuersatzzuständigkeit** begründet seien.[181] Auch wenn die **Beseitigung der Doppelbesteuerung** innerhalb der Gemeinschaft zu den Zielen des Vertrags gehöre, ergebe sich aus dem Wortlaut dieser Bestimmung, dass diese dem einzelnen nicht aus sich heraus Rechte gewähren könne, auf die er sich vor den nationalen Gerichten berufen könne. Daraus folgte, dass Art. 220 zweiter Gedankenstrich EG (im AEUV aufgehoben) **keine unmittelbare Wirkung** entfalte.

Lösung des Ausgangsfalls:

95   Die **Kommission** war der Auffassung, dass im vorliegenden Fall kein Grund bestehe, den Klägern die Wanderarbeitnehmern zustehenden Rechte zu versagen. Demgegenüber stellte der **Generalanwalt** in seiner Stellungnahme darauf ab, dass die Kläger ihren persönlichen und wirtschaftlichen Mittelpunkt in Luxemburg hätten. Zwar könnten sich auch Gemeinschaftsbeamte auf die Grundfreiheiten (hier Art. 45 AEUV) berufen; auch stelle § 10 Abs. 1 Nr. 8 EStG grundsätzlich ein Hindernis für die Freizügigkeit dar. Es komme aber wesentlich darauf an, dass das zu versteuernde Einkommen der Eheleute Schilling im Wesentlichen nicht aus in Deutschland besteuerten Einkünften bestehe, so dass Deutschland Familienstand und persönliche Situation als Steuerpflichtige nicht berücksichtigen müsse. Die Eheleute Schilling könnten sich nicht auf Art. 14 des Protokolls – jetzt Art. 13 – berufen, da sie anderenfalls ohne jede sachliche Rechtfertigung wirtschaftlich besser gestellt würden.

Anders als der Generalanwalt war der **EuGH**[182] der Auffassung, dass es gegen Art. 45 AEUV i. V. m. Art. 14 des Protokolls über die Vorrechte und Befreiungen der Europäischen Gemeinschaften – jetzt Art. 13[183] – verstoße, wenn aus Deutschland stammende Beamte der Europäischen Gemeinschaften, die in Luxemburg wohnten, wo sie als Beamte tätig seien, und denen in diesem Mitgliedstaat Aufwendungen für eine Haushaltshilfe entstanden seien, diese Aufwendungen nicht von ihren in Deutschland steuerpflichtigen Einkünften absetzen dürften, weil die Beiträge für die Haushaltshilfe nicht an die deutsche gesetzliche Rentenversicherung, sondern an die luxemburgische Rentenversicherung entrichtet worden seien. Der EuGH behandelte die Eheleute Schilling – von ihren Luxemburger Bezügen abgesehen – weiterhin wie deutsche Steuerpflichtige. Im Ergebnis konnten die Eheleute Schilling daher die Aufwendungen für die Haushaltshilfe als Sonderausgaben abziehen.

96–99   *einstweilen frei*

VI. Niederlassungsfreiheit (Art. 49 AEUV)

Ausgangsfall (Steuervorauszahlungen für Dividenden): Die im Vereinigten Königreich ansässige Metallgesellschaft Ltd sollte nach Auffassung des Commissioners of Inland Revenue auf die ihren Muttergesellschaften gezahlten Dividenden im Unterschied zu im Inland ansässigen Muttergesellschaften im Voraus Körperschaftsteuer entrichten. Zu Recht?[184]

1. Vertragliche Regelungen

100   Nach Art. 49 AEUV sind **Beschränkungen der freien Niederlassung** von Staatsangehörigen eines Mitgliedstaats im Hoheitsgebiet eines anderen Mitgliedstaats verboten. Das Gleiche gilt für Beschränkungen der Gründung von Agenturen, Zweigniederlassungen oder Tochtergesellschaften durch Angehörige eines Mitgliedstaats, die im Hoheitsgebiet eines Mitgliedstaats ansässig sind.[185]

Vorbehaltlich des Kapitels über den Kapitalverkehr umfasst die Niederlassungsfreiheit die **Aufnahme und Ausübung selbstständiger Erwerbstätigkeiten sowie die Gründung und Leitung von Unternehmen**, insbesondere von Gesellschaften im Sinne des Art. 54 Abs. 2 AEUV, nach den Bestimmungen des Aufnahmestaats für seine eigenen Angehörigen.

[181] EuGH v. 12.5.1998 C-336/96 – *Gilly*, EuGHE 1998, I-2793.
[182] EuGH v. 13.11.2003 C-209/01 – *Schilling*, DStRE 2003, 1437.
[183] *Kofler* in S/E, Rz. 21.1.
[184] Nach EuGH v. 8.3.2001 C-397/98, DStRE 2001, 403.
[185] *Ismer* in Herrmann/Heuer/Raupach, Einf ESt (8/2014), Rz. 460 f.

Nach Art. 50 Abs. 1 und 2 AEUV können das Europäische Parlament und der 101
Rat Richtlinien zur vorrangigen Verwirklichung der Niederlassungsfreiheit erlassen, z.B. indem der Rat und die Kommission

- eine **enge Zusammenarbeit** zwischen den zuständigen Verwaltungen der Mitgliedstaaten sicherstellen,
- dafür Sorge tragen, dass Arbeitnehmer eines Mitgliedstaats, die im Hoheitsgebiet eines anderen Mitgliedstaats beschäftigt sind, dort verbleiben und eine **selbstständige Tätigkeit unter denselben Voraussetzungen** ausüben können, die sie erfüllen müssten, wenn sie in diesen Staat erst zu dem Zeitpunkt einreisen würden, in dem sie diese Tätigkeit aufzunehmen beabsichtigen,
- den **Erwerb und die Nutzung von Grundbesitz** im Hoheitsgebiet eines Mitgliedstaats durch Angehörige eines anderen Mitgliedstaats ermöglichen oder
- veranlassen, dass bei jedem in Betracht kommenden Wirtschaftszweig die Beschränkungen der Niederlassungsfreiheit in Bezug auf die Voraussetzungen für die Errichtung von **Agenturen, Zweigniederlassungen und Tochtergesellschaften** im Hoheitsgebiet eines Mitgliedstaats sowie für den Eintritt des Personals der Hauptniederlassung in ihre Leitungs- oder Überwachungsorgane schrittweise aufgehoben werden.

2. EuGH-Rechtsprechung

Die Niederlassungsfreiheit ist eine zentrale Bedingung freien Wirtschaftens.[186] Sie 102
sichert – ebenso wie das Recht auf Freizügigkeit – **wirtschaftliche Mobilität.**[187] Wie
die **Centros-Entscheidung** zeigt, räumt ihr der EuGH einen besonderen Stellenwert ein. Eine Niederlassung stellt die tatsächliche Ausübung einer wirtschaftlichen Tätigkeit mittels einer festen Einrichtung in einem anderen Mitgliedstaat auf
unbestimmte Zeit dar.[188]

Mit der Niederlassungsfreiheit hat sich der EuGH auch unter steuerrechtlichen 103
Aspekten bereits in einer Vielzahl von Entscheidungen befasst:

Rechtssache	Fundstelle	Gegenstand der Entscheidung
EuGH v. 28.1.1986 270/83 – *Avoir fiscal*	EuGHE 1986, 273	Körperschaftsteueranrechnung auf Dividenden aus Beteiligungen im Betriebsvermögen von Betriebsstätten
EuGH v. 27.9.1988 81/87 – *Daily Mail*	EuGHE 1988, 5483	Erfordernis der Zustimmung des Finanzamts zur Sitzverlegung
EuGH v. 26.1.1993 C-112/91 – *Werner*	EuGHE 1993, I-429	Nichtanwendung des Splittingtarifs bei beschränkt Steuerpflichtigen
EuGH v. 13.7.1993 C-330/91 – *Commerzbank*	EuGHE 1993, I-4017	Keine Verzinsung eines Steuererstattungsanspruchs für Betriebsstätten ausländischer Unternehmen

---

[186] *Ahlt/Deisenhofer* Europarecht, 192 ff.
[187] *Nettesheim* NVwZ 1996, 342, 343: dogmatische Zwillinge.
[188] EuGH v. 30.11.1995 C-55/94, EuGHE 1995, I-4165.

Rechtssache	Fundstelle	Gegenstand der Entscheidung
EuGH v. 12.4.1994 C-1/93 – Halliburton	EuGHE 1994, I-1137	Grunderwerbsteuerpflicht bei Grundstücksübertragung von einem ausländischen auf ein inländisches Unternehmen
EuGH v. 11.8.1995 C-80/94 – Wielockx	EuGHE 1995, I-2493	Nichtgewährung einer Altersrücklage
EuGH v. 27.6.1996 C-107/94 – Asscher	EuGHE 1996, I-3089	Unterschiedliche Einkommensteuersätze bei Ansässigen und Nicht-Ansässigen im Tätigkeitsstaat
EuGH v. 15.5.1997 C-250/95 – Futura	EuGHE 1997, I-2471	Gewährung eines Verlustvortrags in Abhängigkeit von Tätigkeiten und Buchführung im Staat der Niederlassung
EuGH v. 16.7.1998 C-264/96 – ICI	EuGHE 1998, I-4695	Gewährung von Steuervorteilen für einen Konzern in Abhängigkeit von der Ansässigkeit der Mehrheit der Tochtergesellschaften im Inland
EuGH v. 29.4.1999 C-311/97 – Royal Bank of Scotland	EuGHE 1999, I-2651	Anwendung eines höheren Steuersatzes auf Gewinne einer ausländischen Zweigniederlassung
EuGH v. 8.7.1999 C-254/97 – Baxter	EuGHE 1999, I-4809	Abzug von Forschungsaufwendungen in Abhängigkeit von Forschung im Inland
EuGH v. 21.9.1999 C-307/97 – Saint-Gobain	EuGHE 1999, I-6161	Versagung eines Schachtelprivilegs bei einer Betriebsstätte
EuGH v. 19.11.1999 C-200/98 – X und Y	EuGHE 1999, I-8261	Versagung des Verlustausgleichs im Konzern bei Halten von Beteiligung über ausländische Tochtergesellschaften
EuGH v. 13.4.2000 C-251/98 – Baars	EuGHE 2000, I-2787	Versagung eines Steuerfreibetrags wegen Beteiligung an ausländischer Kapitalgesellschaft
EuGH v. 19.9.2000 C-156/98 – Deutschland/Kommission	EuGHE 2000, I-6857	Beihilferegelung des § 52 Abs. 8 EStG
EuGH v. 14.12.2000 C-141/99 – AMID	EuGHE 2000, I-11619	Versagung des Verlustausgleichs bei Verrechnung des Vorjahresverlustes mit Gewinn einer nach DBA freigestellten ausländischen Betriebsstätte
EuGH v. 8.3.2001 C-397/98 – Metallgesellschaft, und C-410/98 – Hoechst	DStRE 2001, 403	Versagung der Ausnahmeregelung bzgl. der Körperschaftsteuervorauszahlung bei nicht im Inland ansässiger Muttergesellschaft
EuGH v. 21.11.2002 C-436/00 – X und Y II	FR 2003, 84	Benachteiligung einer verdeckten Einlage in eine ausländische Gesellschaft

Rechtssache	Fundstelle	Gegenstand der Entscheidung
EuGH v. 12.12.2002 C-324/00 – *Lankhorst-Hohorst*	DB 2002, 2690	Benachteiligung eines Darlehens von einer gebietsfremden Muttergesellschaft; § 8a KStG EU-widrig
EuGH v. 18.9.2003 C-168/01 – *Bosal Holding BV*	DB 2003, 2097	Unzulässige Beschränkung des Abzugs von Kosten für ausländische Tochtergesellschaften
EuGH v. 11.3.2004 C-9/02, BFH/NV Beilage 2004, 211 – *Hughes de Lasteyrie du Saillant*	BFH/NV Beilage 2004, 211; NJW 2004, 2439	Besteuerung der Wertsteigerung von Wertpapieren, Steuerflucht, Wohnsitzverlagerung ins Ausland, Niederlassungsfreiheit
EuGH v. 7.9.2004 C-319/02 – *Manninen*	DStRE 2004, 1220	Anspruch auf Anrechnung ausländischer Körperschaftsteuer
EuGH v. 15.7.2004 C- 315/02 – *Lenz*	DStRE 2005, 273	Diskriminierende Besteuerung von Kapitalerträgen
EuGH v. 13.12.2005 C-446/03 – *Marks & Spencer*	DB 2005, 2788	Nichtberücksichtigung der Verluste ausländischer Tochtergesellschaften
EuGH v. 13.12.2005 C-411/03 – *SEVIC*	EWS 2006, 27	Grenzüberschreitende Verschmelzung ohne Begrenzungen der FusionsRL
EuGH v. 23.2.2006 C-471/04 – *Keller-Holding*	DStR 2006, 415	Zinsen der Mutter „für" Dividenden der ausländischen Tochter abziehbar
EuGH v. 23.2.2006 C-253/03 – *CLT-Ufa S.A.*	DStR 2006, 418	Diskriminierende KSt-Sätze für Betriebsstätten
EuGH v. 7.9.2006 C-470/04 – *N*	DStR 2006, 1691	Keine Besteuerung des Wertzuwachses wesentlicher Beteiligungen bei Wohnsitzverlegung
EuGH v. 12.9.2006 C-196/04 – *Cadbury-Schweppes*	DStR 2006, 1686	Keine Einbeziehung der Gewinne beherrschter ausländischer Tochtergesellschaften
EuGH v. 12.12.2006 C-374/04 – *ACT*	IStR 2007, 138	Steuerliche Behandlung von Dividenden, die Ges von ausländischen Ges erhalten hat
EuGH v. 14.12.2006 C-170/05 – *Denkavit*	DStRE 2007, 289	Keine unterschiedliche Dividenden-Quellenbesteuerung bei gebietsansässigen und gebietsfremden Muttergesellschaften
EuGH v. 12.12.2006 C-446/04 – *F II Group*	BFH/NV Beilage 2007, 173	Vermeidung von Mehrfachbelastungen bei Dividendenausschüttungen auch für gebietsfremde Gesellschaften

Rechtssache	Fundstelle	Gegenstand der Entscheidung
EuGH v. 25.1.2007 C-329/05 – *Meindl*	DStR 2007, 232	Zusammenveranlagung auch bei Wohnort in verschiedenen Mitgliedstaaten
EuGH v. 29.3.2007 C-347/04 – *Rewe-Zentralfinanz*	DStR 2007, 662	Teilwertabschreibung auf ausländische Beteiligungen; Diskriminierung durch § 2a Abs. 1 Nr. 3a EStG
EuGH v. 18.7.2007 C-231/05 – *Oy AA*	IStR 2007, 631	Art. 43 EG (jetzt Art. 49 AEUV) steht einer Regelung im Recht eines Mitgliedstaats wie der im Ausgangsverfahren streitigen nicht entgegen, wonach eine in diesem Mitgliedstaat ansässige Tochtergesellschaft einen an ihre Muttergesellschaft gezahlten Konzernbeitrag nur dann von ihren steuerpflichtigen Einkünften abziehen kann, wenn die Muttergesellschaft ihren Sitz in diesem Mitgliedstaat hat. Restriktiver als Marks & Spencer; Territorialitätsprinzip
EuGH v. 21.2.2013 C-123/11 – *A Oy*	DStR 2013, 392	Abzug finaler Verluste von EU-Tochtergesellschaft bei Muttergesellschaft
EuGH v. 6.11.2007 C-415/06 – *Stahlwerk Ergste Westig*	IStR 2008, 107	Abzug von Verlusten aus einer USA-Betriebsstätte; 43 bis 48 EG (jetzt Art. 49–55 AEUV) können bei einem Sachverhalt, der eine Betriebsstätte in einem Drittstaat betrifft, nicht geltend gemacht werden
EuGH (Große Kammer), Urt. v. 17.7.2014 – C-48/13 (– Nordea Bank Danmark A/S/Skatteministeriet)	EuZW 2014, 787	Grenzüberschreitende Konzernbesteuerung
EuGH v. 18.12.2014 C-87/13	IStR 2015, 70	EuGH: kein Abzug von Denkmalaufwendungen für Schloß in Belgien. Kl ist NL und arbeitet dort; er wohnt im Schloss. NL muss nicht belgisches Denkmal finanzieren
EuGH v. 3.2.2015 C-172/13 – Fortsetzung von *Marks & Spencer*	DStR 2015, 337	Keine Vertragsverletzung durch engl. Regelung zum grenzüberschreitenden Konzernverlustabzug (zur Tragung von Verlusten gebietsfremder Tochtergesellschaften)

Rechtssache	Fundstelle	Gegenstand der Entscheidung
EuGH v. 24.2.2015 C-559/13 – *Grünewald*	DStR 2015, 474 (auf Vorlage BFH I R 49/12)	Versagung des SA-Abzugs für beschränkt Steuerpflichtigen iZm vorweggenommener Erbfolge; EuGH: Diskriminierung des Gebietsfremden (m. E. fragl; korrespondierender Einkünftetransfer) zu § 50 I 4 EStG 1999
EuGH v. 2.9.2015 C-386/14 – *Groupe Steria SCA*	DStR 2015, 2125	Nichtanwendung der Schachtelstrafe auf inländische Gesellschaften Verstoß gegen EU-Recht

3. Konkretisierung

a) Gründungsfreiheit und Gründungsanknüpfung

Die Niederlassungsfreiheit dient dem Schutz von Unternehmen, freiberuflich **104** Tätigen und gewerblich Selbstständigen; sie umfasst den **Zuzug** wie auch den **Wegzug**. Die Niederlassungsfreiheit kann z. B.

• durch Sitzverlegung,
• durch Gründung einer Tochtergesellschaft oder
• durch Errichtung einer Zweigniederlassung oder sonstigen Nebenstelle

ausgeübt werden.

In der Entscheidung **Centros**[189] aus dem Jahr 1999 betont der EuGH das Recht, **105** Gesellschaften zu errichten und in anderen Mitgliedstaaten Zweigniederlassungen zu gründen.

„Ein Mitgliedstaat, der die **Eintragung der Zweigniederlassung einer Gesellschaft verweigert**, die in einem anderen Mitgliedstaat, in dem sie ihren Sitz hat, rechtmäßig errichtet worden ist, aber **keine Geschäftstätigkeit entfaltet**, verstößt gegen die Art. 52 und 58 des Vertrags (jetzt Art. 59 und 65 AEUV), wenn die Zweigniederlassung es der Gesellschaft ermöglichen soll, ihre gesamte Geschäftstätigkeit in dem Staat auszuüben, in dem diese Zweigniederlassung errichtet wird, ohne dort eine Gesellschaft zu errichten und damit das dortige Recht über die Errichtung von Gesellschaften zu umgehen, das höhere Anforderungen an die Einzahlung des Mindestgesellschaftskapitals stellt.“

Das Recht, eine Gesellschaft **nach dem Recht eines Mitgliedstaats zu errichten** und in anderen Mitgliedstaaten **Zweigniederlassungen** zu gründen, folgt im Binnenmarkt unmittelbar aus der vom Vertrag gewährleisteten Niederlassungsfreiheit, so dass es für sich allein keine missbräuchliche Ausnutzung des Niederlassungsrechts darstellen kann, wenn ein Staatsangehöriger eines Mitgliedstaats, der eine Gesellschaft gründen möchte, diese in dem Mitgliedstaat errichtet, dessen gesellschaftsrechtliche Vorschriften ihm die größte Freiheit lassen, und in anderen Mitgliedstaaten Zweigniederlassungen gründet.[190]

In der Sache **Überseering**[191] ging es um die Frage, ob die niederländische Kapi- **106** talgesellschaft Überseering BV nach Maßgabe der sog. **Sitztheorie** durch die Verlegung ihres Verwaltungssitzes nach Deutschland ihre Rechtsfähigkeit verloren hatte.

---

[189] EuGH v. 9.3.1999 C-212/97, EuGHE 1999, I-1459. Hervorhebungen durch den Verfasser.
[190] EuGH v. 21.5.2015 C-657/13 – *Verder Lab Tec*, DStR 2015, 1166.
[191] EuGH v. 5.11.2002 C-208/00, NJW 2002, 3614.

Mit Beschluss vom 30.3.2000[192] hatte der BGH dem EuGH die Frage vorgelegt, ob die sog. **Sitz-theorie**[193] mit dem Europarecht vereinbar sei, konkret ob es Art. 43, 48 EG (jetzt Art. 49 und 54 AEUV) widerspreche, dass die Rechtsfähigkeit einer Gesellschaft nach dem Recht des tatsächlichen Verwaltungssitzes beurteilt werde. In der Literatur wurde befürchtet, dass die Aufgabe der Sitz-theorie zu einer Erosion des deutschen Gesellschaftsrechts führen könne.[194]

Der EuGH hat durch Urteil vom 5.11.2002 – *Überseering BV*[195] die **Sitztheorie** verworfen;[196] die Inanspruchnahme der Niederlassungsfreiheit zwinge zur Anerken-nung der im EU-Ausland gegründeten Gesellschaft durch den Mitgliedstaat, in dem die Gesellschaft sich niederlassen wolle. Der andere Mitgliedstaat sei verpflichtet, die Rechts- und Parteifähigkeit nach dem Recht des Gründungsstaats zu achten (Gründungsanknüpfung).[197] Der EuGH erkannte damit zwar die von der deutschen Regierung vorgebrachten Rechtfertigungsgründe Gläubigerschutz, Schutz von Minderheitsgesellschaftern, Arbeitnehmerschutz, Schutz fiskalischer Interessen grundsätzlich an, hielt aber die **Versagung der Rechts- und Parteifähigkeit einer zuziehenden Gesellschaft** für unverhältnismäßig.[198] Der BGH[199] ist dem EuGH pflichtgemäß gefolgt.[200]

Für die **Praxis** steht damit fest, dass die Verlegung des Verwaltungssitzes einer EU-Auslands-gesellschaft nach Deutschland nicht mit einem Verlust der Rechts- und Parteifähigkeit einhergeht; es ist nun möglich, unter den verschiedenen Gesellschaftsformen im EU-Rechtsraum zu wählen und z. B. die Kosten einer Gesellschaftsgründung niedrig zu halten. In Zuzugsfällen findet die Sitz-theorie keine Anwendung mehr.[201] Damit ist der Wettbewerb der europäischen Rechtsordnungen auf dem Gebiet des Gesellschaftsrechts eröffnet.[202] Auch der BFH hat sich mit Urteil vom 29.1.2003[203] dem EuGH angeschlossen und eine „Deleware Corporation" als taugliche Trägerin einer körperschaftlichen Organschaft anerkannt. Wesentliche Fragen sind allerdings nach wie vor ungeklärt, z. B. ob für EU-Auslandsgesellschaften zwingendes deutsches Gesellschaftsrecht (wie etwa zur Mitbestimmung oder zum Haftungsdurchgriff) gilt.

---

[192] VII ZR 370/98, BB 2000, 1106 (abschließend entschieden durch Urteil v. 13.3.2003 VII R 370/98, DB 2003, 986). – Mit Urteil v. 1.7.2002 II ZR 380/00 entschied der BGH, dass die Behand-lung einer ausländischen Gesellschaft als GbR eine „Alternative" zur Sitz- oder Gründungstheo-rie sei; damit fiel der II. BGH-Senat dem VII. Senat, der die Vorlage in Sachen *Überseering* veran-lasst hatte, gewissermaßen in den Rücken (*Gosch* StBp 2002, 374/7).

[193] *Forsthoff* Abschied von der Sitztheorie, BB 2002, 318; gegen die Sitztheorie und hin zur Gründungstheorie *Sandrock* BB 2002, 1601.

[194] Vgl. *Musil* in Hübschmann/Hepp/Spitaler, Kommentar zur AO und FGO, Stand September 2012, § 2 AO Rz. 214.

[195] EuGH v. 5.11.2002 C-208/00 – *Überseering BV,* NJW 2002, 3614; dazu ausführlich *Forsthoff* DB 2002, 2471; *Kindler* NJW 2003, 1073.

[196] Damit ist der Gesetzgeber nicht mehr „Herr im gesellschaftsrechtlichen Haus"; der „numerus clausus" der Rechtsformen ist verloren, ein Verlust an Verlässlichkeit und Rechtskultur wird be-fürchtet; *Gosch* StBp 2002, 374/6.

[197] *Großerichter* DStR 2003, 159.

[198] Dazu auch *Zimmer* BB 2003, 1; *Lutter* BB 2003, 7, die beide auf die Entwicklung über die „Daily Mail"- Entscheidung und die „Centros"-Entscheidung zu „Überseering" eingehen. Die beiden letzten Urteile seien Ausdruck der Unzufriedenheit des EuGH mit der schleppenden Har-monisierung der für eine grenzüberschreitende Sitzverlegung maßgebenden mitgliedstaatlichen Bestimmungen.

[199] BGH v. 13.3.2003 VII ZR 370/98, DB 2003, 986.

[200] Dazu *Wertenbruch* NZG 2003, 618; auch die Finanzverwaltung hält die sog. doppelt ansässi-gen Gesellschaften im Inland für voll rechtsfähig (DB 2005, 1997).

[201] *Birk* IStR 2003, 469/71.

[202] Zu den Gründen für die Unterstützung der Sitztheorie (Beratungsinteresse; Mitbestimmungs-aspekte) vgl. *Meilicke* GmbHR 2003, 793.

[203] BFH v. 29.1.2003 I R 6/99, GmbHR 2003, 722; zustimmend *Sedemund* BB 2003, 1362; zur Unterschiedlichkeit DBA- und EU-rechtlicher Diskriminierungsverbote *Hahn* BB 2005, 521.

Mit der Entscheidung in der Sache *Inspire Art*[204] knüpft der EuGH nahtlos an die 107
Entscheidungen *Centros* und *Überseering* an; danach darf die Niederlassung einer
ausländischen Kapitalgesellschaft – selbst einer „Briefkasten"-Gesellschaft – nicht
von nationalen Voraussetzungen abhängig gemacht werden, solange kein Missbrauch
vorliegt.[205]

b) Grenzüberschreitender Sachverhalt

In der Sache des deutschen Staatsangehörigen **Werner,** der in den Niederlanden 108
wohnte, seine Zahnarztpraxis aber in Deutschland betrieb, war für den EuGH[206]
entscheidend, dass keine wirtschaftliche Betätigung im Ausland gegeben war und
insoweit kein „grenzüberschreitender Sachverhalt" vorlag.[207] Der EuGH nahm an,
dass ein wirtschaftlicher Bezug zum Ausland nicht gegeben sei und hielt die **Nichtanwendung des Splitting-Tarifs** (§ 1 Abs. 1 S. 1, EStG § 1 Abs. 4, EStG § 49 Abs. 1
Nr. 3 EStG) für gerechtfertigt; mangels **eines über den nationalen Rahmen hin-
ausgehenden (wirtschaftlichen) Aspektes,** der ausreichend sei, um die Anwendung
der Vertragsbestimmungen über die Niederlassungsfreiheit und insbesondere des
Diskriminierungsverbots zu ermöglichen, sei Art. 52 EWG-Vertrag (Art. 43 EG;
jetzt Art. 49 AEUV) dahin auszulegen, dass er es einem Mitgliedstaat nicht verwehrte, **eigenen Staatsangehörigen,** die ihre Berufstätigkeit in seinem Hoheitsgebiet ausübten und die ausschließlich oder fast ausschließlich dort ihre Einkünfte
erzielten oder ihr Vermögen besäßen, dann, wenn sie nicht im Inland wohnten, eine
höhere Steuerbelastung aufzuerlegen, als wenn sie dort wohnten.

Im Fall **Asscher**[208] arbeitete der niederländische Staatsangehörige *Asscher* in den 109
Niederlanden **und** in Belgien; sein Wohnsitz war in Belgien. Der Lohnsteuersatz
war für Nicht-Ansässige in den Niederlanden höher als für Ansässige. Der EuGH
bejahte einen Verstoß gegen Art. 43 EG (jetzt Art. 49 AEUV). Von Bedeutung war
vor allem der Umstand, dass die **Erwerbstätigkeit in zwei Mitgliedsländern** stattfand.

Art. 43 EG (jetzt Art. 49 AEUV) sei dahin auszulegen, dass er es einem Mitglied- 110
staat verwehrte, „auf einen Angehörigen eines Mitgliedstaats, der eine selbstständige Erwerbstätigkeit im Gebiet dieses Staates und daneben eine andere selbstständige
Erwerbstätigkeit in einem anderen Mitgliedstaat, in dem er auch wohnt, ausübt,
einen **Einkommensteuersatz anzuwenden, der höher ist als derjenige, der für
Gebietsansässige gilt, die die gleiche Tätigkeit ausüben,** wenn kein objektiver Unterschied in der Situation dieser Steuerpflichtigen und derjenigen der gebietsansässigen Steuerpflichtigen sowie der diesen Personen gleichgestellten Personen besteht,
der geeignet wäre, eine solche Ungleichbehandlung zu rechtfertigen". Während
Herr Asscher in zwei Mitgliedsländern tätig war, wies der Fall *Werner*[209] im Unterschied dazu keinen über den nationalen Rahmen hinausweisenden Aspekt auf.

---

[204] EuGH v. 30.9.2003 C-167/01, GmbHR 2003, 1260; zur Entwicklung *Dißars* Inf 2004,
474.
[205] Zur weiteren Entwicklung der BGH-Rechtsprechung nach *Centros* und *Inspire Art* vor dem
Hintergrund des deutschen Kapitalschutzsystems vgl. *Goette* DStR 2005, 197; zu Recht kritisch
Fischer FR 2005, 457, 461 f.
[206] EuGH v. 26.1.1993 C-112/91 – *Werner,* EuGHE 1993, I-429, 463.
[207] *Klein* DStJG 19 (1996), 7, 21.
[208] EuGH v. 27.6.1996 C-107/94 – *Asscher,* EuGHE 1996, I-3089.
[209] Deutscher Zahnarzt, der in Aachen seine Praxis hatte und in den Niederlanden wohnte
(EuGH v. 26.1.1993 C-112/91, EuGHE 1995, I-429, 463).

c) Keine unzulässige Beschränkung durch steuerrechtliche Regelungen

111 Die Niederlassungsfreiheit hat nicht nur gesellschaftsrechtliche, sondern auch erhebliche steuerrechtliche Bedeutung. In der Sache *avoir fiscal*[210] (Steuergutschrift) hatte die Kommission geltend gemacht, die Französische Republik habe dadurch gegen ihre Verpflichtungen aus dem EU-Vertrag, insbesondere gegen Art. 43 EG (jetzt Art. 49 AEUV), verstoßen, indem sie den in Frankreich gelegenen Zweigniederlassungen und Agenturen von in einem anderen Mitgliedstaat niedergelassenen Versicherungsgesellschaften nicht unter den gleichen Bedingungen wie französischen Gesellschaften ein Steuerguthaben gewährt habe. Der EuGH folgte der Kommission und führte aus:

> „Zunächst ist festzustellen, dass Art. 52 EWGV[211] eine der grundlegenden Vorschriften der Gemeinschaft darstellt und seit dem Ablauf der Übergangszeit in den Mitgliedstaaten unmittelbar anwendbar ist. Nach dieser Vorschrift umfasst die Niederlassungsfreiheit der Staatsangehörigen eines Mitgliedstaats im Hoheitsgebiet eines anderen Mitgliedstaats die Aufnahme und Ausübung selbstständiger Erwerbstätigkeiten sowie die Gründung und Leitung von Unternehmen nach den Bestimmungen des Aufnahmestaats für seine eigenen Angehörigen. Die Aufhebung der Beschränkungen der Niederlassungsfreiheit erstreckt sich auch auf Beschränkungen der Gründung von Agenturen, Zweigniederlassungen oder Tochtergesellschaften durch Angehörige eines Mitgliedstaats, die im Hoheitsgebiet eines Mitgliedstaats ansässig sind.
> Art. 52 EWGV[212] will also die Vergünstigung der Inländerbehandlung jedem Staatsangehörigen eines Mitgliedstaats garantieren, der sich, sei es auch nur mit einer Nebenstelle, in einem anderen Mitgliedstaat niederlässt, um dort eine selbstständige Erwerbstätigkeit auszuüben, und untersagt jede Diskriminierung aufgrund der Staatsangehörigkeit, die sich aus den Rechtsvorschriften als Beschränkung der Niederlassungsfreiheit ergibt."

Frankreich habe gegen seine Verpflichtungen aus Art. 43 EG (jetzt Art. 49 AEUV) verstoßen, weil es den in Frankreich gelegenen Zweigniederlassungen und Agenturen von Versicherungsgesellschaften mit Sitz in einem anderen Mitgliedstaat nicht unter den gleichen Bedingungen wie Versicherungsgesellschaften mit Sitz in Frankreich ein Steuerguthaben für die von diesen Zweigniederlassungen und Agenturen bezogenen Dividenden französischer Gesellschaften gewährt habe.

112 Steuerrechtliche Regelungen dürfen danach die Niederlassung in einem EU-Staat weder verhindern noch erschweren. Der Umstand, dass sich ein ausländisches EU-Unternehmen – unmittelbar oder durch eine Tochtergesellschaft – im Inland niederlässt, darf nicht Anknüpfungspunkt steuerrechtlich nachteiliger Regelungen sein; die Niederlassung bzw. deren Aufgabe dürfen steuerrechtlich nicht diskriminiert werden. Steuerliche Vergünstigungen sind ausländischen Unternehmen unter denselben Voraussetzungen zu gewähren wie inländischen Unternehmen.

113 Diese Auslegung schließt jedoch nicht aus, dass die Behörden des betreffenden Mitgliedstaats alle geeigneten Maßnahmen treffen können, **um Missbrauch zu verhindern** oder zu verfolgen. Das gilt sowohl – gegebenenfalls im Zusammenwirken mit dem Mitgliedstaat, in dem sie errichtet wurde – gegenüber der Gesellschaft selbst als auch gegenüber den Gesellschaftern, wenn diese sich mittels der Errichtung der Gesellschaft ihren Verpflichtungen gegenüber inländischen privaten oder öffentlichen Gläubigern zu entziehen versuchen.

114 Die Artikel 43 EG und 48 EG (jetzt Art. 49 und 54 AEUV) stehen einer nationalen Regelung entgegen und werden beschränkt, wenn Gewinne aus der Veräußerung von Anteilen dann zu versteuern sind, sofern die Übertragung auf eine ausländische Gesellschaft erfolgt, während der Gewinn unter denselben Umständen nicht

[210] EuGH v. 28.1.1986 270/83 – *Avoir fiscal,* EuGHE 1986, 273, Rz. 13–15.
[211] Jetzt Art. 49 AEUV.
[212] Jetzt Art. 49 AEUV.

zu versteuern ist, wenn die Übertragung auf eine im Inland ansässige Gesellschaft erfolgt.[213]

d) Steuerliche Benachteiligung von Tochtergesellschaften

In den Fällen C-397/98 – *Hoechst* und C-410/98 – *Metallgesellschaft*[214] hielt es **115** der EuGH für vertragswidrig, dass Tochtergesellschaften mit einer in einem anderen Mitgliedstaat ansässigen Muttergesellschaft nicht für die **Freistellung von Körperschaftsteuer-Vorauszahlungen** optieren konnten. Sie waren praktisch gezwungen, dem britischen Fiskus einen Kredit in Gestalt der Vorauszahlungsbeträge zur Verfügung zu stellen.[215]

Art. 43 EG (jetzt Art. 49 AEUV) steht **steuerrechtlichen Vorschriften** eines **116** Mitgliedstaats entgegen, die den in diesem Mitgliedstaat ansässigen Gesellschaften die Möglichkeit geben, für eine Besteuerungsregelung zu optieren, kraft deren sie auf Dividenden, die sie ihrer Muttergesellschaft zahlen, keine Körperschaftsteuer-Vorauszahlung entrichten müssen, wenn die Muttergesellschaft ebenfalls in dem betreffenden Mitgliedstaat ansässig ist, aber verweigern, wenn sie ihren Sitz in einem anderen Mitgliedstaat hat.[216]

Ist eine in einem Mitgliedstaat ansässige Tochtergesellschaft verpflichtet, für die **117** ihrer in einem anderen Mitgliedstaat ansässigen Muttergesellschaft gezahlten Dividenden eine **Körperschaftsteuer-Vorauszahlung** zu entrichten, während die Tochtergesellschaften von im ersten Mitgliedstaat ansässigen Muttergesellschaften unter vergleichbaren Umständen für eine Besteuerung optieren konnten, die sie von dieser Verpflichtung befreit, so müssen die gebietsansässigen Tochtergesellschaften und ihre gebietsfremden Muttergesellschaften nach Art. 43 EG (jetzt Art. 49 AEUV) über einen effektiven Rechtsbehelf verfügen, um Erstattung oder Entschädigung für die durch die Steuervorauszahlung der Tochtergesellschaften entstandene finanzielle Einbuße zu erlangen, der ein entsprechender Vorteil des betreffenden Mitgliedstaats gegenübersteht. Es stellt für sich allein keinen Grund dar, diesen Rechtsbehelf abzuweisen, weil er allein die Zahlung der Zinsen zum Gegenstand hat, die die durch die fehlende Verfügbarkeit der vorzeitig gezahlten Beträge entstandene finanzielle Einbuße ausmachen. Mangels einer Gemeinschaftsregelung ist es Sache der innerstaatlichen Rechtsordnung der betreffenden Mitgliedstaaten, die Verfahrensmodalitäten derartiger Rechtsbehelfe einschließlich von Nebenfragen wie der Zahlung von Zinsen zu regeln. Jedoch dürfen solche Vorschriften die Ausübung der durch die Unionsrechtsordnung verliehenen Rechte nicht praktisch unmöglich machen oder übermäßig erschweren.

Im Fall *ICI*[217] hielt eine Holding 23 Tochtergesellschaften, von denen nur vier in **118** Großbritannien, sechs in anderen Mitgliedstaaten und die übrigen 13 in Drittstaaten ansässig waren. Der britische Fiskus versagte die Verlustübertragung, da hauptsächlich nicht Anteile an Körperschaften mit Sitz im Vereinigten Königreich gehalten würden. Der EuGH entschied, dass das im Unionsrecht fundierte Verbot der Beeinträchtigung grenzüberschreitender Niederlassungsvorgänge auch an den Her-

---

[213] EuGH v. 8.6.2004 C-268/03 – *de Baeck*, BeckEuRS 2004, 389206.

[214] EuGH v. 8.3.2001 C-397/98 und C-410/98, HFR 2001, 628, vorgehend High Court of Justice, Chancery Division London.

[215] *Hahn* Kompensation von Zinsnachteilen bei Verstoß gegen Gemeinschaftsrecht, IStR 2002, 105.

[216] Zur Gleichbehandlung von Betriebsstätten und Tochtergesellschaften und zur gemeinschaftsrechtlichen Verpflichtung zur Rechtsformneutralität im Steuerrecht vgl. *Lang* IStR 2006, 397.

[217] EuGH v. 16.7.1998 C-264/96, EuGHE 1998, I-4695, 4713 ff.

kunftsstaat adressiert sei. Die Behinderung sei im konkreten Fall nicht durch eine „spezifische innere Konditionalität" zwischen Steuervor- und -nachteilen gerechtfertigt.

119   In der Rs. *Marks & Spencer* hatte der EuGH durch Urteil vom 13.12.2005[218] den Ansässigkeitsstaat der Muttergesellschaft (Großbritannien) verpflichtet, „endgültige" Verluste von Tochtergesellschaften in anderen EU-Staaten zum Abzug bei der Muttergesellschaft zuzulassen. Danach hatte Großbritannien gesetzliche Voraussetzungen für diesen grenzüberschreitenden Konzernverlustabzug festgelegt: Die gebietsfremde Gesellschaft muss die Möglichkeiten zur Berücksichtigung von Verlusten im Steuerzeitraum, in dem die Verluste entstanden sind, und in den früheren Steuerzeiträumen ausgeschöpft haben. Außerdem darf es keine Möglichkeit geben, die Verluste in künftigen Steuerzeiträumen zu berücksichtigen, was unmittelbar nach Ende des Zeitraums der Entstehung festzustellen ist. Die Europäische Kommission sah in der britischen Regelung einen Verstoß gegen die Niederlassungsfreiheit, weil es in der Praxis so gut wie unmöglich sei, einen Verlustabzug vorzunehmen. Die Vertragsverletzungsklage wies der EuGH ab;[219] die britischen Regelungen zum grenzüberschreitenden Konzernabzug seien mit EU-Recht vereinbar.

120   In der Sache *Lankhorst-Hohorst*[220] erhielt die unbeschränkt steuerpflichtige Lankhorst-Hohorst GmbH (GmbH), eine hundertprozentige Tochtergesellschaft von der in den Niederlanden ansässigen Lankhorst B.V. ein Darlehen von 3 Mio. DM; der Zinssatz betrug 4,5 vH. Das FA behandelte die Zinsen, die die GmbH an die Muttergesellschaft zahlte, nicht als Betriebsausgaben, sondern als verdeckte Gewinnausschüttung i.S.d. § 8a KStG und unterwarf diese dem Ausschüttungssteuersatz von 30 vH.[221]

121   Der EuGH[222] entschied auf Vorlage des FG Münster:[223] Die unterschiedliche Behandlung erfolge ausschließlich zum Nachteil der gebietsansässigen Tochtergesellschaft, die Fremdkapital von einer gebietsfremden Muttergesellschaft erhalten habe. Eine solche, vom Sitz der Muttergesellschaft abhängige **unterschiedliche Behandlungsweise** von gebietsansässigen Tochtergesellschaften stelle eine Beschränkung der Niederlassungsfreiheit dar, die nach Art. 43 EG (jetzt Art. 49 AEUV) grundsätzlich untersagt sei. Durch die fragliche Steuermaßnahme würde die Ausübung der Niederlassungsfreiheit für in anderen Mitgliedstaaten niedergelassene Gesellschaften weniger attraktiv. Der Zweck des § 8a Abs. 1 Nr. 2 KStG bestehe darin, zu verhindern, dass der deutsche Fiskus einen bestimmten Anteil seiner Steuereinnahmen dadurch verliere, dass sich die steuerpflichtige Gesellschaft einer Finanzierungstechnik bediene, die als solche nicht verboten sei. Dieser Zweck könne die unterschiedliche Behandlung von in- und ausländischen Muttergesellschaften nicht rechtfertigen.

---

[218] EuGH v. 13.12.2005 C-446/03 – *Marks & Spencer*, BB 2006, 23; dazu *Balmes* u.a. BB 2006, 186; *Saß* DB 2006, 123; nach Auffassung von *Lang* (in Schön/Heber, Grundfragen des Europäischen Steuerrechts, 2015, 63) sei die Marks & Spencer-Rechtsprechung gescheitert; der Anwendungsbereich (Verlustabzug) sei immer weiter eingeschränkt worden.

[219] EuGH v. 3.2.2015 C-172/13 – *Kommission/Vereinigtes Königreich*, BeckRS 2015, 80179; kritisch *Cordewener* EuZW 2915, 295: lediglich begrenzte Auffangzuständigkeit des Ansässigkeitsstaates; keine echte grenzüberschreitende Verlustnutzung.

[220] EuGH v. 12.12.2002 C-324/00 – *Lankhorst-Hohorst*, DB 2002, 2690.

[221] Vgl. auch EuGH v. 10.5.2007 C-492/04 – *Lasertec*, IStR 2007, 439: Das Ziel der Art. 49, 50 AEUV bestehe darin, die Niederlassungsfreiheit zugunsten der Angehörigen der Mitgliedstaaten zu gewährleisten.

[222] EuGH v. 12.12.2002 C-324/00 – *Lankhorst-Hohorst*, DB 2002, 2690.

[223] Beschluss des FG Münster v. 21.8.2000 9 K 1193/00 K, F, EFG 2000, 1273.

Steuermindereinnahmen seien nicht als zwingender Grund des Allgemeininteres- **122**
ses anzusehen, mit dem eine Maßnahme gerechtfertigt werden könne, die grundsätzlich einer Grundfreiheit zuwiderlaufe.[224] Schließlich könnten auch die Gefahr
einer Steuerumgehung, der Gedanke der Kohärenz und die Wirksamkeit der Steueraufsicht die Beschränkung nicht rechtfertigen.

e) Steuerliche Benachteiligung von Betriebsstätten

Nach dem Urteil in der Rechtssache *AMID*[225] muss gewährleistet sein, dass auch **123**
der **Verlust einer ausländischen EU-Betriebsstätte** abziehbar ist.[226] Einer Regelung eines Mitgliedstaats, nach der eine Gesellschaft innerstaatlichen Rechts mit Sitz
im Inland bei der Veranlagung zur Körperschaftsteuer einen in einem bestimmten
Jahr erlittenen Verlust nur dann vom steuerpflichtigen Gewinn des darauf folgenden Jahres abziehen kann, wenn dieser Verlust nicht dem Gewinn einer ihrer festen
Betriebsstätten in einem anderen Mitgliedstaat in dem ersten der beiden Jahre hat
zugeordnet werden können, steht insofern Art. 43 EG (jetzt Art. 49 AEUV) entgegen, als ein so zugeordneter Verlust in keinem der betroffenen Mitgliedstaaten vom
steuerpflichtigen Einkommen abgezogen werden kann, während dies sehr wohl
möglich wäre, wenn sich die Betriebsstätten der Gesellschaft ausschließlich in dem
Mitgliedstaat befänden, in dem sie ihren Sitz hat.

In der Sache *Saint-Gobain*[227] ging es um die Gewährung von Vergünstigungen **124**
für eine Betriebsstätte, genauer um die **Befreiung von der Körperschaftsteuer** für
die Dividenden, die in Drittstaaten ansässige Gesellschaften ausgeschüttet hatten.
Die Art. 43 EG und Art. 48 EG (jetzt Art. 49 und 54 AEUV) stünden einer Regelung entgegen, nach der einer in Deutschland gelegenen Betriebsstätte einer Kapitalgesellschaft mit Sitz in einem anderen Mitgliedstaat nicht unter den gleichen Voraussetzungen wie Kapitalgesellschaften mit Sitz in Deutschland folgende steuerliche
Vergünstigungen gewährt werden:

- Befreiung von der Körperschaftsteuer für die Dividenden, die in Drittstaaten ansässige Gesellschaften ausgeschüttet haben (**internationales körperschaftsteuer-
  liches Schachtelprivileg**), auf Grund eines Doppelbesteuerungsabkommens mit
  einem Drittstaat;
- **Anrechnung der Körperschaftsteuer,** die in einem anderen Mitgliedstaat als der
  Bundesrepublik Deutschland auf die Gewinne einer dort ansässigen Tochtergesellschaft erhoben worden ist, auf die deutsche Körperschaftsteuer gem. den
  nationalen Rechtsvorschriften;
- Befreiung von der Vermögensteuer für die Beteiligungen an Gesellschaften in
  Drittstaaten (**internationales vermögensteuerliches Schachtelprivileg**) ebenfalls
  gem. den nationalen Rechtsvorschriften.

Umstritten war auch die Unionsrechtwidrigkeit des **Betriebsstättensteuersatzes** **125**
von 42 vH bei beschränkter Steuerpflicht. Die Klägerin *RTL* war eine *societé anonyme*
mit Sitz in Luxemburg. Der Gewinn der in Deutschland unterhaltenen Zweigniederlassung wurde gem. § 23 Abs. 2 und 3 KStG a. F. mit dem Betriebsstättensteuer-
satz von 42 vH belastet. *RTL* meint, dass bei einer Vollausschüttung der Gewinn

---

[224] Vgl. EuGH v. 16.7.1998 C-264/96 – *ICI*, EuGHE 1998, I-4695, Rz. 28; v. 6.6.2000 C-35/98 –
Verkooijen, EuGHE 2000 I, 4071, Rz. 59; v. 8.3.2001 C-397/98 und C-410/98 – *Metallgesellschaft*,
EuGHE 2001 I, 1727, Rz. 59; v. 21.9.1999 C-307/97 – *Saint-Gobain*, EuGHE 1999, I-6161, Rz. 51.
[225] EuGH v. 14.12.2000 C-141/99 – *AMID*, DStRE 2001, 20.
[226] Zur Betriebsstättengewinnermittlung *Kroppen* IStR 2005, 74.
[227] EuGH v. 21.9.1999 C-307/97 – *Saint Gobain*, BStBl. II 1999, 844.

nur mit deutscher Körperschaftsteuer in Höhe von 30 vH belastet worden wäre. Der EuGH war der Auffassung, dass Deutschland Gewinne von Niederlassungen und Tochtergesellschaften nicht unterschiedlich habe besteuern dürfen.[228] Die Gewinne der Zweigniederlassung eines Unternehmens mit Sitz in einem anderen Mitgliedstaat dürfen nicht mit einem höheren Steuersatz belastet werden als die Gewinne der Tochtergesellschaft eines solchen Unternehmens, das seine Gewinne voll an die Muttergesellschaft ausschüttet. Wenn jedoch für die Gewinne der Zweigniederlassungen von Muttergesellschaften mit Sitz in einem anderen Mitgliedstaat ein höherer Steuersatz gelte als für die Gewinne der Tochtergesellschaften solcher Gesellschaften, stelle dies eine Benachteiligung dar. Denn für Gesellschaften mit Sitz in anderen Mitgliedstaaten sei es dann weniger attraktiv, die Niederlassungsfreiheit durch eine Zweigniederlassung auszuüben.

126 Bei der Körperschaftsteuer haben die in Art. 48 EG (jetzt Art. 54 AEUV) genannten Merkmale (z. B. Sitz, Hauptverwaltung) dieselbe Funktion wie die Staatsangehörigkeit bei natürlichen Personen. Steuerliche Regelungen, die Betriebsstätten ausländischer Kapitalgesellschaften benachteiligen, wirken diskriminierend, da an den ausländischen Sitz der Mutter keine nachteiligen steuerrechtlichen Folgen geknüpft werden dürfen.

Einer dauerhaften Niederlassung darf die Möglichkeit, in den Genuss eines niedrigeren Steuersatzes auf Gewinne zu gelangen, nicht vorenthalten werden, wenn kein objektiver Unterschied zwischen den beiden Gruppen von Gesellschaften besteht, der eine solche Ungleichbehandlung rechtfertigen könnte.[229]

f) Diskriminierung durch Betriebsbeihilfen

127 Ein wichtiger Bereich der Harmonisierung des Binnenmarktes ist der **Abbau staatlicher Beihilfen**.[230] In diesem Bereich nimmt Deutschland einen Spitzenplatz ein.[231] Beihilfen werden nicht nur in direkter Form gewährt, sondern auch indirekt, z. B. durch einkommensteuerrechtliche Freibeträge in der Landwirtschaft.[232] Mit Entscheidung vom 19.9.2000 C-156/98[233] schloss sich der EuGH der Auffassung der Kommission an, dass die Erweiterung der durch § 6b EStG eröffneten Möglichkeiten der Übertragung stiller Reserven eine nach Art. 43 EG (jetzt Art. 49 AEUV) verbotene Diskriminierung bewirke:

128 • Die Entscheidung K (1998) 231 endg. der Kommission vom 21.1.1998 betreffend eine steuerliche Maßnahme zur Förderung der Reinvestition von Kapital in kleinen und mittleren Unternehmen in den neuen deutschen Bundesländern ist nicht nichtig. Die Kommission ist zu Recht zu der Schlussfolgerung gelangt, dass § 52 Abs. 8 EStG in der Fassung des Jahressteuergesetzes 1996 (Erweiterung der durch § 6b EStG eröffneten Möglichkeiten der Übertragung stiller Reserven) eine nach Art. 43 EG (jetzt Art. 49 AEUV) verbotene Diskriminierung bewirkt.
• Betriebsbeihilfen verfälschen grds. die Wettbewerbsbedingungen.
• Der innergemeinschaftliche Handel muss als von einer Beihilfe beeinflusst angesehen werden, wenn eine von einem Staat oder aus staatlichen Mitteln gewährte Beihilfe die Stellung eines Unternehmens gegenüber anderen Wettbewerbern im innergemeinschaftlichen Handel verstärkt.

---

[228] EuGH v 23.2.2006 C-253/03 – *CLT-UFA SA,* IStR 2006, 200.
[229] EuGH v. 29.4.1999 C-311/97 – *Royal Bank of Scotland,* EuGHE 1999, I-2651.
[230] Zu Grundzügen des Beihilfenrechts *Ahlt/Deisenhofer* Europarecht, 222 ff.; zu tax incentives als verbotene Beihilfen *Sedemund* Europäisches Ertragsteuerrecht, 2008, Rz. 1095 ff.
[231] FAZ v. 29.4.2003, 11: Allein im Jahr 2001 23,27 Mrd. Euro, im Verhältnis zum BIP 1,23 vH.
[232] Dazu *Kellersmann/Treisch* Europäische Unternehmensbesteuerung, 302.
[233] EuGHE 2000, I-6857, BFH/NV 2001, Beilage 2, 981.

- Bei der Auslegung einer Gemeinschaftsvorschrift sind nicht nur ihr Wortlaut, sondern auch ihr Zusammenhang und die Ziele zu berücksichtigen, die mit der Regelung, zu der sie gehört, verfolgt werden.
- Die Kommission verfügt bei der Anwendung des Art. 92 Abs. 3 EWG-Vertrag (neu: Art. 87 Abs. 2 EG; jetzt Art. 107 AEUV) über ein weites Ermessen, dessen Ausübung wirtschaftliche und soziale Wertungen voraussetzt, die auf die Gemeinschaft als Ganzes zu beziehen sind.

Lösung des Ausgangsfalls: Nach Auffassung des EuGH[234] darf es keinen Unterschied machen, ob die Muttergesellschaft im betreffenden Mitgliedstaat ansässig ist oder nicht. Die Pflicht zur Körperschaftsteuer-Vorauszahlung der Tochter darf davon nicht abhängen. Die gebietsansässigen Tochtergesellschaften und ihre gebietsfremden Muttergesellschaften müssen nach Art. 43 EG (jetzt Art. 49 AEUV) über einen effektiven Rechtsbehelf verfügen, um Erstattung oder Entschädigung für die durch die Steuervorauszahlung der Tochtergesellschaften entstandene finanzielle Einbuße zu erlangen, der ein entsprechender Vorteil des betreffenden Mitgliedstaats gegenübersteht. **129**

einstweilen frei **130–139**

VII. Dienstleistungsfreiheit (Art. 56, 57 AEUV)

Ausgangsfall 1: *Herr Vestergaard* ist dänischer Wirtschaftsprüfer und nahm an einer steuerrechtlichen Fortbildungsveranstaltung auf Kreta teil, bei der alle Teilnehmer Dänen waren und die – in Zusammenarbeit mit einem Reisebüro – von einer dänischen Wirtschaftsprüfungssozietät organisiert wurde. Von dem siebentägigen Aufenthalt in Griechenland waren drei ganze und zwei halbe Tage der eigentlichen Veranstaltung gewidmet. Die Teilnahme-, Reise- und Aufenthaltskosten von *Herrn Vestergaard* in Höhe von rund 5000 DKK wurden von der *Bent Vestergaard A/S* übernommen. Seine Ehefrau nahm ebenfalls an der Reise teil und wandte dafür privat 3700 DKK auf. Das *Landsskatteret* (oberste Steuerbehörde) stellte fest, dass die Ausgaben für die Teilnahme an der Fortbildungsveranstaltung auf Kreta als zusätzliche Vergütung anzusehen seien, die die *Wirtschaftsprüfungsgesellschaft Bent Vestergaard A/S* ihm als ihrem einzigen Aktionär gewährt habe; deshalb seien sie nicht abzugsfähig. Das *Vestre Landsret* gab der Klage statt. Zu Recht?[235]

Ausgangsfall 2: Spielbankgewinne sind in Italien steuerfrei. Herr Blanco ist der Auffassung, dass diese Regelung wegen ihrer Unvereinbarkeit mit Art. 56 AEUV diskriminierend sei und daher seine in anderen Mitgliedstaaten erzielten Spielbankgewinne ebenso steuerfrei seien. Zu Recht?[236]

1. Vertragliche Regelungen

Die Art. 56 bis 62 AEUV regeln den freien Dienstleistungsverkehr innerhalb der Union. Die Dienstleistungsfreiheit umfasst die Möglichkeit, gegen Entgelt gewerbliche und berufliche Tätigkeiten grenzüberschreitend auszuüben. Zu unterscheiden sind die **aktive Dienstleistungsfreiheit** (Leistungserbringung; Angebot) und die **passive Dienstleistungsfreiheit** (Entgegennahme; Nachfrage).[237] **140**

Nach Art. 56 AEUV sind **Beschränkungen des freien Dienstleistungsverkehrs** innerhalb der Gemeinschaft für Angehörige der Mitgliedstaaten, die in einem anderen Staat der Gemeinschaft als demjenigen des Leistungsempfängers ansässig sind, verboten. Dienstleistungen sind nach Art. 57 AEUV Leistungen, die in der Regel gegen Entgelt erbracht werden, soweit sie nicht den Vorschriften über den freien **141**

---

[234] EuGH v. 8.3.2001 C-397/98 und C-410/98 – *Metallgesellschaft,* EuGHE 2001, I-1727, Rz. 59.
[235] Nach EuGH v. 28.10.1999 C-55/98 – *Vestergaard,* EuGHE 1999, I-7641.
[236] Nach EuGH v. 22.10.2014 C–344/13 – *Blanco,* BeckRS 2014, 82225.
[237] *Ismer* in Herrmann/Heuer/Raupach, Einf ESt (8/2014), Rz. 470 f.

Waren- und Kapitalverkehr und über die Freizügigkeit der Personen unterliegen. Als Dienstleistungen gelten insbesondere:

- gewerbliche Tätigkeiten,
- kaufmännische Tätigkeiten,
- handwerkliche Tätigkeiten,
- freiberufliche Tätigkeiten.

142 Unbeschadet des Kapitels über die Niederlassungsfreiheit kann der Leistende zwecks Erbringung seiner Leistungen seine Tätigkeit vorübergehend in dem Staat ausüben, in dem die Leistung erbracht wird, und zwar unter den Voraussetzungen, welche dieser Staat für seine eigenen Angehörigen vorschreibt.

Für den freien Dienstleistungsverkehr auf dem Gebiet des Verkehrs gelten die Bestimmungen des Titels über den Verkehr; die Liberalisierung der mit dem Kapitalverkehr verbundenen Dienstleistungen der Banken und Versicherungen wird im Einklang mit der Liberalisierung des Kapitalverkehrs durchgeführt (Art. 58 AEUV).

143 Der Rat erlässt mit qualifizierter Mehrheit auf Vorschlag der Kommission und nach Anhörung des Wirtschafts- und Sozialausschusses und des Europäischen Parlaments **Richtlinien zur Liberalisierung einer bestimmten Dienstleistung.** Bei diesen Richtlinien sind im Allgemeinen mit Vorrang diejenigen Dienstleistungen zu berücksichtigen, welche die Produktionskosten unmittelbar beeinflussen oder deren Liberalisierung zur Förderung des Warenverkehrs beiträgt (Art. 59 AEUV).

2. EuGH-Rechtsprechung

144 Zum Bereich der Dienstleistungsfreiheit hat der EuGH u. a. folgende Entscheidungen steuerrechtlichen Inhalts getroffen:

Rechtssache	Fundstelle	Gegenstand
EuGH v. 28.4.1998 C-118/96 – *Safir*	EuGHE 1998, I-1897	Steuerliche Erklärungs- und Nachweispflichten bei Durchführung eines Versicherungsverhältnisses mit ausländischem Versicherer
EuGH v. 26.10.1999 C-294/97 – *Eurowings*	EuGHE 1999, I-7447	Hinzurechnung der Hälfte der Leasingraten auf Gewerbeertrag und des Teilwertes beim Gewerbekapital beim Leasingnehmer
EuGH v. 28.10.1999 C-55/98 – *Vestergaard*	EuGHE 1999, I-7641	Höhere Anforderungen an Nachweis der beruflichen Veranlassung bei Fortbildung im Ausland
EuGH v. 25.10.2001 C-49/98 – *Finalarte*	EWS 2001, 592	Beitragspflicht zur Urlaubs- und Lohnausgleichskasse
EuGH v. 29.11.2001 C-17/00 – *Watermael-Boitsford*	EWS 2002, 83	Abgaben auf Parabolantennen
EuGH v. 3.10.2002 C-136/00 – *Danner*	EWS 2002, 523	Freiwillige Altersversicherung, Versicherung bei einer in einem anderen Mitgliedstaat niedergelassenen Gesellschaft, Ausschluss der Abzugsfähigkeit der Beiträge, Vereinbarkeit mit Art. 49 EG (jetzt Art. 56 AEUV)

Rechtssache	Fundstelle	Gegenstand
EuGH v. 4.3.2004 C-334/02 – *Frankreich*	EWS 2004, 190	Kapitalertragsteuer; direkte Steuern fallen zwar in die Zuständigkeit der Mitgliedstaaten; diese müssen aber ihre Befugnisse in diesem Bereich unter Wahrung des Gemeinschaftsrechts ausüben und deshalb jede offensichtliche oder versteckte Diskriminierung aufgrund der Staatsangehörigkeit unterlassen
EuGH v. 10.3.2005 C-39/04 – *Laboratoires Fournier SA*	IStR 2005, 312	Keine Beschränkung einer Steuervergünstigung auf inländische Forschungstätigkeiten
EuGH v. 15.2.2007 C-345/04 – *CELG*	DStRE 2007, 961	Keine Abhängigkeit der KSt-Erstattung von der Höhe der Betriebsausgaben (gg. § 50 V 4 Nr 3 EStG 1997)
EuGH v. 22.10.2014 C–344/13 – *Blanco*	BeckRS 2014, 82225	Gleichbehandlung von ausländischen Spielbankgewinnen

3. Konkretisierung

a) Strukturelle Nähe der Dienstleistungsfreiheit zur Warenverkehrsfreiheit

Die Dienstleistungsfreiheit ist sowohl Produkt- als auch Personenfreiheit (Zwitterstellung); sie besitzt jedoch größere strukturelle Nähe zur Warenverkehrsfreiheit als zur Arbeitnehmerfreizügigkeit und zur Niederlassungsfreiheit.[238] Waren sind eine spezielle Form von Dienstleistungen; in ähnlicher Weise unterscheidet das UStG zwischen Lieferungen und sonstigen Leistungen. Die Dienstleistungsfreiheit dient dem **Schutz der ungehinderten grenzüberschreitenden Erbringung von Dienstleistungen,** und zwar als Anbieter und als Empfänger von Dienstleistungen. Eine Beschränkung ist nur durch zwingende Gründe gerechtfertigt (z. B. Sicherung einer qualitativ hochwertigen Krankenhausversorgung).[239]   **145**

Die Vorschriften über den freien Dienstleistungsverkehr beziehen sich, zumindest wenn die Erbringung der Leistung mit einem Ortswechsel des Leistungserbringers verbunden ist, auf die Situation desjenigen, der sich von einem Mitgliedstaat in einen anderen begibt, nicht um sich dort niederzulassen, sondern um dort eine Tätigkeit vorübergehend auszuüben. Der **vorübergehende Charakter** einer Dienstleistung ist unter Berücksichtigung ihrer Dauer, ihrer Häufigkeit, ihrer regelmäßigen Wiederkehr und ihrer Kontinuität zu beurteilen. Er schließt nicht die Möglichkeit für den Dienstleistungserbringer im Sinne des Vertrags aus, sich im Aufnahmemitgliedstaat mit der Infrastruktur einschließlich eines Büros, einer Praxis oder einer Kanzlei auszustatten, die für die Erbringung seiner Leistung erforderlich ist.[240]   **146**

Einen steuerrechtlichen Bezug erlangt die Dienstleistungsfreiheit dadurch, dass steuerrechtliche Belastungen an die Erbringung von Dienstleistungen im Ausland   **147**

---

[238] *Forsthoff* EWS 2001, 59, 61.
[239] EuGH v. 12.7.2001 C-157/99, EWS 2001, 377.
[240] EuGH v. 30.11.1995 C-55/94, EuGHE 1995, I-4165.

anknüpfen, etwa wenn Aufwendungen für Auslandsreisen nicht als Erwerbsaufwendungen abgezogen werden dürfen oder wenn die Aufwendungen für den Besuch ausländischer Schulen vom Sonderausgabenabzug abgeschnitten sind.

b) Unzulässige Beschränkungen

148 Eingriffe in die Dienstleistungsfreiheit sind in ganz unterschiedlichen Sachzusam-
menhängen möglich. So steht Art. 56 AEUV **Abgaben auf Parabolantennen**, wie sie
der Gemeinderat von Watermael-Boitsfort, Belgien, erlassen hatte, entgegen, da der
Zugang zu Fernsehsendungen aus anderen Mitgliedsländern behindert werde.[241]

> Die Einführung einer Abgabe auf Parabolantennen bewirkt, dass der Empfang über Satellit aus-
> gestrahlter Fernsehsendungen mit einer Belastung belegt wird, die für per Kabel übertragene Sen-
> dungen nicht gilt, da der Kabelempfang keiner entsprechenden Abgabe zu Lasten des Empfängers
> unterliegt. Wie die Kommission ausgeführt hat, sind andere, den freien Dienstleistungsverkehr
> weniger beschränkende Mittel als die im Ausgangsverfahren in Rede stehende Abgabe für die Er-
> reichung eines derartigen Zweckes des Schutzes der städtischen Umwelt denkbar, so z. B. der Erlass
> von Bestimmungen über die Größe der Antennen, über den Ort und die Einzelheiten ihrer An-
> bringung am Gebäude oder in dessen Umgebung oder über die Benutzung von Gemeinschafts-
> antennen.

149 Eine nationale Regelung, die die Erstattung der **Kosten für Zahnbehandlung**
durch einen Zahnarzt in einem anderen Mitgliedstaat nach den Tarifen des Ver-
sicherungsstaats von der **Genehmigung des Trägers der sozialen Sicherheit des
Versicherten** abhängig macht, verstößt gegen die Art. 56 und 57 AEUV.[242]

> Diese Fragen stellten sich in einem Rechtsstreit zwischen dem Kläger *Raymond Kohll*, einem lu-
> xemburgischen Staatsangehörigen, und seiner Krankenkasse, der Union des *Caisses de maladie*
> (UCM). Es ging um den Antrag eines in Luxemburg niedergelassenen Arztes, der minderjährigen
> Tochter des Klägers eine Zahnregulierung bei einem Zahnarzt in Trier (Deutschland) zu genehmi-
> gen. Dieser Antrag wurde abgelehnt; die Behandlung sei zum einen nicht dringend und könne zum
> anderen in Luxemburg erbracht werden. Der Kläger legte gegen das Urteil des *Conseil supérieur
> des assurances sociales* Kassationsbeschwerde ein. Die *Cour de cassation* stellte fest, dass diese Rüge
> eine Frage der Auslegung des Unionsrechts aufwerfe, setzte das Verfahren aus und legte es dem
> EuGH zur Vorabentscheidung vor. Der EuGH entschied: Eine nationale Regelung, die die Erstat-
> tung der Kosten für Zahnbehandlung durch einen Zahnarzt in einem anderen Mitgliedstaat nach
> den Tarifen des Versicherungsstaats von der Genehmigung des Trägers der sozialen Sicherheit des
> Versicherten abhängig mache, verstoße gegen Art. 49 und 50 EG (jetzt Art. 56 und 57 AEUV).

150 Die **Anmietung von Wirtschaftsgütern** aus dem Ausland darf nicht zu erhöh-
ten steuerlichen Belastungen führen.[243] Eine Regelung, die einen steuerlichen Vorteil
(nur) den Unternehmen versagt, die Wirtschaftsgüter bei einem in einem anderen Mitgliedstaat ansässigen Vermietern mieten, bewirkt eine Ungleichbehandlung je nach
dem Sitz des Dienstleistenden und ist weder aus **Gründen der steuerlichen Kohärenz,** noch durch den Umstand gerechtfertigt, dass der in einem anderen Mitgliedstaat ansässige Vermieter möglicherweise einer geringeren steuerlichen Belastung
unterliegt.

151 Auch die **Aufnahme von Darlehen im Ausland** darf keine negativen Folgen
nach sich ziehen.[244] Die Eheleute *Svensson und Gustavsson*, schwedische Staatsangehörige mit Wohnsitz in Luxemburg, hatten bei einer belgischen Bank ein Darlehen zur Finanzierung ihres Einfamilienhauses aufgenommen. Luxemburg verweigerte eine Zinsvergünstigung zu Gunsten unterhaltsberechtigter Kinder, weil das

---

[241] EuGH v. 29.11.2001 C-17/00, EWS 2002, 83.
[242] EuGH v. 28.4.1998 C-158/96 – *Kohll*, EuGHE 1998, I-1931.
[243] EuGH v. 26.10.1999 C-294/97 – *Eurowings*, BStBl. II 1999, 851.
[244] EuGH v. 14.11.1995 C-484/93 – *Svensson und Gustavsson*, EuGHE 1995, I-3971.

Darlehen in Belgien aufgenommen war. Der EuGH sah darin einen Verstoß gegen die Freiheit, Dienste ausländischer Banken in Anspruch zu nehmen.

In einem anderen Fall wurde in Schweden auf **Beitragsleistungen an auslän-** **152** **dische Versicherer** eine Steuer erhoben, da das Kapital schwedischer Lebensversicherungen pauschal besteuert wird und die Erträge steuerfrei sind.[245]

Frau Safir, die Anfang 1995 bei der britischen Gesellschaft *Skandia Life* eine Kapitallebensversicherung abgeschlossen hatte, beantragte bei dem Finanzamt gem. § 5 des Premieskattelag die (bei inländischen Gesellschaften mögliche) Befreiung von der sog. Prämienbesteuerung.

Der EuGH entschied, dass Art. 49 EG (jetzt Art. 56 AEUV) die Anwendung einer Regelung durch einen Mitgliedstaat verbiete, die Kapitallebensversicherungen einer unterschiedlichen Besteuerung unterwerfe, je nachdem ob die Gesellschaften, bei denen sie abgeschlossen worden seien, in diesem Mitgliedstaat niedergelassen seien oder nicht; eine solche Regelung weise eine Reihe von Faktoren auf, die geeignet seien, Versicherungsnehmer davon abzuhalten, Kapitallebensversicherungen bei in anderen Mitgliedstaaten niedergelassenen Versicherungsgesellschaften abzuschließen, und Versicherungsgesellschaften davon abzuhalten, ihre Dienste auf dem Markt dieses Mitgliedstaats anzubieten.

c) Zulässige Beschränkungen

Für die Zulassung der Seekabotage (Küstenschifffahrt; Verkehr zwischen Inseln) **153** ist eine **Genehmigungspflicht** erlaubt, sofern objektive und nicht diskriminierende Kriterien angewandt werden.[246]

Streitig war, ob die Erbringung von Inselkabotagediensten durch Unternehmen, die Seeverkehrslinien betreiben, von einer vorherigen behördlichen Genehmigung abhängig gemacht werden durften und ob diese wiederum davon abhängig gemacht werden durfte, dass den Zahlungsverpflichtungen in Bezug auf Steuern und Sozialabgaben nachgekommen worden war.

Nach ständiger Rechtsprechung verlangt der freie Dienstleistungsverkehr nicht nur die Beseitigung jeder Diskriminierung des in einem anderen Mitgliedstaat ansässigen Dienstleistenden auf Grund seiner Staatsangehörigkeit, sondern auch die Aufhebung aller Beschränkungen – selbst wenn sie unterschiedslos für inländische Dienstleistende wie für solche aus anderen Mitgliedstaaten gelten –, sofern sie geeignet sind, die Tätigkeiten des Dienstleistenden, der in einem anderen Mitgliedstaat ansässig ist und dort rechtmäßig ähnliche Dienstleistungen erbringt, zu unterbinden, zu behindern oder weniger attraktiv zu machen. Allerdings kann die Einführung vorheriger behördlicher Genehmigungen als Mittel zur Auferlegung **gemeinwirt-** **schaftlicher Verpflichtungen** gerechtfertigt sein.

Die **Beitragspflicht zur Urlaubs- und Lohnausgleichskasse** der Bauwirtschaft **154** ist nicht zu beanstanden, sofern ein wirklicher Schutz besteht.[247]

Die in Deutschland ansässigen Arbeitgeber zahlen an die Kasse Beiträge in Höhe von 14,45 vH ihrer Bruttolohnsumme. Sie erwerben im Gegenzug insbesondere Ansprüche auf volle oder teilweise Erstattung der Leistungen, die sie in Form von Urlaubsentgelt und zusätzlichem Urlaubsgeld an die Arbeitnehmer erbracht haben.

Der freie Dienstleistungsverkehr darf nur durch Regelungen beschränkt werden, die durch zwingende Gründe des Allgemeininteresses gerechtfertigt sind und für alle im Hoheitsgebiet des Aufnahmemitgliedstaats tätigen Personen oder Unter-

---

[245] EuGH v. 28.4.1998 C-118/96 – *Safir,* EuGHE 1998 I-1897.
[246] EuGH v. 20.2.2001 C-205/99, EWS 2002, 597.
[247] EuGH v. 25.10.2001 C-49/98, EWS 2001, 592.

nehmen gelten, soweit dieses Interesse nicht durch die Vorschriften geschützt wird, denen der Dienstleistende in dem Mitgliedstaat unterliegt, in dem er ansässig ist. Zu den bereits vom Gerichtshof anerkannten zwingenden Gründen des Allgemeininteresses gehört unter anderem der Schutz der Arbeitnehmer.

Die Regelung ist zulässig, sofern zum einen die Arbeitnehmer nach den Rechtsvorschriften des Niederlassungsmitgliedstaats ihres Arbeitgebers keinen im Wesentlichen vergleichbaren Schutz genießen, so dass die Anwendung der nationalen Regelung des ersten Mitgliedstaats ihnen einen tatsächlichen Vorteil verschafft, der deutlich zu ihrem sozialen Schutz beiträgt, und zum anderen die Anwendung dieser Regelung des ersten Mitgliedstaats im Hinblick auf das verfolgte im Allgemeininteresse liegende Ziel verhältnismäßig ist.

155 Nach Auffassung des EuGH kann die Erstattung von im **Ausland entstandenen Krankheitskosten** von einer vorherigen Genehmigung abhängig gemacht werden;[248] eine Beschränkung der Dienstleistungsfreiheit ist durch zwingende Gründe gerechtfertigt (Sicherung einer qualitativ hochwertigen Krankenhausversorgung; Kostenbeherrschung).

Frau Smits aus den Niederlanden begehrte die Erstattung von Kosten für Krankenhauspflege, die in Deutschland und in Österreich entstanden sind. Die Ablehnung wurde damit begründet, dass eine ausreichende und angemessene Behandlung der Parkinsonschen Krankheit in den Niederlanden verfügbar sei und daher keine medizinische Notwendigkeit für eine Behandlung im Ausland bestehe.

Auch Krankenhausleistungen fallen in den Bereich des Art. 56 AEUV. Der Gerichtshof stellte klar, dass es den Mitgliedstaaten erlaubt ist, den freien Dienstleistungsverkehr im Bereich der ärztlichen und klinischen Versorgung einzuschränken, soweit die Erhaltung eines bestimmten Umfangs der medizinischen und pflegerischen Versorgung oder eines bestimmten Niveaus der Heilkunde im Inland für die Gesundheit oder gar das Überleben ihrer Bevölkerung erfordern.

156 **Lösung des Ausgangsfalls 1:** Dem Abzug von Kosten für eine steuerrechtliche Fortbildungsveranstaltung darf nicht entgegenstehen, dass sie im EU-Ausland stattfand. Die direkten Steuern fallen beim gegenwärtigen Stand der Entwicklung des Unionsrechts zwar in die Zuständigkeit der Mitgliedstaaten, diese haben ihre Befugnisse jedoch unter Wahrung des Unionsrechts auszuüben.[249]

157 Die Dienstleistungsfreiheit gebietet eine Gleichbehandlung von Urlaubsorten im Hinblick auf den Abzug von Erwerbsaufwendungen.[250] Art. 66 AEUV steht der Regelung eines Mitgliedstaats entgegen, wonach für die Bestimmung des zu versteuernden Einkommens vermutet wird, dass Fortbildungsveranstaltungen an üblichen Urlaubsorten in anderen Mitgliedstaaten in so erheblichem Umfang Urlaubszwecken dienen, dass die Ausgaben für die Teilnahme an diesen Veranstaltungen nicht als berufliche Aufwendungen abzugsfähig sind, während für Fortbildungsveranstaltungen an üblichen Urlaubsorten in dem betreffenden Mitgliedstaat eine solche Vermutung nicht gilt. Die Regelung eines Mitgliedstaats, die den steuerlichen Abzug von Ausgaben für die Teilnahme an Fortbildungsveranstaltungen im Ausland schwieriger macht als den von Ausgaben für solche Veranstaltungen in dem betreffenden Mitgliedstaat, enthält eine nach Art. 66 AEUV verbotene Ungleichbehandlung.

158 Diese Ungleichbehandlung ist weder durch die Notwendigkeit, die Kohärenz eines Steuersystems zu wahren, noch durch die Wirksamkeit der Steuerkontrollen gerechtfertigt, die nach den Urteilen vom 28.1.1992 in der Rechtssache C-204/90[251] und vom 15.5.1997 in der Rechtssache C-250/95[252] als mögliche Rechtfertigungsgründe für Regelungen anerkannt worden sind, die die vom Vertrag gewährleisteten Grundfreiheiten einschränken können.

---

[248] EuGH v. 12.7.2001 C-157/99, EWS 2001, 377.
[249] EuGH, Urteil vom 12. Juli 2012 C-269/09, EWS 2012, 335.
[250] EuGH v. 28.10.1999 C-55/98 – *Vestergaard*, EuGHE 1999, I-7641.
[251] EuGH v. 28.1.1992 C-204/90 – *Bachmann*, EuGHE 1992, I-249.
[252] EuGH v. 15.5.1997 C-250/95 – *Futura Participations und Singer*, EuGHE 1992, I-2471.

Lösung des Ausgangsfalls 2:   159

Durch die Besteuerung von Gewinnen bei Glücksspielen in anderen Mitgliedstaaten und die Steuerbefreiung solcher Gewinne, wenn sie aus dem Inland stammen, beschränken italienische Rechtsvorschriften die Dienstleistungsfreiheit.[253]

Der EuGH betont, dass die italienischen Vorschriften durch die Befreiung nur der aus Glücksspielen in Italien stammenden Gewinne von der Einkommensteuer eine unterschiedliche Steuerregelung geschaffen haben, je nachdem, ob die Gewinne aus Italien oder anderen Mitgliedstaaten stammen. Eine solche steuerliche Ungleichbehandlung halte Spieler davon ab, sich in andere Mitgliedstaaten zu begeben und dort an Glücksspielen teilzunehmen. Eine diskriminierende Beschränkung könne nur dann gerechtfertigt werden, wenn sie Ziele der öffentlichen Ordnung, Sicherheit und Gesundheit verfolge. Doch dürften die Behörden eines Mitgliedstaats nicht allgemein und unterschiedslos davon ausgehen, dass Einrichtungen, die in anderen Mitgliedstaaten ansässig seien, kriminelle Handlungen begehen würden.

einstweilen frei   160–169

VIII. Kapitalverkehrsfreiheit (Art. 63 AEUV)

Ausgangsfall: In Polen sieht das Körperschaftsteuergesetz unter anderem eine Steuerbefreiung für Investmentfonds vor. Um in den Genuss dieser Steuerbefreiung kommen zu können, müssen die Fonds jedoch ihren Sitz in Polen haben. Die Emerging Markets Series of DFA Investment Trust Company, ein amerikanischer Investmentfonds, zu dessen Tätigkeit unter anderem der Erwerb von Beteiligungen an polnischen Gesellschaften gehört, hatte im Jahr 2010 bei der polnischen Finanzverwaltung die Erstattung einer Überzahlung der für die Steuerjahre 2005 und 2006 entrichteten pauschalen Körperschaftsteuer beantragt. Diese Steuer war in Höhe von 15 vH auf die Dividenden erhoben worden, die die in Polen ansässigen Gesellschaften an den Investmentfonds gezahlt hatten.

1. Vertragliche Regelungen

Die Kapitalverkehrsfreiheit (Art. 63 AEUV) schützt vor Diskriminierungen und   170
Beschränkungen beim **Transfer von Vermögenswerten zu Investitionszwecken** (Kapitalverkehr, z.B. auch Schenkung eines Landguts)[254] und vor Beschränkungen beim **Transfer von Geld** (Zahlungsverkehr).[255] Die freie Verfügbarkeit von Kapital- und Zahlungsmitteln ist unerlässliche Voraussetzung für die Verwirklichung der Wirtschafts- und Währungsunion. Der **Kapitalverkehr** umfasst die einseitige grenzüberschreitende Übertragung von Werten in Form von Sachkapital oder Geldkapital (Wertpapiere, Kredite, Bürgschaften). Der **Zahlungsverkehr** besteht in der grenzüberschreitenden Übertragung von Zahlungsmitteln (bar oder bargeldlos) als Vergütung für eine im Rahmen des freien Waren- und Dienstleistungsverkehrs erbrachte Leistung.[256]

Nach Art. 63 AEUV sind alle Beschränkungen des Kapitalverkehrs und des Zah-   171
lungsverkehrs zwischen den Mitgliedstaaten sowie zwischen den Mitgliedstaaten und dritten Ländern verboten.[257]

Art. 64 AEUV erlaubt **Ausnahmen im Kapitalverkehr mit Drittstaaten.** Das   172
Europäische Parlament und der Rat können **Maßnahmen für den Kapitalverkehr mit dritten Ländern** im Zusammenhang mit Direktinvestitionen einschließlich

---

[253] EuGH v. 22.10.2014 C–344/13 – *Blanco*, BeckRS 2014, 82225.

[254] EuGH v. 18.12.2014 C–133/13 – *Q,* IStR 2015, 104.

[255] *Reimer* in S/E, Rz. 7.87f.; *Ismer,* in Herrmann/Heuer/Raupach, Einf ESt (8/2014), Rz. 480f.

[256] *Fischer* Europarecht, 347. – Insbesondere zur sog. „erga-omnes-Wirkung" vgl. *Schwenke* IStR 2006, 748.

[257] *Laule* IFSt-Schrift Nr. 407 (2003), 71f. Einen Drittlandsfall betraf EuGH v. 10.5.2007 C–492/04 – *Lasertec,* IStR 2007, 439. Zu den Entwicklungen *Schönfeld* DB 2007, 80; *Dölker/Ribbrock* BB 2007, 1928.

Anlagen in Immobilien, mit der Niederlassung, der Erbringung von Finanzdienstleistungen oder der Zulassung von Wertpapieren zu den Kapitalmärkten beschließen (Art. 64 Abs. 2, 3 AEUV).

173 Art. 65 AEUV regelt den **Vorrang nationaler Beschränkungen.** Art. 63 AEUV berührt nicht das Recht der Mitgliedstaaten,

- die **einschlägigen Vorschriften ihres Steuerrechts** anzuwenden, die Steuerpflichtige mit unterschiedlichem Wohnort oder Kapitalanlageort unterschiedlich behandeln,
- die unerlässlichen Maßnahmen zu treffen, um **Zuwiderhandlungen** gegen innerstaatliche Rechts- und Verwaltungsvorschriften, insbesondere auf dem Gebiet des Steuerrechts und der Aufsicht über Finanzinstitute, **zu verhindern,** sowie Meldeverfahren für den Kapitalverkehr zwecks administrativer oder statistischer Information vorzusehen oder Maßnahmen zu ergreifen, die aus Gründen der öffentlichen Ordnung oder Sicherheit gerechtfertigt sind (Art. 65 Abs. 1 AEUV). Diese Maßnahmen und Verfahren dürfen weder ein Mittel zur willkürlichen Diskriminierung noch eine verschleierte Beschränkung des freien Kapital- und Zahlungsverkehrs im Sinne des Art. 63 darstellen.

174 Nach Art. 66 AEUV (kurzfristige Schutzmaßnahmen) und 75 AEUV (Terrorismusfinanzierung) kann der Rat Schutzmaßnahmen ergreifen, falls Kapitalbewegungen nach oder aus dritten Ländern unter außergewöhnlichen Umständen das Funktionieren der Wirtschafts- und Währungsunion schwerwiegend stören oder zu stören drohen oder falls ein Tätigwerden der Gemeinschaft in den in Art. 215 AEUV vorgesehenen Fällen (Wirtschaftsembargo) für erforderlich erachtet wird.

2. EuGH-Rechtsprechung

175 Folgende wichtige Entscheidungen sind aus dem Bereich des Steuerrechts zur Kapitalverkehrsfreiheit ergangen:

Rechtssache	Fundstelle	Gegenstand
EuGH v. EuGH v. 26.9.2000 C-478/98 – *Kommission ./. Belgien*	EuGHE 2000, I-7587	Befreiung von der Schenkungsteuer bezüglich eines kulturhistorischen Erbes im EU-Ausland
EuGH v. 10.5.2007 C-492/04 – *Lasertec*	IStR 2007, 439	Vorrang der Niederlassungsfreiheit
EuGH v. 10.4.2014 C-190/12 – *DFA Investment Trust Company*	IStR 2014, 334	Keine Steuerbefreiung von Dividenden, die von in diesem Mitgliedstaat ansässigen Gesellschaften an einen Investmentfonds ausgeschüttet werden, der in einem Drittstaat ansässig ist
EuGH v. 22.10.2014 C–344/13 – *Blanco*	BeckRS 2014, 82225	Besteuerung von Gewinnen bei Glücksspielen in Spielkasinos in anderen Mitgliedstaaten
EuGH v. 18.12.2014 C–133/13 – *Q*	IStR 2015, 104	Keine Steuerbefreiung im Fall eines in einem anderen Mitgliedstaat belegenen Landguts
EuGH v. 17.9.2015 C-10/14 ua – *Miljoen*	IStR 2015, 921	Versagung der Steuerabzugserstattung für Gebietsfremde EU-rechtswidrig

3. Konkretisierung

Die Kapitalverkehrsfreiheit ist **notwendiger Teil und Ergänzung der anderen** 176
Wirtschaftsfreiheiten. So dürfen z.B. die Aufnahme eines Darlehens im Ausland oder der Erwerb ausländischer Papiere nicht erschwert werden.

Art. 63ff. AEUV untersagen alle Beschränkungen des Zahlungsverkehrs. Allerdings stellte Art. 65 Abs. 1 AEUV klar, dass die einschlägigen Vorschriften des nationalen Steuerrechts angewendet werden dürfen, die Steuerpflichtige mit unterschiedlichem Wohnort oder Kapitalanlageort unterschiedlich behandeln; danach führen z.B. die Vorschriften über die **beschränkte Steuerpflicht** nicht zu einer Verletzung der Kapitalverkehrsfreiheit.

Auch die Stempelsteuer auf Aktientransaktionen, so anachronistisch sie sein mag, 177
ist mit EU-Recht vereinbar, da eine Diskriminierung von In- und Ausländern nicht stattfindet.

Frankfurter Allgemeine Zeitung v. 19.6.2002, S. 26

London: Kritik an der Stempelsteuer

chs. LONDON, 18. Juni. Die Vereinigten Staaten haben sie auf ein Minimum reduziert, Italien und Deutschland schafften sie ab, nur die Schweiz und Großbritannien halten daran fest: Die Stempelsteuer auf Aktientransaktionen gilt in Finanzkreisen weithin als Anachronismus. Ausgerechnet am größten Finanzplatz Europas, in London, hält sie sich besonders hartnäckig. Das Institute for Fiscal Studies (IFS), ein renommiertes britisches Forschungsinstitut, hat gerade auf die Nachteile durch die Steuerbelastung hingewiesen. Sie begrenze den Umsatz am Aktienmarkt, drücke so die Kurse und verstärke im allgemeinen die Ineffizienzen in einer Volkswirtschaft, weil Ressourcen fehlgeleitet würden. Ohne Stempelsteuer könnte der Aktienumsatz an der Londoner Börse um 40 Prozent höher sein, hat das IFS geschätzt. Wenn der Fiskus nicht auf die Steuereinnahmen verzichten könne, wäre es sinnvoller, die Körperschaftsteuer zu erhöhen. Diese treffe nur die Gewinne von Unternehmen und nicht das gesamte Aktienkapital, das auch einbehaltene Gewinne und damit Investitionsmittel widerspiegele.

Die Stempelsteuer geht auf das siebzehnte Jahrhundert zurück und hat ursprünglich verschiedene Rechtsdokumente erfasst, die einen offiziellen Stempel erhielten. Bis heute hält sich die Steuer häufig auch als Abgabe auf Immobilientransaktionen. Die britische Stempelsteuer auf Aktien wird bei allen Geschäften mit Anteilen von Unternehmen erhoben, die britischem Recht unterliegen, etwa durch die Notierung an der London Stock Exchange. Sie beträgt **0,5 Prozent des Transaktionswertes** und nimmt einen bedeutenden Anteil an den gesamten Transaktionskosten bei Aktiengeschäften ein, die das IFS auf 1 bis 3 Prozent schätzt. Im Finanzjahr 2000/2001 brachte die Stempelsteuer dem britischen Staat Einnahmen in Höhe von 4,5 Milliarden Pfund (knapp **7 Milliarden Euro**). Nach Schätzungen des IFS durften diese aufgrund der Kurseinbrüche auf 3 Milliarden Pfund gesunken sein. Die London Stock Exchange kämpft seit langem für die Abschaffung der Stempelsteuer. Ihr Chairman Don Cruickshank weist darauf hin, dass die Abgabe auch die Übernahme britischer Unternehmen durch ausländische Unternehmen begünstige. Denn in Bietgefechten hätten diese den Vorteil, dass die Kapitalkosten ihrer Aktionäre nach der Übernahme niedriger seien, weil diese im Ausland nicht einer Stempelsteuer unterliegen. Das Finanzministerium indes zeigt bisher kein offenes Ohr für die Klagen. Ein Sprecher beharrt darauf, dass es keine Belege für eine Benachteiligung britischer Unternehmen gebe.

Das an Angehörige eines Mitgliedstaates gerichtete **Verbot, Papiere einer Aus-** 178
landsanleihe zu erwerben, stellt eine nach Art. 63 AEUV verbotene Beschränkung des freien Kapitalverkehrs dar.[258]

Die Kommission hatte Klage auf Feststellung erhoben, dass das Königreich Belgien dadurch gegen seine Verpflichtungen aus Art. 56 EG (jetzt Art. 63 AEUV) verstoßen habe, indem es in Belgien ansässigen Personen den Erwerb von Papieren einer Auslandsanleihe untersagt habe. Auf der

---

[258] EuGH v. 26.9.2000 C-478/98 – *Kommission ./. Belgien*, EuGHE 2000, I-7587.

Grundlage eines Königlichen Erlasses vom 4.10.1994 nahm der belgische Finanzminister auf dem Euroanleihenmarkt eine öffentliche Anleihe in Höhe von einer Milliarde DM auf. Art. 3 des Königlichen Erlasses sieht vor: Von der Quellenbesteuerung der mit dieser Anleihe zusammenhängenden Zinsen wird abgesehen. Die Zeichnung durch in Belgien ansässige Personen ist unzulässig. Durch den Ausschluss von in Belgien ansässigen natürlichen Personen von der Zeichnung der in DM begebenen öffentlichen Anleihe verhindere die fragliche Maßnahme, dass diese Personen die Steuer in Belgien hinterzögen, indem sie die erhaltenen Zinsen nicht deklarierten.

179   Eine solche Maßnahme, die der Staat als Träger öffentlicher Gewalt getroffen hat, kann nicht durch die Notwendigkeit der Wahrung der steuerlichen Kohärenz gerechtfertigt werden, soweit kein unmittelbarer Zusammenhang zwischen einem Steuervorteil und einem Steuernachteil besteht. Außerdem kann eine solche Maßnahme nicht gem. Art. 65 Abs. 1 Buchst. b AEUV durch die Notwendigkeit, eine Steuerhinterziehung zu verhindern und die **Wirksamkeit der Steueraufsicht** sicherzustellen, gerechtfertigt werden, da die allgemeine Annahme, dass eine Steuerhinterziehung oder Steuerumgehung stattfinden werde, keine Steuermaßnahme rechtfertigen kann, die in dem absoluten Verbot besteht, die durch Art. 63 AEUV garantierte Grundfreiheit wahrzunehmen.

180   Ebenso hat der EuGH eine Regelung, nach der ein Darlehen, das eine natürliche oder juristische Person, die im Inland ansässig ist, im Ausland aufnimmt, ohne dass darüber eine Urkunde errichtet wird, und das in die Bücher und Aufzeichnungen des Darlehensnehmers aufgenommen wird, einer „**Rechtsgeschäftsgebühr**" unterliegt, für mit dem Unionsrecht nicht vereinbar gehalten.[259]

181   In einem Rechtsstreit der *Sandoz GmbH* mit Sitz in Wien gegen die Finanzlandesdirektion ging es um die Vereinbarkeit einer nationalen Regelung mit dem Unionsrecht, die es der Steuerverwaltung ermöglichte, eine Gebühr in Höhe von 0,8 vH des Wertes eines Darlehens zu erheben, das ein gebietsansässiger Darlehensnehmer bei einem gebietsfremden Darlehensgeber aufnahm.
    Am 20.1.1995 nahm die *Sandoz GmbH* bei der *Sandoz Management Services SA* mit Sitz in Brüssel ein Darlehen in Höhe von 220 Millionen ATS auf. Über dieses Darlehen wurde keine Urkunde errichtet, die Beschwerdeführerin nahm es jedoch in ihre Bücher auf. Mit Bescheid vom 18.12.1995 verlangte die Finanzlandesdirektion von der GmbH gem. § 33 TP 8 Abs. 4 Satz 1 GebG die Entrichtung einer Rechtsgeschäftsgebühr auf Grund einer Ersatzbeurkundung in Höhe von 0,8 vH des Darlehensbetrags.
    § 33 TP 8 Abs. 4 Satz 1 GebG solle gewährleisten, dass Darlehen, die an Gebietsansässige in Österreich vergeben würden, der gleichen steuerlichen Belastung unterlägen, unabhängig davon, ob sie von in Österreich oder von in einem anderen Mitgliedstaat ansässigen Darlehensgebern gewährt würden. Andernfalls wäre es bei Darlehen von nicht in Österreich gebietsansässigen Darlehensgebern, wenn die Urkunden über solche Darlehen im Ausland ausgestellt und beim Darlehensgeber verblieben, möglich, dass der Darlehensnehmer im Inland keine Gebühren zu entrichten hätte. Im Interesse der Gleichmäßigkeit der Besteuerung von Darlehensnehmern sei deshalb der Tatbestand der Ersatzbeurkundung in das GebG aufgenommen worden.

182   Eine solche Bestimmung enthält – so der EuGH – eine **Diskriminierung auf Grund des Ortes des Abschlusses des Darlehensvertrags,** die geeignet ist, Gebietsansässige davon abzuschrecken, bei in anderen Mitgliedstaaten ansässigen Personen Darlehen aufzunehmen, und stellt daher eine Beschränkung des Kapitalverkehrs dar. Sie kann weder mit der Notwendigkeit gerechtfertigt werden, die Gleichmäßigkeit der Besteuerung gebietsansässiger Personen zu gewährleisten, da eine diskriminierende Unterscheidung zwischen Gebietsansässigen diesem Zweck zuwiderliefe, noch mit dem Zweck, von gebietsansässigen Darlehensnehmern begangene Abgabenhinterziehungen zu bekämpfen.

183   In dem Urteil vom 15.7.2004[260] hielt der EuGH die österreichische Besteuerung von Auslandsdividenden für EU-widrig. Die Art. 56 und 58 EG (jetzt Art. 63 und 65 AEUV) stünden einer Regelung entgegen, die nur den Beziehern österreichischer Kapitalerträge erlaube, zwischen einer Endbesteuerung mit einem Steuersatz

[259] EuGH v. 14.10.1999 C-439/97 – *Sandoz*, EuGHE 1999, I-7041.
[260] EuGH v. 15.7.2004 C-315/02 – *Lenz*, DStRE 2005, 273.

von 25 vH und der normalen Einkommensteuer unter Anwendung eines Hälfte-steuersatzes zu wählen, während sie vorsehe, dass Kapitalerträge aus einem anderen Mitgliedstaat zwingend der normalen Einkommensteuer ohne Ermäßigung des Steuersatzes unterlägen. Die Weigerung, den Beziehern von Kapitalerträgen aus einem anderen Mitgliedstaat dieselben Steuervorteile wie den Beziehern österreichischer Kapitalerträge zu gewähren, lasse sich nicht damit rechtfertigen, dass die Einkünfte der in einem anderen Mitgliedstaat ansässigen Gesellschaften dort einem niedrigen Besteuerungsniveau unterlägen.

Lösung des Ausgangsfalls: Ein Mitgliedstaat darf Dividenden, die von gebietsansässigen Gesell- **184** schaften an einen in einem Drittstaat ansässigen Investmentfonds ausgeschüttet werden, nicht von einer Steuerbefreiung ausschließen, wenn zwischen beiden Staaten eine wechselseitige Verpflichtung zur Amtshilfe besteht. Es ist jedoch Sache des nationalen Gerichts zu prüfen, ob das vertraglich vereinbarte Verfahren zum Informationsaustausch den Steuerbehörden eine Überprüfung der vom Investmentfonds zur Verfügung gestellten Informationen ermöglicht.[261]
Art. 65 AEUV, nach dem die Mitgliedstaaten Steuerpflichtige mit unterschiedlichem Wohnort oder Kapitalanlageort unterschiedlich behandeln dürfen, sei eine Ausnahme vom Grundprinzip des freien Kapitalverkehrs und daher eng auszulegen. Eine nationale Steuerregelung könne nur dann als mit den Vertragsbestimmungen über den freien Kapitalverkehr vereinbar angesehen werden, wenn die Ungleichbehandlung Situationen betreffe, die nicht objektiv miteinander vergleichbar seien, oder durch einen zwingenden Grund des Allgemeininteresses gerechtfertigt seien.
Mit der Notwendigkeit, die Wirksamkeit steuerlicher Kontrollen zu gewährleisten, lasse sich eine Beschränkung nur rechtfertigen, wenn nach der Regelung eines Mitgliedstaats die Gewährung eines Steuervorteils von der Erfüllung von Bedingungen abhänge, deren Einhaltung nur durch Einholung von Auskünften bei den zuständigen Behörden eines Drittstaats nachgeprüft werden könne, und es sich wegen des Fehlens einer vertraglichen Verpflichtung des Drittstaats zur Auskunftserteilung als unmöglich erweise, die Auskünfte von diesem Staat zu erhalten. – In Bezug auf die Notwendigkeit, die Kohärenz des Steuersystems zu wahren, könne eine darauf gestützte Rechtfertigung nur Erfolg haben kann, wenn ein unmittelbarer Zusammenhang zwischen dem betreffenden steuerlichen Vorteil und dessen Ausgleich durch eine bestimmte steuerliche Belastung bestehe; dabei müsse die Unmittelbarkeit dieses Zusammenhangs im Hinblick auf das Ziel der fraglichen Regelung beurteilt werden. Mangels eines solchen unmittelbaren Zusammenhangs lasse sich jedoch die polnische nationale Regelung nicht mit der Notwendigkeit rechtfertigen, die Kohärenz des Steuersystems zu wahren. Hinsichtlich der Notwendigkeit, die Aufteilung der Besteuerungsbefugnis zu wahren und das Steueraufkommen zu sichern, könne sich ein Mitgliedstaat nicht auf die Notwendigkeit einer ausgewogenen Aufteilung der Steuerhoheit zwischen den Mitgliedstaaten berufen, um die Besteuerung der gebietsfremden Investmentfonds, die derartige Einkünfte haben, zu rechtfertigen.

Übersicht zu § 9: Grundfreiheiten

▶ Die Grundfreiheiten (Art. 45–66 AEUV) dienen der Durchsetzung des Binnenmarkt-Konzepts (Art. 3 EUV) und sollen insoweit existierende ungerechtfertigte Beschränkungen hinsichtlich des (freien) Waren-, Personen-, Dienstleistungs- und Kapitalverkehrs verhindern und beseitigen. Die einzelnen Freiheiten, die eine gemeinsame Wurzel haben, berühren unterschiedliche wirtschaftliche Sachbereiche; gemeinsam ist ihnen die Sicherung der Funktionsfähigkeit des Gemeinsamen Marktes.

▶ Der EuGH instrumentalisiert die Grundfreiheiten, indem er auch nicht harmonisiertes Recht (wie große Bereich des Steuerrechts) auf ihre Grundfreiheits-Vereinbarkeit prüft; die Grundfreiheiten bewirken dadurch eine indirekte Harmonisierung.

---

[261] EuGH v. 10.4.2014 C-190/12, IStR 2014, 334; zur EU-Widrigkeit von § 6 InvStG *Schönfeld* IStR 2015, 671.

- ▶ Da das Unionsrecht eine von den Rechtsordnungen der Mitgliedstaaten unabhängige Rechtsordnung mit unmittelbarer Geltung in den Mitgliedstaaten darstellt, haben die Grundfreiheiten unmittelbare innerstaatliche Wirksamkeit und genießen Anwendungsvorrang vor jedem nationalen Recht.
- ▶ Die Grundfreiheiten enthalten spezifische Diskriminierungs- *und* Beschränkungsverbote; sie schützen den EU-Ausländer (durch Gleichbehandlung mit dem EU-Inländer) und den EU-Inländer (durch den ungehinderten EU-Auslandszutritt). Die Grundfreiheiten in ihrer Ausgestaltung als (konvergierende) Diskriminierungs- und Beschränkungsverbote haben den umfassenden Schutz aller EU-Bürger zum Inhalt.
- ▶ Diskriminierungen und Beschränkungen können gerechtfertigt sein, wenn dies der EU-Vertrag ausdrücklich vorsieht (z.B. Art. 36 AEUV), aus zwingenden Gründen des Allgemeininteresses sowie nach Maßgabe des Grundsatzes der Verhältnismäßigkeit und der „rule of reason", die dazu berechtigt, „legitime Ziele" zu berücksichtigen.
- ▶ Zwingende Gründe des Allgemeininteresses sind im Steuerrecht die Verhinderung von Steuerumgehungen und Steuerhinterziehungen, die Gewährleistung von Maßnahmen der Steueraufsicht sowie Gründe der Kohärenz mit der nationalen Steuerrechtsordnung.
- ▶ Die Rechtfertigung durch Kohärenz bedeutet, dass die einzelne (Abzugs-) Norm nicht isoliert, sondern in ihrem (System-)Zusammenhang erfasst wird (wie etwa in den Fällen der sog. nachgelagerten Besteuerung).
- ▶ Unbeschadet besonderer Bestimmungen des Vertrags ist in seinem Anwendungsbereich jede Diskriminierung aus Gründen der Staatsangehörigkeit verboten (Art. 18 AEUV – allgemeines Diskriminierungsverbot).

2. Teil: Direkte Harmonisierung indirekter Steuern und konzernsteuerrechtlicher Regelungen

§ 10 Überblick

Ausgangsfall: Das deutsche Ehepaar Weigel siedelte aus beruflichen Gründen von Deutschland nach Österreich um und brachte als Übersiedlungsgut u. a. je einen Personenkraftwagen mit. Nach erfolgter Zulassung der Fahrzeuge in Österreich wurde ihnen vom zuständigen Finanzamt die österreichische Normverbrauchs-Grundabgabe (NoVA) auferlegt. Die daraufhin gegen diesen Bescheid angerufene Finanzlandesdirektion bestätigte die vom Finanzamt festgesetzte Verbrauchssteuer. Verstößt diese Verbrauchsteuer gegen EU-Recht?

Die in Art. 113 AEUV wegen ihrer besonderen „Binnenmarktrelevanz" gesondert **1** geregelte Harmonisierung der indirekten Steuern ist relativ weit fortgeschritten.[1] Nach Art. 113 AEUV erlässt der Rat die Bestimmungen zur **Harmonisierung** der Rechtsvorschriften über die **Umsatzsteuern, die Verbrauchsabgaben und sonstige indirekte Steuern,** soweit diese Harmonisierung notwendig ist.[2]

Unter dem Aspekt der Binnenmarktharmonisierung läge es an sich näher, zwischen den sog. Besitz- und den Verkehrsteuern zu differenzieren;[3] nur Letztere knüpfen speziell an Warenbewegungen an. Nicht die Erhebungsform (direkt – indirekt)[4] ist das entscheidende Kriterium, sondern das Element der Steueranknüpfung.[5]

Die Rechtsvorschriften über die nationalen **Umsatzsteuern** sind nach Maßgabe **2** diverser Richtlinien weitgehend harmonisiert. **Verbrauchsabgaben** werden auf ein Konsumgut erhoben, nach dem wirtschaftlichen Wert des Gegenstands berechnet und nur ein einziges Mal erhoben, z.B. auf Getränke, wie Bier, Wein, auf Kaffee, auf Tabakwaren).[6] Zu den **sonstigen indirekten Steuern** zählen z.B. die Verkehrssteuern, wie etwa die Spielbankabgabe, die Versicherungsteuer, die Stempelabgabe, die Grunderwerbsteuer, die Finanztransaktionssteuer. Auch zu diesen Steuerarten sind Richtlinien erlassen worden.[7]

Art. 114 Abs. 2 AEUV sieht ausdrücklich vor, dass das Gebot zur Rechtsanglei- **3** chung im Übrigen sich nicht auf die Bestimmungen über die Steuern bezieht. Allerdings ist die Kommission gem. Art. 116 AEUV berechtigt, zur Beseitigung vorhandener Wettbewerbsverzerrungen „in Beratungen einzutreten".

Die Harmonisierung der indirekten Steuern und der Verbrauchsteuern ist durch **4** die **Mehrwertsteuer-Richtlinien** und die **Verbrauchsteuer-Richtlinien** vorgenommen worden.[8] Die Gesellschaftsteuer-Richtlinie betrifft die indirekten Steuern auf die Ansammlung von Kapital, die Versicherungslinie die in einzelnen Ländern erhobenen Versicherungsteuern. Weiterer Harmonisierungsbedarf besteht auf dem Gebiet der **Energiebesteuerung.**

---

[1] *Englisch* in Tipke/Lang, Steuerrecht, § 4 Rz. 66; *Fehling* in S/E, Rz. 10.10.

[2] *Bieber/Epiney/Haag* Die Europäische Union, § 19 Rz. 10 f.

[3] Zu dieser Unterscheidung vgl. *Weber-Grellet* Steuern im modernen Verfassungsstaat, 71 ff.

[4] Die Unterscheidung geht bis in das 16. Jahrhundert (*Bodin*, 1576) zurück (vgl. *Mann* Steuerpolitische Ideale, 1937, 193).

[5] Vgl. die Abgrenzungsbemühungen bei *Cordewener* Grundfreiheiten, 6 f., der zwischen „produktbezogenen" indirekten, und „faktorbezogenen" direkten Steuern unterscheiden will.

[6] S. unten § 12.

[7] S. oben § 4, Rz. 16 ff.

[8] S. oben § 4 Rz. 16.

5   Richtlinien sind auch im Bereich des – internationalen – Konzernsteuerrechts erlassen worden, da hier ein besonderer Bedarf für einen freien und ungehinderten Binnenmarktzugang besteht.[9]

6   **Lösung des Ausgangsfalls:**[10] Anders als die Kommission meint, kann eine Verbrauchsabgabe wie die NoV-Grundabgabe nicht als mit der Einfuhr als solcher verbundene Abgabe angesehen werden. Denn wie sich aus einer Gesamtschau der Z.1 bis 4 des Art. 1 NOVAG ergibt, wird die NoVA nicht auf Grund der Einfuhr, sondern auf Grund der Erstzulassung im Inland erhoben, die nicht zwangsläufig mit einer Einfuhr verbunden ist. Demnach steht die Richtlinie 183/83 der Erhebung einer Abgabe wie der NoV-Grundabgabe aus einem Mitgliedstaat nicht entgegen, die sich auf Grund eines Arbeitsplatzwechsels in einem anderen Mitgliedstaat niederlässt und dabei ihr Kraftfahrzeug in den letztgenannten Staat einführt.

1. Es verstößt nicht gegen Art. 45 AEUV und 18 AEUV, wenn einer Privatperson aus einem Mitgliedstaat, die sich auf Grund eines Arbeitsplatzwechsels in einem anderen Mitgliedstaat niederlässt und dabei ihr Kraftfahrzeug in den letztgenannten Staat einführt, eine Verbrauchsteuer wie die im Ausgangsverfahren streitige Normverbrauchs-Grundabgabe auferlegt wird.

2. Eine Verbrauchsabgabe wie die im Ausgangsverfahren streitige Normverbrauchs-Grundabgabe ist eine inländische Abgabe, deren Vereinbarkeit mit dem Unionsrecht nicht anhand der Art. 28 und 30 AEUV, sondern anhand des Art. 110 AEUV zu prüfen ist.

3. Art. 110 AEUV ist dahin auszulegen, dass er einer Verbrauchsabgabe wie der im Ausgangsverfahren streitigen Normverbrauchs-Grundabgabe nicht entgegensteht, soweit deren Beträge den tatsächlichen Wertverlust der von einer Privatperson eingeführten gebrauchten Kraftfahrzeuge genau widerspiegeln und die Erreichung des Zieles ermöglichen, derartige Fahrzeuge so zu besteuern, dass auf keinen Fall der Betrag der Restabgabe überschritten wird, der im Wert gleichartiger, im Inland bereits zugelassener Gebrauchtfahrzeuge enthalten ist.

4. Art. 110 AEUV ist dahin auszulegen, dass er im Fall der Einfuhr eines Gebrauchtfahrzeugs aus einem anderen Mitgliedstaat durch eine Privatperson der Erhebung eines Zuschlags von 20 vH auf eine Abgabe mit den Merkmalen der im Ausgangsverfahren streitigen Normverbrauchs-Grundabgabe entgegensteht.

Übersicht zu § 10: Überblick – Direkte Harmonisierung indirekter Steuern und konzernsteuerrechtlicher Regelungen

▶ Die Rechtsvorschriften über die nationalen Umsatzsteuern sind nach Maßgabe diverser Richtlinien weitgehend harmonisiert.

▶ Verbrauchsabgaben werden auf ein Konsumgut erhoben, nach dem wirtschaftlichen Wert des Gegenstands berechnet und nur ein einziges Mal erhoben.

▶ Zu den sonstigen indirekten Steuern zählen z.B. die Verkehrsteuern, wie etwa die Spielbankabgabe, die Versicherungsteuer, die Stempelabgabe, die Grunderwerbsteuer, die Finanztransaktionssteuer.

---

[9] S. oben § 4 Rz. 19f.
[10] Nach EuGH v. 29.4.2004 C-387/01 – *Weigel*, EuGHE 2004, I-4981.

§ 11 Umsatzsteuerrecht

Ausgangsfall: 1989 erwarb der Kläger, der einen Handel mit gebrauchten Fahrzeugen betrieb, einen Wagen der Marke Bentley von einer Privatperson. Er konnte daher die Mehrwertsteuer nicht vom Kaufpreis (in Höhe von 28.000 EUR) abziehen. Der betreffende Wagen wurde für Zwecke der besteuerten Umsätze des Klägers erworben, nämlich zur Weiterveräußerung im Rahmen seiner beruflichen Tätigkeit. Der Kläger ließ an dem Bentley umfangreiche Karosserie- und Lackarbeiten durchführen. Die Rechnung für diese Arbeiten belief sich auf 10.800 EUR zzgl. 1512 EUR Mehrwertsteuer. Der Kläger machte die in der Rechnung ausgewiesene Mehrwertsteuer als Vorsteuer geltend. Zum 31.12.2012 gab der Kläger seinen Betrieb auf und übernahm den Bentley in sein Privatvermögen. Das FA beurteilte die Entnahme des Bentley als steuerbaren Eigenverbrauch. Als Besteuerungsgrundlage nahm es einen Teil des Wertes des Fahrzeugs an (10.000 EUR) und setzte die geschuldete Mehrwertsteuer auf 1400 EUR fest. Zu Recht?[1]

I. Grundlagen der Umsatzbesteuerung

Die Umsatzsteuer ist eine der ergiebigsten Steuerquellen; allein in Deutschland **1** beträgt ihr Anteil am gesamten Steueraufkommen ca. 30 vH.[2] Die Umsatzsteuer belastet den **Endverbraucher.**[3]

Der Unternehmer stellt die an das Finanzamt zu entrichtende Umsatzsteuer seinem Abnehmer in Rechnung. Die ihm selbst in Rechnung gestellte Umsatzsteuer lässt er sich als Vorsteuer vom Finanzamt erstatten. Die Bemessungsgrundlage der Umsatzsteuer ist weitgehend harmonisiert; Unterschiede bestehen im Wesentlichen nur noch in den Steuersätzen.[4] Nach dem sog. Verbrauchsteuerprinzip soll der Fiskus in den Genuß der Steuer kommen, in dessen Bereich der die Leistungsfähigkeit indizierende Verbrauch stattfindet (also in erster Linie in der Regel der Wohnsitz des Verbrauchers); das sog. Bestimmungslandprinzip (im Unterschied zum Ursprungslandprinzip) entspricht daher dem Verbrauchsteuergedanken. – Auf europäischer Ebene hat sich – den anderen nationalen Bezeichnungen entsprechend – der Begriff „Mehrwertsteuer" eingebürgert; der deutsche Gesetzgeber spricht nach wie vor von „Umsatzsteuer".

Die Umsatzsteuer ist im Hinblick auf ihre „grenzüberschreitenden Aspekte" **2** frühzeitig harmonisiert worden. Zu große Unterschiede hinsichtlich der nationalen Voraussetzungen und Bemessungsgrundlagen hätten den einheitlichen Binnenmarkt empfindlich stören können.

Eine Ausfuhrlieferung ist steuerfrei. Die Ausfuhrlieferung ist eine echte Steuerbefreiung; die Vorsteuer im Zusammenhang mit einer steuerfreien Ausfuhr bleibt abziehbar. Nach dem Bestimmungslandprinzip soll die Besteuerung einer Leistung in dem Land durchgeführt werden, für das sie bestimmt ist. Gleichzeitig soll der ausgeführte Gegenstand von der deutschen Umsatzsteuer entlastet werden. Einen gesonderten Steuertatbestand stellt die Einfuhr von Gegenständen im Inland oder in den österreichischen Gebieten Jungholz und Mittelberg dar (§ 1 Abs. 1 Nr. 4 UStG). Die bis Ende 1992 ebenfalls von der EUSt erfasste Einfuhr aus den Mitgliedstaaten der EU unterliegt ab 1.1.1993 der Besteuerung des innergemeinschaftlichen Erwerbs (§§ 1a und 1b UStG). Da die Lieferung aus dem Drittland steuerfrei gestellt ist, schließt die EUSt die Lücke, die sonst im Hinblick auf die Besteuerung des privaten Endverbrauchs im Inland entstehen würde.

---

[1] Nach EuGH v. 17.5.2001 C-322, 323/99 – *Fischer,* EuGHE I, 4049.

[2] 203 Mrd. Euro von 641 Mrd. Euro (2014).

[3] Zur Einführung *Stadie* in Rau/Dürrwächter, Stand April 2013 (Lfg 154), Rz. 90 ff.; zur Beeinflussung des nationalen Umsatzsteuerrechts durch die EU *Stadie* a. a. O., Rz. 550 ff.

[4] Im Einzelnen *Birk/Desens/Tappe* Steuerrecht, § 10 Rz. 1678 f.

3 Die Richtlinie 2006/112/EG des Rates v. 28.11.2006 über das gemeinsame Mehrwertsteuersystem (ABl. v. 11.12.2006, Nr. L 347, 1) enthält 15 Titel:

Titel I:	Zielsetzung und Anwendungsbereich (Art. 1 ff.)
Titel II:	Räumlicher Anwendungsbereich (Art. 5 ff.)
Titel III:	Steuerpflichtiger (Art. 9 ff.)
Titel IV:	Steuerbarer Umsatz (Art. 14 ff.)
Titel V:	Ort des steuerbaren Umsatzes (Art. 31 ff.)
Titel VI:	Steuertatbestand und Steueranspruch (Art. 62 ff.)
Titel VII:	Steuerbemessungsgrundlage (Art. 72 ff.)
Titel VIII:	Steuersätze (Art. 93 ff.)
Titel IX:	Steuerbefreiungen (Art. 131 ff.)
Titel X:	Vorsteuerabzug (Art. 167 ff.)
Titel XI:	Pflichten des Steuerpflichtigen und bestimmter nichtsteuerpflichtiger Personen (Art. 193 ff.)
Titel XII:	Sonderregelungen (Art. 281 ff.)
Titel XIII:	Ausnahmen (Art. 370 ff.)
Titel XIV:	Verschiedenes(Art. 397 ff.)
Titel XV:	Schlussbestimmungen (Art. 402 ff.)

4 Den unionsrechtlichen Vorgaben entsprechend ist das deutsche UStG wie folgt gegliedert:

1. **Steuersubjekt:** der Unternehmer (§ 2 UStG)
2. **Steuerobjekt** (steuerbare Umsätze)
   – Lieferungen und sonstige Leistungen (§ 1 Abs. 1 Nr. 1 UStG)
   – Entnahme und unentgeltliche Zuwendungen (§ 3 Abs. 9a UStG)
   – Einfuhr aus Drittland (§ 1 Abs. 1 Nr. 4 UStG – Einfuhrumsatzsteuer)
   – Innergemeinschaftlicher Erwerb (§ 1 Abs. 1 Nr. 5 UStG)
3. **Steuerbefreiungen** (§ 4 UStG)
4. **Bemessungsgrundlage**
   – Entgelt (§ 10 Abs. 1 S. 1 UStG)
   – bei Entnahme bzw. unentgeltlicher Zuwendung: Einkaufspreis (§ 10 Abs. 4 Nr. 1 UStG)
   – bei Einfuhr: Zollwert (§ 11 Abs. 1 UStG)
5. **Vorsteuerabzug** (§ 15 Abs. 1 UStG)
6. **Zeitliche Erfassung** der Umsätze und der Vorsteuer
   – Steuer nach vereinbarten Entgelten (Sollbesteuerung; § 13 Abs. 1 Nr. 1 UStG)
   – Steuer nach vereinnahmten Entgelten (§ 20 UStG)
   – Vorsteuer (§ 16 Abs. 2 UStG)
7. **Verfahren** der Steueranmeldung und Veranlagung (§§ 16 ff. UStG)

5 Nach ständiger Rechtsprechung des EuGH ist das Recht der Steuerpflichtigen, von der von ihnen geschuldeten Mehrwertsteuer die Mehrwertsteuer abzuziehen, die für die von ihnen erworbenen Gegenstände und empfangenen Dienstleistungen als Vorsteuer geschuldet wird oder entrichtet wurde, ein **fundamentaler Grundsatz** des durch das Unionsrecht geschaffenen gemeinsamen Mehrwertsteuersystems. Dieses Recht ist integraler Bestandteil des Mechanismus der Mehrwertsteuer und kann grundsätzlich nicht eingeschränkt werden. Insbesondere kann es für die gesamte Steuerbelastung der vorausgehenden Umsatzstufen sofort ausgeübt werden. Durch den Vorsteuerabzug soll der Steuerpflichtige vollständig von der im Rahmen seiner wirtschaftlichen Tätigkeit geschuldeten oder entrichteten Mehrwertsteuer entlastet werden. Das gemeinsame Mehrwertsteuersystem gewährleistet somit die Neutralität hinsichtlich der steuerlichen Belastung aller wirtschaftlichen Tätigkeiten unabhängig von ihrem Zweck oder ihrem Ergebnis, sofern diese Tätigkeiten selbst der Mehrwertsteuer unterliegen.[5]

II. Mehrwertsteuer-Richtlinien

Die Mehrwertsteuer ist durch eine Vielzahl von Richtlinien harmonisiert worden; **6** von besonderer grundsätzlicher Bedeutung sind die folgenden Richtlinien:[6]
- **1. Richtlinie** vom 11.4.1967 (ABl. EG 1967, 1301) enthält das Programm zur Harmonisierung;
- **6. Richtlinie** 77/388/EWG des Rates vom 17.5.1977 betreffend die Angleichung der steuerlichen Bemessungsgrundlagen (ABl. 1977 L 145, 1);
- **8. Richtlinie** 79/1072/EWG des Rates vom 6.12.1979 betreffend die Erstattung von Mehrwertsteuer an nicht im Inland ansässige Steuerpflichtige (ABl. 1979 L 331, 11);
- **Richtlinie 2006/112/EG** des Rates vom 28.11.2006 über das gemeinsame Mehrwertsteuersystem (Neufassung der 6. Richtlinie – Mehrwertsteuersystem-Richtlinie) (ABl. 2006 L 347, 1);
- **Mehrwertsteuer-Paket** vom 12.2.2008. Mit dem Jahressteuergesetz 2009 wurde das Mehrwertsteuerpaket der EU in nationales Recht umgesetzt (Systemwechsel bei der Bestimmung des Leistungsortes einer sonstigen Leistung: Empfängerortsprinzip statt Ursprungslandprinzip; Ausdehnung des Reverse-Charge-Verfahrens; Abgabe der Zusammenfassenden Meldung auch bei sonstigen Leistungen; Vorsteuer-Vergütungsverfahren innerhalb der EU).

III. Entwicklung des gemeinsamen Mehrwertsteuersystems

Auf der Grundlage der **Ersten Mehrwertsteuerrichtlinie** vom 11.4.1967[7] ersetz- **7** ten die Mitgliedstaaten ihre allgemeinen indirekten Steuern durch ein gemeinsames Mehrwertsteuersystem, um bei der **„Steuerbefreiung" der Ausfuhren** und der **„Wiederbesteuerung" der Einfuhren** im Handel innerhalb der EG (jetzt EU) Transparenz zu erzielen.

Die Allphasen-Netto-Umsatzsteuer mit Vorsteuerabzug wurde in Deutschland der Richtlinie entsprechend durch das UStG 1967 eingeführt. Bis 1968 wurden die Umsätze auf jeder Handelsstufe kumulativ mit Umsatzsteuer belegt (normaler Steuersatz 4 vH), ohne dass die Vorsteuer abgezogen werden durfte. Diese „Allphasen-Brutto-Umsatzsteuer" führte zu einem Konzentrationszwang und beeinträchtigte die Wettbewerbsneutralität.

Ziel der Richtlinie 77/388/EWG vom 17.5.1977 – die **Sechste Mehrwertsteuer-** **8** **richtlinie**[8] – war es, für jeden Mitgliedstaat eine weitgehend identische „Mehrwertsteuergrundlage" zu gewährleisten. Die 6. USt-RL enthielt detaillierte Angaben zur Steuerbarkeit, zur Bemessungsgrundlage, zum Vorsteuerabzug und zu Steuerbefreiungen.[9]

---

[5] EuGH v. 11.12.2014 C-590/13, DB 2015, 108, Rz. 30f.

[6] Zur Entwicklung *Voß* in Dauses, EU-Wirtschaftsrecht – J. Steuerrecht (EL 17) Rz. 172f.

[7] 1. USt-Richtlinie 67/227/EWG v. 11.4.1967 – Beseitigung des Allphasen-Bruttoumsatzsteuersystems (ABl. 1967 L 71, 1301).

[8] 6. RL 77/388/EWG v. 17.5.1977 – Angleichung der steuerlichen Bemessungsgrundlagen.

[9] Zur Entwicklung *Lippross* Umsatzsteuer, 23. Aufl., 2012, 1.3, 14.1.

9   Im Jahr 1985 veröffentlichte die Kommission ihr **Weißbuch über den Binnenmarkt** (Teil III: „**Beseitigung von Steuerschranken**"). Handlungsbedarf im Bereich der Mehrwertsteuer bestand aus der angestrebten Umsetzung des – dem
Verbrauchsteuerprinzip entsprechenden – „**Prinzips des Bestimmungsorts**".

10   Die **Binnenmarkt-Richtlinie 91/680/EWG** vom 16.12.1991 schaffte das System
der Steuerbefreiung an der Grenze bei der Ausfuhr und der Besteuerung bei der
Einfuhr ab.[10] Ab 1993 wird auf das Prinzip des Bestimmungsorts für Transaktionen
mit für Zwecke der Umsatzsteuer registrierten Händlern zurückgegriffen.[11] Das
Prinzip des Ursprungsorts gilt für **Verkäufe an den Endverbraucher**.

11   Für drei Bereiche gelten „Sonderregelungen", nach denen die Besteuerung des
Endverbrauchers im Bestimmungsland vorzunehmen ist:

- **Fernverkäufe (§ 3c UStG):** Versandhäuser oder ähnliche Unternehmen, die Verkäufe über eine bestimmte Schwelle in einen Mitgliedstaat liefern, müssen die
Mehrwertsteuer zu dem in diesem Land (dem Zielort) angewandten Satz entrichten. Wenn nötig, müssen sie „Steuerbevollmächtigte" benennen, die für die Ent-
richtung der Steuer verantwortlich sind.

- **Steuerbefreite juristische Personen** (z.B. Krankenhäuser, Banken, öffentliche
Behörden; vgl. § 1a UStG): Wenn diese Gruppe Waren über einen bestimmten
Schwellenwert aus einem anderen Mitgliedstaat kauft, muss sie die Mehrwertsteuer darauf zu ihrem Inlandssatz bezahlen, trotz der Tatsache, dass die Lieferungen theoretisch von der Steuer befreit sind (d.h. nicht der Verkäufer, sondern der Käufer ist für die Abgabe verantwortlich).

- **Neue Verkehrsmittel:** Boote, Flugzeuge und Autos, die weniger als sechs Monate
alt sind, sind im Land des Käufers zu besteuern, selbst wenn sie in einem anderen
Mitgliedstaat erworben wurden (§ 1b UStG).

12   Im Juni 2000 legte die Kommission eine „**Strategie zur Verbesserung der
Funktionsweise des MwSt-Systems im Binnenmarkt**" vor.[12] Im Mai 2002 verab-
schiedete der EU-Ministerrat die Verordnung (EG) Nr. 292/02[13] zur vorübergehenden Änderung der Verordnung (EWG) Nr. 218/92 über die Zusammenarbeit der
Verwaltungsbehörden auf dem Gebiet der indirekten Besteuerung (MwSt) im Hinblick auf zusätzliche Maßnahmen betreffend den elektronischen Geschäftsverkehr.
Damit sollte sichergestellt werden, dass elektronische Dienstleistungen, die im
Drittland ansässige Unternehmer an Leistungsempfänger mit Sitz oder Wohnsitz
im Gemeinschaftsgebiet erbringen, der Umsatzbesteuerung im Mitgliedstaat unterliegen.[14]

13   Die mehrfach geänderte 6. RL wurde „aus Gründen der Klarheit und Wirtschaft-
lichkeit" durch die Richtlinie 2006/112/EG (MwStSystRL) mit Wirkung ab dem
1.1.2007 neu gefasst;[15] in diese Neufassung wurden auch die bis zum 31.12.2006
noch geltenden Bestimmungen der 1. RL übernommen.

---

[10] Und die Steuersatz-Richtlinie (92/77/EWG v. 19.10.1992), ergänzt durch die Vereinfachungs-
Richtlinie 92/111/EWG v. 14.12.1992, ABl. 1992 L 384, 47.

[11] Richtlinien 91/680/EWG v. 16.12.1991 und 92/111/EWG v. 14.12.1992.

[12] Kommission v. 7.6.2000 „Strategie zur Verbesserung der Funktionsweise des MwSt-Systems im
Binnenmarkt", KOM (2000), 348; z.B. gegenseitige Unterstützung bei der Beitreibung von Forde-
rungen; Recht auf Vorsteuerabzug; Besteuerung von Postdienstleistungen; Besteuerung des elektronischen Handels; elektronische Rechnungen; Regeln für die gegenseitige Unterstützung (Überarbeitung); Mindestnormalsatz der MwSt (Überarbeitung).

[13] ABl. 2002 L 128, 1.

[14] Vgl. BT-Drs. 15/119 (v. 2.12.2002), S. 46 (zu Art. 7 des StVergAbG).

[15] ABl. L 347 v. 11.12.2006 S. 1.

Die MwStSystRL ist inzwischen wieder mehrfach geändert worden.[16] Deutschland hat wesentliche Teile – **Neuregelung der elektronischen Rechnungsstellung** – bereits durch das SteuervereinfachungsG 2011 zum 1.7.2011 umgesetzt. Die **Verordnung (EG) 1777/2005** regelt die Durchführung einzelner Artikel, und zwar vor allem für Umsätze, die sich über mehrere Länder der Gemeinschaft oder auch Drittländern erstrecken bzw in allen Mitgliedstaaten gleich behandelt werden sollen.[17] Sie hilft auch bei der Auslegung der entsprechenden Artikel der MwStSystRL. Im Jahr 2011 formulierte der Rat mit der **Verordnung (EU) 282/2011** die Durchführungsverordnung neu und hat dabei eine Reihe von Abgrenzungsfragen aus dem MwSt-Paket unmittelbar geregelt.[18]

IV. EuGH-Rechtsprechung

Der EuGH hat gerade auf dem Gebiet der Umsatzsteuer eine Vielzahl von Entscheidungen gefällt. Das hat seinen Grund in der weitgehenden Harmonisierung der Umsatzsteuer und in einer gewachsenen europarechtlichen Sensibilität. Entsprechend ist auch der BFH vermehrt dazu übergegangen, den EuGH einzuschalten, so dass mittlerweile ein umfassendes Paket von EuGH-Entscheidungen vorliegt. **14**

Rechtssache	Fundstelle	Rechtsgrundlage	Gegenstand
EuGH v. 7.12.2006 C-13/06 – *Hellenische Republik*	BFH/NV Beilage 2007, 210	Art. 13 Teil B Buchst. a 6. RL 77/388/EWG	Kfz-Pannenhilfe ist umsatzsteuerfreie Versicherungsleistung
EuGH v. 14.12.2006 C-401/05 – *VDP Dental Laboratory*	BFH/NV Beilage 2007, 212	Art. 13 Teil A Abs. 1 Buchst. e 6. RL 77/388/EWG	Lieferung von Zahnersatz durch gewerblichen Zwischenhändler nicht umsatzsteuerfrei
EuGH v. 9.4.2013 C-85/11	DStR 2013, 806	Art. 11 MwStSystRL	Einbeziehung eines Nichtsteuerpflichtigen in eine MwSt-Gruppe (Organschaft) zul.
EuGH v. 15.11.2012 C-174/11 – *Zimmermann*	BeckRS 2012, 82437	Art. 13 Teil A Abs. 1 Buchst. g 6. RL 77/388/EWG	Privatzahleranteil bei ambulanten Pflegedienst für StBefreiung uU irrelevant (§ 4 Nr. 16, 18 UStG)
EuGH v. 29.11.2012 C-257/11 – *GVM*	BeckRS 2012, 82516	Art. 167, 185 MwStSystRL	Vorsteuerabzug bei Erwerb eines zum Abriss bestimmten Gebäudes zulässig

---

[16] Und zwar durch die RL 2006/138 EG-RL Rundfunk – und Fernsehdienstleistungen – vom 19.12.2006 (ABl. 2006 L 384, 921), RL 2007/75 /EG vom 20.12.2007 (ABl. 2007 L 346, 13), die RL 2008/8/EG – Dienstleistungsrichtlinie – vom 12.2.2008 (ABl. 2008 L 44, 11), und die Richtlinie 2008/9/EG des Rates zur Regelung der Erstattung der MwSt gem. MwStSystRL an nicht im Mitgliedstaat der Erstattung, sondern in einem andern Mitgliedstaat ansässige Steuerpflichtigen vom 12.2.2008 (ABl. 2008 L 44, 23) und die sog. Rechnungsrichtline.

[17] Zur Problematik des Erlasses einer VO zur Durchführung von Richtlinien vgl. *Birk/Desens/Tappe*, Steuerrecht, 18. Aufl., 2015, § 10, Rz. 1678.

[18] Vgl. nur die „Übersicht über die Gesetzesänderungen" bei Bunjes, UStG, 13. Aufl., 2014.

Rechtssache	Fundstelle	Rechtsgrundlage	Gegenstand
EuGH v. 6.12.2012 C-285/11 – *Bonik*	BeckRS 2012, 82562	Art. 2, 9, 14, 62, 63, 167, 168, 178 MwStSystRL	Versagung des Vorsteuerabzugs (für Getreidelieferungen) aufgrund bloßer Verdachtsmomente unzulässig
EuGH v. 13.12.2012 C-395/11 – *BLV*	BeckRS 2012, 82646	Art. 21 6. RL 77/388/EWG	Bauleistungen können auch in der Lieferung von Gegenständen bestehen (zu § 13b UStG; reverse charge)
EuGH v. 19.12.2012 C-549/11 – *Orfey*	BeckRS 2012, 82704	Art. 63, 73 MwStSystRL	Besteuerung bei Erwerb eines Erbbaurechts zur Bebauung
EuGH v. 21.2.2013 C-18/12 – *Zamberk*	BeckRS 2013, 80345	Art. 132, 267 MwStSystRL	Aquapark-Besuch als Sport
EuGH v. 21.2.2013 C-104/12 – *Becker*	BeckRS 2013, 80342	Art. 17 6. RL 77/388/EWG	Kein Vorsteuerabzug aus Strafverteidigerkosten; fehlender Sachzusammenhang
EuGH v. 20.3.14 C-72/13	ABl. 2014 C 184, 3	Art. 9 Abs. 1 MwStSystRL	Besteuerung von Umsätzen einer Gemeinde zulässig
EuGH v. 10.7.2014 C-183/13	BeckRS 2014, 81140	Aret 17, 19 6. RL 77/388/EWG	Abziehbare Vorsteuer bei Leasinggeschäften
EuGH v. 16.10.2014 C-605/12 – *Welmory*	UR 2014, 937	Art. 44 RL 2006/112/EG v. 28.11.2006	Ort der Niederlassung bei Online-Auktionen
EuGH v. 18.11.2014 C-319/12 – *MDDP*	DB 2014, 37	Art. 132 bis 134 und 168 RL 2006/112/EG v. 28.11.2006	Mehrwertsteuerbefreiung für Bildungsdienstleistungen, die von nicht öffentlichen Einrichtungen zu gewerblichen Zwecken erbracht werden; Vorsteuerabzug
EuGH v. 11.12.2014 C-590/13 – *Idexx*	DB 2015, 108	Art. 18 Buchst. d, Art. 22 der 6. RL 77/388/EWG v. 17.5.1977	Vorsteuerabzug trotz Nichtbeachtung formaler Anforderungen; Reverse-Charge-Verfahren
EuGH v. 18.12.2014 C-131/13	DStR 2015, 573	Richtlinie 77/388/EWG Art. 17 Abs. 2	Kein Vorsteuerabzug bei Steuerhinterziehung im USt-Karussell
EuGH v. 22.1.2015 C-55/14 – *Régie*	UR 2015, 347	Art. 13 Teil B Buchst. b der 6. RL 77/388/EWG v. 17.5.1977	Entgeltliche Überlassung eines Fußballstadions keine Vermietung

Rechtssache	Fundstelle	Rechtsgrundlage	Gegenstand
EuGH v. 12.2.2015 C-662/13 – *Surgicare*	DB 2015, 537	RL 2006/112/EG v. 28.11.2006	Besonderes nationales Verfahren bei Verdacht auf missbräuchliche Steuerpraktiken zulässig (hier: „Zwischenveräußerung")
EuGH v. 22.10.2015 C-264/14 – *Hedqvist*	DStR 2015, 2433	RL 2006/112/EG v. 28.11.2006	Umtausch von Bitcoins steuerbefreit

V. Konkretisierung

1. Steuerbarkeit

Im Fall des **Kennemer Golfclubs** war die Frage zu entscheiden, ob auch die Leistungen, die der **15** Verein an Nichtmitglieder erbringt, von der Mehrwertsteuer befreit sind.[19] Der Verein erhielt auf diese Weise relativ hohe Summen, die ungefähr einem Drittel der Beträge entsprachen, die von den Mitgliedern als Jahresbeiträge gezahlt wurden. Der Gerechtshof Amsterdam wies die Klage mit der Begründung ab, dass, wenn Kennemer Golf systematisch Gewinne erziele, die Vermutung bestehe, dass er Betriebsüberschüsse erwirtschaften wolle und Gewinn anstrebe.

Nach Auffassung des EuGH ist Art. 13 Teil A Abs. 1 Buchst. m der RL 77/388/ **16** EWG des Rates vom 17.5.1977 dahin auszulegen, dass bei der Beurteilung der Frage, ob es sich um eine Einrichtung ohne Gewinnstreben handelt, **sämtliche Tätigkeiten** dieser Einrichtung zu berücksichtigen sind; auch die Jahresbeiträge seien Entgelt. Art. 2 Nr. 1 RL 77/388/EWG sei dahin auszulegen, dass die Jahresbeiträge der Mitglieder eines Sportvereins die **Gegenleistung** für die von diesem Verein erbrachten Dienstleistungen darstellen könnten, auch wenn diejenigen Mitglieder, die die Einrichtungen des Vereins nicht oder nicht regelmäßig nutzten, verpflichtet seien, ihren Jahresbeitrag zu zahlen. Eine Einrichtung könne als eine solche ohne Gewinnstreben qualifiziert werden, auch wenn sie systematisch danach strebe, Überschüsse zu erwirtschaften, die sie anschließend für die Durchführung ihrer Leistungen verwende. **Ohne Gewinnstreben** sei eine Leistung, wenn keine Verteilung an die Mitglieder vorgesehen sei.

Die Entscheidung ist von grundlegender Bedeutung. Bisher ging die deutsche **17** Verwaltung davon aus, dass echte Mitgliedsbeiträge nicht umsatzsteuerbar seien, weil sie nicht für die Erfüllung von Sonderinteressen einzelner Mitglieder entrichtet würden. Von der EuGH-Entscheidung sind nicht nur Sportvereine, sondern z.B. auch Berufsverbände betroffen.[20] Wenn die Leistungen umsatzsteuerbar sind, so können sie allerdings z.B. gem. § 4 UStG im Einzelfall steuerbefreit sein.

2. Unternehmer

Der Gesellschafter-Geschäftsführer einer Einmann-GmbH im Angestelltenver- **18** hältnis ist kein Unternehmer.[21] Nach ständiger Rechtsprechung des EuGH ist eine **Holding**, deren einziger Zweck der Erwerb von Beteiligungen an anderen Unternehmen ist, ohne dass sie – unbeschadet ihrer Rechte als Aktionärin oder Gesellschafterin – unmittelbar oder mittelbar in die Verwaltung dieser Gesellschaften eingreift, nach Art. 4 der 6. USt-RL **nicht mehrwertsteuerpflichtig** und nicht zum

---

[19] Nach EuGH 21.3.2002 C-174/00 – *Kennemer Golf*, EuGHE 2002, I-3293.
[20] *Lippross* Umsatzsteuer, 23. Aufl., 2012, 2.2.7.1.
[21] EuGH v. 18.10.2007 C-355/06, BFH/NV Beilage 2008, 48.

Vorsteuerabzug gem. Art. 17 der 6. USt-RL berechtigt.[22] Der bloße Erwerb und das bloße Halten von Gesellschaftsanteilen seien keine wirtschaftliche Tätigkeit i.S.d. 6. USt-RL, die den Erwerber und Inhaber zum Steuerpflichtigen machen würde. Der bloße Erwerb von Beteiligungen an anderen Unternehmen stelle nämlich keine Nutzung eines Gegenstands zur nachhaltigen Erzielung von Einnahmen dar, weil eine etwaige Dividende als Ergebnis dieser Beteiligung Ausfluss der bloßen Innehabung des Gegenstands sei.

Etwas anderes gelte jedoch, wenn die Beteiligung unbeschadet der Rechte, die der Beteiligungsgesellschaft in ihrer Eigenschaft als Aktionärin oder Gesellschafterin zustünden, mit unmittelbaren oder mittelbaren **Eingriffen in die Verwaltung** der Gesellschaften einhergehe, an denen die Beteiligung bestehe. Eingriffe einer Holding in die Verwaltung von Unternehmen, an denen es Beteiligungen erworben habe, seien daher eine wirtschaftliche Tätigkeit i.S.d. Art. 4 Abs. 2 der 6. USt-RL, wenn sie Tätigkeiten darstellten, die gem. Art. 2 der Richtlinie der Mehrwertsteuer unterlägen, wie etwa das Erbringen von administrativen, finanziellen, kaufmännischen und technischen Dienstleistungen der Holding an ihre Tochtergesellschaften.

In dem Fall des EuGH wehrte sich die Klägerin – eine Holding, die wesentliche Beteiligungen an drei Unternehmen des Fahrradsektors hielt – gegen eine Mehrwertsteuernachforderung, die darauf beruhte, dass die Steuerbehörde einen Vorsteuerabzug nicht berücksichtigte, den sie für verschiedene, ihr von Dritten in Rechnung gestellte Dienstleistungen im Zusammenhang mit dem Erwerb von Beteiligungen an ihren Tochtergesellschaften vorgenommen hatte.[23]

3. Lieferung/Leistung

19   Das englische Unternehmen **Town & County** veranstaltete einen wöchentlichen Ratewettbewerb namens „Spot-the-ball" („Entdecke den Ball"). Nach den auf den Spielscheinen abgedruckten Spielregeln für den Wettbewerb willigten die Teilnehmer u.a. darin ein, dass der Wettbewerb für den Veranstalter nur eine „Ehrenschuld" begründe („binding in honour only"). Der Veranstalter weigerte sich allerdings in keinem Fall, den Gewinnern die auf den Spielscheinen genannten Preise auszubezahlen oder auszuhändigen. *Town & County* vertrat die Ansicht, dass sie die Mehrwertsteuer nur auf diesen Betrag abzüglich des Wertes der an die Gewinner ausgeschütteten Preise schulde. Die *Commissioners* hingegen entschieden, dass *Town & County* aus dem vollen Betrag der eingenommenen Teilnahmegebühren mehrwertsteuerpflichtig sei.

20   Der EuGH entschied gegen *Town & County*.[24] Bei der Veranstaltung eines Wettbewerbs der fraglichen Art werde die Gegenleistung, die der Veranstalter tatsächlich für die gegenüber den Teilnehmern erbrachte Dienstleistung erhalte, durch die von diesen bezahlten Teilnahmegebühren gebildet. Diese Gebühren stünden dem Veranstalter in vollem Umfang zu und erlaubten es ihm, die mit seiner Tätigkeit verbundenen Kosten zu decken. Folglich bilde der den Teilnahmegebühren entsprechende Betrag die Besteuerungsgrundlage des betreffenden Umsatzes i.S.d. Art. 11 Teil A Abs. 1 Buchst. a der 6. USt-RL. Die Regelung sei dahin auszulegen,

---

[22] EuGH v. 27.9.2001 C-16/00 – *Cibo Participations SA,* EuGHE 2001, I-6663 BFH/NV-Beilage 2002, 6; EuGH v. 29.4.2004 C-77/01 – *EDM,* UR 2004, 292; EuGH v. 21.10.2004 C-8/03 – *BBL,* DStRE 2005, 35 zur USt-Pflicht von Investmentgesellschaften im Hinblick auf das Betreiben von Portefeuilles.

[23] EuGH, C-16/00 (s. oben).

[24] EuGH v. 17.9.2002 C-498/99 – *Town & County Factors Ltd.,* EuGHE 2002, I-7173. Zum Ort der Leistung vgl. EuGH v. 12.5.2005 C-452/03 – *RAL Ltd.,* IStR 2005/415: gegen Offshore-Verlagerung.

dass der Gesamtbetrag der vom Veranstalter eines Wettbewerbs eingenommenen Teilnahmegebühren die Besteuerungsgrundlage für diesen Wettbewerb bilde, wenn der Veranstalter über diesen Betrag frei verfügen könne.

Umstritten ist nach wie vor die Steuerpflicht der öffentlichen Hand.[25] Die Vergabe von Lizenzen (hier: UMTS-Lizenzen) im Wege der Versteigerung von Nutzungsrechten und Frequenzzuteilung durch die zuständige nationale Regulierungsbehörde ist keine wirtschaftliche Tätigkeit i.S.d. Art. 4 Abs. 1 und 2 RL 77/388/ EWG und unterliegt daher nicht der Mehrwertsteuer.[26]

4. Grenzüberschreitende Umsätze

Grenzüberschreitende Umsätze werden – im Grundsatz – nach wie vor nach dem **21** sog. **Bestimmungslandprinzip** besteuert:[27] Exporte sind im Ursprungsland steuerbefreit, Importe werden im Bestimmungsland mit der dortigen Umsatzsteuer belastet. Beim Bestimmungslandprinzip wird die Ware ausschließlich mit der Umsatzsteuer des Staates belastet, in dem der Endverbrauch (vermutlich) stattfindet; das Bestimmungslandprinzip entspricht dem Verbrauchsteuercharakter der modernen Umsatzsteuer. Innergemeinschaftliche Verkäufe an **Privatpersonen** werden allerdings – aus Gründen der Praktikabilität – im Ursprungsland versteuert.[28]

Von deutscher Seite war eine Besteuerung nach allgemeinen Regeln ins Spiel gebracht worden, was die exportstarken Länder begünstigt hätte. Dieser Vorschlag ließ sich nicht durchsetzen, weil die Mitgliedstaaten sich nicht auf das notwendige Clearing-System zur Verteilung des Steueraufkommens einigen konnten.[29]

Die umsatzsteuerrechtliche Behandlung **elektronischer Dienstleistungen** ist mit **22** Wirkung ab 1.1.2015 neu geregelt worden. Nach § 3a Abs. 5 UStG wird die sonstige Leistung i.S.d. Satzes 2 (die sonstigen Leistungen auf dem Gebiet der Telekommunikation; die Rundfunk- und Fernsehdienstleistungen; die auf elektronischem Weg erbrachten sonstigen Leistungen) an dem Ort ausgeführt, an dem der Leistungsempfänger seinen Wohnsitz, seinen gewöhnlichen Aufenthaltsort oder seinen Sitz hat, wenn der Empfänger der in Satz 2 bezeichneten sonstigen Leistungen kein Unternehmer ist, für dessen Unternehmen die Leistung bezogen wird.[30]

Die bisherige steuerfreie Ausfuhrlieferung ist für den Export in EU-Staaten durch die sog. „**steuerfreie innergemeinschaftliche Lieferung**" ersetzt worden (§ 4 Nr. 1b i.V.m. § 6a UStG);[31] sie lässt den Vorsteuerabzug aus den Eingangsleistungen für den Exporteur zu (§ 15 Abs. 3 Nr. 1a UStG), so dass im Ursprungsland eine vollständige Entlastung eintritt. Die Steuer auf den innergemeinschaftlichen Erwerb (§ 1a UStG) ist von dem Abnehmer der Ware (dem Importeur) zu zahlen und von diesem ggf. als Vorsteuer geltend zu machen. Im **kommerziellen Leistungsverkehr** befreit also das Ursprungsland unter Gewährung des Vorsteuerabzugs die innergemeinschaftliche Lieferung von der Steuerpflicht (vgl. Rz. 5).

Bei **sog. Abhollieferungen** gilt im **nicht kommerziellen Leistungsverkehr** das **Ursprungslandprinzip.** Allerdings wird bei Lieferungen an natürliche Personen

---

[25] Vgl. zur Versteigerung der UMTS-Lizenzen *Cordewener* UR 2006, 673, und *Tiedtke* UR 2006, 485.

[26] EuGH v. 26.6.2007 C-369/04, UR 2007, 613.

[27] Vgl. § 4 Rz. 9.

[28] Bleckmann/*Förster* Europarecht, Rz. 2022 – § 1a UStG: Erwerbsbesteuerung evtl. bei Überschreiten der Erwerbsschwelle.

[29] *Reiss* Umsatzsteuer, 5.1.

[30] *Isley/Pauksch/Rakhan* MwStR 2014, 259.

[31] *Reiss* Umsatzsteuer, 5.1.

der Ort der Leistung in das Bestimmungsland verlegt, wenn die Ware an den Empfänger befördert oder versendet wird (§ 3c UStG). Der **Erwerb neuer Fahrzeuge**
unterliegt immer der Erwerbsbesteuerung im Bestimmungsland (§§ 1b, 2a, 4 Nr. 1b,
6a UStG).

Beispiel 1: Unternehmer H liefert an den Exporteur E für 100 + 19 vH Umsatzsteuer. Dieser
liefert steuerfrei an den Importeur I in Dänemark für 200. I muss auf den innergemeinschaftlichen
Erwerb 25 vH USt zahlen, die er als Vorsteuer abziehen kann. Belastet wird allein der Endverbraucher V mit der dänischen USt.

Beispiel 2: Der Franzose F kauft bei einem Besuch in München von U ein Möbelstück für 5000 €
+ 950 € USt; F befördert es in seinem Pkw nach Paris. U tätigt eine steuerbare Lieferung; Ort der
Lieferung ist München (§ 3 Abs. 7 Satz 1 UStG). Die Lieferung ist nicht steuerfrei, da F kein
Unternehmer ist (§ 4 Nr. 1 Buchst. b; § 6a I Nr. 2 Buchst. a UStG); kein innergemeinschaftlicher
Erwerb (§ 1a UStG; Erwerber kein Unternehmer). Der Erwerb ist nur im Ursprungsland Deutsch-
land umsatzsteuerpflichtig.

23   Die bisherigen Grenzkontrollen sind durch ein Datenaustauschsystem ersetzt
worden, das in der **Zusammenarbeitsverordnung**[32] geregelt ist. Mit dem Programm
Fiscalis, und dem EDV-gestützten MIAS (MwSt.-Informationsaustauschsystem) zur
Überprüfung der Gültigkeit von MwSt.-Nummern soll das Funktionieren der Sys-
teme der indirekten Besteuerung in der EU weiter gestärkt werden, ebenso wie die
Annahme der Verordnung (EG) Nr. 37/2009 über die Zusammenarbeit der Verwaltungsbehörden auf dem Gebiet der Mehrwertsteuer zum Zweck der Bekämpfung des
Steuerbetrugs bei innergemeinschaftlichen Umsätzen. Eine faktische Kontrolle der
Warenbewegungen an den Binnengrenzen der EU-Mitgliedstaaten findet nicht
mehr statt.[33] Die Händler müssen ausführliche Verzeichnisse der Käufe aus anderen
Ländern und Verkäufe in andere Länder führen; das System wird durch die admi-
nistrative Zusammenarbeit zwischen den Steuerbehörden der Mitgliedstaaten verwaltet. Alle Unternehmer, die innergemeinschaftliche Lieferungen ausführen, sind
verpflichtet, den Finanzbehörden pro Quartal unter Angabe ihrer eigenen USt-
Identifikationsnummer die USt-Identifikationsnummer des jeweiligen Beziehers
und den Gesamtumfang der Lieferungen an jeden Bezieher anzugeben.

Das besondere Problem der Umsatzsteuer ist ihre **Missbrauchsanfälligkeit;** das
jetzige System hat zu einem erheblichen grenzüberschreitenden Umsatzsteuer-
betrug geführt (z. B. durch sog. Umsatzsteuer-Karusselle).[34] Das Ifo-Institut schätzt
den Ausfall allein in Deutschland auf 10 bis 15 Mrd. EUR pro Jahr.[35] Der Bundes-
rechnungshof hat auch in seinem neuesten Bericht erhebliche Umsatzsteuerausfälle
(im Bereich des Internethandels und der Landwirtschaft) festgestellt.[36] Durch das
Steuerverkürzungsbekämpfungsgesetz[37] sollte dem begegnet werden.[38] Nach den

---

[32] VO v. 27.1.1992 218/92/EWG.

[33] Bleckmann/*Förster* Europarecht, Rz. 2019 f.

[34] Dazu EuGH v. 12.1.2006 C-354/03 – *Optigen Ltd:* GutgläubigeKarussel-Teilnehmer bleiben
geschützt; EuGH v. 6.7.2006 C-439/04, C-440/04, BFH/NV-Beilage 2006, 454 *Füllsack* DStR 2006,
456.

[35] Pressemitteilung des Finanzamts Trier 34/2009. – Hintergrund der Anfälligkeit ist insbes. die
Geltung des Soll-Prinzips – d.h. die Versteuerung nach vereinbarten Entgelten (Umsatzsteuer-
schuld als leistender Unternehmer und Vorsteuerabzug als Leistungsempfänger als „Sofortabzug"
ohne vorherige Zahlung des Entgelts).

[36] FAZ v. 18.11.2015, S. 15.

[37] StVBG v. 19.12.2001, BGBl. I 2001, 3922 – z.B. durch die sog. Umsatzsteuer-Nachschau (§ 27b
UStG).

[38] Kritisch *Henkel* DStR 2003, 102, der sich *de lege ferenda* für eine Abschaffung des Vorsteuerabzugs ausspricht.

sog. Mainzer Vorschlägen könnte im unternehmerischen Bereich eine Vorstufenbefreiung Abhilfe schaffen.

5. Steuerbefreiung

a) Ehrenamtliche Einrichtungen

In der Entscheidung des EuGH v. 21.3.2002[39] ging es um die Frage, unter **24** welchen Voraussetzungen eine Mehrwertsteuerbefreiung für im Wesentlichen ehrenamtlich geleitete und verwaltete Einrichtungen in Betracht komme. Die **Zoological Society of London** begehrte die Erstattung der auf die Eintrittsgelder entrichteten Mehrwertsteuer. Sie beschäftigt zwischen 350 und 400 Personen; der Verwaltungsrat ist zwar ehrenamtlich tätig, aber die entgeltlich tätigen Direktoren nehmen häufig an den Sitzungen des Verwaltungsrats teil. Der EuGH kam zu dem Ergebnis, dass die Mitwirkung finanziell an der Einrichtung interessierter Personen an der Leitung der Einrichtung schädlich sein könne.

Für die Auslegung, wonach eine Einrichtung, die eine der in Art. 13 Teil A Abs. 1 der 6. USt-RL vorgesehenen Befreiungen in Anspruch nehmen will, im Wesentlichen ehrenamtlich geleitet und verwaltet werden muss, lässt sich aus dem rechtlichen Kontext dieser Bedingung herleiten, dass der Gemeinschaftsgesetzgeber eine Unterscheidung zwischen den Tätigkeiten der **kommerziellen Unternehmen** und denen von Einrichtungen, deren Ziel nicht die Erwirtschaftung von Gewinnen für ihre Mitglieder ist, treffen wollte.

Durch diese Bedingung soll die Vergünstigung der Mehrwertsteuerbefreiung den Einrichtungen, die keine kommerziellen Ziele haben, vorbehalten werden, indem verlangt wird, dass die an der Leitung und Verwaltung solcher Einrichtungen beteiligten Personen **kein finanzielles Eigeninteresse** auf Grund einer Vergütung, einer Gewinnverteilung oder irgendeines anderen, auch nur mittelbaren finanziellen Interesses an der Einrichtung haben. Die Bedingung, dass ein finanzielles Eigeninteresse fehlt, bezieht sich nur auf die Personen, die an der Leitung und Verwaltung einer Einrichtung unmittelbar beteiligt sind.

b) Einzelkünstler

In dem Fall des **Matthias Hoffmann,** eines Konzertagenten („Die drei Tenöre") **25** hatte das Landgericht in einer Strafsache entschieden, dass die Steuerbefreiung nach **§ 4 Nr. 20 Buchst. a UStG** bei den Leistungen der drei Künstler nicht gegeben sei, da diese als Solisten aufgetreten seien und die Steuerbefreiung nur „Einrichtungen" erfasse, was Einzelkünstler ausschließe. Demgegenüber entschied der EuGH[40] auf Vorlage des BGH zugunsten des Herrn Hoffmann, dass der **Grundsatz der steuerlichen Neutralität** es verbiete, Einzelkünstler, sobald der kulturelle Charakter ihrer Leistungen anerkannt sei, nicht ebenso wie kulturelle Gruppen als Einrichtungen anzusehen, die den Einrichtungen des öffentlichen Rechts gleichgestellt seien, die bestimmte von Art. 13 Teil A Abs. 1 Buchst. n der 6. USt-RL erfasste kulturelle Dienstleistungen anböten.

c) Kunstwerke

Nach der 6. USt-RL ist eine Mehrwertsteuerbefreiung nicht für die **Lieferung 26 von Kunstwerken durch Urheber** oder Einfuhr vom Urheber erworbener Kunstwerke gegeben.[41] Die Kommission war der Ansicht, dass die Republik Finnland

---

[39] EuGH v. 21.3.2002 C-267/00 – *Zoological Society of London,* EuGHE 2002, I-3353.
[40] EuGH v. 3.4.2003 C-144/00, DStR 2003, 638 – zu § 4 Nr. 20 UStG.
[41] EuGH v. 7.3.2002 C-169/00 – *Republik Finnland,* EuGHE 2002, I-2433. Der engen Auslegung entspricht auch die Nichtbefreiung von sog. Backoffice-Tätigkeiten für Versicherungsunternehmen (EuGH v. 3.3.2005 C-472/03 – *Arthur Andersen,* IStR 2005, 313).

gegen die 6. USt-RL, insbesondere deren Art. 2 verstoße, indem sie im nationalen Recht Vorschriften beibehalten habe, nach denen die Lieferung von Kunstwerken durch den Urheber oder dessen Vermittler und die Einfuhr unmittelbar vom Urheber erworbener Kunstwerke von der Mehrwertsteuer befreit seien, und leitete ein Vertragsverletzungsverfahren ein.

Der EuGH entschied im Sinne der Kommission: Die Befreiung gem. Anhang F Nr. 2 der 6. USt-RL ist eine **Ausnahme** von der durch diese Richtlinie durchgeführten Harmonisierung der Mehrwertsteuerregelungen. Nach ständiger Rechtsprechung sind die Begriffe eng auszulegen, mit denen die Steuerbefreiungen umschrieben sind, die Ausnahmen von dem allgemeinen Grundsatz darstellen, dass jede Dienstleistung, die ein Steuerpflichtiger gegen Entgelt erbringt, der Umsatzsteuer unterliegt. Im vorliegenden Fall ist eine **enge Auslegung** umso mehr gerechtfertigt, als es sich bei der Nr. 2 des Anhangs F der 6. USt-RL nicht um eine harmonisierte Ausnahme, die Bestandteil der Mehrwertsteuerregelung ist, sondern um eine nur für einen vorübergehenden Zeitraum zugelassene Ausnahme handelt. Bei einer engen Auslegung des Wortlauts der in Rede stehenden Befreiung erfasst der Begriff der Dienstleistungen der Künstler nicht die Lieferung von Kunstgegenständen, auch wenn diese durch den Urheber oder dessen Vermittler erfolgt. Eine solche Veräußerung ist somit eine Lieferung von Gegenständen, die nicht von der Mehrwertsteuer befreit ist.

d) Grundstücksvermietung

27   Ein Kläger vermietete dem Freistaat Bayern **Gemeinschaftsunterkünfte,** die er als ein- und zweistöckige Gebäude – Fertighäusern vergleichbar – aus vorgefertigten Teilen errichtet hatte. Für die Jahre 1993 bis 1995 meldete er steuerfreie Umsätze durch Vermietung von Grundstücken nach § 4 Nr. 12 Satz 1 Buchst. a UStG an. Das Finanzamt besteuerte die Vermietungsumsätze des Klägers gleichwohl mit dem allgemeinen Steuersatz, weil sich diese nicht auf Grundstücke, sondern nur auf Gebäude als sog. Scheinbestandteile im Sinne von § 95 BGB bezogen hätten.

Der EuGH entschied im Sinne des Klägers, dass die Vermietung eines aus Fertigteilen errichteten Gebäudes unabhängig von der Überlassung des Grundstücks steuerfrei sei.[42] Die Auslegung des Begriffes „Vermietung von Grundstücken" im Sinne von Art. 13 Teil B Buchst. b der 6. USt-RL könne nicht von der Auslegung abhängen, die ihm im **Zivilrecht** eines Mitgliedstaats gegeben werde. Bei der **Auslegung einer Gemeinschaftsvorschrift** seien deren Wortlaut sowie ihr Zusammenhang und die Ziele zu berücksichtigen, die mit der Regelung, zu der sie gehöre, verfolgt würden. Die Bedeutung des Begriffes „Vermietung von Grundstücken" werde in Art. 13 Teil B Buchst. b der 6. USt-RL nicht ausdrücklich festgelegt.
Der EuGH führte u. a. aus: „Gebäude, die aus in das Erdreich eingelassenen Konstruktionen bestehen, stellen Grundstücke dar. Hierfür kommt es darauf an, dass die Konstruktionen **nicht leicht demontiert** und versetzt werden können; dagegen ist es entgegen der Auffassung der deutschen Regierung nicht erforderlich, dass sie vom Boden untrennbar in diesen eingelassen sind. Auch die Dauer des Mietvertrags ist für die Beantwortung der Frage, ob die fraglichen Gebäude bewegliche Gegenstände oder Grundstücke sind, nicht entscheidend. Der so definierte **Gebäudebegriff** entspricht demjenigen des Artikels 4 Abs. 3 Buchstabe a der Sechsten Richtlinie, der die Lieferung von Gebäuden oder Gebäudeteilen betrifft. Es besteht nämlich kein Grund für eine unterschiedliche Auslegung dieses Begriffes, ob es sich um einen Vermietungsumsatz nach Art. 13 Teil B Buchstabe b der Sechsten Richtlinie oder um einen Lieferumsatz nach Art. 4 Abs. 3 Buchstabe a der Sechsten Richtlinie handelt. Für die Beantwortung der Frage, ob es sich bei einer Vermietung um die Vermietung eines Grundstücks im Sinne von Art. 13 Teil B Buchstabe b der Sechsten Richtlinie handelt, kommt es nicht darauf an, ob der Vermieter dem Mieter das Grundstück und das Gebäude oder nur das Gebäude überlässt, das er auf dem Grundstück des Mieters errichtet hat."

Die Überlassung eines Fussballstadions ist keine Vermietung.[43]

---

[42] EuGH v. 16.1.2003 C-315/00 – *Rudolf Maierhofer,* DB 2003, 254. Zur steuerpflichtigen Vermietung von Bootsplätzen vgl. EuGH v. 3.3.2005 C-428/02 – *FML,* IStR 2005, 315.
[43] EuGH v. 22.1.2015 C-55/14, DStRE 2015, 685.

6. Bemessungsgrundlage

Art. 11 Teil A Abs. 1 Buchst. a der 6. USt-RL erfasst nur die „Subventionen", die 28
vollständig oder teilweise die Gegenleistung für die Lieferung von Gegenständen
oder von Dienstleistungen sind und dem Verkäufer oder Dienstleistungserbringer
von einem Dritten gezahlt worden sind. In einem Rechtsstreit zwischen dem **Office
des produits wallons ASBL** (Werbung für wallonische Agrar- und Gartenbauer-
zeugnisse und Verkauf; im Folgenden: *OPW*) und dem belgischen Staat war streitig,
ob **betriebliche Zuschüsse** (Subventionen), die einen Teil der Betriebsaufwendun-
gen des OPW abdecken, in die Besteuerungsgrundlage für die Berechnung der
Mehrwertsteuer einzubeziehen sind. Das OPW erhielt von der Wallonischen Regi-
on einen jährlichen Zuschuss und entrichtete auf den Zuschuss keine Mehrwertsteuer. Der EuGH entschied:[44]

> „1. Die Möglichkeit allein, dass eine Subvention sich auf die Preise der von der subventionierten
> Einrichtung gelieferten Gegenstände oder erbrachten Dienstleistungen auswirkt, macht diese Sub-
> vention nicht schon steuerbar.
> 2. Für einen unmittelbaren Zusammenhang der Subvention mit dem Preis dieser Umsätze im
> Sinne des Artikels 11 Teil A der Sechsten Richtlinie ist darüber hinaus erforderlich, dass die Sub-
> vention an die subventionierte Einrichtung gerade für die Lieferung eines bestimmten Gegenstan-
> des oder die Erbringung einer bestimmten Dienstleistung gezahlt wird. Nur in diesem Fall kann die
> **Subvention als Gegenleistung der Lieferung** eines Gegenstandes oder der Erbringung einer
> Dienstleistung angesehen werden und ist damit steuerbar. Um feststellen zu können, ob die Sub-
> vention eine solche Gegenleistung darstellt, muss der Preis des Gegenstandes oder der Dienstleis-
> tung in seinen Grundzügen spätestens zum Zeitpunkt des Eintritts des Tatbestands festliegen.
> Auch muss mit der Verpflichtung der Subventionsstelle zur Subventionszahlung das Recht des
> Begünstigten auf Auszahlung der Subvention einhergehen, wenn er einen steuerbaren Umsatz be-
> wirkt hat."

7. Vorsteuerabzug

Grundlegende Ausführungen zum Vorsteuerabzug enthält die Entscheidung des 29
EuGH vom 21.4.2005 in der Sache *HE*.[45] Danach kann auch für die Errichtung ei-
nes Arbeitszimmers Vorsteuer in Anspruch genommen werden. Die Errichtung auf
Miteigentum steht dem nicht entgegen; das nationale Zivilrecht ist unmaßgeblich.
Allerdings ist der anteilige Vorsteuerabzug auf die Miteigentumsquote begrenzt.
Verwehrt ist einem Mitgliedstaat nach Art. 17 Abs. 6 Unterabs. 2 der 6. USt-RL, die
Ausgaben für bestimmte Kraftfahrzeuge nach dem Inkrafttreten der 6. USt-RL
vom **Recht auf Vorsteuerabzug aus Konjunkturgründen auszuschließen,** wenn
zum Zeitpunkt des Inkrafttretens dieser Richtlinie für diese Ausgaben das Recht
auf Vorsteuerabzug nach ständiger auf einem Ministerialerlass beruhender Praxis
der Verwaltungsbehörden dieses Staates gewährt wurde. Art. 17 Abs. 7 Satz 1 der
6. USt-RL ist so auszulegen, dass diese Bestimmung einen Mitgliedstaat nicht ermächtigt, ohne vorherige Konsultation des Mehrwertsteuer-Ausschusses Gegenstände vom Vorsteuerabzug auszuschließen.[46]

8. Steuersatz

Die als Hausverwalterin tätige Frau **Urbing-Adam** meinte, dass es sich bei ihrer 30
Tätigkeit um einen **freien Beruf** handele und versteuerte ihre Leistungen mit einem
ermäßigten Satz. Die Finanzverwaltung vertrat die Ansicht, dass die Tätigkeit von

---

[44] EuGH v. 22.11.2001 C-184/00 – *OPW*, EuGHE 2001, I-9115.
[45] EuGH v. 21.4.2005 C-25/03 – *HE*, DStR 2005, 775.
[46] EuGH v. 8.1.2002 C-409/99 – *Metropol Treuhand*, BFH/NV-Beilage, 39.

Frau Urbing-Adam nicht die eines Vermögensverwalters und daher kein freier Beruf, sondern eine gewerbliche Tätigkeit sei. Der EuGH entschied:[47]

„Die Bestimmung und Definition der Umsätze, auf die nach diesen Vorschriften der Sechsten Richtlinie ein ermäßigter Steuersatz anwendbar ist, fallen in die Zuständigkeit der betreffenden Mitgliedstaaten.

Der **Grundsatz der steuerlichen Neutralität** verbietet es insbesondere, gleichartige und deshalb miteinander in Wettbewerb stehende Waren oder Dienstleistungen hinsichtlich der Mehrwertsteuer unterschiedlich zu behandeln, so dass solche Waren oder Dienstleistungen einem einheitlichen Steuersatz zu unterwerfen sind. [...]

Die in Anhang F Nummer 2 der Sechsten Richtlinie erwähnten **freien Berufe sind Tätigkeiten, die ausgesprochen intellektuellen Charakter** haben, eine **hohe Qualifikation** verlangen und gewöhnlich einer genauen und strengen **berufsständischen Regelung** unterliegen. Bei der Ausübung einer solchen Tätigkeit hat das persönliche Element besondere Bedeutung, und diese Ausübung setzt auf jeden Fall eine große Selbstständigkeit bei der Vornahme der beruflichen Handlungen voraus". Das vorlegende Gericht habe festzustellen, ob die Tätigkeit des Verwalters nach diesen Kriterien als freier Beruf anzusehen sei.

9. Lösung des Ausgangsfall

31   **Lösung des Ausgangsfalls:** In dem Ausgangsfall war streitig, auf welche Bestandteile sich die Besteuerung als Entnahmeeigenverbrauch nach Art. 5 Abs. 6 der 6. USt-RL erstreckt. Der EuGH sieht die Entnahmebesteuerung als Korrektur eines in Anspruch genommenen Vorsteuerabzugs und führt aus:[48]

32   „Art. 5 Abs. 6 der Sechsten Richtlinie soll sicherstellen, dass ein Steuerpflichtiger, der einen Gegenstand aus seinem Unternehmen entnimmt, und ein **gewöhnlicher Verbraucher**, der einen Gegenstand gleicher Art kauft, **gleich behandelt** werden. Deswegen lässt es diese Vorschrift nicht zu, dass ein Steuerpflichtiger, der beim Kauf eines seinem Unternehmen zugeordneten Gegenstands die Mehrwertsteuer abziehen konnte, der Zahlung der Mehrwertsteuer entgeht, wenn er diesen Gegenstand aus seinem Unternehmen für seinen privaten Bedarf entnimmt, und so gegenüber einem gewöhnlichen Verbraucher, der beim Erwerb des Gegenstands Mehrwertsteuer zahlt, einen **ungerechtfertigten Vorteil** erlangt (vgl. Urteil vom 8. März 2001 in der Rechtssache C-415/98 – *Bakcsi*, DStRE 2001, 419, Rdnr. 42). [...]

Bei der Lieferung von Gegenständen ist erstens danach zu unterscheiden, ob der in den Pkw eingebaute Gegenstand von ihm trennbar und eigenständig ist oder nicht. Wenn ein solcher Gegenstand seine körperliche und wirtschaftliche Eigenart behält, ist er nicht als ein **Bestandteil des Pkw** anzusehen. Für die Zwecke der Mehrwertsteuer handelt es sich bei der Übernahme eines Pkws, in den ein solcher trennbarer und eigenständiger Gegenstand eingebaut wurde, in das Privatvermögen eines Steuerpflichtigen um **zwei Entnahmen,** die unabhängig voneinander zu besteuern sind. Folglich unterliegt jede der beiden Entnahmen nun gemäß Art. 5 Abs. 6 der Sechsten Richtlinie der Mehrwertsteuer, wenn der entnommene Gegenstand zum Vorsteuerabzug berechtigt hat.

Zweitens ist aus Gründen des dem System der Sechsten Richtlinie zu Grunde liegenden **Neutralitätsgrundsatzes** zwischen Lieferungen von Gegenständen, die lediglich zur Werterhaltung des Gegenstands beitragen und in der Regel im Zeitpunkt der Entnahme verbraucht sind, und solchen Lieferungen zu unterscheiden, die zu einer **dauerhaften Werterhöhung** führen und im Zeitpunkt der Entnahme nicht vollständig verbraucht sind. Im Falle der Entnahme eines Gegenstands, den der Steuerpflichtige ursprünglich von einem Nichtsteuerpflichtigen ohne die Möglichkeit eines Vorsteuerabzugs erworben hat, verstieße es nämlich gegen diesen Neutralitätsgrundsatz, die Entnahme der Mehrwertsteuer zu unterwerfen, wenn nach dessen Anschaffung erfolgte Lieferungen von Gegenständen, selbst wenn sie zum Vorsteuerabzug berechtigt haben, **lediglich zum Erhalt** des entnommenen Gegenstands beigetragen haben, ohne dessen Wert zu erhöhen, und folglich im Zeitpunkt der Entnahme verbraucht sind. In einem solchen Fall erlangte der Steuerpflichtige nämlich gegenüber einem gewöhnlichen Verbraucher keinen ungerechtfertigten Vorteil, wenn er den Gegenstand entnähme, ohne Mehrwertsteuer zu entrichten. [...]

Eine Auslegung des Artikels 5 Abs. 6 der Sechsten Richtlinie dahin, dass im Fall der Entnahme eines Gegenstands für den privaten Bedarf des Steuerpflichtigen dieser Gegenstand und die in ihn eingebauten Teile umfassend zu besteuern sind, obwohl der Gegenstand ursprünglich ohne die

---

[47] EuGH v. 11.10.2001 C-267/99 – *Urbing-Adam*, EWS 2002, 145.
[48] EuGH v. 17.5.2001 C-322, 323/99 – *Fischer*, EuGHE 2001, I-4049.

Möglichkeit zum Vorsteuerabzug erworben wurde und allein die nachträglich erworbenen Bestandteile" zum Vorsteuerabzug berechtigt haben, wäre nämlich mit dem von dieser Bestimmung verfolgten Ziel der Gleichbehandlung nicht zu vereinbaren und würde zu einer **Doppelbesteuerung** führen, die dem Grundsatz der Steuerneutralität zuwiderliefe, der dem gemeinsamen Mehrwertsteuersystem zugrunde liegt, zu dem die Sechste Richtlinie gehört."

Auch und gerade in Zusammenhang mit Entnahmevorgängen ist das entscheidende Kriterium für die Beurteilung des Vorsteuerabzugs der Neutralitätsgrundsatz, die Gleichbehandlung mit dem „gewöhnlichen Verbraucher". Der EuGH kommt daher zutreffend zu dem Ergebnis, dass ein Steuerpflichtiger, der einen Pkw, den er ohne Berechtigung zum Vorsteuerabzug erworben hat und der nach seiner Anschaffung Gegenstand von Arbeiten war, für die die Mehrwertsteuer abgezogen wurde, zu unternehmensfremden Zwecken entnimmt, die nach Art. 5 Abs. 6 der 6. USt-RL geschuldete Mehrwertsteuer nur für die Bestandteile zu entrichten hat, die zum Vorsteuerabzug berechtigt haben und noch vorhanden sind. **33**

Folgerichtig hat der EuGH mit Urteil vom 8.5.2003[49] in der Sache *„Seeling"* entschieden, dass die Verwendung eines Teils eines insgesamt dem Unternehmen zugeordneten Betriebsgebäudes für den privaten Bedarf des Steuerpflichtigen keine als Vermietung oder Verpachtung eines Grundstücks i. S. d. Art. 13 Teil B der 6. USt-RL steuerfreie Dienstleistung darstelle. Daraufhin hat der BFH in der Folgeentscheidung vom 24.7.2003[50] festgestellt, dass die nicht unternehmerische Ver-: wendung des Gebäudes der Umsatzsteuer als steuerpflichtiger „Eigenverbrauch" unterliege und entsprechende Vorsteuerbeträge nicht vom Abzug ausgeschlossen seien.[51] **34**

Nach dem Urteil vom 21.5.2014[52] liegt eine Entnahme nach § 3 Abs. 1b UStG vor, wenn ein Steuerpflichtiger einen bislang seinem Einzelunternehmen zugeordneten Gegenstand einer sein Unternehmen fortführenden Personengesellschaft, an der er beteiligt ist, unentgeltlich zur Nutzung überlasse. Die Entnahme sei mit dem Einkaufspreis zu bemessen; die Wertentwicklung des entnommenen Gegenstands sei dabei zu berücksichtigen. Eine umsatzsteuerliche Entnahme liegt hingegen nicht vor, wenn der Unternehmer Gegenstände seines Betriebsvermögens in sein Sonderbetriebsvermögen bei einer Mitunternehmerschaft überführt und nach der Überführung Unternehmer bleibt.[53] **35**

Und schließlich hat der BFH mit Beschluss vom 5.6.2014[54] dem EuGH Fragen zur Bestimmung der abziehbaren Vorsteuerbeträge aus Eingangsleistungen für ein gemischt genutztes Gebäude, zurr Berichtigung des Vorsteuerabzugs im Falle eines von einem Mitgliedstaat nachträglich vorgeschriebenen vorrangigen Aufteilungsschlüssels und zu den Grundsätzen der Rechtssicherheit und des Vertrauensschutzes vorgelegt.[55] **36**

---

[49] EuGH v. 8.5.2003 C-269/00 – *Seeling*, DStR 2003, 873.
[50] BFH v. 24.7.2003 V R 39/99, DStR 2003, 1791.
[51] Zur Umsetzung durch die Finanzverwaltung vgl. *Lehr* DStR 2004, 899, und durch das Richtlinien-Umsetzungsgesetz v. 9.12.2004 *Paukstadt/Matheis* UR 2005, 83; *Korn/Strahl* KÖSDI 2005, 14557/74; allgemein zur „Eigenverbrauchsbesteuerung" *Lippross* Umsatzsteuer, 23. Aufl., 2012, 2.6 (S. 312f.).
[52] BFH v. 21.5.2014 V R 20/13, BStBl. II 2014, 1029.
[53] *Schulze* HFR 2014, 929.
[54] BFH v. 5.6.2014 – XI R 31/09, BFHE 245, 447.
[55] Zu den EuGH-Vorgaben des Vorsteuerabzugs *Heuermann* StBp 2015, 331.

Übersicht zu § 11: Umsatzsteuer

▸ Die Umsatzsteuer ist eine der ergiebigsten Steuerquellen; allein in Deutschland beträgt ihr Anteil am gesamten Steueraufkommen ca. 30 vH. Die Umsatzsteuer belastet den **Endverbraucher.** Der Unternehmer stellt die an das Finanzamt zu entrichtende Umsatzsteuer seinem Abnehmer in Rechnung. Die ihm selbst in Rechnung gestellte Umsatzsteuer lässt er sich als Vorsteuer vom Finanzamt erstatten.

▸ Die Bemessungsgrundlage der Umsatzsteuer ist durch eine Vielzahl von Richtlinien, insb. durch die sog. 6. Richtlinie, weitgehend harmonisiert; Unterschiede bestehen im Wesentlichen nur noch in den Steuersätzen. Der EuGH hat eine Vielzahl von Entscheidungen zur Auslegung dieser Richtlinien getroffen.

▸ Durch den Vorsteuerabzug soll der Steuerpflichtige vollständig von der im Rahmen seiner wirtschaftlichen Tätigkeit geschuldeten oder entrichteten Mehrwertsteuer entlastet werden. Das gemeinsame Mehrwertsteuersystem gewährleistet somit die Neutralität hinsichtlich der steuerlichen Belastung aller wirtschaftlichen Tätigkeiten unabhängig von ihrem Zweck oder ihrem Ergebnis, sofern diese Tätigkeiten selbst der Mehrwertsteuer unterliegen.

▸ Eine Ausfuhrlieferung ist steuerfrei. Die Vorsteuer im Zusammenhang mit einer steuerfreien Ausfuhr bleibt abzugsfähig. Nach dem Bestimmungslandprinzip soll die Besteuerung einer Leistung in dem Land durchgeführt werden, für das sie bestimmt ist.

▸ Der EuGH legt die Umsatzsteuer-Richtlinien teleologisch aus; die Auslegung einzelner Begriffe ist nicht abhängig vom Zivilrecht einzelner Mitgliedstaaten

▸ Die Umsatzsteuer ist reformbedürftig; bemängelt wird vielfach die Sinnhaftigkeit der Steuerermäßigungstatbestände. Insbesondere aber ist den Missbrauchsmöglichkeiten entgegenzutreten, z.B. durch eine Ausweitung des sog. Ist-Prinzips, durch vermehrten Datenaustausch und durch eine Anpassung des Vorsteuer-Abzugs.

§ 12 Verbrauchsteuerrecht

Ausgangsfall (Verkaufsteuer): Zu den Tätigkeiten von Statoil (Tallinn, Estland) gehörte der Einzelhandelsverkauf verbrauchsteuerpflichtiger Flüssigbrennstoffe. Die Stadt Tallinn erließ eine Verordnung, die in § 1 vorsah, dass eine Verkaufsteuer eingeführt werde; diese werde erhoben auf Waren und Dienstleistungen, die ein Steuerpflichtiger, der die Voraussetzungen des § 2 (Händler) erfülle, an einer im Stadtgebiet Tallinn gelegenen Betriebsstätte oder von dort aus an eine natürliche Person (außer an einen Einzelunternehmer für Zwecke seines Unternehmens) im Einzelhandel, in der Gastronomie oder im Dienstleistungsgewerbe verkaufe bzw. erbringe. Der Satz der Verkaufsteuer durfte 1 vH des im Kaufpreis enthaltenen Werts der Waren und Dienstleistungen nicht überschreiten. Das vorlegende Gericht hatte Zweifel, ob die VO mit Art. 1 Abs. 2 der Richtlinie 2008/118 vereinbar ist.[1]

I. Verbrauchsteuern

Eine der wesentlichen Voraussetzungen für die Schaffung des Binnenmarkts ist **1** die **Harmonisierung der Verbrauchsteuern.**[2] Rechtsgrundlage der Harmonisierung ist Art. 113 AEUV. Besondere Verbrauchsteuern sind den indirekten Steuern zuzuordnen und erfassen die wirtschaftliche Leistungsfähigkeit, die sich in der Verwendung von Einkommen zum Zwecke des Verbrauchs von bestimmten Waren manifestiert.

Den Verbrauchsteuern unterliegen im Allgemeinen Güter des täglichen Konsums **2** (Mineralöl, Strom, Tabakwaren usw.), die in den einzelnen Verbrauchsteuergesetzen näher bestimmt sind; dies geschieht durch einen Verweis auf die „Kombinierte Nomenklatur". Produktion und Handel erfolgen unversteuert über sogenannte Steuerlager. Die Verbrauchsteuern werden auf diejenigen verbrauchsteuerpflichtigen Waren erhoben, die im deutschen Steuergebiet in den Wirtschaftskreislauf treten und ver- oder gebraucht werden (Bestimmungslandprinzip).

Verbrauchsteuern sind Abgaben, die den Verbrauch oder Gebrauch bestimmter Waren belasten.[3] Aus Gründen der Zweckmäßigkeit und der Verwaltungsökonomie werden die Verbrauchsteuern beim Hersteller oder beim Händler erhoben. Diesen wird dabei grundsätzlich die Möglichkeit eingeräumt, die Steuer über den Kaufpreis auf den Verbraucher abzuwälzen. Die Verbrauchsteuern zählen daher zur Gruppe der **indirekten Steuern;** das Aufkommen betrug 2013 rund 66 Milliarden Euro. Zuständig für die Erhebung ist der Zoll. Die Herstellung, Be- oder Verarbeitung sowie Lagerung von verbrauchsteuerpflichtigen Waren unter Steueraussetzung erfolgen – unter Aufsicht der Zollverwaltung – im Steuerlager. Die Verbrauchsteuer **entsteht** erst mit Entfernung der Waren aus dem Steuerlager oder mit Entnahme zum Verbrauch im Steuerlager. **Steuerschuldner** wird der Steuerlagerinhaber. Dieser bedarf der Erlaubnis durch das zuständige Hauptzollamt.

Neuerdings (wohl vor dem Hintergrund zunehmender wirtschaftlicher Bedeu- **3** tung) sind die Verbrauchsteuern in den Fokus der Wissenschaft geraten; es wird vor allem die Frage nach der Legitimation von Verbrauchsteuern, nach den verfassungsrechtlichen Voraussetzungen und nach dem Verhältnis der Verbrauchsteuern zum

---

[1] Nach EuGH v. 5.3.2015 C-553/13, BeckRS 2015, 80342.
[2] *Bieber/Epiney/Haag* Die Europäische Union, § 19 Rz. 14.
[3] *Voß* in Dauses, EU-Wirtschaftsrecht – J. Steuerrecht (EL 17) Rz. 261.

grundgesetzlichen und unionsrechtlichen Gleichheitssatz gestellt.[4] Nach nationalem Recht muss der Gesetzgeber bei Erschließung einer neuen Verbrauchsteuerquelle – gleichheitsrechtlich – entweder an eine erhöhte Leistungsfähigkeit anknüpfen oder einen Lenkungszweck verfolgen; unionsrechtlich stellt sich die Frage, ob Art. 20 EU-GR-Charta ähnliche Gewährleistungen verlangt.[5]

II. Unionsrechtliche Regelungen

4   Die **System-Richtlinie**[6] enthält Regelungen über das allgemeine System, den Besitz, die Beförderung und die Kontrolle verbrauch–steuerpflichtiger Waren. In Konkretisierung dieser Regelung sind die **Alkoholische Getränke-Richtlinie**,[7] die **Tabakwaren-Richtlinie**[8] und eine **Richtlinie betr. Energieerzeugnisse und elektrischer Strom**[9] erlassen worden. Die **Steuersatzrichtlinien**[10] normieren vor allem Mindeststeuersätze für die einzelnen verbrauchsteuerpflichtigen Waren. Und die **EMCS-Verordnung**[11] regelt EDV-gestützte Verfahren für die Beförderung verbrauchsteuerpflichtiger Waren unter Steueraussetzung.

Nach 113 AEUV ist der Rat aufgefordert, Maßnahmen zur Harmonisierung von Umsatzsteuern, **Verbrauchsabgaben** und sonstigen indirekten Steuern zu treffen, „soweit diese Harmonisierung für die Errichtung und das Funktionieren des Binnenmarktes […] notwendig ist."

Sätze und Strukturen der Verbrauchsteuern variieren zwischen den Mitgliedstaaten und wirken sich auf den Wettbewerb aus. Die Erhebung von Abgaben auf Waren aus anderen Mitgliedstaaten zu höheren Sätzen als auf inländische Waren ist diskriminierend und durch Art. 110 AEUV verboten. Große Besteuerungsunterschiede für ein bestimmtes Erzeugnis können zu steuerinduzierten Warenbewegungen, zu Verlusten von Einnahmen und zu Betrügereien führen.

5   Die in Ausführung zu Art. 113 AEUV (Art. 93 EG) erlassenen Richtlinien sind durch das Verbrauchsteuerbinnenmarktgesetz vom 21.12.1992 in nationales Recht umgesetzt worden. Harmonisiert sind die Steuern auf Alkohol, auf Energieerzeugnisse und auf Tabak. Auch nach Abschaffung der Binnengrenzen soll bei den Ver-

---

[4] *Englisch* Spezielle Verkehr- und Verbrauchsteuern: terra incognita der Steuerrechtswissenschaft, StuW 2015, 52; *Kirchhof* Verbrauchsteuern im Lichte des Verfassungsrechts, BB 2015, 278; *Krumm* Besondere Verbrauchsteuern im Lichte des verfassungs- und unionsrechtlichen Gleichheitssatzes, ZfZ 2014, 281; *Eiling* Verfassungs- und europarechtliche Vorgaben an die Einführung neuer verbrauchsteuern (verprobt am Beispiel der Kernbrennstoffsteuer), Diss. 2014.
[5] *Krumm* a. a. O. (Fn 4), 289.
[6] Richtlinie 2008/118/EG des Rates vom 16.12.2008 über das allgemeine Verbrauchsteuersystem und zur Aufhebung der Richtlinie 92/12/EWG): Festschreibung der Grundlagen des innergemeinschaftlichen Verbrauchsteuersystems für Energieerzeugnisse und elektrischer Strom, Alkohol, alkoholische Getränke und Tabakwaren (ABl. 2009 L 9, 12).
[7] Richtlinie 92/83/EWG des Rates v. 19.10.1992 zur Harmonisierung der Struktur der Verbrauchsteuern auf Alkohol und alkoholische Getränke (ABl. 1992 L 316, 21).
[8] Richtlinie 95/59/EG des Rates v. 27.11.1995 über die anderen Verbrauchsteuern auf Tabakwaren als die Umsatzsteuer (ABl. 1995 L 291, 40); u.a. geändert durch die Richtlinie 2011/64/EU v. 5.7.2011 und die EU-Tabakproduktrichtlinie 2014/40/EU v. 3.4.2014 (ABl. 2014 L 127, 1), die auch gesundheitspolitische Ziele verfolgt und die bis zum 20.5.2016 in nationales Recht umzusetzen ist (*Köthe/Knoll* Die Besteuerung von Tabakwaren in Deutschland, BB 2015, 1174).
[9] Richtlinie 2003/96 v. 27.10.2003. – Während bisher im Prinzip nur Mineralöle harmonisiert waren, unterliegen jetzt auch Erdgas, Strom und Kohle dem gemeinschaftlichen Steuerrecht; auch für diese hinzugekommenen Energieträger wurden Mindeststeuersätze festgelegt.
[10] Richtlinie 92/79 und Richtlinie 92/80 betr. Tabakwaren (s. aber oben Fn. 8); Richtlinie 2003/96 betr. Energieerzeugnisse und elektrischer Strom; Richtlinie 92/84 betr. Alkohol.
[11] VO (EG) Nr. 684/2009 der Kommission vom 24.7.2009 zur Durchführung der Richtlinie 2008/118/EG des Rates.

brauchsteuern im innergemeinschaftlichen Handel das **Bestimmungslandprinzip** gelten, nach dem der Endverbraucher im Gebrauchsland zu den dort geltenden Bedingungen die Steuer zu leisten hat. Der Verbrauchsteuertatbestand entsteht in der Regel mit einer „Entnahme in den freien Verkehr, z.B. Entfernung aus dem Steuerlager (Herstellungsbetrieb oder Warenlager). Aus verwaltungstechnischen Gründen wird die Verbrauchsteuer beim Hersteller und Einführer, also beim Eingang in den Wirtschaftskreislauf erhoben. Die Umsatzsteuer steht neben den besonderen Verbrauchsteuern.

Die Richtlinie über das allgemeine Verbrauchsteuersystem 2008/118/EG v. 16.12. **6** 2008 (Systemrichtlinie) ist folgendermaßen aufgebaut:

Kapitel I	Allgemeine Bestimmungen
	Art. 1 (1) Diese Richtlinie legt ein allgemeines System für die Verbrauchsteuern fest, die mittelbar oder unmittelbar auf den Verbrauch folgender Waren (nachstehend „verbrauchsteuerpflichtige Waren" genannt) erhoben werden: a) Energieerzeugnisse und elektrischer Strom gemäß der Richtlinie 2003/96/EG; b) Alkohol und alkoholische Getränke gemäß den Richtlinien 92/83/EWG und 92/84/EWG; c) Tabakwaren gemäß den Richtlinien 95/59/EG, 92/79/EWG und 92/80/EWG. (2) Die Mitgliedstaaten können für besondere Zwecke auf verbrauchsteuerpflichtige Waren andere indirekte Steuern erheben, sofern diese Steuern in Bezug auf die Bestimmung der Bemessungsgrundlage, die Berechnung der Steuer, die Entstehung des Steueranspruchs und die steuerliche Überwachung mit den gemeinschaftlichen Vorschriften für die Verbrauchsteuer oder die Mehrwertsteuer vereinbar sind, wobei die Bestimmungen über die Steuerbefreiungen ausgenommen sind.
Kapitel II	Entstehung des Verbrauchsteueranspruchs, Erstattung und Steuerbefreiung
Kapitel III	Herstellung, Verarbeitung und Lagerung
Kapitel IV	Beförderung verbrauchsteuerpflichtiger Waren unter Steueraussetzung
Kapitel V	Beförderung und Besteuerung verbrauchsteuerpflichtiger Waren nach der Überführung in den steuerrechtlich freien Verkehr
Kapitel VI	Verschiedenes
Kapitel VII	Verbrauchsteuerausschuss

III. EuGH-Rechtsprechung

Der EuGH hat sich in jüngerer Zeit mit interessanten Fragen des Verbrauchsteuer- **7** errechts und dessen Harmonisierung befassen müssen:

Rechtssache	Fundstelle	Rechtsgrundlage	Gegenstand
EuGH v. 27.2.2002 C-302/00	BFH/NV Beilage 2002, 104	EGRL 59/95 Art. 16 Abs. 5, EGRL 59/95 Art. 8 Abs. 2, EGRL 59/95 Art. 9 Abs. 1, EWGRL 79/92 Art. 2, Art. 90 EG	Unterschiedliche Besteuerung dunkler und heller Zigaretten unzulässig
EuGH v. 9.10.2014 C-428/13	BeckEuRS 2014, 403054	EGRL 95/59 Art. 8 Abs. 2, EURL 11/64 Art. 7 Abs. 2	Eine Mindesttabaksteuer nur für bestimmte Kategorien von Zigaretten ist unzulässig

Rechtssache	Fundstelle	Rechtsgrundlage	Gegenstand
EuGH v. 12.2.2015 C-349/13	BeckRS 2015, 80240	EWGRL 12/92 Art. 3 Abs. 3, EGRL 118/ 2008 Art. 1 Abs. 3, Art. 110 AEUV	Zulässigkeit einer Verbrauchsteuer auf Schmieröle, die für andere Zwecke als Heiz- oder Kraftstoff verwendet werden
EuGH v. 5.3.2015 C-175/14	RiW 2015, 392	RL92/12/EWG Art. 7 I, II, 9 I	Überführung von Waren in den steuer- rechtlich freien Verkehr eines Mit- gliedstaats und Beförderung in einen anderen Mitgliedstaat
EuGH v. 5.3.2015 C-553/13	BeckRS 2015, 80342	RL 2008/118/EG Art. 1 II	Verbrauchsteuer- pflichtige Flüssig- brennstoffe
EuGH v. 4.6.2015 C-5/14	EuGRZ 2015, 413	RL 2003/96/EG	Das Unionsrecht hindert einen Mit- gliedstaat nicht daran, eine Steuer auf die Verwendung spalt- barer Stoffe zulasten der Betreiber von Kernkraftwerken einzuführen
EuGH C-409/14 anhängig	ABl. 2014 C 439, 16	Pos 2401 UPos 1035 KN, EGRL 118/ 2008 Art. 4 Nr 6, EGRL 118/2008 Art. 2 Buchst b, EWGRL 12/92 Art. 4 Nr 8, EWGV 2658/87 Anh 1	Beschaffenheit von Tabak i. S. d. RL

IV. Konkretisierungen

8   Da eine ausreichende Angleichung der Steuersätze innerhalb der EU bisher nicht möglich war und da an den Binnengrenzen keine Kontrollen durchgeführt werden, musste für den Warenverkehr mit verbrauchsteuerpflichtigen Gütern ein eigenes Überwachungssystem geschaffen werden. Das Bestimmungslandprinzip wird durch ein kompliziertes Überwachungsverfahren im Steuerlagerverbundsystem und durch Kontrollen in der Gemeinschaft verwirklicht; wesentlicher Bestandteil der Überwa- chung ist ein europaweites „Steuerlagerverbundsystem": Zwischen den Steuer- lagern dürfen die Waren **unversteuert** befördert werden (**Steueraussetzungsver- fahren**); so können Waren (mit vorgeschriebenen Begleitpapieren) unversteuert europaweit von Lager zu Lager transportiert werden.

9   Im innergemeinschaftlichen Warenverkehr ist zum Empfang von unversteuerten verbrauchsteuerpflichtigen Gütern neben den Steuerlagerinhabern auch ein zugelas- sener registrierter Empfänger befugt. Dies betrifft in erster Linie kleinere Firmen, deren geringe Bezugsmengen die aufwändige Einrichtung von Steuerlagern nicht rechtfertigen würden. In diesem Fall entsteht die Verbrauchsteuer mit der Aufnah- me in den Betrieb in der Person des registrierten Empfängers. Neben den Waren-

lieferungen unter Steueraussetzung können auch bereits in einem anderen EU-Mitgliedstaat versteuerte Güter Gegenstand eines innergemeinschaftlichen Handels sein. Für diese Waren des freien Verkehrs gilt ebenfalls das Bestimmungslandprinzip. Zur Vermeidung einer Doppelbesteuerung wird in diesen Fällen jedoch im Mitgliedstaat, aus dem diese Waren stammen, die Verbrauchsteuer erstattet. Im Falle der Einfuhr aus Nicht-EU-Staaten richtet sich das Steuerverfahren nach zollrechtlichen Bestimmungen.

Mit Verwirklichung des Europäischen Binnenmarkts zum 1.1.1993 hat sich die Tätigkeit der Zollverwaltung von der Grenze in die Betriebe der Unternehmen verlagert. Der Schwerpunkt der Überwachung liegt jetzt bei den Prüfungsstellen. Diese übernehmen die Aufgaben, die vorher an der Grenze wahrgenommen wurden und kontrollieren die tatsächlichen Warenbewegungen anhand der Betriebsunterlagen und der Bestände.

Im Warenverkehr zwischen den Mitgliedstaaten wird die Ware unversteuert befördert und erst im Bestimmungsland nach den dort geltenden Vorschriften versteuert. Das **Bestimmungslandprinzip**[12] für den gewerblichen Bezug erfordert daher einen Entstehungstatbestand für in anderen Mitgliedstaaten versteuerte Waren. Im Gegensatz zum gewerblichen Warenverkehr gilt beim innergemeinschaftlichen Warenbezug durch Private verbrauchsteuerrechtlich – wie auch umsatzsteuerrechtlich – das Prinzip der Ursprungslandbesteuerung. Die verbrauchsteuerpflichtigen Waren werden steuerlich überwacht (EU-weites Steuerlager-Verbundsystem).[13] Zwischen den einzelnen Steuerlagern können die Waren mit Begleitdokumenten ohne Grenzformalitäten und ohne Entstehen einer Steuerpflicht transportiert werden. Die Verbrauchsteuer entsteht erst in dem Moment, in dem die Waren aus dem Steuerlager-Verbund entnommen bzw. verbraucht werden.

Die Kommission hat einen weiteren Versuch zur **Harmonisieru**ng der Diesel-Besteuerung für Spediteure unternommen. Durch die RL 2002/10 des Rates vom 12.2.2002 ist eine stärkere Annäherung der Steuersätze beabsichtigt. Deutschland hat sich den Plänen der EU-Kommission für eine stärkere Besteuerung von Diesel-Kraftstoff stets widersetzt, zuletzt im Jahr 2011.

Das Unionsrecht hindert einen Mitgliedstaat nicht daran, eine Steuer auf die Verwendung spaltbarer Stoffe zulasten der Betreiber von Kernkraftwerken einzuführen.[14] Das harmonisierte System der Verbrauchsteuern auf Energieerzeugnisse und elektrischen Strom beruht auf der Richtlinie 2008/118/EG des Rates vom 16.12.2008 über das allgemeine Verbrauchsteuersystem und der Richtlinie 2003/96/EG des Rates vom 27.10.2003 zur Restrukturierung der gemeinschaftlichen Rahmenvorschriften zur Besteuerung von Energieerzeugnissen und elektrischem Strom. Die erstgenannte Richtlinie legt die allgemeinen Regeln des Verbrauchsteuersystems fest, wohingegen die zweite insbesondere die Besteuerung von Energieerzeugnissen und elektrischem Strom regelt.

Die Kernbrennstoffsteuer wurde durch das Kernbrennstoffsteuergesetz vom 8.12.2010 (KernbrStG) eingeführt. Nach diesem Gesetz unterliegt Kernbrennstoff, der zur gewerblichen Erzeugung von elektrischem Strom verwendet wird, der Kernbrennstoffsteuer.[15] Unter Kernbrennstoff versteht man Plutonium 239 und 241 sowie Uranium 233 und 235. Der Steuertarif wird pro Gramm Kernbrennstoff fest-

10

11

12

---

[12] S. oben § 4 Rz. 9.
[13] *Laule* IStR 2001, 297, 298, 306.
[14] EuGH v. 4.6.2015 C-5/14, EuGRZ 2015, 413.
[15] S. auch unten § 15.

gelegt und beläuft sich auf 145 Euro. Die Steuer entsteht, wenn der Brennstoff in einen Kernreaktor erstmals eingesetzt und die Kettenreaktion ausgelöst wird. Steuerschuldner ist der Betreiber der Anlage zur Erzeugung von elektrischem Strom durch Spaltung spaltbarer Stoffe (Kernkraftwerk).

Die Richtlinien 2003/96 und 2008/118 stehen nach Auffassung des Generalanwalts einer auf Kernbrennstoff erhobenen Steuer, die auf die Verwendung dieses Brennstoffs zur Erzeugung von elektrischem Strom zu entrichten ist, nicht entgegen. Die streitige Steuer trifft die Tätigkeit der Betreiber von Kernkraftwerken, nachdem diese das Recht auf Nutzung von Kernbrennstoff erworben haben. Es sind diese Betreiber, die die Steuer schulden und die Steuerlast tragen; die Gemeinschaft ist in keiner Weise betroffen.

Nach ständiger Rechtsprechung des Gerichtshofs kann eine steuerliche Maßnahme eine staatliche Beihilfe im Sinne von Art. 107 Abs. 1 AEUV darstellen. Dies ist der Fall, wenn die steuerliche Maßnahme den Empfängern eine steuerliche Vergünstigung gewährt, indem sie die Lasten verringert, die ein Unternehmen sonst zu tragen hat. Außerdem muss diese Maßnahme geeignet sein, „bestimmte Unternehmen oder Produktionszweige" gegenüber anderen Unternehmen oder Produktionszweigen, die sich im Hinblick auf das mit der betreffenden Regelung verfolgte Ziel in einer vergleichbaren tatsächlichen und rechtlichen Situation befinden, zu begünstigen. Bei der Beurteilung dieser Maßnahmen ist der selektive Vorteil damit das ausschlaggebende Kriterium unter den vier kumulativen Kriterien, die in dieser Bestimmung des AEU-Vertrags genannt werden.[16]

13 **Lösung des Ausgangsfalls:** Die unspezifizierte Verkaufsteuer verstößt gegen EU-Recht. Nach Art. 1 Abs. 1 i.V.m. Abs. 2 der Richtlinie 2008/118 kann auf die nach dieser Richtlinie verbrauchsteuerpflichtigen Waren eine andere indirekte Steuer als die durch diese Richtlinie eingeführte Verbrauchsteuer erhoben werden, wenn diese Steuer zum einen für einen oder mehrere besondere Zwecke erhoben wird und sie zum anderen in Bezug auf die Bestimmung der Bemessungsgrundlage, die Berechnung der Steuer, die Entstehung des Steueranspruchs und die steuerliche Überwachung mit den unionsrechtlichen Vorschriften für die Verbrauchsteuer oder die Mehrwertsteuer vereinbar ist, wobei die Bestimmungen über die Steuerbefreiungen ausgenommen sind. Bei diesen beiden Voraussetzungen, durch die verhindert werden soll, dass der Handelsverkehr durch zusätzliche indirekte Steuern übermäßig behindert wird, handelt es sich, wie bereits aus dem Wortlaut von Art. 1 Abs. 2 der Richtlinie 2008/118 hervorgeht, um kumulative Voraussetzungen. Damit es die im Voraus festgelegte Verwendung der Einnahmen aus einer Steuer auf verbrauchsteuerpflichtige Waren erlaubt, von dieser Steuer einen besonderen Zweck im Sinne der genannten Bestimmung anzunehmen, muss die fragliche Steuer selbst darauf gerichtet sein, die Verwirklichung des beanspruchten besonderen Zwecks zu gewährleisten, und somit ein unmittelbarer Zusammenhang zwischen der Verwendung der Einnahmen aus der Steuer und dem besonderen Zweck bestehen. Folglich kann das Vorliegen eines besonderen Zwecks im Sinne der genannten Bestimmung nicht allein dadurch begründet werden, dass die Einnahmen aus der fraglichen Steuer dafür bestimmt werden, allgemeine Ausgaben zu finanzieren, die eine Körperschaft des öffentlichen Rechts in einem bestimmten Bereich zu tragen hat. Andernfalls könnte der angebliche besondere Zweck nämlich nicht von einem reinen Haushaltszweck unterschieden werden.

Art. 1 Abs. 2 der Richtlinie 2008/118/EG des Rates vom 16.12.2008 über das allgemeine Verbrauchsteuersystem und zur Aufhebung der Richtlinie 92/12/EWG ist dahin auszulegen, dass eine Steuer wie jene des Ausgangsverfahrens, soweit sie auf den verbrauchsteuerpflichtigen Einzelhandelsverkauf von Flüssigbrennstoffen erhoben wird, keinen besonderen Zweck im Sinne dieser Bestimmung verfolgt, wenn sie auf die Finanzierung des Betriebs des öffentlichen Personenverkehrs im Gebiet der Gebietskörperschaft, die diese Steuer auferlegt, gerichtet ist und diese Gebietskörperschaft unabhängig vom Bestehen dieser Steuer verpflichtet ist, diese Tätigkeit auszuführen und zu finanzieren, selbst wenn die Einnahmen aus dieser Steuer ausschließlich für diese Tätigkeit verwendet wurden. Die genannte Bestimmung ist daher dahin auszulegen, dass sie einer einzelstaat-

---

[16] S. oben § 7 Rz. 8.

lichen Regelung wie jener des Ausgangsverfahrens, die eine solche Steuer auf den Einzelhandelsverkauf von verbrauchsteuerpflichtigen Flüssigbrennstoffen einführt, entgegensteht.[17]

Übersicht zu § 12: Verbrauchsteuerrecht

▶ Verbrauchsteuern sind Abgaben, die den Verbrauch oder Gebrauch bestimmter Waren belasten. Aus Gründen der Zweckmäßigkeit und der Verwaltungsökonomie werden die Verbrauchsteuern beim Hersteller oder beim Händler erhoben.

▶ Nach 113 AEUV ist der Rat aufgefordert, Maßnahmen zur Harmonisierung von Umsatzsteuern, **Verbrauchsabgaben** und sonstigen indirekten Steuern zu treffen, „soweit diese Harmonisierung für die Errichtung und das Funktionieren des Binnenmarktes […] notwendig ist." Maßgeblich ist die Richtlinie über das allgemeine Verbrauchsteuersystem 2008/118/EG v. 16.12.2008 (Systemrichtlinie).

▶ Da eine ausreichende Angleichung der Steuersätze innerhalb der EU bisher nicht möglich war und da an den Binnengrenzen keine Kontrollen durchgeführt werden, musste für den Warenverkehr mit verbrauchsteuerpflichtigen Gütern ein eigenes Überwachungssystem geschaffen werden. Das Bestimmungslandprinzip wird durch ein kompliziertes Überwachungsverfahren im Steuerlagerverbundsystem und durch Kontrollen in der Gemeinschaft verwirklicht; wesentlicher Bestandteil der Überwachung ist ein europaweites „Steuerlagerverbundsystem".

▶ Das Unionsrecht hindert einen Mitgliedstaat nicht daran, eine Steuer auf die Verwendung spaltbarer Stoffe zulasten der Betreiber von Kernkraftwerken einzuführen.

▶ Eine unspezifizierte Verkaufsteuer verstößt gegen EU-Recht.

---

[17] EuGH v. 5.3.2015 C-553/13, BeckRS 2015, 80342.

§ 13 Versicherungsteuerrecht

Ausgangsfall: Die Mapfre Warranty SpA ist eine Gesellschaft nach italienischem Recht, die in Frankreich unter der Firma NSA Sage im Bereich der Erteilung von Garantien für den Fall des Ausfalls von Gebrauchtfahrzeugen tätig ist. Tritt der Garantiefall innerhalb der Garantiezeit ein, so wendet sich der Käufer des Fahrzeugs an eine Werkstatt, die einen Voranschlag der Reparaturkosten erstellt und der Mapfre Warranty vorlegt. Nachdem diese den Voranschlag angenommen hat, führt die Werkstatt die Reparatur durch und Mapfre Warranty begleicht deren Kosten. – In der Annahme, dass es sich bei ihrer Tätigkeit um Dienstleistungen handele, die nach allgemeinen Grundsätzen besteuert würden, berechnete Mapfre Warranty die Mehrwertsteuer für die von ihr getätigten Umsätze und führte sie ab. Die zuständige Steuerbehörde ist indes der Auffassung, dass für diese Umsätze die Versicherungsteuer gemäß Art. 991 des Steuergesetzbuchs abzuführen sei. Zu Recht?[1]

I. Die deutsche Versicherungsteuer

1   Versicherungsbeiträge zur Schadens- und Unfallversicherung unterliegen in Deutschland der Versicherungsteuer. Der Steuersatz beträgt seit 2002 16 vH. Für Hagel-, Seeschiffskasko- und Unfallversicherungen mit Prämienrückgewähr sind die Steuersätze niedriger. Lebens- und Krankenversicherungen sind vom Gesetzgeber wegen ihrer besonderen sozialen Bedeutung von der Versicherungsteuer ebenso ausgenommen wie die Beiträge zur Sozialversicherung. Soweit die Beiträge auch der Feuerschutzsteuer unterliegen, beträgt der Versicherungsteuersatz 11 vH, da hier die Beiträge kumuliert mit Versicherungsteuer und Feuerschutzsteuer belastet sind. Dies führt dazu, dass seit der Anhebung zum 1.1.2002 in der Hausratversicherung (Feuerrisikoanteil 20 vH) der Steuersatz 15,0 vH und in der Wohngebäudeversicherung (Feuerrisikoanteil 25 vH) der Steuersatz 14,75 vH beträgt. Das Versicherungsteueraufkommen steht ausschließlich dem Bund zu.[2] Steuerschuldner ist der Versicherungsnehmer. Der Versicherer zieht die Versicherungsteuer für Rechnung des Versicherungsnehmers ein und führt sie an das Finanzamt ab. Dasselbe gilt grundsätzlich auch dann, wenn im Inland belegene Risiken bei einem ausländischen Versicherer versichert werden.

II. Unionsrechtliche Regelungen

2   Im Bereich der Versicherungsteuer ist nach der Zweiten Richtlinie 88/357/EWG des Rates vom 22.6.1988 zur Koordinierung der Rechts – und Verwaltungsvorschriften für die Direktversicherung (mit Ausnahme der Lebensversicherung) und zur Erleichterung der tatsächlichen Ausübung des freien Dienstleistungsverkehrs sowie zur Änderung der Richtlinie 73/239/EWG (ABl. 1973 L 172 S. 1) eine Harmonisierung nur insoweit zustande gekommen, als auf Versicherungsverträge **ausschließlich** in dem Mitgliedstaat, in dem das Risiko im Sinne von Art. 2 Buchst. d belegen ist, **indirekte Steuern und steuerähnliche Abgaben** auf Versicherungsprämien erhoben werden dürfen.[3]

---

[1] Nach EuGH v. 16.7.2015 C-584/13, BeckRS 2015, 80947.
[2] Das Aufkommen betrug im Jahr 2012 11,138 Mrd. Euro.
[3] *Bieber/Epiney/Haag* Die Europäische Union, § 19 Rz. 15.

> ▶ Erste Richtlinie 73/239/EWG des Rates v. 24.7.1973 zur Koordinierung der Rechts- und Verwaltungsvorschriften betreffend die Aufnahme und Ausübung der Tätigkeit der Direktversicherung (mit Ausnahme der Lebensversicherung) (ABl. L 228 vom 16.8.1973, S. 3). Richtlinie zuletzt geändert durch die Richtlinie 95/26/EG (ABl. 1995 L 168, 7).
> ▶ Zweite Richtlinie 88/357/EWG des Rates v. 22.6.1988 zur Koordinierung der Rechts- und Verwaltungsvorschriften für die Direktversicherung (mit Ausnahme der Lebensversicherung) und zur Erleichterung der tatsächlichen Ausübung des freien Dienstleistungsverkehrs sowie zur Änderung der Richtlinie 73/239/EWG (ABl. 1988 L 172, 1).
> ▶ Dritte Richtlinie Schadenversicherung 92/49/EWG v. 18.6.1992 zur Koordinierung der Rechts- und Verwaltungsvorschriften für die Direktversicherung (mit Ausnahme der Lebensversicherung) sowie zur Änderung der Richtlinien 73/239/EWG und 88/357/EWG (Dritte Richtlinie Schadenversicherung) (ABl. 1992 L 228, 1).
> ▶ Vierte Richtlinie 2000/26/EG des Europäischen Parlaments und des Rates v. 16.5.2000 zur Angleichung der Rechtsvorschriften der Mitgliedstaaten über die Kraftfahrzeug-Haftpflichtversicherung, und zur Änderung der Richtlinien 73/239/EWG und 88/357/EWG des Rates (Vierte Kraftfahrzeughaftpflicht-Richtlinie) (ABl. 2000 L 181, 65).

Um den **Binnenmarkt im Versicherungswesen** zu vollenden, soll es den Versicherungsunternehmen mit Geschäftssitz in der Gemeinschaft erleichtert werden, ihre Dienstleistungen in anderen Mitgliedstaaten zu erbringen; dadurch wird es den Versicherungsnehmern ermöglicht, sich nicht nur bei in ihrem Land niedergelassenen Versicherern, sondern auch bei solchen zu versichern, die ihren Geschäftssitz zwar in der Gemeinschaft haben, aber in anderen Mitgliedstaaten niedergelassen sind. 3

Den Versicherungsnehmern, die aufgrund ihrer Eigenschaft, ihrer Bedeutung oder der Art des zu deckenden Risikos keinen besonderen Schutz in dem Staat benötigen, in dem das Risiko belegen ist, ist die uneingeschränkte Freiheit bei der Wahl auf einem möglichst breiten Versicherungsmarkt einzuräumen. Andererseits ist den anderen Versicherungsnehmern ein angemessener Schutz zu gewährleisten. 4

In den Anwendungsbereich dieser Richtlinie sind die Pflichtversicherungen aufzunehmen, wobei jedoch zu verlangen ist, dass der Vertrag über eine solche Versicherung den besonderen Vorschriften über diese Versicherung entspricht, die in dem Mitgliedstaat gelten, der die Versicherungspflicht vorschreibt. 5

Für den Bereich des freien Dienstleistungsverkehrs ist eine besondere Zusammenarbeit zwischen den zuständigen Aufsichtsbehörden der Mitgliedstaaten sowie zwischen diesen Behörden und der Kommission vorzusehen. Ferner ist eine Regelung für Sanktionen erforderlich, die dann anzuwenden ist, wenn das Dienstleistungsunternehmen die Vorschriften des Mitgliedstaats, in dem die Dienstleistung erbracht wird, nicht einhält. 6

III. EuGH-Rechtsprechung

7

Rechtssache	Fundstelle	Rechtsgrundlage	Gegenstand
EuGH v. 25.2.1999 C-349/96	DStRE 1999, 271	Sechste MwSt-Richtlinie 77/388 EWG Art. 2 Abs. 1, Art. 13 Teil B Buchst. a	Begriff der „Versicherungsumsätze" i. S. der 6. EG-Richtlinie
EuGH v. 14.6.2001 C-191/99	EuZW 2001, 444	Zweite Richtlinie 88/357/EWG des Rates vom 22.6.1988	Niederländische Versicherungsteuerpflicht britischer Muttergesellschaft zulässig
EuGH v. 29.4.2004 C-308/01 – *GIL Insurance Ltd*	IStR 2004, 644	Sechste MwSt.-RL 77/388/EWG Art. 27 und Art. 33	Erhebung einer Versicherungsprämiensteuer (IPT) auf Versicherungsverträge im Zusammenhang mit bestimmten Dienstleistungen, die mit einem höheren als dem für sonstige Versicherungsprämien geltenden Satz angesetzt wird
EuGH v. 21.2.2013 C-243/11 – *RVS Levensverzekeringen NV*	IStR 2013, 303	RL 2002/83/EG des EP und des Rates v. 5.11.2002 über Lebensversicherungen (ABl. 2002 L 345, 1) Art. 1 Abs. 1 Buchst. g und Art. 50; AEUV Art. 49 und 56	Indirekte Steuer auf Lebensversicherungsverträge
EuGH v. 16.7.2015 C-584/13 – *Mapfre*	BeckRS 2015, 80947	Sechste MwSt-Richtlinie 77/388/EWG Art. 2 Abs. 1, Art. 13 Teil B Buchst. a	Begriff „Versicherungsumsätze"

IV. Konkretisierungen

8   Gemeinschaftsrechtlich ist im Bereich des Versicherungswesens eine Beschränkung der Grundfreiheiten, insbesondere der Dienstleistungsfreiheit, durch **unterschiedliche Versicherungsteuern** nicht auszuschließen. In einigen Mitgliedstaaten gibt es keine Versicherungsteuer, während die meisten Mitgliedstaaten auf Versicherungsverträge besondere Steuern. In den Mitgliedstaaten mit Versicherungsteuern und Abgaben bestehen jedoch erhebliche Unterschiede hinsichtlich deren Voraussetzungen und auch hinsichtlich der Steuer – bzw. Abgabensätze, die zu **Wettbewerbsverzerrungen** bei den Versicherungsleistungen zwischen den Mitgliedstaaten führen können.

9   Die Versicherungsprämiensteuer ist keine unzulässige Steuer mit Mehrwertsteuercharakter nach Art. 33 der 6. EG-Richtlinie, da sie keine der wesentlichen Merkmale der Mehrwertsteuer aufweist und daher mit Art. 33 der 6. EG-Richtlinie vereinbar ist. Das Vereinigte Königreich war nicht gehindert, trotz der Umsatzsteuerbefreiung für Versicherungsumsätze nach Art. 13 Teil B Buchst. a der 6. EG-Richtlinie eine Versicherungsprämiensteuer einzuführen. Jeder Mitgliedstaat ist befugt, trotz der Steuerbefreiung nach Art. 13 Teil B Buchst. a eine Steuer auf Versicherungsverträge bei-

zubehalten oder einzuführen und differenzierte Sätze für diese Steuer vorzusehen. Von daher war das Vereinigte Königreich auch nicht gehalten, eine Ratsermächtigung nach Art. 27 der 6. EG-Richtlinie einzuholen.[4]

Im Vereinigten Königreich sind (wie im deutschen Umsatzsteuerrecht) Versicherungsleistungen in der Anwendung von Art. 13 der 6. EG-Richtlinie (jetzt: System-RL 2006/112) von der Mehrwertsteuer befreit. Stattdessen wird (wie in Deutschland) eine Versicherungsprämiensteuer als Abgabe auf die Einnahmen aus Versicherungsprämien durch den Versicherer erhoben. Der Normalsteuersatz dieser Prämiensteuer betrug im Vereinigten Königreich ursprünglich 2,5 vH und wurde 1997 auf 4 vH angehoben. Gleichzeitig wurde ein erhöhter Prämiensteuersatz von 17,5 vH eingeführt, der dem britischen Normalsatz der Umsatzsteuer entspricht. Dieser Satz wird nur auf Versicherungsprämien für Haushaltsgeräte, Kraftfahrzeuge und Reisen angewandt. Soweit es um Haushaltsgeräte geht, gilt der erhöhte Satz nur, wenn der Versicherer mit dem Lieferanten des Geräts organschaftlich verbunden ist, die Versicherung durch den Lieferanten ermittelt wird oder wenn dem Lieferanten eine Kommission gezahlt wird. Eine vergleichbare Versicherung, die von einem Makler oder direkt von Versicherungsgesellschaften verkauft wird, unterliegt dem Normalsatz von 4 vH. Soweit es um Reisen geht, wird der erhöhte Prämiensteuersatz nur auf Reiseversicherungen angewandt, die von Reisebüros verkauft werden. Reiseversicherungen, die direkt von Versicherern verkauft werden, unterliegen dem Normalsatz.

Lösung des Ausgangsfalls: Die Erhebung der Versicherungsteuer war rechtmäßig; es liegen alle charakteristischen Merkmale eines Versicherungsumsatzes vor. Es gibt einen Versicherten, den Käufer des Fahrzeugs, und einen Versicherer, im vorliegenden Fall Mapfre Warranty. Es gibt ein Risiko, nämlich die Notwendigkeit der Tragung der Reparaturkosten durch den Fahrzeugkäufer im Fall eines von der Garantie erfassten Defekts; der Versicherer wiederum verpflichtet sich, diese Kosten zu übernehmen. Es gibt schliesslich auch einen Versicherungsbeitrag, den der Fahrzeugkäufer entrichtet, entweder als Teil des Kaufpreises des Fahrzeugs oder zusätzlich. Damit besteht ein Rechtsverhältnis zwischen dem Versicherer und dem Versicherten, wie es nach der Rechtsprechung des Gerichtshofs für die Annahme eines Versicherungsumsatzes im Sinne von Art. 13 Teil B Buchst. a der Sechsten Richtlinie (jetzt RL 2006/112) erforderlich ist.[5]

10

> **Übersicht zu § 13: Versicherungsteuerrecht**
>
> ▶ Ein Versicherungsumsatz verlangt einen Versicherten, einen Versicherer und ein Risiko, z.B die Tragung der Reparaturkosten durch den Fahrzeugkäufer im Fall eines von der Garantie erfassten Defekts.
> ▶ Um den Binnenmarkt im Versicherungswesen zu vollenden, soll es den Versicherungsunternehmen mit Geschäftssitz in der Gemeinschaft erleichtert werden, ihre Dienstleistungen in anderen Mitgliedstaaten zu erbringen; dadurch wird es den Versicherungsnehmern ermöglicht, sich nicht nur bei in ihrem Land niedergelassenen Versicherern, sondern auch bei solchen zu versichern, die ihren Geschäftssitz zwar in der Gemeinschaft haben, aber in anderen Mitgliedstaaten niedergelassen sind.
> ▶ Die Versicherungsprämiensteuer ist keine unzulässige Steuer mit Mehrwertsteuercharakter nach Art. 33 der 6. EG-RL, da sie keine der wesentlichen Merkmale der Mehrwertsteuer aufweist und daher mit Art. 33 der 6. EG-RL vereinbar ist.

---

[4] EuGH v. 29.4.2004 C-308/01, IStR 2004, 644.
[5] EuGH v. 16.7.2015 C-584/13, BeckRS 2015, 80947.

§ 14 Kraftfahrzeugsteuerrecht

Ausgangsfall: X besitzt ein Auto, das sie im Jahr 2004 in Belgien gekauft hat und das sie sowohl dort als auch in den Niederlanden für private wie berufliche Zwecke benutzt. Die Strecken, die X jedes Jahr mit diesem Fahrzeug zurücklegt, liegen zur Hälfte in Belgien und zur Hälfte in den Niederlanden. X hat ihr Fahrzeug in Belgien in das Zulassungsregister eintragen lassen und 4957 Euro belgische Inbetriebnahmesteuer gezahlt. Im Juli 2006 stellte die niederländische Steuerverwaltung fest, dass X ihr Fahrzeug auf dem niederländischen Straßennetz benutze, ohne die PM-Steuer gezahlt zu haben. Sie richtete daher einen Nacherhebungsbescheid über 17.315 Euro an X. X ist mit der doppelten Erfassung nicht einverstanden.

I. Die deutsche Kraftfahrzeugsteuer

1   Die Kraftfahrzeugsteuer ist weder Verbrauch- noch Verkehrsteuer; sie knüpft an das Halten eines Kraftfahrzeuges an. Das Aufkommen der Kraftfahrzeugsteuer steht ausschließlich den Ländern zu (Art. 106 Abs. 2 GG).[1] Steuergegenstand ist insbesondere das Halten von inländischen Fahrzeugen zum Verkehr auf öffentlichen Straßen (§ 1 Abs. 1 Nr. 1 KraftStG). Das Halten ausländischer Kraftfahrzeuge zum Verkehr unterliegt ebenfalls der Kraftfahrzeugsteuer, wenn diese sich im Inland befinden (§ 1 Abs. 1 Nr. 2 KraftStG). Steuerschuldner ist in der Regel die Person, für die das Fahrzeug zum Verkehr zugelassen ist (§ 7 KraftStG). Die Steuerpflicht beginnt mit der verkehrsrechtlichen Zulassung des Fahrzeuges und endet mit dessen ordnungsgemäßen verkehrsrechtlichen Abmeldung. Die Kraftfahrzeugsteuer bemisst sich in der Regel (vgl. § 8 KraftStG) nach dem Hubraum des Fahrzeuges (Krafträder und Personenkraftwagen mit Hubkolbenmotor). Für Personenkraftwagen, die bestimmte Schadstoffgrenzwerte einhalten, sind befristete Steuerbefreiungen vorgesehen (§ 3b KraftStG).

II. Unionsrechtliche Regelungen

2   Die Richtlinie 93/89/EWG des Rates v. 25.10.1993 (ABl. 1993 L 279, 32) regelt die Besteuerung bestimmter Kraftfahrzeuge zur Güterbeförderung. Mit ihr sollen die Wettbewerbsverzerrungen zwischen Verkehrsunternehmen aus den Mitgliedstaaten durch die Harmonisierung der Abgabensysteme und die Einführung gerechter Mechanismen für die Anlastung der Wegekosten an die Verkehrsunternehmer beseitigt werden. Ein Mitgliedstaat darf nicht Kraftfahrzeugsteuer für die Benutzung von Güterkraftfahrzeugen mit der Begründung erheben, diese Fahrzeuge hätten ihren regelmäßigen Standort in seinem Hoheitsgebiet, obwohl sie im Mitgliedstaat der Niederlassung zugelassen sind und im Aufnahmemitgliedstaat auf Grund von Genehmigungen, die ordnungsgemäß vom Mitgliedstaat der Niederlassung erteilt worden sind, für Kabotagefahrten verwendet werden (Art. 6 der Verordnung Nr. 3118/93).[2]

3   Werden Kraftfahrzeuge für Kabotagefahrten verwendet, führt Art. 3 Abs. 1, Art. 5 der Richtlinie 93/89/EWG nationalen Bestimmungen eines Aufnahmemit-

---

[1] Das Aufkommen betrug im Jahr 2012 8,443 Mrd. EUR – Zur aktuellen BFH-Rechtsprechung s. *Stein/Thoms* BB 2015, 1876.

[2] EuGH v. 2.7.2002 C-115/00, EWS 2002, 395.

gliedstaats im Sinne von Art. 1 Abs. 1 der Verordnung Nr. 3118/93 unter bestimmten Voraussetzungen dazu, dass Kraftfahrzeugsteuer nur im Mitgliedstaat der Niederlassung zu entrichten ist.

Einige EU-Staaten berechnen die Kfz-Steuer nach Abgasen. Die EU-Kommission hat bereits im Juli 2005 vorgeschlagen, die Kraftfahrzeugsteuern europaweit vom Kohlendioxid-Ausstoß jedes Autos abhängig zu machen. Im Jahr 2010 sollte die Hälfte der Einnahmen auf der CO_2-Komponente beruhen; derzeit besteht ein unübersichtliches System von Zulassungsgebühren und höchst unterschiedlichen Kraftfahrzeugsteuersätzen.

III. EuGH-Rechtsprechung

Rechtssache	Fundstelle	Rechtsgrundlage	Gegenstand
EuGH v. 2.7.2002 C-115/00	EWS 2002, 395		Kraftfahrzeugsteuer bei Transportunternehmen
EuGH v. 21.11.2013 C-302/12	HFR 2014, 86	Art. 43 EG (jetzt Art. 49 AEUV)	Doppelte Kraftfahrzeugsteuer

Lösung des Ausgangsfalls: Nach Ansicht des Gerechtshof te Leeuwarden kann sich X nicht auf **4** den Grundsatz der Verhältnismäßigkeit berufen, da ihr Fahrzeug im Wesentlichen dauerhaft in den Niederlanden benutzt werde und die PM-Steuer keine Beschränkung der durch das Unionsrecht geschützten Freiheiten darstelle. Die Zahlung der belgischen Inbetriebnahmesteuer stehe der Pflicht von X, als Einwohnerin der Niederlande im Sinne des niederländischen Rechts die PM-Steuer für dieses Fahrzeug zu zahlen, nicht entgegen. – Der EuGH hatte auch aus europarechtlicher Sicht keine Bedenken: Art. 49 AEUV sei dahin auszulegen, dass er einer Regelung eines Mitgliedstaats nicht entgegenstehe, nach der für ein zugelassenes und aufgrund der Zulassung in einem anderen Mitgliedstaat bereits besteuertes Kraftfahrzeug bei der erstmaligen Ingebrauchnahme auf dem Straßennetz des erstgenannten Mitgliedstaats eine Steuer erhoben werde, wenn dieses Fahrzeug im Wesentlichen in diesen beiden Mitgliedstaaten tatsächlich und dauerhaft benutzt werden solle oder tatsächlich so benutzt werd, sofern diese Steuer nicht diskriminierend sei. – Nachteile, die sich in Ermangelung einer Harmonisierung auf Unionsebene aus der parallelen Ausübung der Besteuerungsbefugnisse der verschiedenen Mitgliedstaaten ergeben könnten, stellten keine Beschränkungen der Verkehrsfreiheiten dar, sofern eine solche Ausübung nicht diskriminierend ist. Die Mitgliedstaaten seien, selbst wenn wie hier der Entstehungstatbestand der niederländischen Steuer auf Personenkraftwagen und Motorräder derselbe sein sollte wie der der belgischen Inbetriebnahmesteuer, nicht verpflichtet, ihr eigenes Steuersystem den verschiedenen Steuersystemen der anderen Mitgliedstaaten anzupassen, um namentlich Doppelbesteuerungen zu beseitigen.[3]

Übersicht zu § 14: Kraftfahrzeugsteuerrecht

▶ Die Kraftfahrzeugsteuer ist weder Verbrauch- noch Verkehrsteuer; sie knüpft an das Halten eines Kraftfahrzeuges an. Das Aufkommen der Kraftfahrzeugsteuer steht ausschließlich den Ländern zu (Art. 106 Abs. 2 GG).

▶ Die Richtlinie 93/89/EWG des Rates v. 25.10.1993 regelt die Besteuerung bestimmter Kraftfahrzeuge zur Güterbeförderung. Mit ihr sollen die Wettbewerbsverzerrungen zwischen Verkehrsunternehmen aus den Mitgliedstaaten durch die Harmonisierung der Abgabensysteme und die Einführung gerechter Mechanismen für die Anlastung der Wegekosten an die Verkehrsunternehmer beseitigt werden.

---

[3] EuGH v. 21.11.2013 C-302/12, HFR 2014, 86.

▶ Die Mitgliedstaaten sind, selbst wenn etwa der Entstehungstatbestand der niederländischen Steuer auf Personenkraftwagen und Motorräder derselbe sein sollte wie der der belgischen Inbetriebnahmesteuer, nicht verpflichtet, ihr eigenes Steuersystem den verschiedenen Steuersystemen der anderen Mitgliedstaaten anzupassen, um Doppelbesteuerungen zu beseitigen.

§ 15 Energiesteuerrecht

Ausgangsfall: Die Kernkraftwerke Lippe-Ems GmbH, eine Gesellschaft deutschen Rechts, ist Betreiberin eines Kernkraftwerks in Lingen (Deutschland). In ihrer Steuererklärung vom 13. Juli 2011 deklarierte sie einen Betrag von 154.117.745 Euro als Kernbrennstoffsteuer für den Brennstoff, den sie in ihren Reaktoren im Juni dieses Jahres verwendet hatte. Parallel dazu erhob sie außerdem beim vorlegenden Gericht Klage gegen die zuständige Steuerverwaltung, das Hauptzollamt Osnabrück, um die Rechtmäßigkeit dieser Steuer im Hinblick auf das Unionsrecht überprüfen zu lassen.

I. Die deutsche Energiesteuer

Die Energiesteuer ist eine Verbrauchsteuer, die auf den Verbrauch verschiedener 1 Energieträger erhoben wird. Nach dem **Energiesteuergesetz**,[1] das das Mineralölsteuergesetz[2] abgelöst hat, wird der Verbrauch von Benzin, Ölen, Erdgas, Flüssiggasen, Kohle und Koks besteuert; andere als die in § 2 Abs. 1 bis 3 EnergieStG genannten Energieerzeugnisse unterliegen der gleichen Steuer wie die Energieerzeugnisse, denen sie nach ihrer Beschaffenheit und ihrem Verwendungszweck am nächsten stehen. Strom wird gesondert durch das **Stromsteuergesetz** erfasst.

Zum 1.1.2011 trat das **Kernbrennstoffsteuergesetz** in Kraft, mit dem der Bund 2 eine neue Steuer auf die Verwendung von Kernbrennstoffen eingeführt hat. Das Kernbrennstoffsteuergesetz war von Beginn an rechtlich umstritten, der EuGH hat es aber als europarechtlich unbedenklich beurteilt.[3]

II. Unionsrechtliche Regelungen

(Primärrechtliche) Rechtsgrundlagen für die EU-weite Energiebesteuerung sind 3 Art. 113 und – als Maßnahme der Umweltpolitik – Art. 192 AEUV, die es erlauben, Maßnahmen zu treffen, einschließlich solche „steuerlicher Art", um die (umweltpolitischen) Ziele von Art. 191 AEUV (Schutz der Umwelt bzw. der menschlichen Gesundheit sowie „die umsichtige und rationale Verwendung der natürlichen Ressourcen")[4] zu verfolgen.

Die Energiesteuerrichtlinie[5] bezweckt eine Harmonisierung der Mindestbesteue- 4 rung für elektrischen Strom und Energieerzeugnisse aus anderen Energiequellen als Mineralöl. Daher wurden im Energiesteuergesetz als weitere fossile Energieträger Steinkohle, Braunkohle sowie Koks und Schmieröle aufgenommen. Die Richtlinie

---

[1] Energiesteuergesetz vom 15.7.2006 (BGBl. I 2006, 1534; BGBl. I 2008, 660, 1007), das zuletzt durch Artikel 11 des Gesetzes vom 18.7.2014 (BGBl. I 2014, 1042) geändert worden ist.

[2] Letzte Fassung des Mineralölsteuergesetzes vom 21.12.1992 (BGBl. I S. 2150, 2185, ber. 1993 I S. 169); Geltung überwiegend ab 1.1.1993.

[3] EuGH v. 4.6.2015 C-5/14, EuGRZ 2015, 413.

[4] *Fischer* Europarecht, § 22.

[5] Richtlinie 2003/96/EG des Rates vom 27.10.2003, ABl. 2003 L 283, 51 zur Restrukturierung der gemeinschaftlichen Rahmenvorschriften zur Besteuerung von Energieerzeugnissen und elektrischem Strom.

weitet den Anwendungsbereich des Systems der Mindestbesteuerung, der bisher auf Mineralölerzeugnisse begrenzt war, auf alle Energieerzeugnisse einschließlich Kohle, Erdgas und Elektrizität aus. Mit dieser Richtlinie sollen

- bestehende Wettbewerbsverzerrungen zwischen den Mitgliedstaaten aufgrund unterschiedlicher Steuersätze abgebaut werden;
- Wettbewerbsverzerrungen zwischen Erdölerzeugnissen und anderen Energieträgern, die den Steuervorschriften der Gemeinschaft bisher nicht unterlagen, reduziert werden;
- größere Anreize für einen effizienten Energieverbrauch geschaffen werden (um die Abhängigkeit von Energieimporten und den Kohlendioxidausstoß zu verringern),
- wird es den Mitgliedstaaten erlaubt, den Unternehmen für besondere Verpflichtungen zur Reduzierung der Emissionen steuerliche Anreize anzubieten.

5   Für Energieerzeugnisse gelten weiter die folgenden Rechtsinstrumente:
- Richtlinie 95/60/EG des Rates v. 27.11.1995 (ABl. 1995 L 291, 46, L 291, 46) über die steuerliche Kennzeichnung von Gasöl und Kerosin.
- Entscheidung 2006/428/EG: Entscheidung der Kommission v. 22.6.2006 zur Bestimmung eines gemeinsamen Stoffes zur steuerlichen Kennzeichnung von Gasölen und Kerosin (bekannt gegeben unter Aktenzeichen K [2006] 2383).
- Richtlinie 95/60/EG: Für das ordnungsgemäße Funktionieren des Binnenmarkts und zur Vermeidung von Steuerhinterziehung wurde durch die Richtlinie 95/ 60/EG, unbeschadet der einzelstaatlichen Vorschriften über die steuerliche Kennzeichnung, ein gemeinsames Kennzeichnungssystem für als Kraftstoff verwendetes und nicht zum normalen Satz versteuertes Gasöl und Kerosin eingeführt.

6   Die Erdgassteuer stellt keine gleichheitswidrige Belastung dar, weil andere Energieträger als Erdgas, wie z.B. Wasserkraft, nicht mit einer Verbrauchsteuer belegt werden.[6] Der Gesetzgeber hat bei der Erschließung von Steuerquellen eine weitgehende Gestaltungsfreiheit. Gegen eine Besteuerung von Wasserkraft und Windenergie könnten insbesondere umweltpolitische Gründe vorgebracht werden, da die Ausnutzung dieser natürlichen Energiequellen keine schädlichen Emissionen freisetzt. Konsequenterweise ist die Energiebesteuerung durch die Richtlinie vom 27.10.2003[7] erweitert worden. Die Richtlinie weitet den Anwendungsbereich des Systems der Mindestbesteuerung, der bisher auf Mineralölerzeugnisse begrenzt war, auf alle Energieerzeugnisse einschließlich Kohle, Erdgas und Elektrizität aus. Dementsprechend wurden im Energiesteuergesetz als weitere fossile Energieträger Steinkohle, Braunkohle sowie Koks und Schmieröle aufgenommen.

III. Ziele der Energiebesteuerung

7   - Die Kontrolle der Verschmutzung infolge der Verbrennung von Mineralölen ist seit jeher ein wichtiger Faktor der **Umweltpolitik.** Dies war der entscheidende Gesichtspunkt beispielsweise für die Festlegung unterschiedlicher Mindeststeuersätze für verbleites bzw. unverbleites Benzin.

---

[6] BFH v. 27.8.1996 VII R 14/95, BFHE 181, 243.
[7] Richtlinie 2003/96/EG des Rates vom 27.10.2003 (ABl. 2003 L 283, 51) zur Restrukturierung der gemeinschaftlichen Rahmenvorschriften zur Besteuerung von Energieerzeugnissen und elektrischem Strom.

- Von Bedeutung sind Aspekte der **Verkehrspolitik,** insbesondere der Aspekt des Wettbewerbs zwischen verschiedenen Verkehrsarten und die Bemühungen um Transparenz bei der Anlastung der Infrastrukturkosten – insbesondere Straßenbenutzungskosten – für den Verbraucher.

- Auch die allgemeine **Energiepolitik** hat bei der Festlegung der Mineralölsteuern eine gewisse Rolle gespielt, beispielsweise das Gleichgewicht zwischen unterschiedlichen Energieträgern (Kohle, Erdöl, Erdgas, Kernkraft usw.) bzw. zwischen einheimischen und importierten Energieträgern. Die Basisstruktur der Verbrauchsteuern auf Mineralöle in der Gemeinschaft wurde mit der Richtlinie 92/81/EWG (ABl. 1992 L 316, 12) gelegt. Alle Mitgliedstaaten sind gehalten, eine Verbrauchsteuer auf Mineralöle als Heiz- oder Kraftstoff zu erheben.

- Die Ziele der **Agrarpolitik** sind ebenfalls relevant, vor allem im Hinblick auf einen besonders reduzierten Verbrauchsteuersatz auf Kraftstoffe aus landwirtschaftlichen Rohstoffen („Biokraftstoffe").

- Schließlich steht die Steuerstrategie im Kontext einer gemeinsamen **Beschäftigungspolitik,** um von der Besteuerung der Arbeit auf andere Einkommensquellen überzugehen, einschließlich der Verwendung von Rohmaterial und Energie.

Vorrangig ist dabei im Hinblick auf die Erreichung der Kyoto-Klimaschutzziele **8** die CO_2-Intensität. Danach ergibt sich folgende Hierarchie von Energieträgern: Am höchsten sind **Stein- und Braunkohle** zu besteuern, dann folgen **Heizöl und Benzin** und schließlich **Erdgas.** Erneuerbare Energien sind von der Besteuerung freizustellen. Atomenergie ist dagegen in die Besteuerung mit einzubeziehen (im Sinne einer **Brennstäbesteuer**), um eine umweltpolitisch problematische Privilegierung der mit anderen schwerwiegenden Risiken behafteten Atomenergie gegenüber anderen Energieträgern zu vermeiden. Weiterhin soll der energieerzeugende Sektor nicht von der Besteuerung ausgenommen werden, um Anreize für eine Erhöhung des Wirkungsgrades sowie für eine den gesamten CO_2-Ausstoß verringernde Umstrukturierung des Energieträger-Mix zu geben. Ausnahmeregelungen für die Industrie – wie bei der deutschen Öko-Steuer – sollten vermieden werden, da sie die Lenkungswirkung der Energiebesteuerung erheblich einschränken. Anpassungsregelungen sind degressiv auszugestalten, d.h. allmählich abzuschmelzen, um Anreize zu einer beschleunigten Einführung energiesparender Technologien zu schaffen.

IV. EuGH-Rechtsprechung

Rechtssache	Fundstelle	Rechtsgrundlage	Gegenstand	**9**
EuGH v. 1.12.2011 C-79/10	IStR 2012, 182	Art. 14 I lit. B, Art. 15 I Lit. j der Richtlinie 2003/96/EG des Rates vom 27.10.2003 zur Restrukturierung der gemeinschaftlichen Rahmenvorschriften zur Besteuerung von Energieerzeugnissen und elektrischem Strom	Flüge zu einer Flugzeugwerft	

Rechtssache	Fundstelle	Rechtsgrundlage	Gegenstand
EuGH v. 10.9.2014 C-152/13	ZfZ 2014, 301	EGRL 96/2003 Art. 24 Abs. 2, § 15 EnergieStG vom 15.7.2006, § 15 Abs. 2 EnergieStG vom 15.7.2009, § 15 Abs. 4 Nr 1 EnergieStG, § 41 S 1 Nr 1 EnergieStV	Zahlung der Energiesteuer für in den Niederlanden gekauften Diesel, der in den Kraftstoffbehältern eines Lastkraftwagens dieser Gesellschaft enthalten war und dazu bestimmt war, von diesem Fahrzeug in Deutschland als Kraftstoff verbraucht zu werden
EuGH v. 12.2.2015 C-349/13	BeckRS 2015, 80240	Art. 1 Abs. 3 der Richtlinie 2008/118/EG	Auch Schmieröle können einer Verbrauchsteuer unterworfen werden
EuGH 4.6.2015 C-5/14	EuGRZ 2015, 413	AEUV Art. 107	Unbedenklichkeit der Kernbrennstoffsteuer

10   **Lösung des Ausgangsfalls:** Die Kernbrennstoffsteuer ist eine Steuer auf die Verwendung von Kernbrennstoff für die gewerbliche Stromerzeugung und keine direkte Steuer auf diesen Brennstoff. Die Arten der Stromerzeugung, die keinen Kernbrennstoff verwenden, sind nicht von der durch das KernbrStG eingeführten Regelung betroffen; sie befinden sich in Anbetracht des mit dieser Regelung verfolgten Ziels jedenfalls nicht in einer tatsächlichen und rechtlichen Situation, die mit der Situation der Stromerzeugung vergleichbar ist, bei der Kernbrennstoff verwendet wird, da nur bei Letzterer radioaktive Abfälle anfallen, die aus einer solchen Verwendung stammen. Daraus folgt, dass das KernbrStG keine selektive Maßnahme im Sinne von Art. 107 Abs. 1 AEUV und damit keine von dieser Bestimmung verbotene staatliche Beihilfe darstellt. Art. 107 AEUV ist dahin auszulegen, dass er einer nationalen Regelung wie der im Ausgangsverfahren fraglichen, die die Erhebung einer Steuer auf die Verwendung von Kernbrennstoff für die gewerbliche Erzeugung von elektrischem Strom vorsieht, nicht entgegensteht.[8]

Übersicht zu § 15: Energiesteuerrecht

▶ Die Energiesteuer ist eine Verbrauchsteuer, die auf den Verbrauch verschiedener Energieträger erhoben wird. Nach dem **Energiesteuergesetz**, das das Mineralölsteuergesetz abgelöst hat, wird der Verbrauch von Benzin, von Ölen, von Erdgas, von Flüssiggasen, von Kohle und Koks besteuert.

▶ Strom wird gesondert durch das Stromsteuergesetz erfasst.

▶ Zum 1.1.2011 trat das Kernbrennstoffsteuergesetz in Kraft, mit dem der Bund eine neue Steuer auf die Verwendung von Kernbrennstoffen eingeführt hat.

▶ (Primärrechtliche) Rechtsgrundlagen für die EU-weite Energiebesteuerung sind Art. 113 und – als Maßnahme der Umweltpolitik – Art. 192 AEUV.

▶ Art. 107 AEUV ist dahin auszulegen, dass er einer nationalen Regelung, die die Erhebung einer Steuer auf die Verwendung von Kernbrennstoff für die gewerbliche Erzeugung von elektrischem Strom vorsieht, nicht entgegensteht.

---

[8] EuGH v. 4.6.2015 C-5/14, EuGRZ 2015, 413.

▶ Die Energiesteuerrichtlinie bezweckt eine Harmonisierung der Mindestbesteuerung für elektrischen Strom und Energieerzeugnisse aus anderen Energiequellen als Mineralöl. Daher wurden im Energiesteuergesetz als weitere fossile Energieträger Steinkohle, Braunkohle sowie Koks und Schmieröle aufgenommen.

§ 16 Harmonisierung des Zollrechts (Exkurs)

Ausgangsfall: Im Zeitraum von Dezember 2004 bis September 2006 führte die Klägerin Konserven von Pilzen der Gattung Agaricus mit Ursprung in China nach Deutschland ein. Beim Eintritt der fraglichen Erzeugnisse in das deutsche Hoheitsgebiet meldete die Klägerin sie zum Zolllagerverfahren an und legte für sie Agrarursprungszeugnisse vor. In der Folge beendete die Klägerin das Zolllagerverfahren, indem sie Teile der Pilzsendungen in den freien Verkehr überführte, ohne dass die deutschen Zollbehörden die Gültigkeit der Zeugnisse prüften. Im Rahmen eines gegen die Klägerin eingeleiteten Nacherhebungsverfahrens erließ das Hauptzollamt Hamburg-Stadt Einfuhrabgabenbescheide für die im Zeitraum von Dezember 2004 bis Dezember 2006 vorgenommenen Überführungen in den freien Verkehr jener Teile der Pilzsendungen, bei denen die Agrarursprungszeugnisse zum Zeitpunkt der Annahme der Anmeldung zur Überführung in den freien Verkehr nicht mehr gültig waren. Die Klägerin machte geltend, zur Erlangung des Kontingentsatzes reiche es aus, wenn die Agrarursprungszeugnisse zum Zeitpunkt der Überführung der eingeführten Erzeugnisse in das Zolllagerverfahren gültig gewesen seien; ihre Ungültigkeit zum Zeitpunkt der Überführung der fraglichen Erzeugnisse in den freien Verkehr stehe der Gewährung des Kontingentsatzes nicht entgegen.[1]

I. Harmonisierter Zollkodex

1   Der Zollkodex[2] und die Durchführungsvorschriften sind das größte harmonisierte Gesetzeswerk innerhalb der EU.[3] Zölle sind **Abgaben im grenzüberschreitenden Warenverkehr,** die an den Eingang einer Ware in den Wirtschaftskreislauf (Einfuhrzoll) oder an dessen Verlassen (Ausfuhrzoll) anknüpfen.[4] Nicht dazu zählen die Verbrauchsteuern und die Einfuhrumsatzsteuer. Wird die Ware als Gemeinschaftsware aus einem anderen Teil des Zollgebiets nach Deutschland verbracht, entsteht statt dessen die Steuer auf den innergemeinschaftlichen Erwerb. Der Zollkodex wird zum 1.5.2016 durch den Unionszollkodex abgelöst.[5]

II. Unionsrechtliche Regelungen

2   Gem. Art. 3 Abs. 1 lit a) AEUV ist die Union im Bereich „Zollunion" ausschließlich zuständig. Primärrechtliche Rechtsgrundlage des materiellen Zollrechts sind die Art. 28 ff. AEUV. Gem. Art. 28 Abs. 1 AEUV umfasst die Union eine Zollunion, die sich auf den gesamten Warenaustausch erstreckt; sie umfasst das Verbot, zwischen den Mitgliedstaaten Ein- und Ausfuhrzölle und Abgaben gleicher Wirkung zu erheben, sowie die Einführung eines Gemeinsamen Zolltarifs (Art. 31 AEUV) gegenüber dritten Ländern.

---

[1] EuGH v. 26.3.2015 C-7/14 P, BeckRS 2015, 80428.

[2] Der Zollkodex der Europäischen Union wurde am 9.10.2013 als Verordnung (EU) Nr. 952/2013 des Europäischen Parlaments und des Rates angenommen. Mit seinem Inkrafttreten am 30.10.2013 wurde die Verordnung (EG) Nr. 450/2008 (Modernisierter Zollkodex) (ABl. 2008 L 145, 1) aufgehoben. Seine materiellrechtlichen Bestimmungen gelten erst ab dem 1.5.2016 (Berichtigung der Verordnung (EU) Nr. 952/2013 des Europäischen Parlaments und des Rates vom 9.10.2013 zur Festlegung des Zollkodex der Union), wenn die einschlägigen Rechtsakte der Kommission (delegierte Rechtsakte und Durchführungsrechtsakte) angenommen und in Kraft getreten sind.

[3] Vgl. *Fehling* in S/E, Rz. 10.3.

[4] Zum Zoll-Begriff vgl. *Musil* in Hübschmann/Hepp/Spitaler, Kommentar zur AO und FGO, Stand 9/2012, § 2 AO Rz. 185. Zum Zoll in Europa *Künas* in Bongartz (Hrsg.), Europa im Wandel, 1.

[5] VO (EU) Nr. 952/2013 v. 9.10.2013 (ABl. 2013 L 269, 1).

III. EuGH-Rechtsprechung

Rechtssache	Fundstelle	Rechtsgrundlage	Gegenstand	3
EuGH v. 6.2.2014 C-98/13 – *Martin Blomqvist/Rolex SA ua)*	EuZW 2014, 346	VO (EG) Nr. 1383/2003	Beschlagnahme von nachgeahmten Waren	
EuGH v. 12.6.2014 – C-75/13	BeckRS 2014, 80983	VO (EWG) 2913/92 Art. 50, 203 III	Entziehung einer einfuhrabgabenpflichtigen Ware aus der zollamtlichen Überwachung; Entstehung der Zollschuld	
EuGH v. 23.10.2014 – C-437/13	BeckRS 2014, 82232	EU-GRCharta Art. 47 VO (EWG) Nr. 2913/92 Art. 243	Verfahrensmodalitäten von Rechtsbehelfen im Rahmen des Zollkodexes – Beweisvorschriften; Überprüfung des Herkunftslandes	
EuGH v. 26.3.2015 C-7/14 P – *Wünsche KG*	BeckRS 2015, 80428	AEUV Art. 220 II, 239, 256; VO (EWG) Nr. 2125/95 Art. 10 I	Erlass von Einfuhrabgaben	

IV. Konkretisierungen

Sekundärrechtliche Rechtsquellen des Zollrechts sind neben dem Zollkodex der **4** **Gemeinsame Zolltarif (GZT)**, der ebenfalls als Verordnung ergangen ist.[6] Die konkrete Zollbelastung ergibt sich aus der Anwendung des Zollsatzes nach dem GZT auf den Zollwert der Ware.

Die **Mehrwertsteuer**, die ein Mitgliedstaat bei der **Einfuhr** eines aus einem ande- **5** ren Mitgliedstaat stammenden Kraftfahrzeugs erhebt, ist weder ein Einfuhrzoll noch eine zollgleiche Abgabe im Sinne der Art. 18 und 19 AEUV, sondern ist als integraler Bestandteil einer allgemeinen inländischen Abgabenregelung im Sinne des Art. 110 AEUV anzusehen; ihre Vereinbarkeit mit dem Gemeinschaftsrecht ist im Rahmen dieses Artikels zu beurteilen;[7] Zoll und Einfuhrumsatzsteuer können nebeneinander festgesetzt werden.[8]

Die deutsche Zollverwaltung[9] nahm 2014 mit 128,9 Mrd. EUR rund die Hälfte **6** der Steuereinnahmen des Bundes ein. Der Zoll bekämpft erfolgreich Schmuggel

---

[6] *Musil* in Hübschmann/Hepp/Spitaler, Kommentar zur AO und FGO, Stand 9/2012, § 2 AO Rz. 189; zur Möglichkeit von Antidumping- und Ausgleichszöllen und zu einem Allgemeinen Präferenzsystem für Entwicklungsländer vgl. *Musil* in Hübschmann/Hepp/Spitaler, Kommentar zur AO und FGO, Stand 9/2012, § 2 AO Rz. 199 ff.

[7] EuGH v. 3.10.1985 249/84, EuGHE 1985, 3237.

[8] EuGH v. 27.9.2001 C-253/99, BFH/NV-Beilage 2002, 47.

[9] Zum 1.1.2016 ist in Bonn die Generalzolldirektion (GZD) als neue Bundesoberbehörde im Geschäftsbereich des Bundesministeriums der Finanzen gegründet worden. In der GZD werden die Aufgaben der bisherigen Mittelbehörden der Zollverwaltung sowie die nicht zum unmittelbaren ministeriellen Kernbereich gehörenden Aufgaben der BMF-Zollabteilung zusammengeführt. Die neue Bundesoberbehörde übernimmt die Steuerung der Zollverwaltung mit ihren insgesamt 39.000 Beschäftigten. Die GZD besteht aus neun Direktionen. Dazu zählt das Zollkriminalamt, dessen Status im Verbund der Sicherheitsbehörden erhalten bleibt. Auch das Bildungs- und Wissenschaftszentrum der Bundesfinanzverwaltung wird mit seinem Fachbereich Finanzen als Hochschule des Bundes fortgeführt. Hauptsitz der neuen Behörde ist Bonn.

und Schwarzarbeit. Im Kampf gegen organisierte Formen der Kriminalität ist der Zoll ein wichtiger Baustein der deutschen Sicherheitsarchitektur. Während früher die Erhebung der Abgaben wie Zölle, Verbrauchsteuern sowie der Einfuhrumsatzsteuer Hauptaufgabe des Zolls war, treten nun immer stärker Sicherheitsaspekte in den Vordergrund („Wächter der Außengrenzen").[10]

7　　**Lösung des Ausgangsfalls:** Art. 14 Abs. 2 der Verordnung Nr. 1864/2004 verlangt die Vorlage eines gültigen Agrarursprungszeugnisses bei der Verbringung der Waren und bei ihrer Abfertigung zum freien Verkehr. – Bei der Beurteilung, ob einem Wirtschaftsteilnehmer „offensichtliche Fahrlässigkeit" im Sinne von Art. 239 Abs. 1 zweiter Gedankenstrich ZK vorzuwerfen ist, sind die im Rahmen von Art. 220 ZK für die Prüfung, ob der Irrtum der Zollbehörde einem Wirtschaftsteilnehmer erkennbar war, herangezogenen Kriterien entsprechend anzuwenden. Da die Klägerin nicht mit der gebotenen Sorgfalt vorgegangen ist, hat sie offensichtlich fahrlässig im Sinne von Art. 239 ZK gehandelt. Der Bescheid des HZA war daher EU-rechtmäßig.[11]

Übersicht zu § 16: Zollrecht (Exkurs)

▸ Der Zollkodex und die Durchführungsvorschriften sind das größte harmonisierte Gesetzeswerk innerhalb der EU. Zölle sind **Abgaben im grenzüberschreitenden Warenverkehr,** die an den Eingang einer Ware in den Wirtschaftskreislauf (Einfuhrzoll) oder an dessen Verlassen (Ausfuhrzoll) anknüpfen.

▸ Primärrechtliche Rechtsgrundlage des materiellen Zollrechts sind die Art. 28 ff. AEUV. Gem. Art. 28 Abs. 1 AEUV umfasst die Union eine Zollunion, die sich auf den gesamten Warenaustausch erstreckt; sie umfasst das Verbot, zwischen den Mitgliedstaaten Ein- und Ausfuhrzölle und Abgaben gleicher Wirkung zu erheben, sowie die Einführung eines Gemeinsamen Zolltarifs (Art. 31 AEUV) gegenüber dritten Ländern.

▸ Der Zollkodex der Europäischen Union (Unionszollkodex) wurde am 9. Oktober 2013 als Verordnung (EU) Nr. 952/2013 des Europäischen Parlaments und des Rates angenommen. Mit seinem Inkrafttreten am 30. Oktober 2013 wurde die Verordnung (EG) Nr. 450/2008 (Modernisierter Zollkodex) (ABl. 2008 L 145, 1) aufgehoben. Seine materiellrechtlichen Bestimmungen gelten erst ab dem 1. Mai 2016 (Berichtigung der Verordnung (EU) Nr. 952/2013 des Europäischen Parlaments und des Rates vom 9. Oktober 2013 zur Festlegung des Zollkodex der Union), wenn die einschlägigen Rechtsakte der Kommission (delegierte Rechtsakte und Durchführungsrechtsakte) angenommen und in Kraft getreten sind.

---

[10] *Witte/Henke/Kammerzell* Der Unionszollkodex, 2. Aufl., 2014, 28.
[11] EuGH v. 26.3.2015 C-7/14 P, BeckRS 2015, 80 428.

3. Teil: (Partielle) Indirekte Harmonisierung der direkten Steuern

§ 17 Harmonisierung der direkten Steuern

Ausgangsfall:[1] Mit Übertragungsvertrag vom 17.1.1989 erwarb G von seinem Vater im Wege der vorweggenommenen Erbfolge zusammen mit seinem Bruder zu je 50 vH eine Beteiligung an einer Gesellschaft bürgerlichen Rechts, einem Gärtnereibetrieb in Deutschland. Als Gegenleistung sind in § 2 des Vertrags näher bezeichnete Versorgungsleistungen an den Vater bzw. die Eltern zu erbringen. G, der in einem anderen EU-Staat lebt, erzielte zwischen 1999 und 2002 aus dieser Beteiligung Einkünfte aus Gewerbebetrieb. Darüber hinaus erwirtschaftete er weitere Einkünfte in Deutschland. Das Finanzamt sah G als beschränkt steuerpflichtig an und versagte ihm unter Hinweis auf § 50 EStG, die an seine in Deutschland wohnenden Eltern gezahlten Versorgungsleistungen von seinen in Deutschland steuerpflichtigen Einkünften abzuziehen. Nach Auffassung des BFH habe das Finanzamt auf der Grundlage des anwendbaren nationalen Rechts zutreffend einen Abzug der fraglichen Versorgungsleistungen bei der Ermittlung der Bemessungsgrundlage der Einkommensteuer im Rahmen der beschränkten Steuerpflicht von G abgelehnt; dieser könne Betriebsausgaben und Werbungskosten in Abzug bringen, die mit seinen inländischen Einkünften in wirtschaftlichem Zusammenhang stünden, nicht aber Sonderausgaben wie die fraglichen Versorgungsleistungen. Zu Recht?

I. Fortbestehende nationale Steuerrechtssouveränität

Die direkten Steuern bleiben nach dem EU-Vertrag und nach ständiger Rechtsprechung in der Zuständigkeit der Mitgliedstaaten (vgl. Art. 2 ff. AEUV). Im Hinblick auf die (begrenzten) Ziele der EU, auf das Prinzip der begrenzten Ermächtigung,[2] auf das Subsidiaritätsprinzip und die fortbestehende nationale Steuerrechtssouveränität sind die Steuersysteme der Mitgliedstaaten weiterhin unterschiedlich ausgestaltet.[3] Die Standard-Formel des EuGH lautet insoweit: „Die direkten Steuern fallen nach ständiger Rechtsprechung zwar in die Zuständigkeit der Mitgliedstaaten, doch müssen diese ihre Befugnisse unter Wahrung des Unionsrechts ausüben".[4] **1**

Obwohl der Bereich der direkten Steuern als solcher nicht in die Zuständigkeit der Gemeinschaft fällt, dürfen die Mitgliedstaaten bei der Ausübung der ihnen insoweit verbliebenen Befugnis das Unionsrecht nicht außer acht lassen.[5]

Die meisten Vereinbarungen im Bereich der direkten Steuern liegen weiterhin außerhalb des Unionsrechts. Ein umfassendes Netz bilateraler Steuerabkommen (DBA) – die sowohl für Mitgliedstaaten als auch für Drittländer gelten – regelt die Besteuerung grenzüberschreitender Einkommensströme. **2**

Deutlich wird die Unterschiedlichkeit der Steuerrechtssysteme im Bereich der Einkommensteuer auch an den unterschiedlich hohen Einkommensteuer-Sätzen und deren Entwicklung: **3**

---

[1] Fall nach EuGH v. 24.2.2015 C-559/13, DStR 2015, 474.
[2] *Zorn* Rechtsangleichungskompetenzen des Rates der Europäischen Gemeinschaften für die Besteuerung von Unternehmen, DStJG 23 (2000), 227.
[3] *Fehling* in S/E, Rz. 10.20.
[4] Vgl. u. a. EuGH v. 17.9.2009 C-182/08 – *Glaxo Wellcome*, EuGHE 2009, I-8591, Rz. 34 m. w. N.; EuGH v. 29.3.2012 C-417/10, EWS 2012, 247.
[5] EuGH v. 14.2.1995 C-279/93 – *Schumacker*, EuGHE 1995, I-225, 228.

Einkommensteuern in den Ländern der Europäischen Union				
Nominale Spitzensteuersätze in vH				
	1985	1990	1995	2001	1.4.2015
Belgien	86,7	60	60	55	50
Bulgarien					10
Dänemark	68	69,6	65	59	54,81
Deutschland	56	53	53	48,5	45
Estland					21
Finnland	68,5	43	k. A.	53,5	31,75
Frankreich	58	56,8	56,8	53,3	45
Griechenland	63	50	45	42,5	42
Großbritannien	60	40	40	40	45
Irland	58	53	48	42	40
Italien	62	58,1	51	45	43
Kroatien					40
Lettland					23
Litauen					15
Luxemburg	56	k. A.	k. A.	42	40
Malta					35
Niederlande	72	60	60	52	52
Österreich	62	50	50	50	50
Polen					32
Portugal	68,8	40	40	40	48
Rumänien					16
Schweden	77,4	66	56	56	59,7
Slowakei					25
Slowenien					50
Spanien	66	56	56	48	47
Tschechien					15
Ungarn					16
Zypern					35
EU-Durchschn.	65,5	54	52,4	48,5	36,7
Quelle: Bundesministerium der Finanzen; Wirtschaftskammern Österreich					

II. Harmonisierung des Rechts der direkten Steuern im Bereich des Konzernsteuerrechts

4　　Lediglich ein kleiner Ausschnitt des Rechts der direkten Steuern, nämlich der Bereich der Gewinnbesteuerung bei verbundenen Kapitalgesellschaften, ist – im Hinblick auf die besondere Situation verbundener Unternehmen – ansatzweise harmonisiert. Richtlinien sind auf dem Gebiet des Umwandlungssteuerrechts und des Konzernsteuerrechts ergangen,[6] die verhindern sollen, dass aufgrund einer EU-weiten Tätigkeit Gewinnrealisierungen oder Doppelbesteuerungen eintreten (z. B. Fusionsrichtlinie, Mutter-Tochter-Richtlinie, Übereinkommen über die Besei-

---

[6] Dazu im Einzelnen § 19.

tigung der Doppelbesteuerung bei verbundenen Unternehmen; Zins-Richtlinie zur Einmal-Erfassung von Zinsen und Lizenzgebühren zwischen verbundenen Unternehmen).[7]

III. (Begrenzte) Harmonisierung auf der Grundlage der allgemeinen Harmonisierungsvorschrift

Der EU-Vertrag enthält keine ausdrücklichen Bestimmungen zur Harmonisierung der direkten Steuern.[8] Art. 114 Abs. 2 AEUV nimmt die Bestimmungen über die Steuer ausdrücklich von der Rechtsangleichung aus.[9] Maßnahmen in diesem Bereich müssen deshalb ihre Grundlage in spezifischen Zielen finden, wie etwa in der Verhütung von Steuerhinterziehung (beispielsweise durch eine Quellensteuer auf Zinsen) und der Beseitigung der Doppelbesteuerung (beispielsweise durch Vereinbarungen über Dividendenzahlungen an Nichtansässige).   5

Die Angleichung des Rechts der direkten Steuern kann in einem begrenzten Rahmen auf die Grundlage der allgemeinen Harmonisierungsvorschrift des Art. 115 AEUV gestützt werden,[10] der „Richtlinien für die Angleichung derjenigen Rechts- und Verwaltungsvorschriften der Mitgliedstaaten" zulässt, „die sich unmittelbar auf die Errichtung oder das Funktionieren des Binnenmarkts auswirken". Indes können solche Richtlinien nur einstimmig und nach vorheriger Anhörung beschlossen werden. Unter diesen Voraussetzungen ist eine Harmonisierung der direkten Steuern eher nicht zu erwarten; es gilt vielmehr das „Konzept der Mindestharmonisierung".[11]   6

IV. „Stille Harmonisierung" des nationalen Steuerrechts

Die direkten Steuern unterliegen zwar der autonomen Zuständigkeit der Mitgliedstaaten, doch haben diese ihre Befugnisse unter Einhaltung des Unionsrechts auszuüben;[12] das Unionsrecht setzt der noch vorhandenen Autonomie der Mitgliedstaaten auch in Fragen der direkten Steuern gewisse Grenzen.[13] Nicht zu unterschätzen ist daher – neben dem Zwang zur Harmonisierung infolge des Steuerwettbewerbs – die „stille Harmonisierung" der nationalen Steuersysteme über den Umweg des primären Gemeinschaftsrechts (insbesondere durch Instrumentalisierung der Grundfreiheiten).[14] Eine Vielzahl nationaler Regelungen ist auf ihre Vereinbarkeit mit den primärrechtlichen Grundfreiheiten zu untersuchen. Nach einer   7

---

[7] Die Richtlinie 2003/49/EG, ABl. 2003 L 157, 49 regelt die Abschaffung von Quellensteuer auf konzerninterne Zins-/Lizenzzahlungen. Das Quellensteuer-Erstattungsverfahren ist mittlerweile in den § 50g und § 50h EStG geregelt; konzerninterne Zins- und Lizenzzahlungen sind damit vollständig befreit (vgl. *Köhler* DStR 2005, 227; **Beispiel:** Ein deutsches Unternehmen (eine in Deutschland gelegene Betriebsstätte) zahlt als Schuldner an ein (verbundenes) EU-Unternehmen (Betriebsstätte) als Gläubiger Zinsen bzw. Lizenzgebühren; auf Antrag werden die KapESt und die § 50a-Steuer nicht erhoben).
[8] *Cordewener* Grundfreiheiten, 4f.
[9] Zu den Grenzen der Harmonisierung der direkten Steuern *Waldhoff/Kahl* in Calliess/Ruffert (Hrsg.), EUV/AEUV, Art. 113 AEUV, Rz. 19f., 26f.
[10] *Schön* DStJG 23 (2000), 191, 217.
[11] *Englisch* in Tipke/Lang, Steuerrecht, § 4 Rz. 68.
[12] Schlussanträge des GA *Léger* v. 20.6.2002 C-385/00 – *de Groot*, IStR 2002, 523.
[13] *Körner* Techniken konzerninterner Gewinnverlagerung, 195.
[14] *Cordewener* Grundfreiheiten, 25ff.; *Körner* Techniken konzerninterner Gewinnverlagerung, 192; *Seiler* StuW 2005, 25: negative Integration; vgl. oben § 8 Rz. 18ff.

Untersuchung von *van Thiel*[15] spielen die vom EG-Vertrag (heute EUV, AEUV) gewährleisteten Mobilitätsrechte eine besondere Rolle, wenn eine Person (resp. ihr Einkommen oder ihre Wirtschaftsgüter) eine „Steuerhoheit" verlässt. Alle Bürger haben das Recht, ihren Heimatstaat zu verlassen; Wegzugsbeschränkungen sind unzulässig. Ebenso unzulässig sind Marktzugangsbeschränkungen.

In der Vergangenheit hatte es den Anschein, dass der EuGH wenig Rücksicht auf die nationalen fiskalischen Bedürfnisse nahm, sich ganz augenscheinlich über das Territorialitätsprinzip hinwegsetzte und spezifisch europäisch agierte. Die unterschiedlichen Perspektiven (nationale Steuersouveränität auf der einen Seiten; Diskriminierungsverbote auf der anderen Seite) können zu Konflikten und Spannungen führen. Wenn ausländische Verluste verrechnet werden müssen (*Marks & Spencer*),[16] wenn ausländische Anteilseigner steueranrechnungsberechtigt sind,[17] wenn nationale Steuervergünstigungen auch in Auslandsfällen zu gewähren sind,[18] wenn das Korrespondenzprinzip nicht gilt, wird es dem nationalen Gesetzgeber schwer gemacht, seine eigenen Vorstellungen von einem gerechten Steuer- und Sozialsystem durchzusetzen. Es ist die Aufgabe des EuGH, bestimmte Diskriminierungen und Beschränkungen zu beseitigen, er darf sich aber andererseits über die begrenzte Kompetenz der EU und die weiter bestehende Kompetenzen der Mitgliedstaaten nicht hinwegsetzen.[19] Von dem EuGH wird daher ein **Balanceakt** erwartet, Beseitigung von Diskriminierungen und Beschränkungen im Rahmen der fortbestehenden nationalen Systeme der direkten Steuern.

V. EuGH-Rechtsprechung

8

Rechtssache	Fundstelle	Rechtsgrundlage	Gegenstand
EuGH v. 13.12.2005 C-446/03 – *Marks & Spencer*	DStR 2005, 2168	EGV Art. 43, Art. 48	Verlustabzug durch Tochtergesellschaft
EuGH v. 29.3.2012 – C-417/10	EWS 2012, 247	EU Art. 4 III	Rechtsmissbrauchsverbot
EuGH v. 31.3.2011 C-450/09 – *Schröder*	DStRE 2011, 528, DStR 2011, 664	AEUV Art. 63; Richtlinie 88/361/ EWG Art. 1 Abs. 1; EStG § 10 Abs. 1 Nr. 1a, § 21, § 50 Abs. 1	Versagung des Sonderausgabenabzugs bei beschränkter Steuerpflicht unionsrechtswidrig

---

[15] *van Thiel/Achilles* IStR 2003, 530.

[16] EuGH v. 13.12.2005 C-446/03 – *Marks & Spencer,* EuGHE 2005, I-10837: vorrangige Verlustverrechnung bei Tochter.

[17] EuGH v. 7.9.2004 C-319/02 – *Manninen,* DStRE 2004, 1220; zur Gemeinschaftsrechtswidrigkeit des § 50c EStG vgl. *Krebs/Bödefeld* BB 2004, 407.

[18] Nach Auffassung der Kommission verstößt die Beschränkung der Eigenheimzulage auf in Deutschland gelegene Gebäude gegen den Grundsatz der Freizügigkeit. Daher hat sie Klage vor dem EuGH erhoben (FAZ v. 20.7.2004, 11). – Es widerspricht Art. 52 i. V. m. Art. 58, Art. 59 i. V. m. Art. 66 und 58 sowie Art. 73b EG widerspricht, wenn eine gemeinnützige Stiftung privaten Rechts eines anderen Mitgliedstaates, die im Inland mit Vermietungseinkünften beschränkt steuerpflichtig ist, anders als eine im Inland gemeinnützige unbeschränkt steuerpflichtige Stiftung mit entsprechenden Einkünften nicht von der Körperschaftsteuer befreit ist (EuGH-Urteil v. 14.9.2006 C-386/04 – *Stauffer,* DStRE 2006, 1304). – Mit Urteil v. 10.3.2005 C-39/04 – *Laboratoires Fournier SA,* IStR 2005, 312, hat der EuGH entschieden, dass eine Beschränkung einer Steuervergünstigung auf inländische Forschungstätigkeiten nicht zulässig sei.

[19] *Wieland* Der EuGH als Steuergesetzgeber?, FS für Manfred Zuleeg, 477; *Häde* Handelsblatt v. 4.3.2005, 10, zur Frage nach den Grenzen der Vereinbarkeit von nationalem Grundrecht und Europäischem Gemeinschaftsrecht, nach dessen Auffassung die Aufgabe der Staatlichkeit nur im Wege einer Verfassungsablösung nach Art. 146 GG unter maßgeblicher Beteiligung des Volkes möglich sci.

Rechtssache	Fundstelle	Rechtsgrundlage	Gegenstand
EuGH v. 28.2.2013 C-544/11 – *Petersen*	DStRE 2013, 661	AEUV Art. 45 und 56, § 34c Abs. 1 und 5; EStG § 1 Abs. 1; DBA-Dänemark Art. 15	Art. 45 AEUV ist dahin auszulegen, dass er einer nationalen Regelung eines Mitgliedstaats entgegensteht, wonach Einkünfte einer in diesem Mitgliedstaat wohnhaften und unbeschränkt steuerpflichtigen Person aus einer nichtselbständigen Tätigkeit von der Einkommensteuer befreit sind, wenn der Arbeitgeber seinen Sitz in diesem Mitgliedstaat hat, aber nicht, wenn er seinen Sitz in einem anderen Mitgliedstaat hat
EuGH v. 23.1.2014 C-296/12	IStR 2014, 178	AEUV Art. 56	Das Königreich Belgien hat dadurch gegen seine Pflichten aus Art. 56 AEUV verstoßen, dass es eine Steuerermäßigung im Rahmen von Rentensparplänen eingeführt und beibehalten hat, die nur auf Zahlungen an in Belgien ansässige Einrichtungen und Fonds anwendbar ist. (amtlicher Leitsatz)
EuGH v. 9.10.2014 C-326/12	BeckRS 2014, 82054	AEUV Art. 63; InvStG § 5	Pauschalbesteuerung von intransparentem Investmentvermögen unzulässig
EuGH v. 11.12.2014 C-678/11	IStR 2015, 66	AEUV Art. 56; EWR-Abkommen 36	Anbieten von betrieblichen Rentenplänen in Spanien durch Pensionsfonds und Versicherungsgesellschaften, die in einem anderen Mitgliedstaat ansässig sind, nur unter Einschaltung eines steuerlichen Vertreters mit Sitz in Spanien

Rechtssache	Fundstelle	Rechtsgrundlage	Gegenstand
EuGH v. 3.2.2015 C-172/13	DStR 2015, 337	AEUV Art. 49	Abzug „finaler" Verluste im Konzern
EuGH v. 24.2.2015 C-559/13 – *Grünewald*	DStR 2015, 474	EG Art. 56; AEUV Art. 63; EStG 1999 § 10 Abs. 1 Nr. 1a, § 22 Nr. 1 S. 1, § 50 Abs. 1 S. 4	Abzugsausschluss für Versorgungsleistungen bei beschränkter Steuerpflicht gemäß § 50 Abs. 1 S. 4 EStG 1999 ist unionsrechtswidrig
EuGH v. 21.5.2015 C-560/13 – *Wagner-Raith*	BB 2015, 1828	AEUV Art. 64	Pauschalbesteuerung von Kapitalerträgen aus Beteiligungen an ausländischen Investmentfonds zulässig
EuGH v. 17.12.2015 C-388/14 – *Timac Agro*	DStR 2016, 28	AEUV Art. 49	Verluste der österreichischen Betriebsstätte einer deutschen Kapitalgesellschaft nicht abziehbar

VI. Folgerungen

9   Eine (vollständige) Harmonisierung der direkten Steuern ist nach den Vorgaben des EU-Rechts nicht gewollt. Harmonisiert wird das Recht der direkten Steuern nur insoweit, als die einzelnen Gesetze Diskriminierungen und Beschränkungen enthalten; Steuertatbestände und Steuersätze bleiben weiterhin allein im Kompetenzbereich der einzelnen Staaten.[20] Der Umstand, dass ein Sachverhalt im EU-Ausland berührt ist, darf aber zu keiner Benachteiligung führen. Das Merkmal „EU-Ausland" ist kein geeignetes Differenzierungskriterium. Jegliche **steuerliche Differenzierung** bei der Behandlung eines EU-Auslandssachverhalts im Vergleich zum Inlands-Sachverhalt ist **unzulässig,** wenn dadurch die Auslandtätigkeit behindert oder weniger attraktiv gestaltet wird als die Inlandtätigkeit und keine besonderen Rechtfertigungsgründe gegeben sind.[21]

(Formelle) Voraussetzung eines einheitlichen Binnenmarkts ist ein vollständiger Informationsaustausch. Die Gleichbehandlung der EU-Bürger kann nur erreicht werden, wenn die nationalen Fisci auf alle EU-Sachverhalte zugreifen können. Diesem Ziel dienen etwa die ZinsRL und die AmtshilfeRL, die nach Maßgabe des OECD-Standards erweitert werden soll. Ziel der Harmonisierung der direkten Steuern ist dementsprechend nicht die Vereinheitlichung der Steuerrechte, sondern die Beseitigung von Benachteiligungen und die Ermöglichung der sicheren Erfassung aller EU-Sachverhalte, um eine gleichmäßige Besteuerung (auf der Grundlage der nationalen direkten Steuerrechte) sicherzustellen.

---

[20] Zu den konkreten Auswirkungen des EU-Rechts auf das deutsche Steuerrecht vgl. den 5. Teil.

[21] Dazu kritisch *Jochum* Die Zukunft der Unternehmensbesteuerung in Europa – zugleich eine Analyse der Grenzen europäischen „Richter"-Steuerrechts, EuR, Beiheft 2/2006, 33, 55/6: Der EuGH bestimmt die Entwicklung der Unternehmensbesteuerung in Europa derzeit maßgeblich. Er scheint zu dem (untauglichen) Versuch entschlossen, auf dem Boden der gemeinschaftsrechtlichen Grundfreiheiten richterrechtlich ein gemeinschaftsweit kohärentes System der direkten Steuern zu erzwingen. Dem europäischen Richterrecht sind jedoch auch im Bereich der direkten Steuern kompetenzrechtliche Grenzen gesetzt.

Lösung des Ausgangsfalls: Der Abzugsausschluss für Versorgungsleistungen bei beschränkter **10** Steuerpflicht gem. § 50 Abs. 1 S. 4 EStG 1999 ist nach Auffassung des EuGH unionsrechtswidrig. Der EuGH[22] entschied, dass Art. 63 AEUV dahin auszulegen sei, dass er einer Regelung eines Mitgliedstaats entgegenstehe, die es einem gebietsfremden Steuerpflichtigen, der in diesem Mitgliedstaat gewerbliche Einkünfte aus Anteilen an einer Gesellschaft erzielt habe, die ihm von einem Elternteil im Wege einer vorweggenommenen Erbfolge übertragen worden seien, verwehre, von diesen Einkünften die Versorgungsleistungen abzuziehen, die er an diesen Elternteil als Gegenleistung für diese Übertragung gezahlt habe, während sie einem gebietsansässigen Steuerpflichtigen diesen Abzug gestatte.

Übersicht zu § 17: Harmonisierung der direkten Steuern

▶ Die direkten Steuern bleiben nach dem EU-Vertrag und nach ständiger Rechtsprechung in der Zuständigkeit der Mitgliedstaaten (vgl. Art. 2ff. AEUV). Im Hinblick auf die (begrenzten) Ziele der EU, auf das Prinzip der begrenzten Ermächtigung, auf das Subsidiaritätsprinzip und die fortbestehende nationale Steuerrechtssouveränität bestehen weiterhin systematische und strukturelle Unterschiede zwischen den Steuersystemen der Mitgliedstaaten.

▶ Die Standard-Formel des EuGH lautet insoweit: „Die direkten Steuern fallen nach ständiger Rechtsprechung zwar in die Zuständigkeit der Mitgliedstaaten, doch müssen diese ihre Befugnisse unter Wahrung des Unionsrechts ausüben".

▶ Obwohl der Bereich der direkten Steuern als solcher nicht in die Zuständigkeit der Gemeinschaft fällt, dürfen die Mitgliedstaaten bei der Ausübung der ihnen insoweit verbliebenen Befugnis das Unionsrecht nicht außer acht lassen.

▶ Die meisten Vereinbarungen im Bereich der direkten Steuern liegen weiterhin außerhalb des Unionsrechts. Ein umfassendes Netz bilateraler Steuerabkommen (DBA) – die sowohl für Mitgliedstaaten als auch für Drittländer gelten – regelt die Besteuerung grenzüberschreitender Einkommensströme.

▶ Lediglich ein kleiner Ausschnitt des Rechts der direkten Steuern, nämlich der Bereich der Gewinnbesteuerung bei verbundenen Kapitalgesellschaften, ist – im Hinblick auf die besondere Situation verbundener Unternehmen – ansatzweise harmonisiert. Richtlinien sind auf dem Gebiet des Umwandlungssteuerrechts und des Konzernsteuerrechts ergangen, die verhindern sollen, dass aufgrund einer EU-weiten Tätigkeit Gewinnrealisierungen oder Doppelbesteuerungen eintreten (z.B. Fusionsrichtlinie, Mutter-Tochter-Richtlinie, Übereinkommen über die Beseitigung der Doppelbesteuerung bei verbundenen Unternehmen; Zins-Richtlinie zur Einmal-Erfassung von Zinsen und Lizenzgebühren zwischen verbundenen Unternehmen).

▶ Das Unionsrecht setzt der noch vorhandenen Autonomie der Mitgliedstaaten auch in Fragen der direkten Steuern gewisse Grenzen. Nicht zu unterschätzen ist daher – neben dem Zwang zur Harmonisierung infolge des Steuerwettbewerbs – die „stille Harmonisierung" der nationalen Steuersysteme über den Umweg des primären Unionsrechts (insbesondere durch Instrumentalisierung der Grundfreiheiten).

---

[22] EuGH v. 24.2.2015 C-559/13, DStR 2015, 474.

§ 18 Unternehmenssteuerrecht

Ausgangsfälle:

1. Lankhorst-Hohorst GmbH: Die unbeschränkt steuerpflichtige *Lankhorst-Hohorst GmbH* (GmbH) ist eine hundertprozentige Tochtergesellschaft der in den NL ansässigen *Lankhorst-Taselaar B. V.* (LT-BV). Die *LT BV* gewährte der GmbH ein Darlehen von 3 Mio. DM; der Zinssatz betrug 4,5 vH. Das FA behandelte die Zinsen, die die GmbH an die Muttergesellschaft gezahlt hatte, nicht als Betriebsausgaben, sondern als verdeckte Gewinnausschüttung i. S. d. § 8a KStG a. F. und unterwarf sie dem Ausschüttungssteuersatz von 30 vH. Den in § 8a KStG a. F. vorgesehenen Fremdvergleich konnte die GmbH nicht führen, da sie überschuldet war. Die GmbH hält die Besteuerung für europarechtswidrig. Zu Recht?[1]

2. Futura SA: Die in Frankreich ansässige Gesellschaft *Futura SA* konnte in Luxemburg nur nach Luxemburger GoB ermittelte Verluste geltend machen. Steuerinländer hingegen waren hinsichtlich ihrer ausländischen Einkünfte zu einer gesonderten Buchführung nach Luxemburger Recht nicht verpflichtet. Die *Futura SA* war mit dieser Beurteilung nicht einverstanden.[2]

I. Entwicklungen

1   Eine generelle Harmonisierung der Unternehmensbesteuerung (u. a. Körperschaftsteuer und persönliche Besteuerung von Dividenden) würde Wettbewerbsverzerrungen, insbesondere bei Investitionsentscheidungen, verhindern.[3] Eine Harmonisierung könnte auch der Minderung von Einnahmen durch Steuerwettbewerb und Steuerflucht entgegenwirken und den Spielraum für manipulierende Buchführung (beispielsweise durch die Festlegung von Verrechnungspreisen) reduzieren. Andererseits gelten auch für das Unternehmenssteuerrecht die Maßstäbe des EU-Rechts; das Unternehmenssteuerrecht gehört zum Bereich der direkten Steuern. Eine „volle" Harmonisierung ist nicht vorgesehen; auch insoweit sind (nur) Diskriminierungen und Beschränkungen abzubauen. Dabei sind die Besonderheiten unternehmenssteuerrechtlicher Strukturen zu berücksichtigen. Die potenziellen Harmonisierungserfolge sind daher überschaubar und betreffen eher das „transnationale" Konzernrecht.[4]

2   Der **Ruding-Bericht von März 1992** („Bericht des unabhängigen Sachverständigenausschusses über die Leitlinien für die Unternehmensbesteuerung") kam zu dem Ergebnis, dass in den Steuersystemen aller Mitgliedstaaten in irgendeiner Form Diskriminierung zwischen Inlands- und Auslandsinvestitionen stattfinde. Ferner wurde festgestellt, dass die möglicherweise verzerrenden Auswirkungen durch die Beseitigung der Hindernisse für den freien Kapitalverkehr noch erhöht würden. Hauptfrage sei, ob derartige Verzerrungen den Binnenmarkt ernsthaft bedrohten und ob sie, falls vorhanden, „durch das Wechselspiel der Marktkräfte und den Steuerwettbewerb zwischen den Mitgliedstaaten beseitigt werden" könnten oder ob hierfür ein Vorgehen auf Gemeinschaftsebene notwendig sei.

3   Im Mai 1994 veröffentlichte die Kommission eine Mitteilung über die Verbesserung der steuerlichen Rahmenbedingungen für kleine und mittlere Unternehmen (KMU).[5]

---

[1] EuGH v. 12.12.2002 C-324/00 – *Lankhorst-Hohorst,* DB 2002, 2690.
[2] Nach EuGH v. 15.5.1997 C-250/95 – *Futura Participations SA,* EuGHE 1997, I-2471, 2505 f.
[3] Zum derzeitigen Stand und zu weiteren Möglichkeiten *Marquardt* Ertragsbesteuerung von Unternehmen in der Europäischen Union, 141 ff., 233 ff.
[4] S. unten § 19.
[5] KOM (1994), 206.

Vom Jahr 1996 an verfolgte die Kommission einen neuen Ansatz, dessen wich- 4
tigstes Ergebnis der **Verhaltenskodex für die Unternehmensbesteuerung** war, den
der Rat im Januar 1998 als Entschließung annahm. Der Rat setzte eine Verhaltens-
kodex-Gruppe (bekannt als „Primarolo-Gruppe", benannt nach ihrem Vorsitzen-
den) ein, die mitgeteilte Fälle der unfairen Unternehmensbesteuerung prüfen sollte.
Ihr Bericht wurde im November 1999 vorgelegt; darin wurden 66 Steuerpraktiken
ausgewiesen, die innerhalb von fünf Jahren abgeschafft werden sollten.

Der „**Code of Conduct**"[6] dient der Bekämpfung des unfairen Steuerwett- 5
bewerbs. Notwendig sei danach, dass auch die Steueroasen der EU-Mitgliedsländer
– etwa die britischen Territorien Isle of Man, Gibraltar, die Cayman- und Kanalinseln oder Monaco – erfasst würden.

Nach der Studie der Kommission zur Unternehmensbesteuerung im Binnenmarkt 6
Com (2001) 582 final[7] favorisiert die Kommission ein zweistufiges Verfahren: kurz-
und mittelfristig „gezielte Maßnahmen" und langfristig die Entwicklung einer **konsolidierten Körperschaftsteuer-Bemessungsgrundlage.**[8] Die Finanzminister haben
eine Arbeitsgruppe eingesetzt, die eine einheitliche Bemessungsgrundlage für Unter-
nehmenssteuern vorlegen soll;[9] zu prüfen sei auch die Normierung von Mindest-
steuersätzen.[10]

Die „gezielten Maßnahmen" umfassten: 7
- die Ausarbeitung von Orientierungshilfen für die Mitgliedstaaten, für die Wirtschaft und für die nationalen Gerichte zu den Auswirkungen von Urteilen des
EuGH im Hinblick auf die Unternehmenssteuer- und die Doppelbesteuerungs-
vorschriften,
- eine Ergänzung und Verbesserung der Fusions- und der Mutter-Tochter-Richtlinie,
- die Aufnahme von Konsultationen mit den Mitgliedstaaten, die auf das Ziel einer
umfassenden Regelung für den grenzüberschreitenden Verlustausgleich ausgerichtet ist,
- die Einrichtung eines „Gemeinsamen Forums für Verrechnungspreise", um die
Koordination auf dem Gebiet von Verrechnungspreiszusagen, der Dokumen-
tationspflichten, der Verrechnungspreismethoden und des Schiedsübereinkom-
mens[11] zu verbessern, und
- die Anpassung der DBA in der EU an die Erfordernisse des EU-Vertrags.

Nach Einführung der **Societas Europaea**[12] im Jahr 2004 stellte sich die Frage
nach der einheitlichen Ertragsbesteuerung der Obergesellschaft und ihrer Tochtergesellschaften. Dazu ist die Idee eines European Tax Allocation System (ETAS)[13]
entwickelt worden, das auf der ersten Stufe eine einheitliche Bemessungsgrundlage
(EU-Home Tax Base) ermittelt und in einem zweiten Schritt (unter Anwendung
des Steuersatzes des Ansässigkeitsstaats der Obergesellschaft – Home Tax Rate) die
Home Base Tax festsetzt. Diese Home Base Tax wird mit den Steuerzahlungen der

---

[6] *Kellersmann/Treisch* Europäische Unternehmensbesteuerung, 238.
[7] Dazu *Oestreicher* StuW 2002, 342.
[8] Vgl. *Oestreicher* StuW 2002, 342, 346; *Scheffler* BB Beilage 3/2005, 33.
[9] FAZ v. 13.9.2004, 11.
[10] IFSt-Schrift Nr. 422 (Dezember 2004), Internationaler Steuerwettbewerb, 107 f.; dazu auch
Schäfers FAZ 25.2.2005, 13.
[11] Dazu *Sedemund* Europäisches Ertragsteuerrecht, 2008, Rz. 760 ff.
[12] S. hierzu unten Rz. 16. – Zum 31.3.2014 waren 2125 SE registriert.
[13] *Hernler* DB 2003, 60.

einzelnen Gesellschaften verrechnet und führt zu einer Steuerschuld oder zu einem EU-Tax Credit.

Im Juni 2015 hat die Kommission angekündigt, im kommenden Jahr einen Vorschlag für eine einheitliche Bemessungsgrundlage für die Unternehmensbesteuerung vorzulegen (Aktionsplan für eine faire und effiziente Unternehmensbesteuerung in der EU). Alle Unternehmen müssten einen fairen Teil ihrer Steuern dort zahlen, wo sie ihre Gewinne tatsächlich erwirtschaften.[14]

II. Harmonisierung der Körperschaftbesteuerung

8 In den Mitgliedstaaten existieren unterschiedliche Körperschaftsteuer-Systeme:[15]
- das Freistellungssystem (Besteuerung nur auf der Ebene der Körperschaft)
- das klassische Doppelbesteuerungsverfahren
- das Vollanrechnungsverfahren
- das Teilanrechnungsverfahren
- das Dividendenabzugssystem
- das System des gespaltenen Körperschaftsteuersatzes
- die ermäßigte Besteuerung von Dividendeneinkünften (z.B. Halbeinkünfteverfahren; Shareholder-Relief-System).

9 Erhebliche Unterschiede bestehen nicht nur im System, sondern auch in Bezug auf die Ermittlung der Bemessungsgrundlagen und die Steuersätze. Diese Unterschiede führen zu einem erheblichen Steuergefälle und erschweren eine umfassende Harmonisierung.[16]

Körperschaftsteuern in den Ländern der Europäischen Union, ausgewählte Jahre; Nominale Spitzensteuersätze in vH Körperschaftssteuersystem[17]						
	1980	1985	1990	1995	2001	1.4.2015
Belgien	48	45	41	39	40,2	33,99
Bulgarien						10
Dänemark	40	50	40	34	30	23,5
Deutschland	56	56	50	45	25	15
Estland						21
Finnland	k. A.	50	33	25	29	20
Frankreich	50	50	37	33	36,4	33,33
Griechenland	38,2	49	46	40	35	33
Großbritannien	52	40	35	33	30	20
Irland	45	50	43	40	10/20	12,5
Italien	36,3	47,8	36	36	36	27,5
Kroatien						20
Lettland						15
Litauen						15
Luxemburg	40	45,5	34	33	31,2	29,22

[14] FAZ v. 18.6.2015, S. 18; ferner *Fehling* in S/E, Rz. 10.31.
[15] Zur Entwicklung vgl. *Saß* Einflüsse des Binnenmarktes auf die nationalen Steuerordnungen, DStJG 19 (1996), 31, 29f.; *ders.*, DB 2007, 1327; *Herzig* Besteuerung der Unternehmen in Europa – Harmonisierung im Wettbewerb der Systeme, DStJG 19 (1996), 121; *Jacobs* StuW 2004, 251, 256.
[16] *Laule* IStR 2001, 297, 301.
[17] Quelle: Bundesministerium der Finanzen (Hrsg.).

Körperschaftsteuern in den Ländern der Europäischen Union, ausgewählte Jahre; Nominale Spitzensteuersätze in vH Körperschaftssteuersystem						
	1980	1985	1990	1995	2001	1.4.2015
Malta						35
Niederlande	48	42	35	35	35	25
Österreich	55	61,5	30	34	34	25
Polen						19
Portugal	27,8	51,2	40,2	36	32	21
Rumänien						16
Schweden	57,4	52	30	28	28	22
Slowakei						22
Slowenien						17
Spanien	33	33	35	35	35	30
Tschechien						19
Ungarn						19
Zypern						12,5
EU-Durchschnitt	44,8	48,2	37,7	35,1	31,8	21,84

Der Zwang zu einer vollständigen Harmonisierung von nominalen Steuersätzen **10** würde sich verringern, wenn die einzelnen Länder konsequent das **Sitzlandprinzip** (Maßgeblichkeit des Sitzes der Muttergesellschaft) bei grenzüberschreitenden Unternehmensgewinnen anwendeten.[18] Zwar ist es gerechtfertigt, im Gastland erwirtschaftete Gewinne zunächst nach dem Quellenprinzip der dortigen Unternehmenssteuer zu unterwerfen, da das Gastland öffentliche Leistungen bereitstellt. Allerdings müssten diese Gewinne, sobald sie in das Inland zur Muttergesellschaft transferiert werden, mit dem inländischen Steuersatz nachversteuert werden, so dass die gesamte Unternehmenssteuerlast durch Verlagerung von Investitionen in das Ausland nicht verringert werden könnte. Dies erfordere gleichzeitig die volle Anrechnung von im Quellenstaat bereits gezahlten Steuern, da sonst für Gewinne, die in einem höher besteuernden Quellenland realisiert würden, nach wie vor der höhere Steuersatz des Quellenlandes maßgeblich wäre und deshalb negative steuerliche Investitionsanreize bestünden.

Bei voller Anrechnung der Quellensteuern existieren weder steuerbedingte Anreize, in einem **11** Niedrigsteuerland zu investieren, noch negative Anreize, dies in einem Hochsteuerland zu tun. Gleichzeitig könnten die nationalen Körperschaftsteuersysteme als Teilhabersteuern ausgestaltet und auf alle Unternehmen, gleichgültig ob Kapital- oder Personengesellschaften, erhoben werden. Ein **Teilhabersteuersystem** setzt den Körperschaftsteuersatz auf gleicher Höhe wie den Einkommensteuerspitzensatz fest. Ausgeschüttete und einbehaltene Gewinne werden einem einheitlichen Steuersatz unterworfen. Im Unterschied zu den bestehenden Körperschaftsteuersystemen werden sämtliche Gewinne von den Anteilseignern in der Periode ihrer Entstehung versteuert – unabhängig davon, ob sie im Unternehmen verbleiben oder ausgeschüttet werden. Der Anteilseigner erhält eine Steuergutschrift für seinen Gewinnanteil, die er mit der Einkommensteuer, die sich auf seine Gewinne ergibt, verrechnen kann. Unterschreitet sein persönlicher Einkommensteuersatz den Teilhabersteuersatz, erhält er eine Steuerrückzahlung. Damit wird eine Doppelbesteuerung von Gewinnen durch die Besteuerung auf Unternehmensebene und die Einkommensteuer vermieden. Um dem bestehenden Steuersenkungsdruck auf die Unternehmensbesteuerung entgegenzuwirken, wäre es sinnvoll, einen EU-weiten Mindeststeuersatz festzulegen.

Die Zusammenführung von Unternehmensbesteuerung und Besteuerung der **12** Anteilseigner entspräche der Besteuerung von Unternehmen, die ihre Gewinne

---

[18] Zu den (ökonomischen) Vorzügen des Wohnsitzlandprinzips unter dem Aspekt der Standortneutralität und eines effizienten Ressourceneinsatzes (Art. 98 EG) auch *Steibert* Der Einfluss des Europäischen Rechts auf die Unternehmensbesteuerung, 11 ff.

im Inland erwirtschaften. Bei einem solchen System könnten multinationale Konzerne ihre Steuerlast nicht mehr durch internationale Gewinnverlagerungen verringern.[19] Komplizierte und schwer zu kontrollierende Transferpreis- und Thin-Capitalization-Regelungen wären damit überflüssig.

III. Harmonisierung der (steuerlichen) Gewinnermittlung

1. Gemeinsame Konsolidierte Körperschaftssteuer-Bemessungsgrundlage (GKKB)

13   Im März 2011 hat die Europäische Kommission einen Vorschlag für eine Richtlinie über eine Gemeinsame Konsolidierte Körperschaftssteuer-Bemessungsgrundlage (GKKB) veröffentlicht.[20] Ziel der GKKB ist es, die EU für Investoren durch gleiche steuerliche Rahmenbedingungen in den Mitgliedstaaten attraktiver zu machen und die steuerlichen Befolgungskosten bei grenzüberschreitender Tätigkeit innerhalb der EU zu senken. Der Richtlinienvorschlag zur GKKB enthält ein eigenständiges System zur Ermittlung des steuerlichen Gewinns. Weiter ist vorgesehen, die Steuerbemessungsgrundlagen aller EU-Gesellschaften und -Betriebsstätten eines Konzerns zu konsolidieren und anschließend wieder anhand einer Formel auf die beteiligten Mitgliedstaaten aufzuteilen. Dies soll die konzerninterne Verrechnung teilweise überflüssig machen.

Nach dem Vorschlag der Kommission erfolgt die Ermittlung der GKKB durch eine Gewinn- und Verlustrechnung, die im Grundsatz von der handelsrechtlichen Rechnungslegung der Unternehmen unabhängig ist (Aufgabe des Maßgeblichkeitsprinzips). Den auf die GKKB anwendbaren Steuersatz sollen die Mitgliedstaaten jeweils frei festlegen. Die GKKB wäre optional, das heißt, die Mitgliedstaaten könnten ihre bisherige Körperschaftsbesteuerung beibehalten und die Körperschaften (bei Konzernen nur die Muttergesellschaften) könnten wählen, ob sie nach den Regeln der einzelnen Mitgliedstaaten oder nach dem GKKB-System besteuert werden wollen.

Die Verabschiedung der GKKB-Richtlinie würde die Zustimmung aller 28 Mitgliedstaaten erfordern. Diese gilt derzeit als unwahrscheinlich, vor allem die Konsolidierung und Aufteilung der Bemessungsgrundlage werden von den meisten Mitgliedstaaten wegen befürchteter Steuermindereinnahmen kritisch gesehen. In Betracht käme daher auch eine reine Harmonisierung der steuerlichen Gewinnermittlung durch eine Gemeinsame Körperschaftsteuer-Bemessungsgrundlage (GKB).

Im Mai 2015 hat die EU-Kommission einen neuen Vorstoß zur Vereinheitlichung der KSt-Bemessungsgrundlage unternommen, der die Unternehmen verpflichten soll, ihren Gewinn nach der einheitlichen Formel zu berechnen; die früher vorgesehene Option soll danach entfallen.[21]

2. Anti-BEPS (OECD-Projekt)

14   „Base Erosion and Profit Shifting" (BEPS) bezeichnet die geplante Verminderung steuerlicher Bemessungsgrundlagen und das grenzüberschreitende Verschieben von Gewinnen durch multinationale Konzerne.[22] Der Begriff „Base Erosion and Profit Shifting" wurde durch die für Steuerfragen zuständige Task Force der OECD ge-

---

[19] Dazu *Körner* Techniken konzerninterner Gewinnverlagerung.
[20] *Fehling* in S/E, Rz. 18.1 f.; dazu auch *Scheffler/Spengel* StuW 2015, 359.
[21] FAZ v. 28.5.2015, 16; *Krauß* IStR 2015, 727.
[22] Dazu *Haarmann* BB 2015, 22, 24; *Benz/Böhmer* IStR 2015, 380.

prägt. Basierend auf der im Februar 2013 veröffentlichten BEPS-Studie der OECD wurde am 19. Juli 2013 der Aktionsplan der OECD im Kampf gegen aggressive Steuerplanung veröffentlicht. Weitere Aktualität hat BEPS durch die sog. Luxemburg-Leaks gewonnen. Mit dem Anti-BEPS-Aktionsplan kündigt die OECD eine Vielzahl tiefgreifender Änderungen im internationalen Steuerrecht an. Dieser Aktionsplan umfasst 15 Punkte, die sich im Wesentlichen auf Veränderungen in den Bereichen Transparenz und Offenlegungspflichten, Doppelbesteuerungsabkommen sowie Betriebsstätten und Verrechnungspreise beziehen; unter anderem:

- Identifikation der steuerlichen Herausforderungen der digitalen Wirtschaft und Entwicklung von Maßnahmen, um diesen Problemfeldern entgegen zu wirken. Vor allem bezieht sich die OECD in diesem Zusammenhang auf die Nicht-Besteuerung in dem Staat, in dem – ohne Betriebsstätte – digitale Präsenz gegeben ist.
- Maßnahmen zur Beseitigung von Effekten hybrider Gestaltungen durch Änderungen im OECD Musterabkommen und nationalen Gesetzgebungen.
- Stärkung der Vorschriften zur Hinzurechnungsbesteuerung (CFC rules).
- Einschränkung der Verschiebung von Steuersubstrat mittels Zinszahlungen und sonstigen Finanztransaktionen durch Überarbeitung der Verrechnungspreisgrundsätze für die Preisgestaltung bei Konzernfinanzierungen.
- Maßnahmen gegen schädliche Steuerpraktiken unter Berücksichtigung verstärkter Transparenz und des Erfordernisses wirtschaftlicher Substanz.
- Überarbeitung des Betriebsstättenbegriffes, um der künstlichen Umgehung von Betriebsstätten, beispielsweise durch Kommissionärsstrukturen, entgegenzuwirken.
- Im Bereich der Verrechnungspreise wird im aktuellen BEPS-Aktionsplan die Wesentlichkeit der Wertschöpfung als maßgebliche Grundlage zur Gestaltung eines Verrechnungspreissystems hervorgehoben. Darüber hinaus will die OECD die Anwendbarkeit der bestehenden Verrechnungspreismethoden, insbesondere aber der Profit-Split Methode prüfen. Die OECD kündigt Änderungen der OECD Verrechnungspreisrichtlinien und möglicherweise auch des OECD Musterabkommens an.
- Transparenz und Planungssicherheit für Unternehmen:
  - Laufende Datenerhebung und Datenanalyse, um im Zuge des BEPS Projektes entsprechende Maßnahmen setzen zu können.[23]
  - Entwicklung von Offenlegungsvorschriften für aggressive oder missbräuchliche Transaktionen, Vereinbarungen oder Strukturen.
- Maßnahmen im Zusammenhang mit Steuerabkommen:
  - Vermeidung von DBA-Missbrauch durch Weiterentwicklung des OECD Musterabkommens und Empfehlungen in Bezug auf national geltendes Recht.
  - Effektivitätssteigerung bei zwischenstaatlichen Konfliktlösungen und Minimierung von Verständigungsverfahren.
  - Entwicklung eines multilateralen Instruments, um mögliche Maßnahmen im Rahmen von BEPS umzusetzen und bestehende bilaterale Verträge abzuändern.

Die G20-Staaten haben nunmehr im November 2015 das Maßnahmenbündel beschlossen; die neuen Regeln sollen bis 2019 in Kraft gesetzt werden.[24]

IV. Harmonisierung des Gesellschaftsrechts

Über den Maßgeblichkeitsgrundsatz (§ 5 Abs. 1 EStG) sind die Grundsätze ordnungsmäßiger Buchführung (GoB) für die steuerliche Gewinnermittlung verbindlich (indirekte Bedeutung für das Steuerrecht). Die GoB ihrerseits werden durch die handels- und gesellschaftsrechtlichen Vorgaben beeinflusst, so dass sie auch für die steuerliche Gewinnermittlung von Bedeutung sein können.

---

[23] Das FG Köln (v. 7.9.2015, EFG 2015, 1769) hält die (im Rahmen des BEPS-Plans der OECD notwendige) Ermittlung der Ursachen der niedrigen Steuerbelastung für unzulässig.
[24] FAZ v. 17.11.2015, 13. – Dazu Diskussionsbericht FR 2015, 359; für Zurückhaltung auch *Schanz/Feller* BB 2015, 865. – Zum Stand (8/2015) *Fehling* FR 2015, 817.

1. Richtlinien zur Rechnungslegung

15   Mit der 4. RL 78/660/EWG vom 25.7.1978 sollten die einzelstaatlichen Vorschriften über die Gliederung und den Inhalt des Jahresabschlusses und des Lageberichts sowie über die Bewertungsmethoden und die Offenlegung dieser Unterlagen, insbesondere bei der Aktiengesellschaft und der Gesellschaft mit beschränkter Haftung, zum Schutz der Gesellschafter sowie Dritter koordiniert werden. Mit der 7. RL 83/349/EWG v. 13.6.1983 hat der Rat eine Richtlinie zur Koordinierung der einzelstaatlichen Vorschriften über den konsolidierten Jahresabschluss von Gesellschaften bestimmter Rechtsformen erlassen. Nach der 8. RL 84/253/EWG vom 10.4.1984 zur Pflichtprüfung muss der Jahresabschluss von Gesellschaften bestimmter Rechtsformen durch eine oder mehrere zu dieser Prüfung zugelassene Personen geprüft werden. Ziel ist, die Anforderungen in Bezug auf die Befähigung der zur Durchführung der Pflichtprüfung der Rechnungslegungsunterlagen befugten Personen zu harmonisieren und sicherzustellen, dass diese Personen unabhängig sind und einen guten Leumund haben. Die Richtlinie 2001/65/EG vom 27.9. 2001 enthält bestimmte Regelungen im Hinblick auf die im Jahresabschluss bzw. im konsolidierten Abschluss von Gesellschaften bestimmter Rechtsformen sowie von Banken und anderen Finanzinstituten zulässigen Wertansätze.

Die 4. RL (78/660/EWG – BiRiLi) und die 7. RL (83/349/EWG – konsolidierter Abschluss) sind durch die Richtlinie 2013/34/EU vom 26.6.2013 (ABl. 2013 L 182, 19) ersetzt worden. Diese Richtlinie ist durch das Bilanzrichtlinie-Umsetzungsgesetz (BilRUG) vom 17.7.2015[25] in nationales Recht (insb. durch Änderung von ca. 80 HGB-Normen) umgesetzt worden; die Änderungen bestehen vielfach in der Notwendigkeit zusätzlicher Angaben.[26]

2. Gesellschaftsformen

16   Auf der Ebene der EU sind folgende Rechtsformen geregelt, die in allen Ländern der EU genutzt werden können:
- die Europäische wirtschaftliche Interessenvereinigung (EWIV; Personengesellschaft) – Verordnung (EWG) Nr. 2137/85;
- die Europäische Gesellschaft (Societas Europaea – SE) (Verordnung (EG) Nr. 2157/ 2001)[27]
- die Europäische Genossenschaft (Societas Cooperativa Europaea – SCE) (Verordnung (EG) Nr. 1435/2003)
- der Europäischer Verbund für territoriale Zusammenarbeit (EVTZ) (Verordnung (EG) Nr. 1082/2006).

Die Einführung der Europäischen Privatgesellschaft (lateinisch **Societas Privata Europaea,** abgekürzt SPE) wurde im Oktober 2013 zu Gunsten des Projektes der Schaffung der Einpersonengesellschaft (**Societas Unius Personae,** SUP) aufgegeben.

Lösung der Ausgangsfälle:

17   1. **Lankhorst-Hohorst GmbH – C-324/00:**[28] Der EuGH hielt die nationale Regelung (§ 8a KStG a. F.) für EU-rechtswidrig; die unterschiedliche Behandlung erfolge ausschließlich zum

---

[25] BGBl. I 2015, 1245.

[26] Vgl. im Einzelnen *Zwirner* BilRUG, StuB 2015, Beilage zu Heft 21/2015.

[27] Dazu *Thoma/Leuering* NJW 2002, 1449; *Ihrig/Wagner* BB 2004, 1749; *Köhler* DStR 2005, 227, 231; *Brandt* BB-Special 3/2005, 1 (Überblick).

[28] EuGH v. 12.12.2002 C-324/00 – *Lankhorst-Hohorst,* DB 2002, 2690.

Nachteil der gebietsansässigen Tochtergesellschaft, die Fremdkapital von einer gebietsfremden Muttergesellschaft erhalten habe und die die entsprechenden Zinsen nicht als Betriebsausgaben abziehen dürfe.[29] Die nationale Regelung sollte verhindern, dass der Tochtergesellschaft – an Stelle einer Einlage – Fremdkapital zur Verfügung gestellt wird. Eine solche, vom Sitz der Muttergesellschaft abhängige unterschiedliche Behandlungsweise von gebietsansässigen Tochtergesellschaften stelle eine Beschränkung der Niederlassungsfreiheit dar; die steuerpflichtige Gesellschaft habe sich einer Finanzierungstechnik bedient, die als solche nicht verboten sei.

Hinsichtlich der Gefahr einer Steuerumgehung (Missbrauch) bezweckten die in Rede stehenden Rechtsvorschriften nicht speziell rein künstliche Konstruktionen, die darauf ausgerichtet seien, der Anwendung des deutschen Steuerrechts zu entgehen, von einem Steuervorteil auszuschließen, sondern erfassten generell jede Situation, in der die Muttergesellschaft – aus welchem Grund auch immer – ihren Sitz außerhalb der Bundesrepublik Deutschland habe. Eine solche Situation impliziere aber als solche nicht die Gefahr einer Steuerumgehung, da die betreffende Gesellschaft auf jeden Fall dem Steuerrecht des Staates unterliege, in dem sie niedergelassen sei.[30] Im Übrigen ließe sich, wie die vorlegende Gericht selbst festgestellt habe, im vorliegenden Fall keinerlei Missbrauch nachweisen, da das Darlehen tatsächlich gewährt worden sei, um die Belastungen von *Lankhorst-Hohorst* mit den Zinsen ihres Bankdarlehens zu verringern.

Der Gerichtshof habe in seinen Urteilen vom 28.1.1992 in der Rechtssache C-204/90[31] und in der Rechtssache C-300/90[32] ausgeführt, dass das Erfordernis, die **Kohärenz** eines Steuersystems zu gewährleisten, eine Regelung rechtfertigen könne, die die Freizügigkeit beschränke. In der vorliegenden Rechtssache fehle aber ein unmittelbarer Zusammenhang, wie er in den Rechtssachen, die zu den Urteilen Bachmann und Kommission/Belgien geführt hätten, zwischen der Abzugsfähigkeit von Beiträgen, die im Rahmen von Alters- und Todesfallversicherungsverträgen gezahlt worden seien, und der Besteuerung der in Erfüllung dieser Verträge erhaltenen Beträge bestanden habe, da es sich um ein und denselben Steuerpflichtigen gehandelt habe; hier würde die Tochtergesellschaft einer gebietsfremden Muttergesellschaft steuerlich nachteilig behandelt, ohne dass irgendein Steuervorteil gegeben sei, der eine derartige Behandlung bei diesem Steuerpflichtigen ausgleichen könnte.[33]

§ 8a KStG a.F. durfte auf von EU-Gesellschaftern gewährte Darlehen nicht mehr angewandt werden;[34] der zunächst versagte Betriebsausgabenabzug für die von § 8a KStG a.F. erfassten Zinsen war in voller Höhe zu gewähren. – Der deutsche Gesetzgeber hat daraufhin § 8a KStG a.F. auf Binnenverhältnisse erweitert, um den Vorwurf EU-widriger Diskriminierung von Außenbeziehungen auszuschließen.[35] Die Zinsschranke des § 4h EStG, § 8a KStG wirkt für in- und ausländische Sachverhalte gleichermaßen.[36]

2. Futura SA – C-250/95:[37] Der EuGH untersagte, den Verlustvortrag von der Erfüllung der nach nationalem Recht erforderlichen Buchführungspflicht abhängig zu machen, hielt es aber für angemessen, dass die geltend gemachten Verluste klar, eindeutig und nachvollziehbar ermittelt werden müssten. Die Entscheidung steht im Schnittpunkt der Marktfreiheiten auf der einen und der nationalen Steuerrechtsautonomie auf der anderen Seite. Im Einzelnen: **18**

- Es verstößt nicht gegen Art. 43 EG (jetzt Art. 49 AEUV), wenn ein Mitgliedstaat den Verlustvortrag aus früheren Jahren bei einem Steuerpflichtigen, der in seinem Gebiet eine Zweigniederlassung, nicht aber seinen Sitz hat, davon abhängig macht, dass die **Verluste in wirtschaftlichem Zusammenhang mit Einkünften** stehen, die der Steuerpflichtige in diesem Staat erzielt hat, sofern Steuerinländer nicht besser behandelt werden.

---

[29] Dazu *Scheuerle* NJW 2003, 1913, der den Konflikt zwischen der Sicherstellung des inländischen Besteuerungsanspruchs und der Finanzierungsfreiheit international tätiger Investoren aufzeigt.

[30] Vgl. in diesem Sinne EuGH v. 16.7.1998 C-264/96 – *ICI*, EuGHE 1998, I-4695, Rz. 26.

[31] EuGH v. 28.1.1992 C-204/90 – *Bachmann*, EuGHE 1992, I-249.

[32] EuGH v. 28.1.1992 C-300/90 – *Kommission/Belgien*, EuGHE 1992, I-305.

[33] Vgl. in diesem Sinne EuGH v. 11.8.1995 C-80/94 – *Wielockx*, EuGHE 1995, I-2493, Rz. 24; v. 14.11.1995 C-484/93 – *Svensson und Gustavsson*, EuGHE 1995, I-3955, Rz. 18; v. 26.10.1999 C-294/97 – *Eurowings*, EuGHE 1999, I-7447; v. 6.6.2000 C-35/98 – *Verkooijen*, EuGHE 2000, I-4071, Rz. 56 bis 58 und v. 13.4.2000 C-251/98 – *Baars*, EuGHE 2000, I-2787, Rz. 40.

[34] *Prinz/Cordewener* GmbHR 2003, 80; zurückhaltend *Kube* IStR 2003, 325, der eine Falltypisierung für möglich hält.

[35] Dazu *Thömmes* DB 2002, 2693; *Scheuner* NJW 2003, 1913, 1915; ferner *Laule* IFSt-Schrift Nr. 407 (2003), 46 f.

[36] *Oellerich* in S/E, Rz. 8.119.

[37] EuGH v. 15.5.1997 C-250/95 – *Futura Participations SA*, EuGHE 1997, I-2471, 2505 f.

- Ein Verstoß gegen Art. 43 EG (jetzt Art. 49 AEUV) liegt hingegen vor, wenn ein Mitgliedstaat den Verlustvortrag aus früheren Jahren bei einem Steuerpflichtigen, der in seinem Gebiet eine Zweigniederlassung, nicht aber seinen Sitz hat, davon abhängig macht, dass der Steuerpflichtige während des Geschäftsjahres, in dessen Verlauf die Verluste entstanden sind, in diesem Staat entsprechend dem **einschlägigen nationalen Recht Bücher** über seine dortigen Tätigkeiten geführt und aufbewahrt hat. Eine solche Voraussetzung kann nämlich im Sinne des Art. 43 EG (jetzt Art. 49 AEUV) eine Beschränkung der Niederlassungsfreiheit einer Gesellschaft darstellen, die in einem anderen Mitgliedstaat als dem ihres Sitzes eine Zweigniederlassung gründen will, da eine solche Gesellschaft neben ihren eigenen Büchern, die dem Steuerrecht des Mitgliedstaats ihres Sitzes entsprechen müssen, getrennte Bücher über die Tätigkeiten ihrer Zweigniederlassung nach dem Steuerrecht des Staates führen muss, in dem die Letztere sich befindet.
- Eine solche Voraussetzung kann grundsätzlich durch **zwingende Gründe des Allgemeininteresses** wie die Wirksamkeit der Steueraufsicht gerechtfertigt werden. Es ist jedoch nicht unerlässlich, die Mittel, mit denen die Steuerausländer die Höhe der Verluste belegen kann, deren Vortrag er beantragt, auf die im fraglichen nationalen Recht vorgesehenen zu beschränken. Der Mitgliedstaat kann jedoch wegen des genannten zwingenden Grundes des Allgemeininteresses verlangen, dass der Steuerausländer klar und eindeutig belegt, dass die von ihm geltend gemachten Verluste nach dem im fraglichen Geschäftsjahr einschlägigen inländischen Recht über die Berechnung der Einkünfte den dem Steuerausländer in diesem Mitgliedstaat tatsächlich entstandenen Verlusten der Höhe nach entsprechen.

Der EuGH hat einen angemessenen Mittelweg beschritten;[38] er lehnt eine Abhängigkeit von der Einhaltung der luxemburger Vorschriften ab, verlangt aber eine nachvollziehbare Gewinnermittlung, wie sie überall anzutreffen ist und wie sie einem ungeschriebenen „ordre public" entspricht.

Übersicht zu § 18: Unternehmenssteuerrecht

▶ Das Unternehmenssteuerrecht gehört zum Bereich der direkten Steuern; eine „volle" Harmonisierung ist nicht vorgesehen; auch insoweit sind (nur) Diskriminierungen und Beschränkungen abzubauen; dabei sind die Besonderheiten unternehmenssteuerrechtlicher Strukturen zu berücksichtigen. Die Harmonisierungserfolge sind daher überschaubar und betreffen eher das „transnationale" Konzernrecht.

▶ Im Juni 2015 hat die Kommission angekündigt, einen Vorschlag für eine einheitliche Bemessungsgrundlage für die Unternehmensbesteuerung vorzulegen (Aktionsplan für eine faire und effiziente Unternehmensbesteuerung in der EU). Alle Unternehmen müssten einen fairen Teil ihrer Steuern dort zahlen, wo sie ihre Gewinne tatsächlich erwirtschaften.

▶ Bei der Körperschaftsteuer bestehen erhebliche Unterschiede nicht nur im System, sondern auch in Bezug auf die Ermittlung der Bemessungsgrundlagen und die Steuersätze. Diese Unterschiede führen zu einem erheblichen Steuergefälle und erschweren eine umfassende Harmonisierung Obwohl der Bereich der direkten Steuern als solcher nicht in die Zuständigkeit der Union fällt, dürfen die Mitgliedstaaten bei der Ausübung der ihnen insoweit verbliebenen Befugnis das Unionsrecht nicht außer acht lassen. Im Mai 2015 hat die EU-Kommission einen neuen Vorstoß zur Vereinheitlichung der KSt-Bemessungsgrundlage (GKKB) unternommen.

▶ „Base Erosion and Profit Shifting" (BEPS) bezeichnet die geplante Verminderung steuerlicher Bemessungsgrundlagen und das grenzüberschreitende Verschieben von Gewinnen durch multinationale Konzerne. Die G20-Staaten haben nunmehr im November 2015 ein Maßnahmenbündel beschlossen; die neuen Regeln sollen bis 2019 in Kraft gesetzt werden.

---

[38] Eher kritisch *Cordewener* Grundfreiheiten, 638.

§ 19 Konzernsteuerrecht

Ausgangsfälle:

1. Bosal Holding B. V.: Die *Bosal Holding B. V.* hält Beteiligungen an verschiedenen inländischen und ausländischen Gesellschaften sowohl innerhalb als auch außerhalb der EU. Die Beteiligungshöhe bewegt sich zwischen 50 vH und 100 vH des Kapitals dieser Gesellschaften. Der *Bosal Holding B. V.* entstanden Zinskosten in Zusammenhang mit der Finanzierung der Beteiligungen. Art. 13 KStG NL erlaubt einen Abzug nur, wenn diese Kosten mittelbar der Erzielung von in den Niederlanden (NL) steuerpflichtigen Gewinnen dienen. Die Finanzverwaltung NL versagte daher den Abzug. Zu Recht?[1]

2. X und Y II: In Schweden wird eine verdeckte Einlage erst bei Veräußerung besteuert, es sei denn, dass sie zugunsten einer ausländischen juristischen Person erfolgt, an der der Übertragende unmittelbar oder mittelbar Anteile besitzt. Ist diese Regelung unionsrechtlich einwandfrei?[2]

I. Entwicklungen

Das Konzernsteuerrecht, dem im Hinblick auf die Realisierung des Binnenmarktkonzeptes, nach dem die Unternehmer und Konsumenten Teilnehmer eines einheitlichen Marktes sind, besondere Bedeutung zukommt, ist in einzelnen Teilbereichen harmonisiert;[3] die erlassenen Richtlinien („ertragsteuerliches Sekundärrecht") beziehen sich auf Fälle, in denen eine Doppelbesteuerung drohte.[4] Die ergangenen Richtlinien sind teilweise noch nicht in nationales Recht umgesetzt worden. Angesichts der nur begrenzten Harmonisierungskompetenz (Art. 5 Abs. 2 EG; Art. 5 AEUV) kann die Harmonisierung direkter Steuern allenfalls auf Art. 94 f. EG (jetzt Art. 115 AEUV)[5] und auf Art. 308 EG (Kompetenzergänzungskompetenz; Art. 352 AEUV) gestützt werden. Rechtlich unverbindlich ist hingegen der sog. Code of Conduct.[6] **1**

Im Bereich des Konzernsteuerrechts sind folgende Richtlinien bzw. Maßnahmen verabschiedet und zum Teil auch umgesetzt worden: **2**
- Fusionsrichtlinie,[7]
- Verschmelzungsrichtlinie[8]

---

[1] EuGH v. 18.9.2003 C-168/01 – *Bosal,* DB 2003, 2097.

[2] EuGH v. 21.11.2002 C-436/00 – *X und Y II,* FR 2003, 84.

[3] *Rödder* DStR 2004, 1629 zu den Einwirkungen des EU-Rechts auf das deutsche Unternehmenssteuerrecht; *Hey* StuW 2004, 193; *Schießl* NJW 2005, 849.

[4] Dazu *Schön* StbJb 2003/04, 27, 66, der die Frage nach der Unterwerfung der Doppelbesteuerung unter die Grundfreiheiten des EU-Vertrags als die dogmatisch bedeutsamste Frage bezeichnet.

[5] S. oben § 17 Rz. 5.

[6] Zum Vorstehenden vgl. *Zorn* Rechtsangleichungskompetenzen des Rates der Europäischen Gemeinschaften für die Besteuerung von Unternehmen, DStJG 23 (2000), 227.

[7] S. hierzu Rz. 5 f.

[8] Die Richtlinie 2005/56/EG vom 26.10.2005 über die Verschmelzung von Kapitalgesellschaften (Verschmelzungsrichtlinie) soll dazu dienen, die Verschmelzung von Kapitalgesellschaften aus verschiedenen Mitgliedstaaten der Europäischen Union zu ermöglichen. Durch das Gesetz zur Umsetzung der Regelungen über die Mitbestimmung der Arbeitnehmer bei grenzüberschreitenden Verschmelzungen am 29.12.2006 und mit Inkrafttreten der gesellschaftsrechtlichen Vorschriften am 25.4.2007 sind die Vorgaben der Verschmelzungsrichtlinie in nationales deutsches Recht umgesetzt worden.

- Mutter-Tochter-Richtlinie,[9]
- Schiedskonvention (Doppelbesteuerungs-Übereinkommen),[10]
- Gesellschaftssteuerrichtlinie,[11]
- Code of Conduct (Verhaltenskodex zur Bekämpfung des unfairen und schädlichen Steuerwettbewerbs),[12]
- Nicht-Besteuerung von Zinsen und Lizenzgebühren zwischen verbundenen Unternehmen.[13]

3   Nicht umgesetzt wurden bisher die Richtlinienvorschläge[14]

- zur Vereinheitlichung der KSt-Systeme,[15]
- zum innerstaatlichen Verlustausgleich,[16]
- zur Berücksichtigung ausländischer Verluste,[17]
- zur Vereinheitlichung der steuerrechtlichen Gewinnermittlung.[18]

4   Problematisch waren (bzw. sind) die Ungleichbehandlung beschränkt und unbeschränkt Steuerpflichtiger, die grenzüberschreitende Verlustverrechnung,[19] das Abzugsverbot für beteiligungsverbundenen Aufwand,[20] die Hinzurechnungsbesteuerung nach § 1 AStG,[21] die Gesellschafterfremdfinanzierung,[22] die Organschaft,[23] die Wegzugsbesteuerung[24] sowie die steuerlichen Folgen eines Zuzugs.[25]

---

[9] S. hierzu Rz. 13 f.

[10] S. hierzu Rz. 20.

[11] S. hierzu Rz. 21 f.

[12] S. hierzu § 18 Rz. 5.

[13] Richtlinie des Rates über eine gemeinsame Steuerregelung für Zahlungen von Zinsen und Lizenzgebühren zwischen verbundenen Unternehmen verschiedener Mitgliedstaaten der Europäischen Union – Richtlinie 2003/49/EG des Rates vom 3.6.2003 (ABl. 2003 L 167, 49), geändert durch die Richtlinie 2004/66/EG des Rates vom 26.4.2004 (ABl. 2004 L 168, 35). – § 50 g EStG i.d.F. des EG-Amtshilfe-Anpassungsgesetz (BGBl. I 2004, 3112) enthält die materiellen Bestimmungen zur Umsetzung der RL 2003/49/EG (ABl. 2003 L 157, 49) und 2004/66/EG (Anpassung an neue EU-Staaten ab 1.5.2004), die die Abschaffung von Quellensteuer auf konzerninterne Zins-/ Lizenzzahlungen regelt. Im Einzelnen *Kofler* in S/E, Rz. 15.1 f.

[14] *Kellersmann/Treisch* Europäische Unternehmensbesteuerung, 281.

[15] S. oben § 18 Rz. 13.

[16] Verlustrichtlinie 1985 v. 25.6.1985, KOM (1985), 319 endg., ABl. 1985 C 170, 3; *Kellersmann/ Treisch* Europäische Unternehmensbesteuerung, 282.

[17] Auslands-Verlustrichtlinie 1992, ABl. 1992 C 194/152; *Kellersmann/Treisch* Europäische Unternehmensbesteuerung, 283.

[18] Vorentwurf der Kommission, DB 1988, Beilage 18 zu Heft 45; *Kellersmann/Treisch* Europäische Unternehmensbesteuerung, 291 f.

[19] EuGH v. 21.2.2006 C-152/03 – *Ritter-Coulais*, DStR 2006, 362. Zur „Renaissance" der grenzüberschreitenden Verlustverrechnung *Rehm/Feyerabend/Nagler* IStR 2007, 7; *Kußmaul/Niehren*, IStR 2008, 81, zur grenzüberschreitenden Verlustverrechnung im Lichte der jüngeren EuGH-Rechtsprechung; ferner *Rehm/Nagler* IStR 2008, 129.

[20] Dazu *Rödder* WPg-Sonderheft 2003, 179.

[21] Vgl. z. B. *Eicker/Rouenhoff* IStR 2005, 128 (Anm. zu FG Düsseldorf v. 28.9.2004, DStRE 2005, 504; bestätigt durch BFH v. 7.9.2005 I R 118/04, BStBl. II 2006, 537). – Gegen eine Hinzurechnungsbesteuerung EuGH v. 12.9.2006 C-196/04 – *Cadbury-Schweppes*, DStR 2006, 1686.

[22] Dazu *Herzig* WPg-Sonderheft 2003, 191.

[23] Zur Europarechtswidrigkeit der Organschaftsbesteuerung und ihre Ersetzung durch eine Gruppenbesteuerung (mit der Möglichkeit der Berücksichtigung von Auslandsverlusten) *Gassner* DB 2004, 841, FR 2004, 518; zur finnischen Gruppenbesteuerung in der Sache Oy Esab (EuGH C-231/05) *Herzig/Wagner* DB 2005, 2374 (Gewinntransfer an ausl Muttergesellschaft).

[24] EuGH v. 11.3.2004 C-9/02 – *Hughes de Lasteyrie du Saillant*, DStR 2004, 551; zu der gemeinschaftsrechtlichen Sanierung der Wegzugsbesteuerung *Schnitger* BB 2004, 804; *Lang* IStR 2005, 289, 292; *Rödder* IStR 2005, 297.

[25] *Rödder* DStR 2004, 1629/30 f.

II. Fusionsrichtlinie

Die Fusionsrichtlinie[26] hat die Erleichterung der Verlagerung und Umstrukturie- 5
rung der Unternehmenstätigkeit innerhalb des Binnenmarktes zum Ziel und begünstigt den Aufbau von Konzernen innerhalb der EU durch die **Ermöglichung
steuerneutraler Transaktionen und Strukturveränderungen;**[27] sie soll verhindern, dass Fusionen oder Spaltungen (Strukturänderungen) eine Besteuerung des
Unterschieds zwischen dem tatsächlichen Wert und dem steuerlichen Wert des
übertragenen Aktiv- und Passivvermögens auslösen **(Gewährleistung der Steuerneutralität).** Nach der Fusionsrichtlinie sind EU-grenzüberschreitende Transaktionen steuerneutral möglich.[28]

Mit der Richtlinie wurde eine gemeinsame steuerliche Regelung für bestimmte 6
Fusionsformen geschaffen. Eine **Umwandlung,** die lediglich die Änderung der
Rechtsform bedeutet (Fusion, Spaltung, Einbringung von Unternehmensteilen oder
Austausch von Anteilen) muss steuerneutral möglich sein[29] und darf die Errichtung
und das Funktionieren des Binnenmarktes nicht durch besondere Beschränkungen,
Benachteiligungen oder Verfälschungen auf Grund von steuerlichen Vorschriften
der Mitgliedstaaten behindern. Demzufolge müssen wettbewerbsneutrale steuerliche Regelungen für diese Vorgänge geschaffen werden, um die Anpassung von Unternehmen an die Erfordernisse des Gemeinsamen Marktes, eine Erhöhung ihrer
Produktivität und eine Stärkung ihrer Wettbewerbsfähigkeit auf internationaler
Ebene zu ermöglichen. Gegenwärtig werden diese Vorgänge im Vergleich zu entsprechenden Vorgängen bei Gesellschaften desselben Mitgliedstaats durch Bestimmungen steuerlicher Art benachteiligt.

Soweit es sich um Fusionen, Spaltungen oder Einbringung von Unternehmens- 7
teilen handelt, haben diese Vorgänge in der Regel entweder die Umwandlung der
einbringenden Gesellschaft in eine Betriebsstätte der übernehmenden Gesellschaft
oder die Zurechnung des übertragenen Vermögens zu einer Betriebsstätte der übernehmenden Gesellschaft zur Folge. Wird auf die einer solchen Betriebsstätte zugewiesenen Vermögenswerte das Verfahren des Aufschubs der Besteuerung des Wert-
zuwachses eingebrachter Vermögenswerte bis zu deren tatsächlicher Realisierung
angewendet, so lässt sich dadurch die Besteuerung des entsprechenden Wertzu-
wachses vermeiden und zugleich seine spätere Besteuerung durch den Staat der einbringenden Gesellschaft im Zeitpunkt der Realisierung sicherstellen.

Für bestimmte **Rücklagen, Rückstellungen und Verluste der einbringenden** 8
Gesellschaft ist es erforderlich, die anzuwendenden steuerlichen Regelungen fest-
zulegen und die steuerlichen Probleme zu lösen, die auftreten, wenn eine der beiden
Gesellschaften eine Beteiligung am Kapital der anderen besitzt. Wenn eine Fusion,
Spaltung, Einbringung von Unternehmensanteilen oder ein Austausch von Anteilen

---

[26] Richtlinie 2009/133/EG, ABl. 2009 L 310, 14 über das gemeinsame Steuersystem für Fusionen,
Spaltungen, die Einbringung von Unternehmensteilen und den Austausch von Anteilen, die Gesellschaften verschiedener Mitgliedstaaten betreffen, sowie für die Verlegung des Sitzes einer europäischen Gesellschaft von einem Mitgliedstaat in einen anderen Mitgliedstaat. – *Ismer* in Herrmann/
Heuer/Raupach, Einf ESt (8/2014), Rz. 544; *Fehling* in S/E, Rz. 17.1 f.

[27] Die Fusionsrichtlinie erfasst nunmehr ausdrücklich die Europäische Aktiengesellschaft (SE)
und regelt die Steuerneutralität bei deren Sitzverlegung.

[28] *Musil* in Hübschmann/Hepp/Spitaler, Kommentar zur AO und FGO, Stand September 2012,
§ 2 AO Rz. 208. – Dazu auch *Engert* Umstrukturierungen unter Beteiligung von EU-Auslandsgesellschaften im deutschen Steuerrecht, DStR 2004, 664.

[29] EuGH v. 15.1.2002 C-43/00, IStR 2002, 94; dazu *Menner/Broer* DB 2002, 815.

durch eine **Steuerhinterziehung oder -umgehung** bedingt ist oder dazu führt, dass eine an dem Vorgang beteiligte Gesellschaft oder eine an dem Vorgang nicht beteiligte Gesellschaft die Voraussetzungen für die Vertretung der Arbeitnehmer in den Organen der Gesellschaft nicht mehr erfüllt, sollten die Mitgliedstaaten die Anwendung dieser Richtlinie versagen können.

9 Bei **Einbringung von Unternehmensteilen** überträgt eine Gesellschaft, ohne aufgelöst zu werden, ihren Betrieb insgesamt oder einen oder mehrere Teilbetriebe in eine andere Gesellschaft gegen Gewährung von Anteilen am Gesellschaftskapital der übernehmenden Gesellschaft.[30] Eine Einbringung von Unternehmensteilen ist nicht gegeben bei Zurückbehaltung eines von der einbringenden Gesellschaft aufgenommenen Darlehens von erheblicher Höhe;[31] es fehlt an der Übertragung einer „Gesamtheit von Wirtschaftsgütern".[32] **Teilbetrieb** ist die Gesamtheit der in einem Unternehmensteil einer Gesellschaft vorhandenen aktiven und passiven Wirtschaftsgüter, die in organisatorischer Hinsicht einen selbstständigen Betrieb, d.h. eine aus eigenen Mitteln funktionsfähige Einheit, darstellen.[33]

10 Die Richtlinie ist in den Mitgliedstaaten bisher nur z.T. umgesetzt worden; die Mitgliedstaaten lassen in ihren jeweiligen Gesellschaftsrechtsordnungen nicht alle von der Fusionsrichtlinie erfassten grenzüberschreitenden Umwandlungen zu. Grenzüberschreitende Verschmelzungen bestimmter Kapitalgesellschaften sind möglich,[34] ebenso eine Sitzverlegung von SE und SCE.[35]

11 Im Hinblick auf eine seit dem 8.10.2004 mögliche grenzüberschreitende Verschmelzung zu einer SE sowie die grenzüberschreitende Sitzverlegung einer SE war der Gesetzgeber zum Handeln verpflichtet, da eine zwingende Pflicht zur Realisierung der stillen Reserven seit dem 1.1.2006 nicht mit EU-Recht vereinbar war; denn nach der Richtlinie zur Änderung der FusionsRL war unter bestimmten Voraussetzungen Ertragsteuerneutralität auf Gesellschaftsebene und Gesellschafterebene zu gewährleisten. Auch die jüngere EuGH-Rechtsprechung zum Steuer- und Gesellschaftsrecht (vor allem *de Lasteyrie du Saillant, N* und *SEVIC Systems*) und die Regelung der grenzüberschreitenden Verschmelzung von Kapitalgesellschaften innerhalb der EU durch das Zweite Gesetz zur Änderung des Umwandlungsgesetzes machten eine Europäisierung des UmwStG notwendig.[36]

12 Nach der Richtlinie über die **Verschmelzung** von Kapitalgesellschaften aus verschiedenen Mitgliedstaaten[37] können Kapitalgesellschaften innerhalb der Europäischen Union miteinander fusionieren. Besonders interessant ist diese Möglichkeit für kleine und mittlere Unternehmen, die in mehr als einem Mitgliedstaat, aber nicht europaweit operieren wollen und nicht auf das Statut der Europäischen Aktiengesellschaft (SE) zurückgreifen können. Die Richtlinie soll Kosten senken, gleichzeitig aber die nötige Rechtssicherheit gewährleisten und so vielen Unternehmen wie möglich zugute kommen. Es handelt sich um eine einfache Rahmen-

---

[30] EuGH v. 15.1.2002 C-43/00, IStR 2002, 94; zur sog doppelten Buchwertverknüpfung bei Einbringungen (über die Grenze) vgl. BFH-Vorlage v. 7.3.2007 I R 25/05, BStBl. II 2007, 679.

[31] EuGH v. 15.1.2002 C-43/00, IStR 2002, 94.

[32] Gegen die Übertragung des Teilbetriebs-Begriffs des EuGH auf das deutsche Recht *Menner/Broer* DB 2002, 815; nach deutschem Recht könnten neutrale Wirtschaftsgüter, in denen keine stillen Reserven ruhten, weitgehend frei zugeordnet werden.

[33] EuGH v. 15.1.2002 C-43/00, IStR 2002, 94.

[34] S. unten Rz. 12.

[35] S. unten Rz. 11.

[36] *Rödder/Schumacher* DStR 2007, 369.

[37] Richtlinie 2005/56/EG des Europäischen Parlamentes und des Rates vom 26.10.2005 über die Verschmelzung von Kapitalgesellschaften aus verschiedenen Mitgliedstaaten, ABl. 2005 L 310, 1.

regelung mit zahlreichen Bezügen zu den für inländische Fusionen geltenden nationalen Bestimmungen. Eine Abwicklung des übernommenen Unternehmens ist danach nicht mehr erforderlich.

III. Mutter-Tochter-Richtlinie

Die Mutter-Tochter-Richtlinie[38] hat grenzüberschreitende Gewinnausschüttun- **13** gen zwischen EU-Gesellschaften zum Gegenstand und soll eine **Doppelbesteuerung von Tochter- und Muttergesellschaft** (steuerliche Mehrfachbelastung von Dividendenausschüttungen) verhindern.[39] Auf der Ebene der Tochtergesellschaft sollen Dividenden und andere Gewinnausschüttungen von der Besteuerung freigestellt werden; die Muttergesellschaft soll entweder von der Besteuerung ganz freigestellt werden oder aber die von der Tochtergesellschaft gezahlte Steuer anrechnen dürfen.[40] Instrumente dazu sind
- Nicht-Besteuerung der Mutter,
- bei Besteuerung der Mutter Anrechnung der von der Tochter gezahlten Steuer,
- kein Abzug von Beteiligungskosten durch die Mutter; pauschal max. 5 vH,
- Befreiung von dem Steuerabzug an der Quelle.[41]

Zusammenschlüsse von Gesellschaften verschiedener Mitgliedstaaten können **14** notwendig sein, um binnenmarktähnliche Verhältnisse in der Gemeinschaft zu schaffen und damit die Errichtung und das Funktionieren des Gemeinsamen Marktes zu gewährleisten. Sie dürfen nicht durch besondere Beschränkungen, Benachteiligungen oder Verfälschungen auf Grund von steuerlichen Vorschriften der Mitgliedstaaten behindert werden. Demzufolge sind wettbewerbsneutrale steuerliche Regelungen für diese Zusammenschlüsse vorzusehen, um die Anpassung von Unternehmen (Unternehmensgruppen) an die Erfordernisse des Gemeinsamen Marktes, eine Erhöhung ihrer Produktivität und eine Stärkung ihrer Wettbewerbsfähigkeit auf internationaler Ebene zu ermöglichen.

Die für die Beziehungen zwischen Mutter- und Tochtergesellschaften verschie- **15** dener Mitgliedstaaten geltenden Steuerbestimmungen weisen von einem Staat zum anderen erhebliche Unterschiede auf und sind im Allgemeinen weniger günstig als die auf die Beziehung zwischen Mutter- und Tochtergesellschaften desselben Mitgliedstaats anwendbaren Bestimmungen. Die Zusammenarbeit von Gesellschaften verschiedener Mitgliedstaaten wird auf diese Weise gegenüber der Zusammenarbeit zwischen Gesellschaften desselben Mitgliedstaats benachteiligt.

Nach der inzwischen von allen Mitgliedstaaten umgesetzten Richtlinie wird der **16** Gewinn der Tochtergesellschaft in ihrem Sitzstaat der Besteuerung unterworfen. Darüber hinaus erhält der Sitzstaat der Tochtergesellschaft keinen weiteren Steueranspruch, falls die Gewinne an die Muttergesellschaft ausgeschüttet werden.

Die Mutter-Tochter-Richtlinie ist in einzelnen Mitgliedstaaten wie folgt umge- **17** setzt worden:[42]

---

[38] Richtlinie 2011/96/EU, ABl. 2011 L 345, 8. – Vgl. *Kofler* in S/E, Rz. 14.1 f; *Sedemund* Europäisches Ertragsteuerrecht, 2008, Rz 491 ff.
[39] *Ismer* in Herrmann/Heuer/Raupach, Einf ESt (8/2014), Rz. 541; ausführlich *Kofler* in S/E, Rz. 14.1 f.
[40] Zur Anpassung des § 43 b an die geänderte Mutter-Tochter-RL *Jesse* IStR 2005, 151.
[41] Einzelheiten bei *Kofler* in S/E, Rz. 14.70, 14.72 f., 14.54 f.
[42] Die Tabelle wurde aus *Jacobs* Internationale Unternehmensbesteuerung, 7. Aufl. 2011, Tab. 11 übernommen. – Einzelheiten bei *Kofler* in S/E, Rz. 14.30 f.

Land	Quellensteuer-befreiung		Vermeidung von Doppelbesteuerung			
	Mindest-beteili-gungs-quote	Mindest-behalte-frist	Methode	Umfang der Be-günsti-gung	Mindestbeteiligungs-quote	Mindest-behalte-frist
Belgien	10 vH	1 Jahr	Freistellung	95 vH	10 vH am Kapital	1 Jahr
Dänemark	10 vH	1 Jahr	Freistellung	100 vH	10 vH am Kapital	1 Jahr
Deutschland	10 vH	1 Jahr	Freistellung	95 vH	keine	keine
Finnland	10 vH	keine	Freistellung	100 vH	10 vH am Kapital	keine
Frankreich	10 vH	2 Jahre	Freistellung	95 vH	5 vH am Kapital	2 Jahre
Griechenland	10 vH	2 Jahre	Indirekte Anrechnung	100 vH	10 vH am Kapital	2 Jahre
Groß-britannien	keine	keine	Freistellung	100 vH	keine	keine
Irland	keine	keine	Indirekte Anrechnung	100 vH	5 vH am Kapital	keine
Italien	10 vH	1 Jahr	Freistellung	95 vH	keine	kein
Luxemburg	10 vH	1 Jahr	Freistellung	100 vH	10 vH am Kapital	1 Jahr
Niederlande	5 vH	1 Jahr	Freistellung	100 vH	5 vH am Kapital	keine
Österreich	10 vH	1 Jahr	Freistellung	100 vH	10 vH am Kapital	1 Jahr
Portugal	10 vH	2 Jahre	Freistellung	100 vH	10 vH am Kapital	1 Jahr
Schweden	10 vH	keine	Freistellung	100 vH	10 vH am Kapital	keine
Spanien	10 vH	1 Jahr	Freistellung	100 vH	5 vH am Kapital	1 Jahr

18   In Deutschland ist die Richtlinie durch § 8b KStG und durch § 43b EStG umgesetzt worden. Die Muttergesellschaft hat die erhaltene Ausschüttung nicht zu versteuern; die von der Tochtergesellschaft an ihre Muttergesellschaft ausgeschütteten Gewinne sind vom **Steuerabzug** an der Quelle auf Antrag zu befreien. Bei Zufluss nach dem 30.6.1996 wird Kapitalertragsteuer unabhängig von der Steuerpflicht nach DBA auf Antrag „nicht erhoben" (kein Abzug, keine Abführung, keine Haftung). Den Antrag hat die Muttergesellschaft (unter Vorlage der Freistellungsbescheinigung) beim Bundesamt für Finanzen zu stellen.[43] Durch das **EURLUmsG**[44] gilt die Kapitalertragsteuerbefreiung auch für Ausschüttungen, die einer EU-ausländischen Betriebsstätte zufließen (§ 43b Abs. 1, Abs. 2a EStG).[45] Außerdem wurde die Liste der begünstigten Gesellschaften ergänzt (Anl. 2), wurden die Mindestbeteiligungsquoten sukzessive auf 10 vH abgesenkt und wurde der Kreis der Tochtergesellschaften erweitert.[46]

19   Abweichungen von dem Gebot der Gleichbehandlung sind nur unter folgenden Bedingungen gerechtfertigt:
- staatliches Allgemeininteresse,
- Orientierung an der persönlichen Leistungsfähigkeit,
- Verhältnismäßigkeit,
- Nicht-Diskriminierung.

---

[43] Zum Verfahren s. BMF in BStBl. I 1994, 203.
[44] BGBl. I 2004, 3310.
[45] *Dautzenberg* EWS 2001, 270; zu Betriebsstättenkonstellationen *Kofler* in S/E, Rz. 14.37 f.
[46] *Dötsch/Pung* DB 2005, 10.

Es liegt ein unzulässiger Steuerabzug an der Quelle im Sinne von Art. 5 Abs. 1 der RL 90/435 EWG des Rates und nicht lediglich eine KSt-Vorauszahlung vor, wenn das nationale Recht die Ausschüttung von Gewinnen an die Muttergesellschaft besteuert.[47] – Zinszahlungen einer Tochtergesellschaft an ihre ausländische Muttergesellschaft dürfen nicht in Dividenden umqualifiziert werden.[48]

III. Zinsen-Lizenzgebühren-Richtlinie

Die Umsetzung der ZiLiRL in das deutsche Steuerrecht erfolgte – verspätet – **20** durch das EGAmtAnpG insbesondere in § 50g EStG.[49] Die erforderlichen Verfahrensregelungen enthalten der zeitgleich durch das EGAmtAnpG eingefügte § 50h EStG und der geänderte § 50d EStG. § 50h EStG sieht vor, dass auf Antrag die Ansässigkeit bzw. Belegenheit in Deutschland für Zwecke der Quellensteuerentlastung in einem anderen EU-Mitgliedstaat oder der Schweiz bescheinigt wird. Günstigere Regelungen des nationalen Rechts oder des Abkommensrechts bleiben unberührt.[50]

IV. Schiedsverfahrenskonvention

Die **Schiedsverfahrenskonvention**[51] hat – ähnlich wie die Mutter-Tochter- **21** Richtlinie – die Aufgabe, innerhalb der EU in Fällen der **Gewinnberichtigung bei verbundenen Unternehmen** eine Doppelbesteuerung zu verhindern.[52] Die Vertragsstaaten haben zunächst ein Verständigungsverfahren durchzuführen; ggfs. ist ein „Beratender Ausschuss" zu bestellen. Durch die Rechtsform eines Abkommens wurde der vereinbarte Inhalt der Rechtsprechung des EuGH entzogen („begleitendes Unionsrecht"). Nach diesem Übereinkommen ist es erlaubt, Gewinne zwischen Mutter- und Tochtergesellschaft in der Weise zu berichtigen, wie sie unter Fremden entstanden wären. Es handelt sich um einen völkerrechtlichen Vertrag, der zum 1.1.1995 in Kraft getreten ist.

Die Schiedsverfahrenskonvention erreicht eine abgestimmte Einkünfteberichtigung auf drei Stufen:
- Einvernehmliche Regelung der beteiligten Staaten,
- Antrag auf Einleitung eines Verständigungsverfahrens,
- Schlichtungsverfahren.

V. Gesellschaftsteuerrichtlinie

Die wirtschaftlichen Auswirkungen der Gesellschaftsteuer (indirekte Steuer auf **22** die Ansammlung von Kapital, insbesondere bei Gründung, Einlagen und Kapitalerhöhung) sind für den Zusammenschluss und die Entwicklung der Unternehmen ungünstig.

---

[47] EuGH v. 4.10.2001 C-294/99 – *Athinaiki*, BFH/NV-Beilage 2002, 1.

[48] EuGH v. 17.1.2008 C-105/07, BFH/NV-Beilage 2008, 130.

[49] *Ismer* in Herrmann/Heuer/Raupach, Einf ESt (8/2014), Rz. 542.

[50] *Kofler* in S/E, Rz. 15.32.

[51] Übereinkommen 90/436/EWG v. 23.7.1990 über die Beseitigung der Doppelbesteuerung im Falle von Gewinnberichtigungen zwischen verbundenen Unternehmen; dazu *Marquardt* Ertragsbesteuerung von Unternehmen in der Europäischen Union, 139 f; *Schaumburg* in S/E, Rz. 16.1 f.

[52] *Musil* in Hübschmann/Hepp/Spitaler, Kommentar zur AO und FGO, Stand 9/2012, § 2 AO Rz. 269 ff.; *Bieber/Epiney/Haag* Die Europäische Union, § 19 Rz. 19.

Beispielsfälle: Eine süddeutsche GmbH sollte für die Beurkundung ihres Gesellschaftsvertrags 2273,60 DM an einen im OLG-Bezirk Karlsruhe beamteten Notar zahlen. Der EuGH sah hierin eine unzulässige Besteuerung;[53] die Beurkundungsgebühr ist in einem System, in dem die Notare Beamte sind und ein Teil der Gebühren dem Staat zufließt, der diese Einnahmen für die Finanzierung seiner Aufgaben verwendet, als Steuer anzusehen. Die notwendige Vereinheitlichung kann durch eine Änderung der Kostenordnung erfolgen, wie sie auch für die Handelsregistergebühren überfällig ist, oder durch die Abschaffung der beamteten Notare.[54] – Die **„Einlage jeder Art"** umfasst auch die Zahlungen der Muttergesellschaft an die Tochtergesellschaft.[55] – Das FA hatte Gesellschaftsteuer erhoben auf zinslose Darlehen, die Gesellschafter ihrer Gesellschaft zugewendet hatten. Der EuGH hielt das für möglich, verlangte aber eine dauerhafte Erhöhung des Gesellschaftsvermögens.[56] Abgaben zu Gunsten eines Fonds für Juristen sind mit der Gesellschaftsteuerrichtlinie nicht vereinbar.[57]

23   Die Richtlinie 2008/7/EG des Rates vom 12.2.2008 betreffend die indirekten Steuern auf die Ansammlung von Kapital[58] regelt die Erhebung indirekter Steuern auf Kapitalzuführungen an Kapitalgesellschaften, Umstrukturierungen von Kapitalgesellschaften und die Ausgabe bestimmter Wertpapiere und Obligationen. Die Gesellschaftsteuer ist eine indirekte Steuer, die den freien Kapitalverkehr behindert. In der Richtlinie wird festgestellt, dass die beste Lösung die Abschaffung dieser Steuer wäre, da sie als schädlich für die Entwicklung der Unternehmen in der EU gilt. Allerdings werden die Einnahmeausfälle, die aus der sofortigen Umsetzung einer entsprechenden Maßnahme resultieren würden, von einigen Mitgliedstaaten nicht akzeptiert. Daher dürfen diejenigen Mitgliedstaaten, die diese Steuer bereits zum 1.1.2006 erhoben haben, diese unter strengen Auflagen weiterhin erheben. Besondere Bestimmungen gelten für Mitgliedstaaten, welche die Gesellschaftsteuer bereits am 1.1.2006 erhoben haben. Diese Mitgliedstaaten dürfen die Steuer weiterhin erheben, allerdings ist diese mit einem einheitlichen Satz von maximal 1 vH zu erheben und darf ausschließlich auf Kapitalzuführungen erhoben werden. Die Erhebung der Gesellschaftsteuer auf andere Transaktionen, insbesondere auf Umstrukturierungen, ist nicht zulässig. Die Gesellschaftsteuerrichtlinie[59] ist nicht auf eine Steuer anwendbar, die auf Einlagen in Gesellschaften erhoben werden, die keine Kapitalgesellschaften sind.[60] Eine bestimmte Obergrenze macht Abgaben noch nicht zu Gebühren.[61]

Lösung der Ausgangsfälle:

24   **1. Bosal Holding B. V. – C-168/01:**[62] Die *Bosal B. V.* begehrt den Abzug der in Zusammenhang mit der Finanzierung der ausländischen Beteiligungen entstandenen Zinskosten. Die niederländische Regelung, nach der bestimmte Kosten nur abgezogen werden dürfen, wenn diese Kosten

---

[53] EuGH v. 21.3.2002 C-264/00 – *Gründerzentrum*, EuZW 2002, 368.
[54] *Lohse* Stbg 2002, 270.
[55] EuGH v. 17.10.2002 C-339/99, EWS 2002, 536.
[56] EuGH v. 17.9.2002 C-392/00, EWS 2002, 535.
[57] EuGH v. 19.3.2002 C-426/98, EWS 2002, 295.
[58] ABl. v. 21.2.2008 L 46, 11.
[59] Richtlinie betr. die indirekten Steuern auf die Ansammlung von Kapital 69/335/EWG i.d.F. 85/303/EWG, ABl. 1985 L 156, 23: „Die wirtschaftlichen Auswirkungen der Gesellschaftsteuer sind für den Zusammenschluss und die Entwicklung der Unternehmen ungünstig. Besonders negativ sind sie bei der derzeitigen Konjunktur, in der die Belebung der Investitionen als vordringlich zu gelten hat. Um dies zu erreichen, erscheint als beste Lösung die Abschaffung der Gesellschaftsteuer. [...]"
[60] EuGH v. 16.5.2002 C-508/99, IStR 2002, 416; ebenso nicht auf allgemein mit Wertpapieren zusammenhängenden Tätigkeiten (EuGH v. 10.3.2005 C-22/03 – *Optiver BV*, IStR 2005, 311.
[61] EuGH v. 21.6.2001 C-206/99, EWS 2002, 96.
[62] EuGH v. 18.9.2003 C-168/01 – *Bosal*, DB 2003, 2097; zu beiden Fällen *Thömmes* DB 2002, 2397; ähnl. der Urteilsfall des FG Düsseldorf v. 28.9.2004, DStRE 2005, 504 (bestätigt durch BFH v. 7.9.2005 I R 118/04, BStBl. II 2006, 537).

mittelbar der Erzielung von in den NL steuerpflichtigen Gewinnen dienen, verstieß **gegen die Niederlassungsfreiheit** (Art. 43 EG; jetzt Art. 49 AEUV); sie führe zu einer Schlechterstellung der Beteiligung an einer Gesellschaft im EU-Ausland. Auch im umgekehrten Fall der Benachteiligung einer Tochtergesellschaft[63] habe der EuGH eine EU-vertragswidrige Behandlung angenommen. Das Kohärenz-Argument komme nicht zum Zuge, da es voraussetze, dass der steuerliche Vor- und Nachteil in einer Person entstehe. Dementsprechend hat der BFH entschieden, dass § 8b Abs. 5 KStG 1999 a. F./KStG 2002 a. F. gegen die gemeinschaftsrechtliche Grundfreiheit der freien Wahl der Niederlassung verstoße.[64]

2. X und Y II – C-436/00:[65] In der Sache *X und Y II* entschied der EuGH, dass die **Benachteili-** **25** **gung der verdeckten Einlage** in eine ausländische Gesellschaft die Niederlassungsfreiheit (Art. 43 EG; jetzt Art. 49 AEUV) und den freien Kapitalverkehr (Art. 56 EG; jetzt Art. 63 AEUV) beschränke und dass diese Beschränkung nicht durch die erforderliche Kohärenz der Steuerregelung und durch den Aspekt der Bekämpfung der Steuerhinterziehung und der Wirksamkeit der Steuerkontrollen gerechtfertigt sei.[66] Dabei sieht der EuGH die Gefahr einer steuerneutralen Entstrickung, nimmt sie aber als Konsequenz der Niederlassungsfreiheit hin.[67]

Übersicht zu § 19: Konzernsteuerrecht

▸ Das Konzernsteuerrecht, dem im Hinblick auf die Realisierung des Binnenmarktkonzeptes, nach dem die Unternehmer und Konsumenten Teilnehmer eines einheitlichen Marktes sind, besondere Bedeutung zukommt, ist in einzelnen Teilbereichen harmonisiert; die erlassenen Richtlinien („ertragsteuerliches Sekundärrecht") beziehen sich auf Fälle, in denen eine Doppelbesteuerung drohte.

▸ Die Fusionsrichtlinie hat die Erleichterung der Verlagerung und Umstrukturierung der Unternehmenstätigkeit innerhalb des Binnenmarktes zum Ziel und begünstigt den Aufbau von Konzernen innerhalb der EU durch die Ermöglichung steuerneutraler Transaktionen und Strukturveränderungen.

▸ Die Mutter-Tochter-Richtlinie hat grenzüberschreitende Gewinnausschüttungen zwischen EU-Gesellschaften zum Gegenstand und soll eine Doppelbesteuerung von Tochter- und Muttergesellschaft (steuerliche Mehrfachbelatung von Dividendenausschüttungen) verhindern.

▸ Problematisch waren (bzw. sind) die Ungleichbehandlung beschränkt und unbeschränkt Steuerpflichtiger, die grenzüberschreitende Verlustverrechnung, das Abzugsverbot für beteiligungsverbundenen Aufwand, die Hinzurechnungsbesteuerung nach § 1 AStG, die Gesellschafterfremdfinanzierung, die Organschaft, die Wegzugsbesteuerung sowie die steuerlichen Folgen eines Zuzugs.

---

[63] EuGH v. 8.3.2001 C-397/98 – *Metallgesellschaft,* EuGHE 2001, I-1727.

[64] BFH v. 9.8.2006 I R 50/05, BStBl. II 2008, 823.

[65] EuGH v. 21.11.2002 C-436/00 – *X und Y II,* Rz. 46–63, FR 2003, 84.

[66] Gewisse Parallelen bestehen zur Frage der Zulässigkeit der Wegzugsbesteuerung; ggf. können auch in diesem Fall Sicherheitsleistungen verlangt werden. – Im Einzelnen *Lausterer* IStR 2003, 19.

[67] Vgl. *Sedemund* DStZ 2003, 407/10.

4. Teil: Durchsetzung und Umsetzung des EU-Rechts

§ 20 Organisation der Gerichte

Ausgangsfall:[1] Streitig war die Zollbelastung bei der Einfuhr von Harnstoff-Formaldehyd. Zum 1.1.1958 waren Aminoplaste mit 3 vH belastet; der ab 1.3.1960 geltende Tarif betrug 8 vH. Die Firma *Van Gend & Loos* machte geltend, dass nach Art. 12 des EWG-Vertrags (resp. Art. 25 EG bzw. Art. 30 AEUV) die Mitgliedstaaten keine neuen Zölle einführen dürften.

I. Die Gerichte der EU

Die Gerichte der EU („Der Gerichtshof der Europäischen Union") umfassen den **1** Gerichtshof, das Gericht und Fachgerichte; sie sichern die Wahrung des Rechts bei der Auslegung und Anwendung der Verträge. Der Gerichtshof, das Gericht und das Gericht für den öffentlichen Dienst bilden das europäische Rechtsprechungsorgan, dessen Ziel darin besteht, das EU-Recht einheitlich auszulegen und anzuwenden (Präambel zur Verfahrensordnung des Gerichts). Die Mitgliedstaaten schaffen die erforderlichen Rechtsbehelfe, damit ein wirksamer Rechtsschutz in den vom Unionsrecht erfassten Bereichen gewährleistet ist (Art. 19 Abs. 1 EUV).[2] Der Gerichtshof besteht aus einem Richter je Mitgliedstaat. Er wird von Generalanwälten unterstützt. Das Gericht besteht aus mindestens einem Richter je Mitgliedstaat (Art. 19 Abs. 2 EUV). Der Gerichtshof der Europäischen Union entscheidet nach Maßgabe der Verträge a) über Klagen eines Mitgliedstaats, eines Organs oder natürlicher oder juristischer Personen; b) im Wege der Vorabentscheidung auf Antrag der einzelstaatlichen Gerichte über die Auslegung des Unionsrechts oder über die Gültigkeit der Handlungen der Organe; c) in allen anderen in den Verträgen vorgesehenen Fällen (Art. 19 Abs. 3 EUV).

II. Der Europäische Gerichtshof

Der EuGH ist zur Wahrung des Unionsrechts bei dessen Anwendung und Aus- **2** legung berufen (Art. 19 EUV).[3] Es gilt das Prinzip der Einzelzuständigkeit (begrenzte Einzelermächtigung; Art. 5 Abs. 1 EUV); der EuGH besitzt keinen allgemeinen Rechtsschutzauftrag. Neben Aufsichts- und Vertragsverletzungsklagen (Art. 258, 259 AEUV), Nichtigkeits- und Untätigkeitsklagen (Art. 264, 265 AEUV) sowie Schadenersatzklagen (Art. 268 AEUV) ist der EuGH insbesondere für die Beantwortung von Vorabentscheidungsersuchen (Art. 267 AEUV)[4] zur Auslegung von Unionsrecht im Rahmen der Rechtsprechungstätigkeit berufen; er kann nicht im Rahmen materieller Verwaltungstätigkeit herangezogen werden.[5] Eine Vorlage

---

[1] EuGH v. 5.2.1963 26/62 – *van Gend und Loos,* EuGHE 1963, 1.
[2] *Englisch* in Tipke/Lang, Steuerrecht, § 4 Rz. 16; *Oellerich* in S/E, Rz. 5.1, Rz. 23.1.
[3] *Schroeder* Das Gemeinschaftsrechtssystem, 489 ff.; *Herdegen* Europarecht § 9 Rz. 1 f.; *Fischer* Europarecht, 156 ff.; s. auch Jahresberichte des EuGH unter: http://curia.eu.int/de/pei/rapan.htm.
[4] Dazu *Cordewener* DStR 2004, 6, 10 f.; *Weber-Grellet* NJW 2004, 1617, 1621.
[5] Ein Landgericht kann als Handelsgericht in Registersachen kein Vorabersuchen an den EuGH richten (EuGH v. 15.1.2002 C-182/00, EWS 2002, 143), wenn kein Rechtsstreit anhängig ist.

nach Art. 267 AEUV ist nicht geboten, wenn Zweifel an der Auslegung des ein-schlägigen EU-Rechts nicht bestehen und damit die richtige Anwendung des Uni-onsrechts so offenkundig ist, dass für einen vernünftigen Zweifel keinerlei Raum bleibt.[6]

3 Die Konkretisierung dieser allgemeinen Aufgabendefinition ergibt sich aus den ausdrücklichen Zuständigkeitszuweisungen in den Verträgen (Art. 218 Abs. 11, Art. 251 ff. AEUV), aus vom Rat erlassenen Verordnungen, die in besonderen Fäl-len eine ausdrückliche Zuständigkeit des EuGH begründen (Art. 272 AEUV), und aus Schiedsverträgen zwischen den Mitgliedstaaten (Art. 273 AEUV). Die Mitglied-staaten haben außerhalb des Unionsrechts in zwischenstaatlichen Abkommen wei-tere Zuständigkeiten des EuGH geschaffen. Neben den genannten Bestimmungen des EUV/AEUV sind für die Arbeit des EuGH noch folgende weitere Regelungen von Bedeutung:

- Protokoll über die Satzung des Gerichtshofs der Europäischen Union v. 26.2. 2001, ABl. 2001 C 80, 53,
- Verfahrensordnung des Gerichtshofs v. 25.9.2012, ABl. 2012 L 265, 1,
- Beschluss des Rates zur Errichtung eines Gerichts erster Instanz der Europäi-schen Gemeinschaften v. 24.10.1988, ABl. 1988 L 319, 1,
- Verfahrensordnung des Gerichts (EuG) v. 2.5.1991, ABl. 1991 L 317, 34,
- Beschluss des Rates v. 2.11.2004 zur Errichtung des Gerichts für den öffentlichen Dienst der Europäischen Union, ABl. 2004 L 333, 7.

4 Bezogen auf die Person der Beteiligten hat der EuGH folgende Zuständigkeiten:
- Streitigkeiten zwischen den Mitgliedstaaten;
- Streitigkeiten zwischen der EU und Mitgliedstaaten;
- Streitigkeiten zwischen den Organen;
- Streitigkeiten zwischen Einzelnen und der EU;
- Abgabe von Gutachten bei internationalen Abkommen, Art. 218 AEUV;
- Vorabentscheidungen: Diese Zuständigkeit ist bedeutsam für die einheitliche Auslegung des Gemeinschaftsrechts. Sie besteht für Vorabentscheidungen bei Streitigkeiten, die vor innerstaatlichen Gerichten anhängig sind und von diesen Gerichten gem. Art. 267 AEUV dem EuGH vorgelegt werden.
- In Einzelfällen äußert sich der EuGH auch außerhalb seiner in Art. 218 AEUV umschriebenen Aufgaben, z.B. bei der Abgabe einer Stellungnahme zu den Au-ßenabkommen der Gemeinschaft.

5 Der Gerichtshof hat sich in der Vergangenheit als treibende Kraft der europäischen Integration betätigt. Grundlegend waren das Urteil vom 5.2.1963 „**Van Gend & Loos**"[7] für den Grundsatz der unmittelbaren Anwendbarkeit des Unionsrechts vor den Gerichten der Mitgliedstaaten (s. Ausgangsfall).[8] Das Urteil vom 15.7.1964 „**Costa/ENEL**"[9] prägte das Verständnis des europäischen Unionsrechtes als **eigen-ständige, den nationalen Rechtsvorschriften vorrangige Rechtsordnung**.[10]

In Steuersachen hat der EuGH nach den allgemein geltenden Regeln zu entschei-den und hat seine Entscheidungen also zu treffen
- unter Anwendung und Auslegung der Regeln und Maßstäbe des EUV und des AEUV,

---

[6] EuGH v. 6.10.1982 283/81 – *Cilfit*, EuGHE 1982, 3415.
[7] EuGH v. 5.2.1963 26/62 – *van Gend und Loos* EuGHE 1963, 1.
[8] *Kofler* in S/E, Rz. 13.12.
[9] EuGH v. 15.7.1964 6/64 – *Costa/ENEL*, NJW 1964, 2371: Dem EG-Recht (jetzt EU-Recht) kommt ein Vorrang vor dem nationalen Einkommensteuerrecht zu.
[10] Vgl. *Mayr* Grenzen des Europarechts bei den direkten Steuern, FS Doralt, 2007, 303.

- auf der Grundlage der Grundrechte-Charta und auch
- (etwa in Zweifelsfällen) unter Berücksichtigung allgemeiner Prinzipien, z.B. Neutralität und Territorialität.

Hinsichtlich der Anwendung dieser allgemeinen Prinzipien ist allerdings Vorsicht geboten, da die speziellen Regeln des EUV und AEUV Vorrang genießen.

Im Laufe seiner Tätigkeit hat der EuGH zahlreiche Entscheidungen zur Ausle- **6** gung des EU-Rechts in Bezug auf die einzelstaatlichen Steuerrechtsnormen gefällt. Diese Rechtsprechung hat erhebliche Auswirkungen auf fast alle Bereiche des Steuerrechts und dient auch den innerstaatlichen Gerichten als Richtschnur, wenn sie sich nach dem Prinzip der Vorrangigkeit des Unionsrechts über nationale Vorschriften hinwegsetzen (müssen).

Bedeutende steuerrechtliche EuGH-Urteile:
- **Bachmann:** EuGH v. 28.1.1992 C-204/90 – *Bachmann,* EuGHE 1992, I-249: Beschränkte Abziehbarkeit von Zahlungen an Versicherungsunternehmen. Der deutsche, in Belgien beschäftigte Bachmann durfte seine Beiträge zur deutschen KV nicht in Belgien absetzen; aber nach EuGH Rechtfertigung wegen Kohärenz zwischen Abzug der Beiträge und Besteuerung der Erträge.
- **Schumacker:** EuGH v. 14.2.1995 C-279/93 – *Schumacker,* EuGHE 1995, I-225 ff. Der Belgier Schumacker hatte die Arbeitnehmer-Freizügigkeit genutzt, um in einem anderen Staat (in Deutschland) eine nicht selbstständige Tätigkeit auszuüben, nachdem er zuvor auch bereits in Belgien gearbeitet hatte. – Versage ein Mitgliedstaat Gebietsfremden bestimmte Steuervergünstigungen (etwa den Splittingtarif), die der Gebietsansässige gewähre, liege nur dann eine unzulässige Unterscheidung vor, wenn der Gebietsfremde wie Herr Schumacker in seinem Wohnsitzstaat keine nennenswerte Einkünfte habe und sein zu versteuerndes Einkommen im Wesentlichen aus einer Tätigkeit beziehe, die er im Beschäftigungsstaat ausübe, so dass der Wohnsitzstaat nicht in der Lage sei, ihm die Vergünstigungen zu gewähren, die sich aus der Berücksichtigung seiner persönlichen Lage und seines Familienstandes ergeben.
- **Werner:** EuGH v. 26.1.1993 C-112/91 – *Werner,* EuGHE 1993, I-429. Deutscher Wohnsitz im Ausland erhält als beschränkt Steuerpflichtiger nicht den Splitting-Tarif; höhere Steuerbelastung wegen Auslandswohnsitz gerechtfertigt.
- **Gschwind:** EuGH v. 14.9.1999 C-391/97 – *Gschwind,* EuGHE 1999, I-5451; Splittingtarif als Regelung zur Berücksichtigung der persönlichen Lebensumstände.
- **Marks & Spencer:** EuGH v. 13.12.2005 C-446/03, DB 2005, 2788: Abzug nur von sog. finalen Verlusten einer gebietsfremden Tochtergesellschaft
- **Stauffer:** EuGH v. 14.9.2006 C-386/04 – *Stauffer,* EWS 2006, 467: Nach Auffassung des EuGH dürfen ausländische Körperschaften nicht per se von den gemeinnützigen Steuervergünstigungen ausgeschlossen werden
- **Meilicke:** EuGH v. 30.6.2011 C-262/09 – *Meilicke II,* IStR 2011, 551: Zur Berechnung der Höhe der Steuergutschrift, auf die ein in einem Mitgliedstaat unbeschränkt steuerpflichtiger Anteilseigner in Verbindung mit von einer in einem anderen Mitgliedstaat ansässigen Kapitalgesellschaft gezahlten Dividenden Anspruch hat, unter der Geltung des Anrechnungsverfahrens. – Der BFH hat mit Urteil vom 15.1.2015 I R 69/12, DStR 2015, 1297 („Meilicke“) abschließend darüber entschieden, ob und unter welchen Voraussetzungen die Körperschaftsteuer, die im Ausland gegen dort ansässige Kapitalgesellschaften festgesetzt worden ist, im Inland auf die Einkommensteuer der hier ansässigen Anteilseigner dieser Gesellschaften angerechnet werden kann.

– **Gerritse:** EuGH v. 12.6.2003 C-234/01 – *Gerritse*, DStR 2003, 1112 – dass wesentliche Teile des Bruttoquellensteuerabzugs nach § 50a Abs. 4 EStG nicht europarechtskonform seien; er kommt zu dem Ergebnis, dass der Steuersatz von 25 vH (heute 20 vH) nach Abzug der Ausgaben anzuwenden ist, es sei denn, dass sich nach der Einkommensteuer-Grundtabelle (ohne Berücksichtigung des Grundfreibetrags) eine geringere Steuer ergibt
– **Ritter-Coulais:** EuGH v. 21.2.2006 C-152/03 – *Ritter-Coulais,* DStR 2006, 362 – Nichtberücksichtigung ausländischer Verluste (BFH I R 13/02, DStR 2003, 685: Streitjahr 1987); endg. Entsch. IStR 2007, 148
– **Persche:** EuGH v. 27.1.2009 C-318/07 – *Persche,* BStBl. II 2010, 440: Abzug von Auslandsspenden
– **Petersen:** EuGH v. 28.2.2013 C-544/11 – *Petersen,* BStBl. II 2013, 847: Steuerbefreiung von Einkünften aufgrund von Auslandstätigkeiten im Rahmen der Entwicklungshilfe (Benin) geboten, auch wenn der Arbeitgeber im Ausland (Dänemark) ansässig ist.

7   Weitere bedeutende Urteile sind im Bereich des Schutzes der **Menschenrechte** ergangen (z. B. durch das Urteil vom 14.5.1974 in der Rechtssache *Nold*,[11] in dem der Gerichtshof feststellt, dass die **Grundrechte** integraler Bestandteil der allgemeinen Rechtsgrundsätze sind, deren Einhaltung er gewährleistet), des **Niederlassungsrechts** (Urteil vom 8.4.1976 in der Rechtssache *Royer*,[12] in dem der Gerichtshof das Recht eines Staatsangehörigen eines Mitgliedstaates bestätigt, sich unabhängig von der Erteilung einer Aufenthaltserlaubnis auf dem Hoheitsgebiet eines anderen Mitgliedstaates aufzuhalten), des **freien Warenverkehrs** (Urteil vom 20.2.1979 in der Rechtssache *Cassis de Dijon*,[13] in dem der Gerichtshof befand, dass jedes in einem Mitgliedstaat rechtmäßig hergestellte und in den Handel gebrachte Erzeugnis grundsätzlich zur Vermarktung in jedem anderen Mitgliedstaat zugelassen werden muss) sowie der **außenpolitischen Befugnisse der Gemeinschaft** (Urteil vom 31.3.1971 in der Rechtssache Kommission/Rat,[14] in dem der Gemeinschaft das Recht zuerkannt wird, in den Bereichen, die Gegenstand von Gemeinschaftsregelungen sind, internationale Abkommen abzuschließen).

8   Nach der Rechtsprechung des Gerichtshofs gilt der Grundsatz, dass die Verträge vor dem Hintergrund des Standes der Integration und der von den Verträgen selbst gesteckten Ziele („dynamisch") auszulegen seien. Dieser Grundsatz hat es der Gemeinschaft ermöglicht, in einigen Bereichen, die nicht Gegenstand besonderer Bestimmungen der Verträge sind, zum Beispiel die Bekämpfung der Umweltverschmutzung, Rechtsvorschriften zu erlassen.

9   Im Vertrag von Lissabon ist die mit dem Vertrag von Maastricht eingeführte Säulenstruktur wieder beseitigt worden; die Zuständigkeit des EuGH erstreckt sich nunmehr auf das gesamte Recht der EU, soweit in den Verträgen nichts anderes bestimmt ist. Darüber hinaus erhält die Charta der Grundrechte der EU den gleichen rechtlichen Rang wie die Verträge (Art. 6 EUV); sie wird damit Teil der „Gruppe der Verfassungsbestimmungen", zu denen sich der EuGH äußern kann (Ausnahme ggü dem Vereinigten Königreich, Polen und der Tschechei). Das Vorabentscheidungsverfahren wird auf Handlungen der Einrichtungen und sonstigen Stellen der Union ausgedehnt (Art. 263 Abs. 1 S. 2 AEUV). Der EuGH kontrolliert die Kommission (Art. 17 Abs. 1 EUV). Der Vertrag von Lissabon erstreckt die Kontrolle durch den EuGH auf Rechtsakte des Europäischen Rates (vgl. Art. 265 Abs. 1 AEUV).

10   Nach Art. 267 AEUV können Gerichte der Mitgliedstaaten Fragen über die Gültigkeit und Auslegung von EU-Recht dem EuGH vorlegen, letztinstanzlich entscheidende Gerichte sind zur Vorlage verpflichtet (Vorabentscheidungsverfahren).[15]

---

[11] 4/73.
[12] 48/75.
[13] 120/78.
[14] 22/70.
[15] Dazu *Ahlt/Deisenhofer* Europarecht, 132 ff.; *Kokott/Henze/Sobotta*, JZ 2006, 633.

Das Ersuchen eines vorlegenden Gerichts kann nur dann (als unzulässig) abgelehnt werden kann, wenn die erbetene Auslegung des Gemeinschaftsrechts offensichtlich in keinem Zusammenhang mit der Realität oder dem Gegenstand des Ausgangsverfahrens steht, wenn das Problem hypothetischer Natur ist oder wenn der Gerichtshof nicht über die tatsächlichen oder rechtlichen Angaben verfügt, die für eine sachdienliche Beantwortung der ihm vorgelegten Fragen erforderlich sind.[16]

Im Hinblick auf die mögliche Unterlassung von EuGH-Vorlagen und dem insoweit bestehenden Spielraum ist das Institut des Vorabentscheidungsverfahrens letztlich nicht perfekt geeignet, die Durchsetzung des EU-Rechts zu garantieren.[17]

Art. 267 AEUV sieht nach ständiger Rechtsprechung des Gerichtshofs ein Verfahren des unmittelbaren Zusammenwirkens des Gerichtshofs und der Gerichte der Mitgliedstaaten vor. Im Rahmen dieses Verfahrens, das auf einer klaren Aufgabentrennung zwischen den nationalen Gerichten und dem Gerichtshof beruht, fällt jede Beurteilung des Sachverhalts in die Zuständigkeit des nationalen Gerichts, das im Hinblick auf die Besonderheiten der Rechtssache sowohl die Erforderlichkeit einer Vorabentscheidung für den Erlass seines Urteils als auch die Erheblichkeit der dem Gerichtshof vorzulegenden Fragen zu beurteilen hat, während der Gerichtshof nur befugt ist, sich auf der Grundlage des ihm vom nationalen Gericht unterbreiteten Sachverhalts zur Auslegung oder zur Gültigkeit einer Unionsvorschrift zu äußern. Ein Urteil des Gerichtshofs im Vorabentscheidungsverfahren bindet nach dessen ständiger Rechtsprechung das nationale Gericht hinsichtlich der Auslegung oder der Gültigkeit der fraglichen Handlungen der Unionsorgane bei der Entscheidung über den Ausgangsrechtsstreit.[18]

Für Fragen, die sich daraus ergeben, dass nicht harmonisiertes nationales Recht auf harmonisiertes Recht Bezug nimmt, gelten Besonderheiten.

So besteht nach wie vor keine Vorlagepflicht hinsichtlich bilanzsteuerrechtlicher Fragen;[19] das Steuerrecht, auch das Bilanzsteuerrecht, ist insoweit eigenständig. Im Urteil vom 18.10.1990 – *Dzozdi*[20] hat der EuGH unter Rz. 41 klargestellt, dass nach der in Art. 234 EG (jetzt Art. 267 AEUV) vorgesehenen Verteilung der Rechtsprechungsaufgaben es Sache des nationalen Gerichts ist, die genaue Tragweite der Verweisung auf das Unionsrecht zu beurteilen und dass das nationale Gericht bei einem rein internen Sachverhalt im Falle einer Verweisung des nationalen Rechts auf unionsrechtliche Bestimmungen vorlegen **kann** (!), aber nicht muss. Legt das nationale Gericht vor, wird der EuGH diesen (bilanzsteuerrechtlichen) Fall zur Entscheidung annehmen und die Gelegenheit nutzen, das Rechnungslegungskonzept der Bilanz-Richtlinie weiter zu verdeutlichen.[21] Angesichts dieser Verteilung der Rechtsprechungsaufgaben zwischen EuGH und nationalen Gerichten spricht einiges dafür, sich bei der Vorlage bilanzsteuerrechtlicher Fälle am Maßstab des § 115 Abs. 2 Nr. 1 und 2 FGO zu orientieren.

11 Ein besonderes Problem bildet die zeitliche Wirkung (insb. Rückwirkung) von EuGH-Entscheidungen.[22] Diese Praxis erschwert die Anpassung des nationalen Rechts, da die nationalen Fisken mit erheblichen Ausfällen rechnen müssen. Angesichts des dynamischen Charakters des Europarechts und der prozesshaften Entwicklung wäre eine Lösung von Vorteil, die vorrangig auf die künftige Gestaltung

---

[16] EuGH v. 28.6.2007 C-466/03 – *Albert Reiss*, EuGHE 2007, I-05357, Rz. 34.

[17] Kritisch *Desens*, Auslegungskonkurrenzen im europäischen Mehrebenensystem, in Matz-Lück/Hong (Hrsg.) Grundrechte und Grundfreiheiten im Mehrebenensystem, 2012, 203, 247.

[18] EuGH v. 16.6.2015 C-62/14 – *OMT*, EuR 2015, 477.

[19] Vgl. Schmidt/*Weber-Grellet* Kommentar zum EStG, § 5 Rz. 4.

[20] Rs. C-297/88 und C-197/89, EuGHE 1990, I-3763.

[21] Zur Problematik *Weber-Grellet* StuB 2005, 306.

[22] *Rosenkranz* in Riesenhuber (Hrsg.), Europäische Methodenlehre, 3. Aufl., 2015, § 16; zurückhaltend *Kokott/Henze* NJW 2006, 177; *Waldhoff* EuR 2006, 615: „kontrollierte und maßvolle Folgenorientierung".

Einfluss nimmt. Möglicherweise wird der EuGH seine Auffassung revidieren.[23] M.E. ist zzt. von folgenden Erwägungen auszugehen:
– Die nationalen verfahrensrechtlichen Regelungen gelten auch gegenüber EuGH-Entscheidungen.
– Das Ausmaß von Rückwirkung und Vertrauensschutz steht maßgeblich unter dem Gebot der Verhältnismäßigkeit.[24]
– Eine maßvolle und kontrollierte Folgenabwägung ist auch im Hinblick auf die Rückwirkung von EuGH-Entscheidungen geboten.[25]
– Der Verstoß gegen EuGH-Entscheidungen ist nicht im Wege der Billigkeit zu korrigieren.[26]

III. Das Gericht

12   Nach Art. 254–256 AEUV i.V.m. Art. 47ff. des Protokolls über die Satzung des Gerichtshofs ist dem EuGH das Gericht der Europäischen Union (EuG) – vormals Gericht Erster Instanz – beigeordnet, das aus 28 Mitgliedern besteht und u.a. für Entscheidungen im ersten Rechtszug zuständig ist:
– Nichtigkeitsklagen (Art. 263 AEUV)
– Untätigkeitsklagen (Art. 265 AEUV)
– Schadenersatzklagen (Art. 268 AEUV)
– Dienstrechtliche Streitigkeiten (Art. 270 AEUV)
– Zuständigkeit aufgrund einer Schiedsklausel (Art. 272 AEUV)
– Verfahrensordnung des Gerichts v. 2.5.1991 ABl. EU Nr. L 105, 1.

IV. Das Verhältnis des EuGH zum Bundesverfassungsgericht

13   Art. 23 Abs. 1 GG enthält die verfassungsrechtliche Grundlage für die Öffnung der nationalen Rechtsordnung der Bundesrepublik für das Unionsrecht und ermöglicht die Übertragung von Hoheitsrechten auf die EU. Das BVerfG anerkennt den Vorrang des EU-Rechts. Über den Umweg der Prüfung der Zustimmungsgesetze zu den Gründungs- und Änderungsverträgen kann das primäre Gemeinschaftsrecht mittelbar zum Gegenstand verfassungsrechtlicher Kontrolle gemacht werden. Prüfungsmaßstab ist Art. 23 GG, der in Abs. 1 S. 3 ausdrücklich auf Art. 79 Abs. 2 und 3 GG Bezug nimmt und damit eine Änderung der in Art. 1 und 20 GG niedergelegten Grundsätze für unzulässig erklärt. – Im europäischen Mehrebenenverbund geht es in dem Verhältnis von EuGH und nationalen Gerichten nicht um Unter- oder Überordnung, sondern um eine angemessene Verantwortungsteilung – unter Berücksichtigung der (Verfassungs-)Identitäten der Mitgliedstaaten.[27]

14   In der **Solange II-Entscheidung**[28] geht das BVerfG davon aus, dass das Unionsrecht in seiner Ausprägung durch die Rechtsprechung des EuGH einen Grundrechtsschutz gewährleistet, der nach Konzeption, Inhalt und Wirkungsweise dem Grundrechtsstandard des GG gleich zu achten ist. Der dogmatische Ansatz ist ausschließlich verfahrensrechtlicher Natur, indem das BVerfG feststellt, dass es seine

---

[23] Vgl. *Forsthoff* DStR 2005, 1840, unter Hinweis auf den Fall *Banca di Cremona* (C-475/03).
[24] *Kirchhof* DStR 2015, 717.
[25] *Waldhoff* EuR 2006, 615/36.
[26] BFH v. 21.1.2015 X R 40/12, BFH/NV 2015, 719.
[27] *Lenaerts* EuR 2015, 3; *Birkinshaw* EuR 2015, 267/287.
[28] BVerfGE 73, 339, 378.

Gerichtsbarkeit über die Ausübung von Unionsrecht nicht mehr ausübe. In der **Maastricht-Entscheidung**[29] hat das BVerfG ein Kooperationsverhältnis zwischen sich und dem EuGH entwickelt, dabei aber im Unklaren gelassen, unter welchen Voraussetzungen die generelle Gewährleistung der unabdingbaren Grundrechtsstandards gefährdet ist.[30]

Das BVerfG verlangt in seinem Urteil vom 12.10.1993[31] zum Vertrag von Maas-   **15** tricht die Wahrung des demokratischen Prinzips und einen wirksamen Grundrechtsschutz:

> „1. Im Anwendungsbereich des Art. 23 GG schließt Art. 38 GG aus, die durch die Wahl bewirkte Legitimation und Einflussnahme auf die Ausübung von Staatsgewalt durch die Verlagerung von Aufgaben und Befugnissen des Bundestages so zu entleeren, dass das **demokratische Prinzip,** soweit es Art. 79 Abs. 3 in Verbindung mit Art. 20 Abs. 1 und 2 GG für unantastbar erklärt, verletzt wird.
> 2. Das Demokratieprinzip hindert die Bundesrepublik Deutschland nicht an einer Mitgliedschaft in einer – supranational organisierten – zwischenstaatlichen Gemeinschaft. Voraussetzung der Mitgliedschaft ist aber, dass eine **vom Volk ausgehende Legitimation** und Einflussnahme auch innerhalb des Staatenverbundes gesichert ist.
> 3. Nimmt ein Verbund demokratischer Staaten hoheitliche Aufgaben wahr und übt dazu hoheitliche Befugnisse aus, sind es zuvörderst die Staatsvölker der Mitgliedstaaten, die dies über die nationalen Parlamente demokratisch zu legitimieren haben. Entscheidend ist, dass die demokratischen Grundlagen der Union schritthaltend mit der **Integration** ausgebaut werden und auch im Fortgang der Integration in den Mitgliedstaaten eine lebendige Demokratie erhalten bleibt. Vermitteln – wie gegenwärtig – die Staatsvölker über die nationalen Parlamente demokratische Legitimation, sind der Ausdehnung der Aufgaben und Befugnisse der Europäischen Gemeinschaften vom demokratischen Prinzip her Grenzen gesetzt. Dem Deutschen Bundestag müssen Aufgaben und Befugnisse von substantiellem Gewicht verbleiben.
> 4. Art. 38 GG wird verletzt, wenn ein Gesetz, das die deutsche Rechtsordnung für die unmittelbare Geltung und Anwendung von Recht der – supranationalen – Europäischen Gemeinschaften öffnet, die zur Wahrnehmung übertragenen Rechte und das **beabsichtigte Integrationsprogramm nicht hinreichend bestimmbar** festlegt.[32]
> 5. Auch Akte einer besonderen, von der Staatsgewalt der Mitgliedstaaten geschiedenen öffentlichen Gewalt einer supranationalen Organisation betreffen die Grundrechtsberechtigten in Deutschland. Sie berühren damit die Gewährleistungen des Grundgesetzes und die Aufgaben des Bundesverfassungsgerichts, die den **Grundrechtsschutz** in Deutschland und insoweit nicht nur gegenüber deutschen Staatsorganen zum Gegenstand haben (Abweichung von BVerfGE 58, 1, 27). Allerdings übt das Bundesverfassungsgericht seine Rechtsprechung über die Anwendbarkeit von abgeleitetem Gemeinschaftsrecht in Deutschland in einem „**Kooperationsverhältnis**" zum Europäischen Gerichtshof aus.[33]
> 6. Der Unionsvertrag begründet einen **Staatenverbund** zur Verwirklichung einer immer engeren Union der – staatlich organisierten – Völker Europas, keinen sich auf ein europäisches Staatsvolk stützenden Staat.
> 7. Art. F Abs. 3 EUV ermächtigt die Union nicht, sich aus eigener Macht die **Finanzmittel** oder sonstige Handlungsmittel zu verschaffen, die sie zur Erfüllung ihrer Zwecke für erforderlich erachtet."

Im Ergebnis lehnt das BVerfG damit eine hierarchische Struktur zwischen dem EuGH und den nationalen Gerichten ab. Beherrscht wird die Sichtweise des BVerfG vom Gedanken des „Kooperationsverhältnisses", das eine bewahrende und

---

[29] BVerfG v. 12.10.1993 2 BvR 2134/92, 2 BvR 2159/92, BVerfGE 89, 155 – *Maastricht.*
[30] Kritisch *Schroeder* Das Gemeinschaftsrechtssystem, 166 ff.
[31] BVerfG v. 12.10.1993 a. a. O. (u. a. 2 BvR 2134/92).
[32] Vgl. BVerfG v. 23.6.1981 2 BvR 1107/77, BVerfGE 58, 1, 37.
[33] Zur Rangfrage in der Rechtsprechung des BVerfG vgl. *Fischer* Europarecht, 115 ff., 122: In der Vergangenheit hat die Rechtsprechung zwischen „Integrationsskepsis und Vertrauen in die Rechtsstaatlichkeit in der EG" gependelt.

differenzierende Position ermöglicht. Das BVerfG nimmt eine Grundrechts-, Ultra-vires- und Identitätskontrolle vor.[34]

Das BVerfG hatte den Beschluss der Europäischen Zentralbank (EZB) über den theoretisch unbegrenzten Ankauf von Staatsanleihen dem Europäischen Gerichts-hof (EuGH) zur Vorabentscheidung vorgelegt;[35] es bestünden erhebliche Zweifel daran, ob der sog. **OMT-Beschluss** über den Aufkauf von Staatsanleihen der EZB vom 6.9.2012 von deren Mandat gedeckt sei; die EZB sei nicht zu einer eigenständi-gen Wirtschaftspolitik ermächtigt.

Nach Auffassung des EuGH seien Art. 119 AEUV, Art. 123 Abs. 1 AEUV und Art. 127 Abs. 1 und 2 AEUV sowie die Art. 17 bis 24 des Protokolls (Nr. 4) über die Satzung des Europäischen Systems der Zentralbanken und der Europäischen Zent-ralbank dahin auszulegen, dass sie das Europäische System der Zentralbanken (ESZB) dazu ermächtigten, ein Programm für den Ankauf von Staatsanleihen an den Sekundärmärkten wie dasjenige zu beschließen, das in der Pressemitteilung ange-kündigt worden sei, die im Protokoll der 340. Sitzung des Rates der Europäischen Zentralbank (EZB) am 5. und 6. September 2012 genannt sei.[36] Dieses im Vorabent-scheidungsverfahren ergangene Urteil bindet nach dessen ständiger Rechtsprechung das nationale Gericht hinsichtlich der Auslegung oder der Gültigkeit der fraglichen Handlungen der Unionsorgane bei der Entscheidung über den Ausgangsrechtsstreit.

16   **Lösung des Ausgangsfalls (Tariferhöhung bei Einfuhr von Harnstoff) – 26/62:**[37] In dem Urteil vom 5.2.1963 *„van Gend und Loos"*, in der in nur die Zollbelastung bei der Einfuhr von Harnstoff-Formaldehyd streitig war, machte der EuGH grundsätzliche Ausführungen zur Stellung des EuGH und gab im Ergebnis der Klägerin Recht:

„1. Die europäische Wirtschaftsgemeinschaft stellt eine **neue Rechtsordnung des Völkerrechts** dar, zu deren Gunsten die Staaten, wenn auch in begrenztem Rahmen, ihre **Souveränitätsrechte eingeschränkt** haben; eine Rechtsordnung, deren Rechtssubjekte nicht nur die Mitgliedstaaten, sondern auch die Einzelnen sind. Das von der Gesetzgebung der Mitgliedstaaten unabhängige Gemeinschaftsrecht soll daher den einzelnen, ebenso wie es ihnen Pflichten auferlegt, auch **Rechte verleihen.** Solche Rechte entstehen nicht nur, wenn der Vertrag dies ausdrücklich bestimmt, son-dern auch auf Grund von eindeutigen Verpflichtungen, die der Vertrag den Einzelnen wie auch den Mitgliedstaaten und den Organen der Gemeinschaft auferlegt.

2. Nach dem Geist, der Systematik und dem Wortlaut des EWG-Vertrags ist Art. 12 EG-Vertrag a.F. (Verbot von Zöllen zwischen den Mitgliedstaaten) dahin auszulegen, dass er **unmittelbare Wirkungen** erzeugt und individuelle Rechte begründet, welche die staatlichen Gerichte zu beach-ten haben.

3. Voraussetzung für die Zuständigkeit des Gerichtshofes zur Vorabentscheidung ist nur, dass die vorgelegte Frage klar erkennbar die Auslegung des Vertrags betrifft.

4. Wenn der EWG-Vertrag in den Art. 169 und 170 a.F. der Kommission und den Mitgliedstaa-ten die Möglichkeit einräumt, den Gerichtshof anzurufen, falls ein Staat seinen Verpflichtungen nicht nachkommt, so wird dadurch den Einzelnen nicht das Recht genommen, sich gegebenenfalls vor dem **nationalen Richter** auf diese Verpflichtungen zu berufen.

5. Aus dem Wortlaut und der systematischen Stellung von Art. 12 EG-Vertrag a.F. ergibt sich, dass bei der Feststellung, ob Zölle und Abgaben gleicher Wirkung entgegen dem in der genannten Vorschrift enthaltenen Verbot erhöht worden sind, von den zum Zeitpunkt des In-Kraft-Tretens des Vertrags tatsächlich angewandten Zöllen und Abgaben ausgegangen werden muss.

6. Die Belastung ein und desselben Erzeugnisses mit einem höheren Zoll nach dem Inkrafttreten des EWG-Vertrags stellt eine unerlaubte Erhöhung im Sinne von Art. 12 EG-Vertrag a.F. des Ver-trags dar, ohne dass es darauf ankommt, ob diese Erhöhung sich aus einer Erhöhung des Zollsatzes im eigentlichen Sinne oder aus einer Neugliederung des Tarifs ergibt, welche die Einordnung des Erzeugnisses in eine höher belastete Tarifnummer zur Folge hat."

---

[34] *Schwerdtfeger* EuR 2015, 290. – Zur Ultra-vires-Kontrolle kraft EU-Rechts durch den EuGH vgl. EuGH v. 6.10.2015 C-362/14 – *Schrems,* NJW 2015, 3151 (dazu *Frenz* EWS 2015, 257).

[35] BVerfG v. 14.1.2014 2 BvR 2728/13 u. a., BVerfGE 134, 366.

[36] EuGH v. 16.6.2015 C-62/14 – *OMT,* EuR 2015, 477.

[37] EuGH v. 5.2.1963 26/62 – *van Gend und Loos,* EuGHE 1963, 1.

Übersicht zu § 20: Organisation der Gerichte

▶ Die Gerichte der EU („Der Gerichtshof der Europäischen Union") umfassen den Gerichtshof, das Gericht sowie die Fachgerichte; ihr Ziel besteht darin, das EU-Recht einheitlich auszulegen und anzuwenden. Die Mitgliedstaaten schaffen die erforderlichen Rechtsbehelfe, damit ein wirksamer Rechtsschutz in den vom Unionsrecht erfassten Bereichen gewährleistet ist (Art. 19 Abs. 1 EUV).

▶ Der EuGH ist zur Wahrung des Unionsrechts bei dessen Anwendung und Auslegung berufen (Art. 19 EUV). Es gilt das Prinzip der Einzelzuständigkeit (begrenzte Einzelermächtigung; Art. 5 Abs. 1 EUV); der EuGH besitzt keinen allgemeinen Rechtsschutzauftrag. Neben Aufsichts- und Vertragsverletzungsklagen (Art. 258, 259 AEUV), Nichtigkeits- und Untätigkeitsklagen (Art. 264, 265 AEUV) sowie Schadenersatzklagen (Art. 268 AEUV) ist der EuGH insbesondere für die Beantwortung von Vorabentscheidungsersuchen (Art. 267 AEUV) zur Auslegung von Unionsrecht im Rahmen der Rechtsprechungstätigkeit, nicht aber der materiellen Verwaltungstätigkeit berufen.

▶ Der Gerichtshof hat sich in der Vergangenheit als treibende Kraft der europäischen Integration betätigt. Grundlegend waren das Urteil vom 5.2.1963 „Van Gend & Loos" für den Grundsatz der unmittelbaren Anwendbarkeit des Unionsrechts vor den Gerichten der Mitgliedstaaten. Das Urteil vom 15.7.1964 „Costa/ENEL" prägte das Verständnis des europäischen Unionsrechtes als eigenständige, den nationalen Rechtsvorschriften vorrangige Rechtsordnung.

▶ Eine Vorlage nach Art. 267 AEUV ist nicht geboten, wenn Zweifel an der Auslegung des einschlägigen EU-Rechts nicht bestehen und damit die richtige Anwendung des Unionsrechts so offenkundig ist, dass für einen vernünftigen Zweifel keinerlei Raum bleibt.

▶ Entscheidungen des EuGH binden nach dessen ständiger Rechtsprechung das nationale Gericht hinsichtlich der Auslegung oder der Gültigkeit der fraglichen Handlungen der Unionsorgane bei der Entscheidung über den Ausgangsrechtsstreit.

▶ Im europäischen Mehrebenenverbund geht es in dem Verhältnis von EuGH und nationalen Gerichten (auch dem Bundesverfassungsgericht) nicht um Unter- oder Überordnung, sondern um eine angemessene Verantwortungsteilung – unter Berücksichtigung der (Verfassungs-)Identitäten der Mitgliedstaaten.

§ 21 Anwendung, Auslegung, Verfahren und Vollzug von Unionsrecht

Ausgangsfall (C-281/06 – Jundt):[1] Ein deutscher Anwalt unterrichtete nebenberuflich an der Universität Straßburg und begehrte die Anwendung des § 3 Nr. 26 EStG (sog. steuerfreie Übungsleiterpauschale). Die deutsche Regelung verlangte damals eine Tätigkeit in Deutschland. Durfte das Finanzamt dieses Tatbestandsmerkmal beachten?

I. Vorrang des Unionsrechts und Prinzip der Einzelermächtigung

1   Basis des Verhältnisses von europäischem und nationalen Rechts ist der Grundsatz des **Vorrangs des Unionsrechts**[2] und die **Eigenständigkeit der Unionsrechtsordnung.**[3] Dieser Vorrang gilt auch für die direkten Steuern.[4] So hat das FG Hamburg § 8b Abs. 7 KStG wegen eines Verstoßes gegen die Niederlassungsfreiheit und die Mutter-Tochter-RL nicht angewendet;[5] Art. 100 GG steht dieser Praxis nicht entgegen (s. Rz. 9). Es dürfen keine nationalen Rechtsakte erlassen werden, die gemeinschaftsrechtlichen Vorgaben widersprechen. Auf der anderen Seite müssen all die Vorschriften erlassen werden, die zur Verwirklichung der Vorgaben notwendig sind.

2   Generell gilt das Prinzip der begrenzten Einzelermächtigung (Art. 5 EUV). Allerdings gewährt Art. 352 AEUV die Berechtigung zu einer **„lückenfüllenden Kompetenzwahrnehmung"** („Abrundungsermächtigung"), die an die Vertragsziele anknüpft und sich an ihnen orientiert. Daneben steht die Theorie der **„implied powers",** die Kompetenzen kraft Sachzusammenhangs begründet.[6] Die Kompetenzen erstrecken sich auch auf die Tatbestände, die in vernünftiger, sinnvoller und zweckmäßiger Weise mit geregelt werden müssen.

II. Allgemeine Grundsätze

3   Art. 5 Abs. 4 EUV enthält den allgemeinen Rechtsgrundsatz der **Verhältnismäßigkeit,**[7] an dem alle Maßnahmen der Gemeinschaftsorgane zu prüfen sind. Den Verhältnismäßigkeitsgrundsatz zieht der EuGH aber auch in den Fällen heran, in denen er die besondere Rechtfertigung von Ungleichbehandlungen prüft;[8] auf diese Weise können alle Aspekte eines Falles abgestuft in die Beurteilung einbezogen werden.[9]

4   Für das Steuerrecht ist davon auszugehen, dass nach der ausdrücklichen Regelung des **Art. 114 Abs. 2 EUV** und unter Beachtung des **Subsidiaritätsprinzips**

---

[1] EuGH v. 18.12.2007 C-281/06, EuGHE 2007, I-12231.

[2] *Herdegen* Europarecht, § 10 Rz. 1 f.; oben § 4 Rz. 7, auch zum Anwendungsvorrang im Kollisionsfall.

[3] *Ahlt/Deisenhofer* Europarecht, 48.

[4] *Bauschatz* IStR 2002, 291, 294.

[5] FG Hamburg v. 29.4.2004 VI 53/02, EFG 2004, 1639; bestätigt durch BFH v. 2.11.2006 I R 78/04, DStRE 2004, 1153.

[6] *Herdegen* Europarecht, § 8 Rz. 61.

[7] Dazu *von Danwitz* EWS 2003, 393.

[8] Vgl. z.B. EuGH v. 12.12.2002 C-324/00 – *Lankhorst-Hohorst,* DB 2002, 2690.

[9] Zu allgemeinen Rechtsgrundsätzen des EU-Rechts *Englisch* in S/E, Rz. 12.1 f.

(Art. 5 Abs. 3 EUV) eine generelle Rechtsangleichung nicht geboten ist und dass insoweit keine besonderen Kompetenzen bestehen. Andererseits aber müssen die Mitgliedstaaten auch im Bereich der nicht harmonisierten direkten Steuern ihre Befugnisse unter Wahrung des Unionsrechts ausüben und deshalb jede Diskriminierung auf Grund der Staatsangehörigkeit unterlassen.[10] Subsidiarität und Diskriminierungsverbot stehen danach in einem gewissen Spannungsverhältnis, das einzelfallbezogen aufzulösen ist.

In Bezug auf den **Effektivitätsgrundsatz** hat der Gerichtshof anerkannt, dass die 5
Festsetzung angemessener Ausschlussfristen für die Rechtsverfolgung im Interesse der Rechtssicherheit, die sowohl den Abgabepflichtigen als auch die Behörde schützt, mit dem Unionsrecht vereinbar ist.[11] Solche Fristen sind nämlich nicht geeignet, die Ausübung der durch die Unionsrechtsordnung verliehenen Rechte praktisch unmöglich zu machen oder übermäßig zu erschweren. Unter diesem Gesichtspunkt erscheint eine nationale Verjährungsfrist von drei Jahren, die mit dem Zeitpunkt der fraglichen Zahlung beginnt, angemessen. Allerdings darf diese Regelung nicht dazu bestimmt sein, gerade die Auswirkungen eines Urteils des Gerichtshofes zu begrenzen, mit dem eine nationale Regelung über eine bestimmte Abgabe für mit dem Unionsrecht unvereinbar befunden wurde. Zum anderen muss eine solche Regelung, was die Modalitäten ihrer zeitlichen Anwendung betrifft, eine Frist festsetzen, die ausreicht, um die Wirksamkeit des Erstattungsanspruchs sicherzustellen.

Rechtsakte der Union besitzen die Vermutung der Gültigkeit; sie entfalten selbst 6
dann Rechtswirkungen, wenn sie fehlerhaft sind, solange sie nicht aufgehoben oder zurückgenommen werden.[12] Eine weitere Form der besonderen Geltungsintensität des europäischen Rechts ist die **Drittwirkung des Unionsrechts** („horizontale Drittwirkung"), wie sie der EuGH z. B. in der Bosman-Entscheidung[13] entwickelt hat.

Bei **nicht fristgerechter Umsetzung** von Richtlinien besteht ein **Berufungsrecht des Einzelnen** und eine **Schadenersatzverpflichtung** des Mitgliedstaates („Direktwirkung"); die Richtlinie kann dann **unmittelbare Wirkung**[14] entfalten und ähnelt insoweit der Verordnung.[15] Der EuGH hat damit das „Institut der gemeinschaftsrechtlich gebotenen Staatshaftung" geschaffen.[16]

III. Grundrechtsschutz

Die Grundrechtecharta ist Teil des Unionsrechts.[17] Der EuGH hat sich schon 7
frühzeitig hinsichtlich der Geltung des Unionsrechts gegen eine Überprüfung am Maßstab des Verfassungsrechts der jeweiligen Mitgliedstaaten ausgesprochen.[18] Das BVerfG hat die Verdrängung des nationalen Grundrechtsschutzes akzeptiert und übt seine Gerichtsbarkeit so lange nicht aus, wie der EuGH einen „im Wesentlichen gleich zu achtenden" Grundrechtsstandard gewährleistet.[19]

---

[10] Vgl. z. B. EuGH v. 12.12.2002 C-324/00 – *Lankhorst-Hohorst,* DB 2002, 2690.
[11] EuGH v. 11.7.2002 C-62/00 – *Marks & Spencer,* EuGHE 2002, I-6325.
[12] EuGH v. 15.6.1994 C-137/92 P – *BASF,* EuGHE 1994, I-2555, Rz. 48.
[13] S. oben § 8 Rz. 23.
[14] S. oben § 3 Rz. 4 f., § 15; *Beljin* JuS 2002, 987, 989. Die unmittelbare Geltung von Richtlinien darf allerdings nicht dazu führen, dass Privaten Pflichten auferlegt werden.
[15] *Herdegen* Europarecht, § 8 Rz. 45 f.
[16] EuGH v. 10.7.1997 C-373/95, EuGHE 1997, I-4051.
[17] Vgl. oben § 4 Rz. 1, § 5 Rz. 2.
[18] *Englisch* in Tipke/Lang, Steuerrecht, § 4 Rz. 53.
[19] BVerfGE 73, 339.

IV. Auslegung europäischen Rechts

8   Für die Auslegung des Unionsrechts ist der EuGH zuständig; abgesichert ist die Auslegungshoheit des EuGH durch die Vorlageregelung des Art. 267 AEUV.[20] Der EuGH bedient sich – wie die anderen europäischen Obergerichte auch – der grammatischen, der systematischen, der historischen und auch der rechtsvergleichenden Interpretationsmethode; ein besonderes Gewicht kommt dem Geist einer Bestimmung zu („teleologische Interpretation").[21]

Der EuGH ein Instrumentarium entwickelt, das darauf angelegt ist, die Anwendung und Auslegung des europäischen Rechts „im Geiste der Verträge" möglichst effektiv werden zu lassen und den EU-Normen **eine möglichst optimale Wirkungskraft zu verschaffen** („effet utile").[22] Dabei ist die Grenze zwischen zulässiger Rechtsfortbildung und „Kompetenzanmaßung" nicht ganz eindeutig.[23]

9   Im Hinblick auf die Auslegung des Rechts der Mitgliedstaaten gilt das Gebot der **gemeinschaftskonformen Interpretation;** nationales Recht ist nach den Vorgaben des Unionsrechts zu interpretieren.[24] Richtlinien sind so umzusetzen, dass sie eine möglichst maximale Wirkung erzielen;[25] so kann z.B. eine Umsetzung durch Verwaltungsvorschriften nicht ausreichen, wenn diese keine unmittelbaren Rechte begründen können. Die **richtlinienkonforme (unionsrechtskonforme) autonome Auslegung**[26] tritt neben die überkommen Auslegungsregeln nationalen Rechts und besagt, dass Auslegungsspielräume des nationalen Rechts nach dem Wortlaut und dem Zweck der Richtlinie auszufüllen sind.[27] Tangiert sind die Normen, die zur Umsetzung von EU-Richtlinien erlassen sind, aber auch jede andere (Privatrechts-)Norm, die in den Anwendungsbereich einer EU-Richtlinie fällt. Die ihnen verbliebenen Befugnisse müssen die Mitgliedstaaten unter Wahrung des Unionsrechts ausüben.[28] Die integrierende Kraft des Unionsrechts und dessen Umsetzung wären gefährdet, wenn die Rechtsanwendung nicht durch eine einheitliche Auslegung gesichert würde.

Die Auslegung von Begriffen (z.B. des Begriffes „Vermietung von Grundstücken" im Sinne von Art. 13 Teil B Buchst. b der 6. USt-RL) hängt nicht von dem Inhalt ab, der ihm im **Zivilrecht** eines Mitgliedstaats gegeben ist. Bei der **Auslegung** einer Gemeinschaftsvorschrift sind deren **Wortlaut** sowie ihr **Zusammenhang** und die Ziele zu berücksichtigen, die mit der Regelung, zu der sie gehört, verfolgt werden.[29] Nach ständiger Rechtsprechung sind Begriffe, die in Zusammenhang mit

---

[20] *Hager* Rechtsmethoden in Europa, 2008, 249.

[21] *Hager* a.a.O. (Fn. 20), 250; *Kofler* in S/E, Rz. 13.1f.; *Pechstein/Drechsler* in Riesenhuber (Hrsg.), Europäische Methodenlehre, 3. Auflage, 2015, § 7. *Riesenhuber,* in Riesenhuber (Hrsg.), Europäische Methodenlehre, 3. Auflage, 2015, § 10; *Ismer* in Herrmann/Heuer/Raupach, Einf ESt (8/2014), Rz. 416; *Stotz* in Riesenhuber (Hrsg.), Europäische Methodenlehre, 3. Auflage, 2015, § 22 zur Methodik des EuGH.

[22] *Ahlt/Deisenhofer* Europarecht, 59ff.; *Schroeder* Die Auslegung des EU-Rechts, JuS 2004, 180, 186.

[23] *Herdegen* Europarecht, § 8 Rz. 73f; kritisch z.B. *Hailbronner* NJW 2004, 2185; *Calliess* NJW 2005, 929.

[24] *Hager* a.a.O. (Fn 20), 264; *Kofler* in S/E, Rz. 13.14.

[25] *Herdegen* Europarecht, § 8 Rz. 39.

[26] BFH v. 21.10.2015 VII B 39/15, BeckRS 2015, 96136; ausführlich *Roth/Jopen,* in Riesenhuber (Hrsg.), Europäische Methodenlehre, 3. Aufl., 2015, § 13; *Riesenhuber/Domröse* RIW 2005, 47.

[27] *Hager,* a.a.O. (Fn. 20), 264; *Hellert* Der Einfluss des EG-Rechts auf die Anwendung nationalen Rechts, Diss. 2001, 212ff.

[28] EuGH v. 29.11.2001 C-17/00 – *Watermael-Boitsfort,* EWS 2002, 83.

[29] EuGH v. 16.1.2003 C-315/00 – *Rudolf Maierhofer,* DB 2003, 254.

einer Ausnahme stehen, eng (also im Sinne der Ausnahme) auszulegen;[30] das gilt umso mehr, wenn es um eine nur für einen vorübergehenden Zeitraum zugelassene Ausnahme handelt.

Die Rechtsprechung zur unmittelbaren Wirkung des Unionsrechts und zum Charakter des Unionsrechts als eigene Rechtsordnung findet ihre notwendige Ergänzung in der Rechtsprechung zum **Anwendungsvorrang**.[31] Der Vorrang des (gesamten) Unionsrechts hat zur Folge, dass entgegenstehendes nationales Recht nicht anzuwenden ist;[32] das Anwendungsverbot (**„Verwerfungskompetenz"**) richtet sich an jeden Rechtsanwender; eine Vorlage – etwa nach Art. 100 GG – ist nicht geboten und unzulässig. Im Schrifttum wird verlangt, dass die Unionsrechtswidrigkeit i. S. d. „acte-claire-Rechtsprechung" offenkundig ist.[33] Dem Gebot der Unanwendbarkeit kann ausnahmsweise durch eine sog. normerhaltende Reduktion Rechnung getragen werden.[34] Der Anwendungsvorrang geht so weit, dass ein rechtskräftiges Urteil, das das Beihilfeverbot nicht beachtet hat, keine Bindungswirkung entfaltet; „effet utile schlägt Rechtssicherheit".[35]

V. Abwehr von Gesetzesumgehung und Gestaltungsmissbrauch

Zum Bereich der Gesetzesauslegung gehört auch die Abwehr von **Gesetzesum-** 10 **gehung** und **Gestaltungsmissbrauch**.[36] In der Entscheidung *Leur/Bloem*[37] wird hervorgehoben, dass nach Art. 11 Abs. 1 Buchst. a der Fusionsrichtlinie die Vorteile ausgeschlossen werden können, wenn der hauptsächliche Grund der Transaktion die Steuerhinterziehung oder -umgehung sei; dabei sei in jedem Einzelfall eine „globale Untersuchung" vorzunehmen. Vom Vorliegen einer Steuerumgehung könne ausgegangen werden, wenn der Vorgang nicht auf vernünftigen wirtschaftlichen Gründen beruhe.[38] Daher können m. E. grundsätzlich auch weiterhin § 42 AO ebenso wie die Vorschriften des AStG (insb. §§ 1, 7–14 AStG) in den Fällen zur Anwendung kommen, in denen ein Sachverhalt zu prüfen ist, der durch die Ausnutzung des Steuergefälles im Binnenmarkt geprägt ist.[39]

In der Entscheidung *Emsland*[40] – ein Fall, in dem Waren zum Zweck der Aus- 11 fuhrerstattung in die Schweiz ausgeführt und in derselben Weise wieder rückgeführt wurden – hat der EuGH einen materiellen (teleologischen) zweigliedrigen Missbrauchsbegriff seiner Beurteilung zugrunde gelegt:

„Nach der Rechtsprechung des Gerichtshofes finden Gemeinschaftsverordnungen bei missbräuchlichen Praktiken von Wirtschaftsteilnehmern keine Anwendung [...]. Der Gerichtshof hat außerdem entschieden, dass es der Anwendung von positiven Währungsausgleichsbeträgen entgegenstehen kann, wenn Einfuhr- und Ausfuhrgeschäfte nicht im Rahmen normaler Handelsgeschäfte, sondern nur zu dem Zweck getätigt werden, die Gewährung von Währungsausgleichsbeträgen

---

[30] EuGH v. 7.3.2002 C-169/00 – *Republik Finnland,* EuGHE I, 2433.

[31] *Hager* a. a. O. (Fn 20), 263.

[32] *Hager* a. a. O. (Fn 20), 260.

[33] *Englisch* in Tipke/Lang, Steuerrecht, § 4 Rz. 51.

[34] *Englisch* in Tipke/Lang, Steuerrecht, § 4 Rz. 27.

[35] EuGH v. 11.11.2015 C-505/14 – *Klausner Holz,* EWS 2015, 334.

[36] Vgl. *Ismer* in Herrmann/Heuer/Raupach, Einf ESt (8/2014), Rz. 442; *Suchowerskyj* Der Begriff des Missbrauchs im europäischen Steuerrecht, Diss. jur. 2007; s. auch unten § 23 Rz. 3.

[37] EuGH v. 17.7.1997 C-28/95 – *Leur/Bloem,* EuGHE 1997, I-4161.

[38] *Englisch* in S/E, Rz. 7.250 f.

[39] EuGH v. 21.2.2006 C-255/02; *Hahn* jurisPR-StR 15/06 Rz. 1; a. A. *Bauschatz* IStR 2002, 333, 341 im Hinblick auf die BFH-Entscheidung v. 19.1.2000 I R 117/97 – *Dublin-Docks,* IStR 2000, 182.

[40] EuGH v. 14.12.2000 C-110/99 – *Emsland,* EuGHE 2000, I-11569, Rz. 51 ff.

missbräuchlich auszunutzen [...]. Die Feststellung eines Missbrauchs setzt zum einen voraus, dass eine **Gesamtwürdigung der objektiven Umstände** ergibt, dass trotz formaler Einhaltung der gemeinschaftsrechtlichen Bedingungen das Ziel der Regelung nicht erreicht wurde. Zum anderen setzt sie ein subjektives Element voraus, nämlich die Absicht, sich einen gemeinschaftsrechtlich vorgesehenen Vorteil dadurch zu verschaffen, dass die entsprechenden Voraussetzungen willkürlich geschaffen werden. Der Beweis für das Vorliegen dieses subjektiven Elements kann u. a. durch den **Nachweis eines kollusiven Zusammenwirkens** zwischen dem in der Gemeinschaft ansässigen Ausführer, der die Erstattungen erhält, und dem Einführer der Ware im Drittland erbracht werden. Es ist Sache des nationalen Gerichts, das Vorliegen dieser beiden Elemente festzustellen, für das der Beweis nach nationalem Recht zu erbringen ist, soweit dies die Wirksamkeit des Unionsrechts nicht beeinträchtigt."

12   In der Sache *Halifax*[41] hatte eine Bank Grundstücksgesellschaften eingeschaltet, um den Vorsteuerabzug geltend machen zu können. Missbrauch ist gegeben, wenn die formale Anwendung des Steuergesetzes zu einem zweckwidrigen Steuervorteil führen würde und wenn objektive Anhaltspunkte ersichtlich sind, dass im Wesentlichen ein Steuervorteil bezweckt ist. In der Sache Cadbury Schweppes,[42] in der es um die Einbeziehung der Gewinne beherrschter ausländischer Gesellschaften ging, stellt der EuGH darauf ob, ob „rein künstliche Gestaltungen" gegeben sind.

Im Zusammenhang mit der Erstattung von Umsatzsteuer nach Art. 3 Buchst. b und 9 Abs. 2 der Achten Richtlinie 79/1072/EWG ist es nach dem Urteil in der Sache „Planzer"[43] der Steuerverwaltung des Staates, in dem die Erstattung der Vorsteuer beantragt wird, nicht verwehrt, sich bei Zweifeln an der wirtschaftlichen Realität des Sitzes, dessen Anschrift in dieser Bescheinigung angegeben ist, zu vergewissern, ob diese Realität tatsächlich gegeben ist.

13   Grundlage der sog. Luxemburg-Leaks (Verhinderung oder Minimierung der Besteuerung von Unternehmensgewinnen) ist ebenfalls die missbräuchliche Inanspruchnahme von Gestaltungsmöglichkeiten des Rechts. Die verschiedenen Konstruktionen der einzelnen Konzerne (Lizenzgebühren-Methode; Kreditvergabe-Methode; Methode der Durchgangsgesellschaft; Genussrechts-Methode) verstoßen aufgrund der Substanzlosigkeit ihrer Zwischengesellschaften in Luxemburg und ihren geheimen Steuerabsprachen mit den Luxemburger Behörden sowohl gegen nationale als auch gegen EU-Regelungen.[44] Die bereits erfolgte Änderung der MTR und die Verstärkung des Informationsaustausches durch die EU-Kommission sind erste Schritte im Kampf gegen den globalen Steuermissbrauch.

VI. Grundsatz der Verfahrensautonomie und die Beseitigung unionsrechtswidriger Entscheidungen

14   Grundsätzlich gilt der Grundsatz der Verfahrensautonomie; für die Ausgestaltung des Steuerverfahrens gibt es unionsrechtliche Regelungen.[45]

Der BFH hat mit Urteil vom 21.1.2015[46] entschieden, es sei weder ermessensfehlerhaft noch verstoße es gegen Unionsrecht, wenn die Finanzverwaltung eine Steuer nicht erstatte, die auf einem zwar unionsrechtswidrigen, aber durch letztinstanz-

---

41 EuGH v. 21.2.2006 C-255/02, BFH/NV Beilage 2006, 260.
42 EuGH v. 12.9.2006 C-196/04 DStR 2006, 1686.
43 EuGH v. 28.6.2007 C-73/06 – *Planzer*, IStR 2007, 637: Transportunternehmen mit Sitz in Frisange (Luxemburg) mit Antrag auf Erstattung für beim Bezug von Kraftstoff entrichtete Mehrwertsteuer.
44 Dazu im Einzelnen SZ v. 6.11.2014, 8; FAZ v. 17.1.2015, 20.
45 *Englisch* in Tipke/Lang, Steuerrecht, § 4 Rz. 41 f.
46 BFH v. 21.1.2015 X R 40/12, BFH/NV 2015, 719.

liches Urteil des BFH bestätigten Steuerbescheid beruhe. Bei einem Steuererlass aus sachlichen Billigkeitsgründen seien die Wertungen des deutschen Gesetzgebers sowie Unionsrecht zu beachten. Der Bestands- und Rechtskraft komme im deutschen Verfahrensrecht ein hoher Stellenwert zu. Auch nach Auffassung des EuGH bestehe keine grundsätzliche Verpflichtung, eine unionsrechtswidrige, aber rechtskräftige Entscheidung aufzuheben, selbst wenn die Vorlagepflicht verletzt worden sei. Die Mitgliedstaaten müssen jedoch das Äquivalenzprinzip sowie den Effektivitätsgrundsatz beachten, d.h. sie haften bei Verletzungen gegen das Unionsrecht und müssen derartige Verletzungen wie Verstöße gegen nationales Recht behandeln. Bei unionsrechtswidrigen Urteilen haften sie aber nur bei einer offenkundigen Verletzung des Unionsrechts. Eine solche hat der BFH im Streitfall verneint. Der BFH habe im Jahr 1997 weder unter offenkundiger Verkennung des Unionsrechts den Anwendungsbereich der Dienstleistungsfreiheit für Bildungsleistungen der Privatschulen zu Unrecht verneint, noch offenkundig seine Vorlagepflicht verletzt. Die Weigerung des FA, die Steuern aus Billigkeitsgründen zu erlassen, sei daher nicht ermessensfehlerhaft.

Der deutsche Gesetzgeber hat mit dem Jahressteuergesetz 2009 auf die EuGH-Rechtsprechung zu Schulgeldzahlungen reagiert. Seither sind nach § 10 Abs. 1 Nr. 9 EStG auch Schulgeldzahlungen an Privatschulen in einem Mitgliedstaat der Europäischen Union oder in einem Staat des Europäischen Wirtschaftsraumes in einem bestimmten Umfang als Sonderausgaben abziehbar.

VII. Indirekter Vollzug des EU-Rechts

Die Europäische Union ist eine Rechtssetzungsgemeinschaft; den Vollzug des 15 Unionsrechts überlässt sie in der Regel ihren Mitgliedstaaten, die den Vollzug durch ihre Verwaltung besorgen müssen (indirekter Vollzug).[47] Der sog. direkte Vollzug, in dem Unionsrecht unmittelbar durch die Organe der EU vollzogen wird, ist demgegenüber die Ausnahme. Fur den Vollzug des harmonisierten Steuerrechts hat der direkte Vollzug keine Bedeutung.[48]

Lösung des Ausgangsfalls: (C-281/06 – Jundt):[49] Der EuGH entschied i.S. des Klägers. Eine 16 Lehrtätigkeit, die ein in einem Mitgliedstaat Steuerpflichtiger im Dienst einer juristischen Person des öffentlichen Rechts wie einer Universität ausübe, die sich in einem anderen Mitgliedstaat befindet falle auch dann in den Anwendungsbereich von Art. 49 EG (jetzt Art. 56 AEUV), wenn die Tätigkeit nebenberuflich und quasi ehrenamtlich ausgeübt werde. Diese Beschränkung der Dienstleistungsfreiheit führte dazu, dass ungeachtet der gesetzlichen Regelung des § 3 Nr. 26 EStG a.F. das Finanzamt den Inlandsbezug des Tatbestandes („Tätigkeit an einer inländischen juristischen Person") von sich aus nicht beachten durfte. Der Vorrang des Gemeinschaftsrechts bewirkte die Unverbindlichkeit eines Tatbestandsmerkmals einer nationalen Steuerrechtsnorm. Die Tätigkeit des Klägers war dementsprechend als steuerfrei zu behandeln.

---

[47] *Oellerich* in S/E, Rz. 22.1; *Huber* Recht der Europäischen Integration, 2, § 20 Rz. 1; *Kadelbach* Allgemeines Verwaltungsrecht unter europäischem Einfluss, 17 ff.; *von Danwitz*, Verwaltungsrechtliches System und Europäische Integration, 16; *von Danwitz* DVBl. 1998, 421 ff.; *Wernsmann* in S/Z/K, § 30 Rz. 123.
[48] Zur Vollstreckung durch die deutsche Finanzverwaltung bei ausländischen Insolvenzen vgl. *Siebert* IStR 2006, 416.
[49] EuGH v. 18.12.2007 C-281/06, EuGHE 2007, I-12231.

Übersicht zu § 21: Anwendung, Auslegung, Verfahren und Vollzug von Unionsrecht

▸ Basis des Verhältnisses von europäischem und nationalem Recht ist der Grundsatz des Vorrangs des Unionsrechts und die Eigenständigkeit der Unionsrechtsordnung.

▸ Generell gilt das Prinzip der begrenzten Einzelermächtigung (Art. 5 EUV). Allerdings gewährt Art. 352 AEUV die Berechtigung zu einer „lückenfüllenden Kompetenzwahrnehmung" („Abrundungsermächtigung"), die an die Vertragsziele anknüpft und sich an ihnen orientiert. Daneben steht die Theorie der „implied powers", die Kompetenzen kraft Sachzusammenhangs begründet.

▸ Art. 5 Abs. 4 EUV enthält den allgemeinen Rechtsgrundsatz der Verhältnismäßigkeit, der Prüfungsmaßstab hinsichtlich aller Maßnahmen der Gemeinschaftsorgane ist.

▸ Für das Steuerrecht ist davon auszugehen, dass nach der ausdrücklichen Regelung des Art. 114 Abs. 2 EUV und unter Beachtung des Subsidiaritätsprinzips (Art. 5 Abs. 3 EUV) eine generelle Rechtsangleichung nicht geboten ist und dass insoweit keine besonderen Kompetenzen bestehen.

▸ Für die Auslegung des Unionsrechts ist der EuGH zuständig; abgesichert ist die Auslegungshoheit des EuGH durch die Vorlageregelung des Art. 267 AEUV. Der EuGH bedient sich – wie die anderen europäischen Obergerichte auch – der grammatischen, der systematischen, der historischen und auch der rechtsvergleichenden Interpretationsmethode; ein besonderes Gewicht kommt dem Geist einer Bestimmung zu („teleologische Interpretation").

▸ Der Vorrang des (gesamten) Unionsrechts hat zur Folge, dass entgegenstehendes nationales Recht nicht anzuwenden ist; das Anwendungsverbot („Verwerfungskompetenz") richtet sich an jeden Rechtsanwender; eine Vorlage – etwa nach Art. 100 GG – ist nicht geboten und unzulässig. Dem Gebot der Unanwendbarkeit kann ausnahmsweise durch eine sog. normerhaltende Reduktion Rechnung getragen werden.

▸ Im Hinblick auf die Auslegung des Rechts der Mitgliedstaaten gilt das Gebot der unionsrechtskonformen Interpretation; nationales Recht ist nach den Vorgaben des Unionsrechts zu interpretieren.

▸ Missbrauch ist gegeben, wenn die formale Anwendung des Steuergesetzes zu einem zweckwidrigen Steuervorteil führen würde und wenn objektive Anhaltspunkte ersichtlich sind, dass im Wesentlichen ein Steuervorteil bezweckt ist.

▸ Grundsätzlich gilt der Grundsatz der Verfahrensautonomie; für die Ausgestaltung des Steuerverfahrens gibt es unionsrechtliche Regelungen.

▸ Die Europäische Union ist eine Rechtssetzungsgemeinschaft; den Vollzug des Unionsrechts überlässt sie in der Regel ihren Mitgliedstaaten, die den Vollzug durch ihre Verwaltung besorgen müssen (indirekter Vollzug). Der sog. direkte Vollzug, in dem Unionsrecht unmittelbar durch die Organe der EU vollzogen wird, ist demgegenüber die Ausnahme; für den Vollzug des harmonisierten Steuerrechts hat der direkte Vollzug keine Bedeutung.

§ 22 Amtshilfe und Informationsaustausch

Ausgangsfall: Der deutsche Steuerpflichtige A hat Steuern in erheblichem Umfang hinterzogen. Er setzt sich nach Frankreich ab. Was kann der deutsche Fiskus unternehmen?

Die unionsrechtlichen Regelungen müssen auf nationaler Ebene umgesetzt werden. Ohne grenzüberschreitende Zusammenarbeit der nationalen Steuerverwaltungen und wechselseitige Auskunftserteilung ist eine erfolgreiche Umsetzung nicht möglich.[1] Der „Automatische Austausch von Steuerinformationen" hat in den letzten Jahren rasant an Bedeutung gewonnen. Diverse Systeme wurden bereits umgesetzt. Mit dem *Common Reporting Standard* (CRS) hat die OECD nun ein weltweites gegenseitiges System zum Datenaustausch entwickelt.[2] **1**

I. Amtshilfe-Richtlinie

Amtshilfe zwischen Mitgliedstaaten ist auf dem Gebiet der **direkten Steuern** seit 1977 auf der Grundlage der Richtlinie 77/799/EWG des Rates möglich. Diese Richtlinie ergänzte die Bestimmungen zur Amtshilfe in den bilateralen Doppelbesteuerungsabkommen zwischen den Mitgliedstaaten. Sie konnte jedoch nicht den weiter gestiegenen Anforderungen genügen. Aus diesem Grund wurde die Richtlinie durch die Richtlinie 2011/16/EU des Rates ersetzt. Die **Beitreibungsrichtlinie**[3] regelt die zwischenstaatliche Amtshilfe bei der Steuererhebung (Vollstreckungshilfe).[4] **2**

Die Richtlinie 2011/16/EU regelt die erforderlichen Verfahren für eine bessere Zusammenarbeit zwischen den Steuerverwaltungen in der Europäischen Union – etwa durch Austausch von Informationen auf Ersuchen, durch spontanen oder automatisierten Austausch, mittels der Teilnahme an behördlichen Ermittlungen, gleichzeitigen Prüfungen und gegenseitigen Mitteilungen von Steuerbescheiden (§§ 4 ff. EU-Amtshilfegesetz). Vorgesehen sind darüber hinaus auch die erforderlichen praktischen Instrumente, wie etwa ein sicheres elektronisches System für den Informationsaustausch. Diese Richtlinie wurde 2014 durch die Richtlinie 2014/107/EU des Rates geändert; die Zusammenarbeit zwischen den Steuerbehörden für den automatischen Informationsaustausch auf Finanzkonten wurde ausgeweitet.

Die EU-Amtshilfe-Richtlinie wurde mit dem Amtshilferichtlinie-Umsetzungsgesetz vom 26.6.2013, BGBl. I 2013, 1809, in nationales Recht umgesetzt. Das EU-Amtshilfegesetz erfasst verfügbare Informationen zu Vergütungen aus unselbständiger Arbeit, zu Aufsichtsrats- oder Verwaltungsratsvergütungen, zu Lebensversicherungsprodukten, die nicht von anderen Rechtsakten der Europäischen Union über den Austausch von Informationen oder vergleichbaren Maßnahmen erfasst sind, zu Ruhegehältern sowie zu Eigentum an unbeweglichem Vermögen und entsprechende Einkünfte (§ 7 EU-Amtshilfegesetz). **3**

[1] *Schaumburg* in S/E, Rz. 20.1 f.
[2] *Seer/Wilms* Der automatische Informationsaustausch als neuer OECD-Standard ..., StuW 2015, 118.
[3] RL 2010/24/EU des Rates v. 16.3.2010.
[4] *Schaumburg* in S/E, Rz. 20.39 f.

4   Über den automatischen Informationsaustausch hinaus sieht das EU-Amtshilfegesetz auch Informationsaustausch auf Ersuchen anderer Mitgliedstaaten sowie einen
Spontanaustausch im Fall von Verdachtsmomenten in Bezug auf Steuerverkür-
zungs- oder auch Steuerersparnisatbeständen vor (§ 4 EU-Amtshilfegesetz). Die
Meldepflichten erfassen Kontensalden, Gesamtbruttobeträge der Zinsen, Dividenden und anderer Einkünfte, sowie Gesamtbruttoerlöse aus der Veräußerung oder
dem Rückkauf von Finanzvermögen auf Verwahrkonten, Gesamtbruttoerträge der
Zinsen auf Einlagenkonten.

Beim spontanen Informationsaustausch stellt ein Land seinem Vertragspartner
Informationen über vermutliche Steuerhinterzieher zur Verfügung, die es im Rahmen von eigenen steuerlichen Überprüfungen erlangt hat. Der automatische Informationsaustausch sieht die automatische Übermittlung von Informationen von einem Land zum anderen über das Einkommen der Einwohner des zweiten Landes
vor (§§ 8, 9 EU-Amtshilfegesetz). Diese Form des Austauschs erfolgt in der Regel
in elektronischer Form und in der Regel in einvernehmlich festgelegten regelmäßigen Abständen. Austausch von Informationen auf Ersuchen ist eine Reaktion eines
Landes auf ein Informationsersuchen eines anderen.

Daneben hat Deutschland mit mehreren „Steueroasen" Abkommen über den
steuerlichen Informationsaustausch **(Tax Information Exchange Agreement –
TIEA)** abgeschlossen, zu deren Anwendung das BMF mit Schreiben vom
10.11.2015[5] ausführlich Stellung genommen hat.

II. Zinsrichtlinie

5   Mit Beschluss vom 21.1.2003 einigte sich der ECOFIN-Rat darauf, ab 1.1.2004
einen **automatischen Informationsaustausch** über Zinseinnahmen von Steuerausländern einzuführen. Die Richtlinie 2003/48/EG des Rates vom 3.6.2003 (ZinsRL)[6]
im Bereich der Besteuerung von privaten Auslandszinsen sieht in den EU-
Mitgliedstaaten einen **automatischen Informationsaustausch** über die Grenzen
hinaus für Zinserträge von Nicht-Gebietsansässigen vor. Österreich und Luxemburg erheben weiterhin (anrechenbare) QuellenSt (ab 1.7.2011 von 35 vH),[7] von
denen 75 vH an den Wohnsitzstaat überwiesen werden; Belgien nimmt seit 1.1.2010
am automatischen Informationsaustausch teil.[8] Die ZinsRL ist am 24.3.2014 geändert worden (2014/48/EU) und verpflichtet alle Mitgliedstaaten zum automatischen
Informationsaustausch; die geänderte RL ist bis zum 1.1.2016 umzusetzen.[9] Das
Aufkommen aus „EU-Zinssteuer" (Quellensteuer) betrug 2012 211 Mio. EUR, das
der Abgeltungssteuer insgesamt 8234 Mio. EUR.

Ablauf (Prinzip): Die (ausländische) Zahlstelle (z. B. Bank) informiert das ausländische FA (über
Identität des Empfängers und Höhe der Zinsen). Das ausländische FA leitet die Information an das
WohnsitzFA (bzw. BZSt) weiter.

---

[5] DStR 2015, 2605.
[6] RL 2003/48/EG des Rates v. 3.6.2003, ABl. 2003 L 157, 38; kritisch *Menck/Mutén* InstFSt
418/2004: allenfalls Teilerfolg; s. auch *Sedemund* Europäisches Ertragsteuerrecht, 2008, Rz 680 ff. –
Zipfel, Zinsbesteuerung, Amtshilfe und Co (15.8.2013), www.dbresearch.de. – **Verwaltung:** *BMF*
BStBl. I 2005, 29, 716, I 2006, 439); *BMF* BStBl. I 2008, 320 (Anwendungsschreiben zur ZIV);
www.bzst.de.
[7] Dazu *OFD Rheinland* DB 2008, 1115.
[8] *Weber-Grellet* DStR 2013, 1412/4.
[9] DStZ 2014, 545.

Die Amtshilferichtlinie soll in von der OECD geplanten automatische Informa- **6** tionsaustausch (CRS)[10] eingearbeitet worden; die Zinsrichtlinie würde dann ab 2016 obsolet werden. – Probleme gibt es nach wie vor im Bereich von „Ein-Mann-Fonds", Trusts, mit den Kanalinseln, offshore financial centres, mit weiterer Kapitalflucht, Tafelgeschäften, Einbeziehung von Fonds, Derivaten und Aktiengeschäften. Die Bundesregierung schlägt eine Entwicklung der DBA (breitere Anwendung der Steueranrechnungsmethode) und eine stärkere Erfassung von Stiftungen und Unternehmen vor.[11]

III. Fiscalis

Das Programm Fiscalis 2020 sieht Mechanismen, Ressourcen und Finanzmittel **7** zur Verbesserung der Zusammenarbeit zwischen den Steuerverwaltungen vor. Die vorgeschlagene Maßnahme umfasst unter anderem gemeinsame Maßnahmen wie Seminare, Workshops, Schulungen, multilaterale Kontrollen, die Einsetzung von Sachverständigenteams usw., an denen die Mitgliedstaaten und ihre Beamten auf freiwilliger Basis teilnehmen können. Übergeordnetes Ziel dieser gemeinsamen Maßnahmen ist die Verstärkung der Zusammenarbeit zwischen den Verwaltungsbehörden und die Verbesserung der Verwaltungskapazität der Mitgliedstaaten im Steuerwesen, was die Verwendung von **Art. 197 AEUV** rechtfertigt.

IV. Erweiterung des Informationsaustausches (Automatischer Informationsaustausch – AIA)

Nach einem Beschluss des Europäischen Parlaments v. 8.7.2015 haben multina- **8** tionale Konzerne ihre Gewinne für jedes Land separat offenzulegen.[12] Gewinnverlagerungen können schließlich auch dadurch verhindert werden, dass die Gewinne nach einer vereinheitlichten Bemessungsgrundlage ermittelt werden.[13] Die Mitgliedstaaten der EU haben sich am 6.10.2015 auf einen automatischen Informationsaustausch über grenzüberschreitende Steuervorbescheide und Vorabverständigungsvereinbarungen geeinigt.[14]
Zwischen den USA und den Partnerländern besteht das FATCA-Abkommen (Foreign Account Tax Compliance Act; FATCA-USA-Umsetzungsverordnung v. 23.7.2014). Das FATCA-Abkommen regelt den gegenseitigen Informationsaustausch über Finanzkonten (mit US-Bezug bzw. mit Bezug zu Deutschland) und soll eine effektive Besteuerung sicherstellen. Durch das Abkommen verpflichten sich die beiden Vertragsparteien, die vereinbarten Daten von Finanzinstituten zu erheben und regelmäßig automatisch auszutauschen. Die FATCA-USA-Umsetzungsverordnung v. 23.7.2014 regelt die Erhebung der erforderlichen Daten durch die Finanzinstitute und deren Übermittlungsform.[15] Die zuständigen Verwaltungsbehörden (IRS/BMF)

---

[10] ‚AEOI'; dazu *Meinhardt* RdF 2014, 285; *Zipfel* Und sie bewegen sich doch (9.5.2014), www.dbresearch.de.
[11] BReg, BT-Drs. 16/1257; *Langer* Forum Steuerrecht 2011, 161/72.
[12] FAZ v. 9.7.2015, 17.
[13] *Zucman* Steueroasen, 106, 115 f.; s. oben § 18 Rz. 14 (BEPS).
[14] Dazu *Mückl/Markus* BB 2015, 2775. – Auch der sog. BEPS-Aktionsplan sieht einen Datenaustausch vor (s. oben § 18 Rz. 14).
[15] Zum Austausch personenbezogener Daten zwischen der EU und den USA nach dem Safe-Harbor-Urteil des EuGH v. 6.10.2015 C-362/14 vgl. *Fuchs* BB 2015, 3074.

haben am 30.11.2015 eine entsprechende Abmachung getroffen (Vereinbarung i.S.d. Art. 3 Abs. 6 des FATCA-Abkommens v. 31.5.2013).[16]

9   Am 21.7.2014 hat die OECD ein Regelwerk mit globalen Standards zum automatischen Austausch von Steuerinformationen über Finanzkonten veröffentlicht. Alle OECD- und G20-Länder sowie fast alle Finanzzentren haben sich im Oktober 2014 darauf geeinigt, den neuen OECD/G20-Standard umzusetzen, der den automatischen Austausch von Steuerinformationen bereits ab 2017 vorsieht.[17] Die Grundlage dafür bildet das multilaterale Übereinkommen zur gegenseitigen Amtshilfe in Steuersachen.

10   Mit dem **Gesetz zum automatischen Austausch von Informationen über Finanzkonten** in Steuersachen und zur Änderung weiterer Gesetze soll die Anwendung des Gemeinsamen Meldestandards für den automatischen Austausch von Informationen über Finanzkonten in Steuersachen mit Mitgliedstaaten der Europäischen Union aufgrund der geänderten EU-Amtshilferichtlinie sowie mit Drittstaaten aufgrund der von der Bundesrepublik Deutschland am **29. Oktober 2014** in Berlin unterzeichneten mehrseitigen Vereinbarung zwischen den zuständigen Behörden über den automatischen Austausch von Informationen über Finanzkonten geregelt werden. Dementsprechend sieht das Artikelgesetz die Schaffung eines eigenen Stammgesetzes zum automatischen Austausch von Informationen über Finanzkonten in Steuersachen vor; daneben werden das EU-Amtshilfegesetz aufgrund der im Dezember 2014 geänderten EU-Amtshilferichtlinie ergänzt und weitere Gesetze geändert. Am 12.11.2015 hat der Bundestag den Weg für einen internationalen Austausch über Finanzdaten freigemacht, so dass im Ausland erzielte Kapitalerträge den inländischen Finanzbehörden gemeldet werden können. Beschlossen wurden

- ein Gesetz zu der Mehrseitigen Vereinbarung vom 29.10.2014 zwischen den zuständigen Behörden über den automatischen Austausch von Informationen über Finanzkonten und
- ein Gesetz zum automatischen Austausch von Informationen über Finanzkonten in Steuersachen und zur Änderung des EU-Amtshilfegesetzes und anderer Gesetze.[18]

V. Übereinkommen über die gegenseitige Amtshilfe in Steuersachen

11   Nunmehr betreibt die Bundesregierung auch die Ratifizierung eines Abkommens aus dem Jahr 1988. In der Erwägung, dass durch die sonst höchst nützliche Entwicklung des internationalen Personen-, Kapital-, Waren- und Dienstleistungsverkehrs die Möglichkeiten der Steuervermeidung und Steuerhinterziehung zugenommen haben, ist eine verstärkte Zusammenarbeit zwischen den Steuerbehörden der Staaten erforderlich. Diese Zusammenarbeit dient dem Ziel einer ordnungsgemäßen Ermittlung der Steuerpflicht und damit der Bekämpfung von Steuerhinterziehung und Steuervermeidung sowie der Unterstützung der Steuerpflichtigen bei der Wahrnehmung ihrer Rechte, insbesondere im Hinblick auf ein ordnungsgemäßes rechtliches Verfahren, das in allen Staaten als für Steuersachen geltend anerkannt werden soll, sowie einem Schutz gegen Ungleichbehandlung und Doppel-

---

[16] BMF v. 16.12.2015, BStBl. I 2015, 1047.
[17] *Seer/Wilms* StuW 2015, 118, 132.
[18] Vgl. auch das umfangreiche BMF-Schreiben v. 3.11.2015, BStBl. I 2015, 897 zum automatischen Informationsaustausch mit den USA (FATCA-Abkommen).

besteuerung. Das Europarat/OECD-Übereinkommen vom 25.1.1988 über die gegenseitige Amtshilfe in Steuersachen dient dem vorgenannten Ziel. Sowohl das Übereinkommen als auch das Protokoll vom 27.5.2010 zur Änderung des Übereinkommens zeichnen sich durch einen zeitgemäßen und umfassenden Ansatz für die von den Vertragsparteien untereinander zu leistende Amtshilfe in Steuersachen aus.[19]

Die Amtshilfe nach diesem Übereinkommen umfasst daher unter anderem den Informationsaustausch, gleichzeitige Steuerprüfungen sowie die Teilnahme an Steuerprüfungen im Ausland. Das Übereinkommen ist auf der Grundlage geschlossen worden, dass die Staaten nur dann Maßnahmen ergreifen oder Informationen erteilen sollen, wenn dies im Einklang mit ihrem innerstaatlichem Recht und ihrer innerstaatlichen Praxis steht. Bei der Anwendung des Übereinkommens ist dabei dem Gesichtspunkt des Datenschutzes sowie den damit verbundenen rechtlichen Vorgaben besonderes Gewicht beizumessen.

Mit dem Übereinkommen verpflichten sich die Vertragsstaaten untereinander, Amtshilfe in Steuersachen zu leisten. Die Amtshilfe umfasst die Möglichkeit gleichzeitiger Steuerprüfungen und der Teilnahme an Steuerprüfungen im Ausland, die Amtshilfe bei der Beitreibung, einschließlich Sicherungsmaßnahmen, sowie die Zustellung von Schriftstücken. Des Weiteren können zwei oder mehr Vertragsparteien für Fallkategorien und nach Verfahren, die sie einvernehmlich festlegen, bestimmte Informationen automatisch austauschen. Zur Wahrung des Datenschutzes sieht das Übereinkommen die Abgabe einer Erklärung durch den jeweiligen Vertragsstaat zum Schutz der personenbezogenen Daten und Grenzen der Verpflichtung zur Amtshilfe vor.

Die EU und die Schweiz haben ein Abkommen zum Austausch von Bankdaten **12** geschlossen (nach OECD-Standard); der Austausch soll im Jahr 2018 beginnen.[20] Es sei gegen Steuerflucht gerichtet; das Bankgeheimnis sei damit faktisch abgeschafft.

Lösung des Ausgangsfalls: 1. Die Amtshilferichtlinie und dementsprechend auch das EU- **13** Amtshilfegesetz beschränken sich – nach wie vor – auf den Informationsaustausch. Ziel der Richtlinie 2011/16/EU v. 15.2.2011 ist es, die wirksame Zusammenarbeit zwischen den Verwaltungsbehörden der Mitgliedstaaten zur Bewältigung der negativen Folgen der zunehmenden Globalisierung für den Binnenmarkt zu ermöglichen; die Richtlinie legt Regeln und Verfahren fest, nach denen die Mitgliedstaaten untereinander im Hinblick auf den Austausch von Informationen zusammenarbeiten, die für die Anwendung und Durchsetzung des Steuerrechts (nach Maßgabe des Art. 2 der Richtlinie) erheblich sind.

2. Eine Fahndung kann mittels europäischen oder internationalen Haftbefehls und Ausschreibung nach dem **Schengener Abkommen** vorgenommen werden.[21] Eine Auslieferung könnte nach dem Europäischen Auslieferungsübereinkommen vom 8.11.1976, BGBl. II 1976, 1778, in Betracht kommen. Allerdings hat sich Frankreich in Abgaben-, Steuer-, Zoll- und Devisenstrafsachen die Auslieferung nur auf Grund einer Vereinbarung in jedem Einzelfall vorbehalten – wie im EUAlÜbK vorgesehen – auch von Gruppen von Straftaten dieser Art bewilligt.[22] Die deutschen Behörden müssten also die französischen Behörden ersuchen, aufgrund der besonderen Umstände des Falles, den A an die Bundesrepublik auszuliefern oder zumindest ein Strafverfahren gegen ihn

---

[19] Gesetzesentwurf der Bundesregierung v. 15.6.2015, BT-Drs. 18/5173,1; dazu ausführlich *Grotherr* IStR 2015, 845.

[20] EU-Abkommen mit Schweiz (FAZ 28.5.2015, 17).

[21] OLG Karlsruhe v. 7.12.2002 3 Ws 243/00, wistra 2001, 229.

[22] Gemäß Art. 5 des Europäischen Auslieferungsübereinkommens vom 13.12.1957 (BGBl. II 1964, 1369; BGBl II 1976, 1778; BGBl. I 1982, 2071; II 1994, 299) wird in Abgaben-, Steuer-, Zoll- und Devisenstrafsachen die Auslieferung unter den Bedingungen dieses Übereinkommens nur bewilligt, wenn dies zwischen den Vertragsparteien für Einzelne oder Gruppen von strafbaren Handlungen dieser Art vereinbart worden ist.

einzuleiten. Auch nach den Grundsätzen der zwischenstaatlichen Rechtshilfe in Steuerstrafsachen ist eine Auslieferung nicht vorgesehen.[23]

Übersicht zu § 22: Amtshilfe und Informationsaustausch

▶ Die gemeinschaftsrechtlichen Regelungen müssen auf nationaler Ebene umgesetzt werden. Ohne grenzüberschreitende Zusammenarbeit der nationalen Steuerverwaltungen und wechselseitige Auskunftserteilung ist eine sinnvolle Umsetzung nicht möglich. Der „Automatische Austausch von Steuerinformationen" hat sich in den letzten Jahren – über die EU hinaus – mit einer geradezu unglaublichen Dynamik entwickelt. Diverse Systeme wurden bereits umgesetzt.

▶ EU: Das Programm Fiscalis 2020 sieht Mechanismen, Ressourcen und Finanzmittel zur Verbesserung der Zusammenarbeit zwischen den Steuerverwaltungen vor. Die vorgeschlagene Maßnahme umfasst unter anderem gemeinsame Maßnahmen wie Seminare, Workshops, Schulungen, multilaterale Kontrollen, die Einsetzung von Sachverständigenteams usw., an denen die Mitgliedstaaten und ihre Beamten auf freiwilliger Basis teilnehmen können.

▶ EU: Mit dem Gesetz zum automatischen Austausch von Informationen über Finanzkonten in Steuersachen und zur Änderung weiterer Gesetze soll die Anwendung des Gemeinsamen Meldestandards für den automatischen Austausch von Informationen über Finanzkonten in Steuersachen mit Mitgliedstaaten der Europäischen Union aufgrund der geänderten EU-Amtshilferichtlinie sowie mit Drittstaaten aufgrund der von der Bundesrepublik Deutschland am 29.10.2014 in Berlin unterzeichneten mehrseitigen Vereinbarung zwischen den zuständigen Behörden über den automatischen Austausch von Informationen über Finanzkonten geregelt werden.

▶ OECD: Am 21.7.2014 hat die OECD ein Regelwerk mit globalen Standards zum automatischen Austausch von Steuerinformationen über Finanzkonten veröffentlicht. Alle OECD- und G20-Länder sowie fast alle Finanzzentren haben sich im Oktober 2014 darauf geeinigt, den neuen OECD/G20-Standard umzusetzen, der den automatischen Austausch von Steuerinformationen bereits ab 2017 vorsieht. Die Grundlage dafür bildet das multilaterale Übereinkommen zur gegenseitigen Amtshilfe in Steuersachen. Mit dem Common Reporting Standard (CRS) hat die OECD nun ein weltweites gegenseitiges System zum Datenaustausch entwickelt.

▶ OECD: Die Amtshilferichtlinie soll in den von der OECD geplanten automatischen Informationsaustausch (CRS) eingearbeitet werden; die Zinsrichtlinie würde dann ab 2016 obsolet werden.

▶ OECD: Nach dem Europarat/OECD-Übereinkommen von 1988/2010 (mit fast 100 Vertragsparteien) umfasst die Amtshilfe die Möglichkeit gleichzeitiger Steuerprüfungen und der Teilnahme an Steuerprüfungen im Ausland, die Amtshilfe bei der Beitreibung, einschließlich Sicherungsmaßnahmen sowie die Zustellung von Schriftstücken.

---

[23] BMF v. 16.11.2006, BStBl. I 2006, 698, Tz 1.6; BMF v. 25.5.2012, BStBl. I 2012, 599; vgl. auch Merkblatt zur zwischenstaatlichen Amtshilfe durch Informationsaustausch in Steuersachen, BStBl. I 2015, 928.

5. Teil: Konkrete Auswirkungen des EU-Rechts auf das deutsche Steuerrecht

Die deutsche Steuerrechtsordnung steht unter den Einwirkungen des EU-Rechts.[1] Auf der einen Seite sind die EU-Richtlinien umzusetzen, auf der anderen Seite ist natürlich auch den Verpflichtungen Rechnung zu tragen, die sich aus dem primären Gemeinschaftsrecht ergeben. Während in dem Bereich der indirekten Steuern der EuGH von Anfang an aktiv tätig war, datiert das erste Urteil des EuGH zu den direkten Steuern aus dem Jahr 1986 *(avoir fiscal);*[2] die Bedeutung des EU-Rechts für den Bereich der direkten Steuern wurde erst allmählich und schrittweise erkannt. In den letzten Jahren hat sich ein neues Problembewusstsein entwickelt; etliche Vorschriften des nationalen Rechts sind auf dem europarechtlichen Prüfstand gestellt und sodann angepasst worden.[3] In fast allen Mitgliedsländern existieren „schwarze Listen" mit Vorschriften, die in den Verdacht der EU-Rechtswidrigkeit geraten sind.[4]

Zunehmend problematisiert wird dabei die Frage nach der fairen Zuteilung von Besteuerungsgütern (bzw. nach der Aufteilung der Besteuerungsbefugnisse), nach der Aufrechterhaltung binnenstaatlicher Systematik und **nach der Grenze zulässiger Rechtsfortbildung.** Befürchtet wird **eine Kompetenzanmaßung durch den EuGH** und eine **Deformation der nationalen Steuerrechtsordnungen.** In den folgenden Paragraphen werden die Auswirkungen des EU-Rechts auf die einzelnen nationalen Steuerrechtsgebiete im Einzelnen untersucht.

§ 23 Abgabenordnung

I. Verwaltungsverfahren

Das Recht des Verwaltungsverfahrens liegt nach wie vor in der Zuständigkeit der Mitgliedstaaten und scheint auf Grund seines eher technischen Inhalts relativ „europarechtsimmun" zu sein. Gem. Art. 291 Abs. 1 AEUV ergreifen die Mitgliedstaaten die zur Durchführung der verbindlichen Rechtsakte der Union erforderlichen innerstaatlichen Maßnahmen.[1] Bedarf es einheitlicher Bedingungen für die Durchführung der verbindlichen Rechtsakte der Union, so werden mit diesen Rechtsakten der Kommission oder, in entsprechend begründeten Sonderfällen und in den in den Art. 24 und 26 EUV vorgesehenen Fällen, dem Rat Durchführungsbefugnisse übertragen (Art. 291 Abs. 2 AEUV). – Allerdings kann – wie z.B. bei der Rückfor- **1**

---

[1] Zur Entwicklung vgl. *Weber-Grellet* NJW 2004, 1617/9; *Loewens* Der Einfluß des Europarechts auf das deutsche Einkommen- und Körperschaftsteuerrecht, 2007.

[2] EuGH v. 28.1.1986, 270/83, EuGHE 1986, 273: Körperschaftsteueranrechnung auf Dividenden aus Beteiligungen im Betriebsvermögen von Betriebsstätten.

[3] *Kessler/Spengel* Checkliste potenziell EU-rechtswidriger Normen des deutschen direkten Steuerrechts, DB Beilage Nr. 1/2015; *Sedemund* Europäisches Ertragsteuerrecht, 2008, Rz 787 ff.

[4] *Cordewener* DStR 2004, 6, 13.

---

[1] Einzelheiten bei *Oellerich* in S/E, Rz. 22.1 f.

derung von Beihilfen – die Anwendung der AO durch Sekundärrecht eingeschränkt sein;[2] bei der Rückforderung EU-rechtswidriger Beihilfen besteht für die Anwendung nationaler Frist- oder Vertrauensschutzbestimmungen kein Raum. Von EU-rechtlicher Bedeutung ist daneben auch die Statuierung besonderer Dokumentations-, Buchführungs- und sonstiger Mitwirkungspflichten; in Bezug auf diese Pflichten ist jede Ausländerdiskriminierung unzulässig.[3]

II. Steuergeheimnis und Drittschutz (§ 30 Abs. 4 AO)

2   Der Kläger, ein gemeinnütziger Feuerbestattungsverein begehrte vom Finanzamt Auskunft, ob die Gemeinde, die ebenfalls ein Krematorium betrieb, zur Umsatzsteuer herangezogen werde. Der BFH hat – im Anschluss an EuGH v. 8.6.2006[4] – mit Urteil vom 5.10.2006[5] entschieden, dass der Konkurrent eines kommunalen Gewerbebetriebs (ein Krematorium) Auskunft über dessen Umsatzbesteuerung erhalten könne.

III. Steuerlicher Gestaltungsmissbrauch (§ 42 AO)

3   Das Phänomen des Gestaltungsmissbrauchs im Steuerrecht ist nicht nur auf nationale Sachverhalte beschränkt; ganz im Gegenteil: gerade durch die Ausnutzung unterschiedlicher staatlicher Regelungen und verschiedenartiger Systeme ist die Möglichkeit der steuerlichen Gestaltung (z.B. durch das sog. *Rule-Shopping* oder *treaty-shopping*) im internationalen (Konzern-)Bereich besonders ausgeprägt.[6]

§ 42 AO ist erfüllt, wenn die gewählte Gestaltung (der Gesamtplan) **ungewöhnlich (gekünstelt)** ist und ausschließlich aus steuerlichen Motiven gewählt wird.[7] So erfüllt die Zwischenschaltung von Basisgesellschaften im niedrig besteuernden Ausland den Tatbestand des Rechtsmissbrauchs, wenn für ihre Zwischenschaltung wirtschaftliche oder sonst beachtliche Gründe fehlen. Im Fall der **Dublin-Docks** hielt der I. Senat des BFH diese Voraussetzungen für nicht gegeben, da die irische Gesellschaft keine Briefkastenfirma sei, sondern – trotz Übertragung der Managementgeschäfte auf eine dritte Gesellschaft – eine eigenständige Funktion erfülle.[8] Im Übrigen sei die Tätigkeit der irischen Gesellschaft durch die Niederlassungsfreiheit gerechtfertigt.

Eine **allgemeine Missbrauchsvorschrift** ist auf EU-Ebene nicht existent. Allerdings widerspricht es dem freien Wettbewerb im Binnenmarkt, wenn sich einzelne Akteure unlautere Vorteile erstreiten wollen. Der EuGH hat bereits in mehreren Fällen zu der Missbrauchsproblematik Stellung genommen.[9] Für die Bekämpfung

---

[2] *Hahn/Suhrbier-Hahn* DStZ 2002, 632; *Beljin* JuS 2002, 987, 992; *Fischer* jurisPR-SteuerR 6/2007 Anm. 1 (zu BFH v. 5.10.2006 VII R 24/03, BStBl. II 2007, 243).

[3] Zur Europäisierung des Steuerverfahrensrechts vgl. *Heintzen* DStZ 2015, 265.

[4] EuGH v. 8.6.2006 C-430/04, DStR 2006, 1082.

[5] BFH v. 5.10.2006 VII R 24/03, BStBl. II 2007, 243.

[6] S. zur neueren Missbrauchs-Rechtsprechung des EuGH § 21 Rz. 10 f.

[7] Nach der sog. (zutreffenden) Innentheorie verlangt die Missbrauchsprüfung nichts anderes als eine teleologische Auslegung der jeweiligen Norm. Der Außentheorie, die „Wertungsblankette als rechtsstaatlich sichere Tatbestandsmerkmale erscheinen lassen möchte" (*Fischer* FR 2005, 457, 465, unter VI.), fehlt die Verbindung zur Norm.

[8] BFH v. 25.2.2004 I R 42/02, BStBl. II 2005, 14.

[9] Vgl. *Bauschatz* IStR 2002, 333, 341; dazu auch *Schiessl* IStR 2002, 538; *Böing* EWS 2007, 55. – Zum Missbrauch im USt-Recht (nach *BUPA, Halifax, University of Huddersfield*) *Widmann* DStR 2006, 736.

des Missbrauchs ist keine besondere Norm notwendig, wie z. B. der nur deklaratorisch wirkende § 42 AO; bereits durch eine **zweckentsprechende Auslegung** der in Betracht kommenden Vorschriften kann das Ziel der Missbrauchsbekämpfung erreicht werden.

In der Entscheidung *Lankhorst-Hohorst*[10] zur Europarechtswidrigkeit des § 8a KStG hat der EuGH ausgeführt, dass die in Rede stehenden Rechtsvorschriften nicht speziell bezweckten, **rein künstliche Konstruktionen,** die darauf ausgerichtet seien, der Anwendung des deutschen Steuerrechts zu entgehen, von einem Steuervorteil auszuschließen, sondern generell jede Situation erfassten, in der die Muttergesellschaft – aus welchem Grund auch immer – ihren Sitz außerhalb der Bundesrepublik Deutschland habe.[11] Eine solche Situation impliziere aber als solche nicht die Gefahr einer Steuerumgehung, da die betreffende Gesellschaft auf jeden Fall dem Steuerrecht des Staates unterliege, in dem sie niedergelassen sei. Im Übrigen lasse sich keinerlei Missbrauch nachweisen.

IV. Gemeinnützigkeit und Spendenabzug

Dem Fall *Stauffer* lag die Behandlung einer italienischen Stiftung mit inländischen Mieteinkünften zugrunde. Nach Auffassung des EuGH dürften ausländische Körperschaften nicht per se von den gemeinnützigen Steuervergünstigungen ausgeschlossen werden.[12] Es verstoße gegen Art. 56 EG (jetzt Art. 63 AEUV), dass ein Mitgliedstaat, der Vermietungseinkünfte, die als gemeinnützig anerkannte grundsätzlich unbeschränkt steuerpflichtige Stiftungen im Inland erzielten, von der Körperschaftsteuer befreie, wenn diese Stiftungen in diesem Staat niedergelassen seien, die gleiche Befreiung für entsprechende Einkünfte aber einer als gemeinnützig anerkannten Stiftung des privaten Rechts, die in einem anderen Mitgliedstaat niedergelassen sei, verweigere, weil diese im Inland nur beschränkt steuerpflichtig sei.[13] § 5 Abs. 2 Nr. 2 KStG ist daraufhin entsprechend geändert worden.

Nach Auffassung des EuGH sind auch Spenden in das EU-Ausland unter bestimmten Voraussetzungen (insbesondere bei Erfüllung bestimmter Nachweise) im Inland absetzbar.[14] Das deutsche Recht verlangte zunächst einen Inlandsbezug. Der EuGH sah darin einen Verstoß gegen (jetzt) Art. 63 AEUV. Im Fall *Persche* ging es um die Abziehbarkeit einer Auslandsspende. Herr Persche beantragte den Sonderausgabenabzug für eine Sachspende von Bett- und Badwäsche, Rollatoren und Spielzeugautos zugunsten des Centro Popular de Lagoa (Portugal) im Wert von insgesamt 18 180 Euro. Das Centro ist ein Seniorenheim, an das ein Kinderheim angegliedert ist und das sich in einem Ort befindet, in dem Herr Persche ein Wohnobjekt besitzt. Der EuGH entschied, dass Art. 56 EG (jetzt Art. 63 AEUV) der Regelung eines Mitgliedstaats entgegenstehe, wonach bei Spenden an als gemein-

---

[10] EuGH v. 12.12.2002 C-324/00, DB 2002, 2690.

[11] Auf „rein künstliche Gestaltungen" stellt der EuGH auch in der Entscheidung vom 12.9.2006 C-196/04 – *Cadbury-Schweppes*, DStR 2006, 1686.

[12] EuGH v. 14.9.2006 C-386/04 – *Stauffer*, EWS 2006, 467; dazu *Hüttemann/Helios* DB 2006, 2481; *Jachmann* BB 2006, 2607; *Jachmann* Gemeinnützigkeit in Europa, 2006; *Tiedtke/Möllmann* DStZ 2008, 69.

[13] Nach EuGH-Urteil v. 14.9.2006 C-386/04 – *Stauffer*, DStRE 2006, 1304 ist eine nicht zu rechtfertigende Beschränkung des freien Kapitalverkehrs gegeben; nunmehr auch BFH v. 20.12.2006 I R 94/02, DStR 2007, 438.

[14] *Hoffmann* Die Europarechtskonformität des deutschen Gemeinnützigkeits- und Spendenrechts …, Diss Saarbrücken, 2014.

nützig anerkannte Einrichtungen nur Spenden an im Inland ansässige Einrichtungen von der Steuer abgezogen werden könnten, ohne jede Möglichkeit für den Spender, nachzuweisen, dass eine Spende an eine Einrichtung, die in einem anderen Mitgliedstaat ansässig sei, die nach dieser Regelung geltenden Voraussetzungen für die Gewährung einer solchen Vergünstigung erfülle.[15] Der BFH schloss sich dieser Beurteilung an; der Abzug einer Sachspende könne nicht allein mit der Begründung versagt werden, dass der Kläger an eine nicht im Inland ansässige Einrichtung geleistet habe.[16]

Die Entscheidung ist in der Literatur z.T. auf Kritik gestoßen: das Recht des Steuerstaates auf eine Verifikation von Sachverhalten werde minimiert und dem durch Verfassungsrecht konstituierten Steuerstaat werde die Möglichkeit genommen, seine Steueraufsicht in Übereinstimmung mit seinem materiellen und prozeduralen Finanzverfassungsrecht zu organisieren; der EuGH messe dem Faktum, dass alle inländischen gemeinnützigen Organisationen der Finanzaufsicht unterlägen, keine Bedeutung bei.[17] Auch müsse ein hinreichender Inlandsbezug bestehen.[18]

Die Anforderung eines bereits erstellten und bei der ausländischen Stiftungsbehörde eingereichten Tätigkeits- oder Rechenschaftsberichts durch die Finanzverwaltung bzw. durch das FG sei eine unionsrechtlich zulässige Maßnahme der Steueraufsicht; sie sei geeignet, erforderlich und angemessen, um beurteilen zu können, ob die ausländische Stiftung die Voraussetzungen des § 63 AO erfülle. Aus unionsrechtlichen Gründen könne nicht verlangt werden, dass die Zuwendungsbestätigung einer ausländischen Stiftung dem amtlich vorgeschriebenen gemäß § 50 EStDV entspreche. Zu den notwendigen Bestandteilen der Zuwendungsbestätigung einer ausländischen Stiftung gehöre aber, dass die ausländische Stiftung bescheinige, sie habe die Spende erhalten, verfolge den satzungsgemäßen gemeinnützigen Zweck und setze die Spende ausschließlich satzungsgemäß ein.[19]

V. Empfängerbenennung (§§ 90 Abs. 2, 160 AO)

5   Nach § 160 Abs. 1 AO sind Schulden und andere Ausgaben nicht zu berücksichtigen, wenn der Steuerpflichtige dem Verlangen nicht nachkommt, die Gläubiger oder Empfänger zu benennen. Nach Auffassung von *Sedemund*[20] ist diese Vorschrift, soweit sie auf ausländische Sachverhalte anzuwenden ist, ein Relikt aus der Zeit vor Geltung des Europäischen Unionsrechts. M.E. ist eine Ungleichbehandlung nicht gegeben. Es ist unerheblich, ob der Empfänger im Inland oder im Ausland lebt; in jedem Fall ist er zu benennen. § 160 AO verstößt weder gegen die Niederlassungsfreiheit (Art. 49ff. AEUV) noch gegen die Dienstleistungsfreiheit (Art. 56ff. AEUV). Eine (mittelbare) Diskriminierung von EU-Ausländern liegt nicht vor, da die Benennungspflicht des § 160 AO sowohl inländische als auch grenzüberschreitende Sachverhalte gleichermaßen betrifft.[21] Soweit § 90 Abs. 2 AO

---

[15] EuGH v. 27.1.2009 C-318/07, BStBl. II 2010, 440.
[16] BFH v. 27.5.2009 X R 46/05, BFH/NV 2009, 1633.
[17] *Fischer* jurisPR-SteuerR 41/2009 Anm. 4; kritisch auch *Englisch* in S/E, Rz. 7.221.
[18] *Englisch* in S/E, Rz. 7.220.
[19] BFH v. 21.1.2015 X R 7/13, BStBl. II 2015, 588.
[20] *Sedemund* IStR 2002, 279 zur Anwendung des § 160 AO auf Leistungen an europäische Gesellschaften im Spannungsfeld zum Europarecht.
[21] Vgl. BFH v. 24.4.2009 IV B 104/07, BFH/NV 2009, 1398; BFH v. 16.11.2011 X B 61/10, BFH/NV 2012, 374; Koenig/*Cöster* AO, 3. Aufl., 2014, § 160 AO Rz. 4.

eine erhöhte Mitwirkungspflicht statuiert, knüpft diese nicht an die Eigenschaft als Ausländer an, sondern Anknüpfungspunkt ist die generelle und nach wie vor bestehende Schwierigkeit, Auslandssachverhalte zu ermitteln; § 90 Abs. 2 AO verstößt – ebenso wie § 160 AO – nicht gegen Diskriminierungs- und Beschränkungsverbote des EU-Vertrags.[22] § 90 Abs. 3 AO statuiert für Vorgänge mit Auslandsbezug eine (schätzungs- und zuschlagsbewehrte; § 162 Abs. 3 und 4 AO) Aufzeichnungspflicht über Art und Inhalt der Geschäftsbeziehungen.[23]

Übersicht zu § 23: Abgabenordnung

▸ Das Recht des Verwaltungsverfahrens liegt nach wie vor in der Zuständigkeit der Mitgliedstaaten und scheint auf Grund seines eher technischen Inhalts relativ „europarechtsimmun" zu sein. Gem. Art. 291 Abs. 1 AEUV ergreifen die Mitgliedstaaten alle zur Durchführung der verbindlichen Rechtsakte der Union erforderlichen Maßnahmen nach innerstaatlichem Recht. Bedarf es einheitlicher Bedingungen für die Durchführung der verbindlichen Rechtsakte der Union, so werden mit diesen Rechtsakten der Kommission oder, in entsprechend begründeten Sonderfällen und in den in den Art. 24 und 26 EUV vorgesehenen Fällen, dem Rat Durchführungsbefugnisse übertragen (Art. 291 Abs. 2 AEUV).

▸ § 42 AO ist erfüllt, wenn die gewählte Gestaltung (der Gesamtplan) **ungewöhnlich (gekünstelt)** ist und ausschließlich aus steuerlichen Motiven gewählt wird. So erfüllt die Zwischenschaltung von Basisgesellschaften im niedrig besteuernden Ausland den Tatbestand des Rechtsmissbrauchs, wenn für ihre Zwischenschaltung wirtschaftliche oder sonst beachtliche Gründe fehlen.

▸ Nach Auffassung des EuGH sind auch Spenden in das EU-Ausland unter bestimmten Voraussetzungen (insb. die Erfüllung bestimmter Nachweise) im Inland absetzbar. Das deutsche Recht verlangte zunächst einen Inlandsbezug. Der EuGH sah darin einen Verstoß gegen (jetzt) Art. 63 AEUV.

▸ § 90 Abs. 2 AO verstößt – ebenso wie § 160 AO – nicht gegen Diskriminierungs- und Beschränkungsverbote des EU-Vertrags.

---

[22] *Seer* in Tipke/Kruse, Abgabenordnung-Finanzgerichtsordnung, Stand Januar 2010, § 90 AO Tz. 37; kritisch *Schnitger* BB 2002, 332.

[23] Kritisch *Carlé* KÖSDI 2003, 13 583/8, der die Europarechtswidrigkeit für evident hält; *Laule* IFSt-Schrift Nr. 407 (2003), 53 f.

§ 24 Einkommensteuergesetz

I. Beschränkte Steuerpflicht

1. Beschränkte Steuerpflicht gem. §§ 1 Abs. 4, 49 f. EStG

1   Die beschränkte Steuerpflicht erfasst natürliche Personen, die im Inland weder einen Wohnsitz noch ihren gewöhnlichen Aufenthalt haben, mit ihren inländischen Einkünften i.S.d. § 49 EStG.[1] Während die unbeschränkte Steuerpflicht auf die „soziale Verwurzelung" am Wohnsitz abstellt, beruht die beschränkte Steuerpflicht auf einer wirtschaftlichen Beziehung zum Tätigkeitsort. § 49 EStG als solcher ist nicht EU-rechtswidrig. Die Besteuerung inländischer Einkünfte ist grundsätzlich zulässig.

Nach dem international üblichen (aber durch den EuGH in Frage gestellten) **Territorialitätsprinzip** werden die inländischen Einkünfte ohne private Abzüge (§ 50 Abs. 1 EStG) und ohne Ehegattensplitting besteuert. Der Mindeststeuer ist abgeschafft;[2] die Steuer bemisst sich nach § 32a I (§ 50 Abs. 1 S. 2). Persönliche Verhältnisse bleiben weitgehend unberücksichtigt. Abweichend von der unbeschränkten Steuerpflicht wird die beschränkte Steuerpflicht wesentlich durch **objektsteuerartige Züge** mitbestimmt.[3]

Auch die beschränkte Steuerpflicht muss den Vorgaben des Unionsrechts entsprechen und ggfs. auf die Besonderheiten des einzelnen Falls (z.B. bei fehlenden inländischen Einkünften) abgestimmt sein. Arbeitnehmerfreizügigkeit und Niederlassungsfreiheit dürfen nicht unverhältnismäßig beeinträchtigt werden. Soweit die Regelungen den Notwendigkeiten einer Objektsteuer entsprechen, ist gegen die jeweiligen Regelungen nichts einzuwenden. Soweit aber der nationale Gesetzgeber über die Erfordernisse der Objektsteuer hinausgeht und die **Binnenmarkterfordernisse unverhältnismäßig beschränkt,** enthält eine solche Regelung einen Verstoß gegen EU-Recht.

Der EuGH hat mit Urteil vom 12.6.2003[4] in der Sache **Gerritse** entschieden, dass wesentliche Teile des deutschen Bruttoquellensteuerabzugs nicht europarechtskonform seien; er kommt zu dem Ergebnis, dass der Steuersatz von 25 vH (heute 20 vH) nach Abzug der Ausgaben anzuwenden ist, es sei denn, dass sich nach der Einkommensteuer-Grundtabelle (ohne Berücksichtigung des Grundfreibetrags) eine geringere Steuer ergibt.[5] In der Sache **Wallentin**[6] war der EuGH konsequent der Auffassung, dass auch ein beschränkt Steuerpflichtiger im Hinblick auf Art. 39 EG (jetzt Art. 45 AEUV) in irgendeiner Weise in den Genuss vergleichbarer persönlicher Abzüge kommen müsse,

---

[1] *Hey* in Tipke/Lang Steuerrecht, § 8 Rz. 27; zur Gewährleistung des objektiven und subjektiven Nettoprinzips auch bei beschränkt Steuerpflichtigen vgl. *Liebing* Beschränkte Einkommensteuerpflicht in der EU, 2004, 197 f.

[2] Zum Verbot einer Mindestbesteuerung für Gebietsfremde EuGH v. 22.3.2007 C-383/05, IStR 2007, 368.

[3] Vgl BFH v. 27.7.2011 I R 32/10, BStBl. II 2014, 513, unter II.2.a; Schmidt/*Loschelder*, EStG, § 49 Rz. 1.

[4] EuGH v. 12.6.2003 C-234/01, DStR 2003, 1112.

[5] Dazu vgl. *Grams/Molenaar* IStR 2002, 423; *Schnitger* FR 2003, 745 zum Ende der Bruttobesteuerung beschränkt Steuerpflichtiger.

[6] EuGH v. 1.7.2004 C-169/03 – *Wallentin*, NJW 2004, 3097. Im Unterschied dazu verstößt es nicht gegen Art. 56 und 58 EG (jetzt Art. 63 und 65 AEUV), wenn einem Gebietsfremden, dessen Vermögen im Wesentlichen in seinem Wohnsitzstaat gelegen ist, ein Gebietsansässigen gewährter Freibetrag versagt wird (EuGH v. 5.7.2005 C-376/03, DStR 2005, 1219).

wenn er im Heimatstaat keine einkommensteuerbaren Einkünfte erzielt habe. In der Sache **Conijn** hielt der EuGH den fehlenden Abzug von Steuerberatungskosten (§ 50 Abs. 1 EStG) bei beschränkt Steuerpflichtigen für gemeinschaftsrechtswidrig.[7] Und in der Sache **Grünewald** hat der EuGH entschieden, dass § 50 Abs. 1 S. 3 EStG in den Fällen der Vermögensübertragung zu Unrecht einen Sonderausgabenabzug versage.[8]

2. Gleichbehandlung beschränkt Steuerpflichtiger mit hohem inländischen Einkünfteanteil

Nach § 1 Abs. 3 EStG werden auch natürliche Personen als unbeschränkt steuerpflichtig behandelt, die im Inland weder einen Wohnsitz noch ihren gewöhnlichen Aufenthalt haben, soweit sie inländische Einkünfte im Sinne des § 49 haben, wenn ihre Einkünfte im Kalenderjahr mindestens zu 90 vH der deutschen Einkommensteuer unterliegen oder die nicht der deutschen Einkommensteuer unterliegenden Einkünfte den Grundfreibetrag nicht übersteigen. Mit den §§ 1 Abs. 3 und 1a EStG hat der deutsche Gesetzgeber die EuGH-Rechtsprechung im Fall *Schumacker*[9] umgesetzt.

Der EuGH hat in der Sache *Gschwind* am 14.9.1999[10] entschieden, dass Art. 39 Abs. 2 EG (jetzt Art. 45 AEUV) dahin auszulegen sei, dass er der Anwendung einer Regelung eines Mitgliedstaats nicht entgegenstehe, die gebietsansässigen Eheleuten eine Steuervergünstigung gewähre, die Gewährung dieser Steuervergünstigung an gebietsfremde Eheleute jedoch davon abhängig mache, dass mindestens 90 vH ihres Welteinkommens in diesem Staat der Steuer unterlägen oder, wenn dieser Prozentsatz nicht erreicht werde, dass ihre in diesem Staat nicht der Steuer unterliegenden ausländischen Einkünfte einen bestimmten Betrag nicht überschritten, und damit die Möglichkeit offen halte, ihre persönliche Lage und ihren Familienstand in ihrem Wohnsitzstaat zu berücksichtigen. Versage ein Mitgliedstaat Gebietsfremden bestimmte Steuervergünstigungen, die er Gebietsansässigen gewähre, so sei dies in der Regel nicht diskriminierend, da in einem Mitgliedstaat ansässige Personen und Gebietsfremde sich im Hinblick auf die direkten Steuern in der Regel nicht in einer **vergleichbaren Situation** befänden. Was speziell ein gebietsfremdes Ehepaar angehe, bei dem ein Ehepartner in dem fraglichen Besteuerungsstaat arbeite und dessen persönliche Lage und Familienstand aufgrund des Vorliegens einer ausreichenden Besteuerungsgrundlage im Wohnsitzstaat von der Steuerverwaltung dieses Staates berücksichtigt werden könne, befinde sich dieses nicht in einer Situation, die mit derjenigen eines gebietsansässigen Ehepaares vergleichbar wäre, bei dem einer der Ehegatten in einem anderen Mitgliedstaat arbeite.

In dem Fall I R 67/01[11] verweigerte das FA bei einem in Belgien wohnenden aber in Deutschland arbeitenden Grenzpendler die Einbeziehung von Dividendeneinkünften und die entsprechende Körperschaft- und Kapitalertragsteueranrechnung. Der BFH gab dem Kläger recht. Obwohl Belgien als Wohnsitzstaat die Dividenden besteuern könne, komme der Anrechnungsausschluss nur dann in Betracht, wenn die Einnahmen ausschließlich in dem anderen Staat besteuert werden könnten. Hier aber habe auch der (deutsche) Quellenstaat ein – wenn auch der Höhe nach begrenztes – Besteuerungsrecht. § 1 Abs. 3 Satz 3 EStG 1997 beziehe sich nur auf den vorhergehenden Satz 2, nicht aber auf Satz 1. Diese Auslegung habe den Vorzug, europarechtskonform zu sein.

---

[7] EuGH v. 6.7.2006 C-346/04 – *Conijn*, BFH/NV-Beilage 2006, 425 (dazu BMF v. 17.4.2007, BStBl. I 2007, 451).

[8] EuGH v. 24.2.2015 C-559/13 – *Grünewald* DStR 2015, 474 (dazu *BMF* v. 18.12.2015, BStBl. I 2015, 1088).

[9] EuGH v. 14.2.1995 C-279/93, EuGHE 1995, I-225, 228.

[10] EuGH v. 14.9.1999 C-391/97 – *Gschwind*, EuGHE 1999, I-5451.

[11] BFH v. 13.11.2002 I R 67/01, BStBl. II 2003, 587.

Die Zusammenveranlagung darf nicht versagt werden, weil Wohnorte in verschiedenen Mitgliedstaaten bestehen.[12] Die persönliche Lage und der Familienstand müssten berücksichtigt werden; ein gebietsansässiger Steuerpflichtiger, dessen Ehegatte im selben Mitgliedstaat wohne und ausschließlich steuerfreie Einkünfte erziele, befinde sich objektiv in der gleichen Situation wie ein gebietsansässiger Steuerpflichtiger, dessen Ehegatte in einem anderen Mitgliedstaat wohne und dort ausschließlich steuerfreie Einkünfte erziele.

Der Entscheidung lag folgender Sachverhalt zugrunde: Herr Meindl war österreichischer Staatsangehöriger mit Wohnsitz in Dinslaken (Deutschland); seine Frau war österreichische Staatsangehörige und wohnte in Innsbruck (Österreich). Im Streitjahr 1997 erzielte Herr Meindl in Deutschland Einkünfte aus selbständiger Arbeit und aus Gewerbebetrieb in Höhe von insgesamt 138 422 DM. Im gleichen Jahr brachte seine Ehefrau eine Tochter zur Welt. Der österreichische Staat zahlte ihr daraufhin ein Wochengeld, ein Karenzgeld und Familienbeihilfe. Frau Meindl erzielte nach österreichischem Recht in diesem Zeitraum keine steuerpflichtigen Einkünfte. Die Eheleute Meindl beantragten für das Streitjahr die Zusammenveranlagung nach §§ 26 und 26b EStG 1997.

3. Schweizer Grenzgänger

3   **Die Besteuerung der Schweizer Grenzgänger** ist durch das DBA-Schweiz geregelt. Im Vordergrund steht dabei die Regelung des Art. 15a DBA-Schweiz. Als Grundprinzip dieser Sonderregelung wird das Besteuerungsrecht für Gehälter, Löhne und ähnliche Vergütungen eines Grenzgängers dem Ansässigkeitsstaat zugewiesen. Soweit die Grenzgängerregelung Anwendung findet, geht diese dem Arbeitsortprinzip des Art. 15 DBA-Schweiz vor. Grenzgänger ist gemäß Abs. 2 S. 1 jede in einem Vertragsstaat ansässige Person, die in einem anderen Vertragsstaat ihren Arbeitsort hat und von dort regelmäßig an ihren Wohnsitz zurückkehrt. Auf die Staatsangehörigkeit kommt es insoweit nicht an. Der Tätigkeitsstaat kann aber gem. Art. 15a Abs. 1 S. 2 DBA-Schweiz von den Vergütungen für die Erwerbstätigkeit eine Quellensteuer im Abzugswege als Ausgleich einbehalten, welche 4,5 vH der Bruttovergütung nicht überschreiten darf und an bestimmte formale Anforderungen wie eine amtliche Bescheinigung über die Ansässigkeit geknüpft ist (vgl. Art. 15a Abs. 1 S. 3 DBA-Schweiz).[13] – Der EuGH hat in der Sache C-241/14[14] entschieden, dass die in DBA vorgenommene Aufteilung der Besteuerungsbefugnis durch Anknüpfung an die Staatsangehörigkeit nicht gegen das Freizügigkeitsabkommen (und damit auch nicht gegen Grundfreiheiten) verstößt.

II. Verlustabzug

4   Europarechtlich bedenklich war zunächst die steuerliche Nichtabziehbarkeit von Verlusten bei negativen gewerblichen Einkünften aus einer ausländischen Betriebsstätte gem. § 2a Abs. 1 S. 1 Nr. 2 EStG 1999[15] (Verluste aus einer belgischen Betriebsstätte) sowie auch von Verlusten aus Beteiligungsabschreibungen an passiv tätigen EU-Tochtergesellschaften gem. § 2a Abs. 1 S. 1 Nr. 3a EStG.[16] Durch das JStG 2009 wurde die Anwendung von § 2a Abs. 1 und 2 EStG nach Aufforderung durch die EU-Kommission nunmehr auf Drittstaaten beschränkt.

---

[12] EuGH v. 25.1.2007 C-329/05 – *Meindl*, DStR 2007, 232.
[13] Zur weiteren Entwicklung der Grenzgänger-Besteuerung vgl. *Sinz/Blanchard* IStR 2003, 258.
[14] EuGH v. 19.11.2015 – C-241/14, BB 2015, 2978.
[15] Z.B. Niedersächsisches FG v. 14.10.2004, DStRE 2005, 271.
[16] FG Köln v. 15.7.2004 – *Rewe Zentralfinanz*, DStRE 2005, 28 (nachfolgend EuGH v. 29.3.2007 C-347/04, BStBl. II 2007, 492).

Verluste aus Drittstaaten-Betriebsstätten (hier: USA) brauchen EU-rechlich nicht berücksichtigt zu werden;[17] anders ist die Rechtslage bei EU-Tochtergesellschaften/Betriebsstätten: Die Verluste einer EU-Betriebsstätte müssen nicht im Inland absetzbar sein, sofern die Verluste nach einem DBA im Betriebsstättenstaat berücksichtigt werden.[18] Zu berücksichtigen sind aber (bei dem inländischen Mutterunternehmen) sog. „finale Verluste"; das sind solche Verluste, bei denen eine Verlustnutzung im (ausländischen) Quellenstaat endgültig ausscheidet.[19]

Im Jahre 2006 veröffentlichte die Kommission eine Mitteilung zur „steuerlichen Behandlung von Verlusten bei grenzüberschreitenden Sachverhalten".[20] In dieser Mitteilung erläutert die Kommission die Prinzipien und Probleme des grenzüberschreitenden Verlustausgleichs im Binnenmarkt und zeigt Möglichkeiten auf, wie die Mitgliedstaaten einen grenzüberschreitenden Verlustausgleich zulassen könnten. Ziel sei es, Verluste aus Auslandsbetriebsstätten bzw. Auslandstochtergesellschaften im Verlustentstehungsjahr bei der Besteuerung des inländischen Stammhauses bzw. Mutterunternehmens in zeitlicher Hinsicht sofort, in quantitativer Hinsicht aber nur einmal zum Ausgleich zuzulassen.[21]

Der EuGH wies die Vertragsverletzungsklage der Kommission gegen das Vereinigte Königreich von Großbritannien und Nordirland (wegen unzureichender Verlustberücksichtigung EU-ausländischer Verluste im Konzern) ab. Nur dann seien Verluste einer gebietsfremden Tochtergesellschaft endgültig, wenn diese Tochtergesellschaft im Mitgliedstaat ihres Sitzes keine Einnahmen mehr erziele. Solange sie nämlich weiterhin – wenn auch minimale – Einnahmen erziele, bestehe noch die Möglichkeit, die Verluste mit künftigen Gewinnen, die im Mitgliedstaat ihres Sitzes erzielt werden, zu verrechnen. Das Vereinigte Königreich habe unter Bezugnahme auf ein konkretes Beispiel einer gebietsansässigen Muttergesellschaft, die einen grenzüberschreitenden Konzernabzug vorgenommen habe, bestätigt, dass nachgewiesen werden könne, dass die Verluste einer gebietsfremden Tochtergesellschaft endgültig i.S.d. Rn. 55 des Urteils Marks & Spencer seien, wenn diese Tochtergesellschaft unmittelbar nach Ende des Steuerzeitraums, in dem die Verluste entstanden seien, ihre Geschäftstätigkeit eingestellt und alle ihre Einnahmen erzielenden Vermögenswerte verkauft oder abgegeben habe.[22]

III. Nebeneinkünfte (§ 3 Nr. 26 EStG)

Ein deutscher Anwalt war in Straßburg tätig und begehrte – vergeblich – die   **5** Anwendung des § 3 Nr. 26 EStG. Der EuGH bejahte einen Verstoß gegen die Dienstleistungsfreiheit. Eine Lehrtätigkeit, die ein in einem Mitgliedstaat Steuerpflichtiger im Dienst einer juristischen Person des öffentlichen Rechts wie einer Universität ausübe, die sich in einem anderen Mitgliedstaat befinde, falle auch dann

---

[17] EuGH v. 6.11.2007 C-415/06 – *Ergste/Westig*, IStR 2008, 107.

[18] EuGH v. 15.5.2008 C-414/06 – *Lidl*, BStBl. II 2009, 692; vgl. auch – zurückhaltend – EuGH v. 17.12.2015 C-388/14 – *Timac Agro*, DStR 2016, 28.

[19] FG Düsseldorf v. 28.10.2014, EFG 2015, 313; FG Hamburg v. 6.8.2014, IStR 2015, 661; *Englisch* in S/E, Rz. 7.247; *Oellerich* in S/E, Rz. 8.100; *Ismer* in Herrmann/Heuer/Raupach, Einf ESt (8/2014), Rz. 492.

[20] KOM (2006) 824 endg. v. 29.12.2006, S. 1 ff.

[21] KOM (2006) 824 endg. v. 29.12.2006, S. 10 f.

[22] EuGH v. 3.2.2015 C-172/13, DStR 2015, 337 – Fortsetzung von *Marks & Spencer*. – Zur Berücksichtigung von Verlusten auch *Englisch* in S/E, Rz. 7.243.

in den Anwendungsbereich von Art. 49 EG (jetzt Art. 56 AEUV), wenn die Tätigkeit nebenberuflich und quasi ehrenamtlich ausgeübt werde.[23]

IV. Abzug von Finanzierungs- und Beteiligungsaufwendungen (§ 3c EStG)

6   Finanzierungsaufwendungen, die eine unbeschränkt steuerpflichtige Körperschaft für die Beteiligung an einer anderen unbeschränkt steuerpflichtigen Körperschaft aufwendet, waren gem. § 3c EStG 1990 nicht als Betriebsausgaben abziehbar, soweit die Körperschaft aus der Beteiligung steuerfreie Gewinnanteile (Dividenden) erzielte. Der EuGH erkannte[24] einen Verstoß gegen EU-Recht:[25] Art. 49 AEUV (Niederlassungsfreiheit) steht einer Regelung eines Mitgliedstaats entgegen, nach der Finanzierungsaufwendungen einer in diesem Mitgliedstaat unbeschränkt steuerpflichtigen Muttergesellschaft für den Erwerb von Beteiligungen an einer Tochtergesellschaft steuerlich nicht abzugsfähig sind, soweit diese Aufwendungen auf Dividenden entfallen, die von der Steuer befreit sind, weil sie von einer in einem anderen Mitgliedstaat oder Vertragsstaat des genannten Abkommens ansässigen mittelbaren Tochtergesellschaft stammen, obwohl solche Aufwendungen dann abzugsfähig sind, wenn sie auf Dividenden entfallen, die von einer mittelbaren Tochtergesellschaft, die in demselben Mitgliedstaat wie dem Staat des Geschäftssitzes der Muttergesellschaft ansässig ist, ausgeschüttet werden und die faktisch ebenfalls von der Steuer entlastet sind.

V. Entnahme/Entstrickung

7   Wird ein Wirtschaftsgut in eine inländische Betriebsstätte überführt, kann der Buchwert fortgeführt werden. Bisher war relativ unstreitig, dass bei Überführung eines Wirtschaftsguts in eine ausländische Betriebsstätte die Entnahmegrundsätze anzuwenden waren, sofern die in den überführten Wirtschaftsgütern enthaltenen stillen Reserven anderenfalls endgültig der inländischen Besteuerung entgehen würden (Steuerentstrickung).[26] Der EuGH hält die vollständige sofortige Auflösung der stillen Reserven bei Entstrickung für EU-rechtswidrig. Im Fall **National Grid Indus**[27] verlegte eine niederländische Gesellschaft ihren tatsächlichen Verwaltungssitz in das Vereinigte Königreich. Nach dem anwendbaren DBA galt sie nach der Verlegung als im Vereinigten Königreich steueransässig, auch wenn sie eine niederländische Gesellschaft blieb, die grundsätzlich in den Niederlanden steuerpflichtig war. Da die Gesellschaft in den Niederlanden über keine Betriebsstätte verfügte, kam nach der Verlegung die Befugnis zur Besteuerung des Unternehmensgewinns und der Vermögensverträge gemäß dem DBA ausschließlich dem Vereinigten Königreich zu. Nach niederländischem Recht war eine Schlussrechnung über die latenten Wertzuwächse zum Zeitpunkt der Verlegung zu erstellen. Nach Auffassung des EuGH stehe Art. 49 AEUV einer Regelung eines Mitgliedstaats nicht entgegen, wonach der Betrag der Steuer auf die nicht realisierten Wertzuwächse beim Vermögen einer Gesellschaft endgültig – ohne Berücksichtigung möglicherweise später eintretender

---

[23] EuGH v. 18.12.2007 C-281/06, EuGHE 2007, I-12 231, auf Vorlage von BFH XI R 43/02.
[24] Auf Vorlage von BFH v. 14.7.2004 I R 17/03 – *Keller Holding*, DStR 2004, 1995.
[25] EuGH v. 23.2.2006 C-471/04, BStBl. II 2008, 834.
[26] BFH v. 13.11.1990 VIII R 152/86, BStBl. II 1991, 94.
[27] EuGH v. 29.11.2011 C-371/10 – *National Grid Indus*, DStR 2011, 2334.

Wertminderungen oder Wertzuwächse – zu dem Zeitpunkt festgelegt werde, zu dem die Gesellschaft aufgrund der Verlegung ihres tatsächlichen Verwaltungssitzes in einen anderen Mitgliedstaat aufhöre, in dem Mitgliedstaat steuerpflichtige Gewinne zu erzielen; jedoch dürfe die sofortige Einziehung der Steuer auf die nicht realisierten Wertzuwächse bei den Vermögensgegenständen einer Gesellschaft, die ihren tatsächlichen Verwaltungssitz in einen anderen Mitgliedstaat verlege, zum Zeitpunkt dieser Verlegung nicht angeordnet werden.

Danach ist die Schlussbesteuerung der nicht realisierten Wertzuwächse beim Vermögen einer Gesellschaft, die ihren Sitz in einen anderen Mitgliedstaat verlegt, grundsätzlich zulässig. Dementsprechend sind die Entstrickungsregelungen bei Überführung von Wirtschaftsgütern ins Ausland (§§ 4 Abs. 1 S. 3, 4g EStG), die eine zeitlich gestreckte Aufdeckung der stillen Reserven vorsehen (,Zahlungsstreckungsmethode'), unionsrechtskonform.[28]

VI. Reinvestitionsrücklage

Die Bundesrepublik Deutschland hatte nach einer Entscheidung des EuGH[29] gegen ihre Verpflichtungen aus Art. 49 AEUV und aus Art. 31 EWR-Abkommen verstoßen, indem sie die in § 6b Abs. 4 Nr. 3 EStG a.F. vorgesehene Regelung beibehalten hatte, nach der die Stundung der Steuerschuld für Gewinne, die bei der entgeltlichen Veräußerung eines zum Anlagevermögen einer in Deutschland belegenen Betriebsstätte des Steuerpflichtigen gehörenden Anlageguts erzielt wurden, nur unter der Voraussetzung gewährt wurde, dass diese Gewinne in den Erwerb von Ersatzwirtschaftsgütern reinvestiert werden, die zum Anlagevermögen einer in Deutschland belegenen Betriebsstätte des Steuerpflichtigen gehörten. Durch das Steueränderungsgesetz 2015 ist ein neuer Abs. 2a eingefügt worden, der für den Fall der Zuordnung eines Ersatzwirtschaftsguts zu einer anderen EU-Betriebsstätte ein Wahlrecht zwischen einer Sofortbesteuerung und einer Verteilung der Steuer über fünf Jahre vorsieht.[30]

8

VII. Sonderausgaben

1. Krankenversicherungsbeiträge

Die Pflichtbeiträge zur niederländischen Krankenversicherung, die einem in Deutschland unbeschränkt Steuerpflichtigen von in den Niederlanden bezogenen Renten einbehalten werden, sind nach § 10 Abs. 2 S. 1 Nr. 1 EStG vom Abzug als Sonderausgaben ausgenommen.[31] Das Abzugsverbot verstößt nicht gegen die Niederlassungsfreiheit.

9

2. Realsplitting

Nach § 1a Abs. 1 Nr. 1 EStG[32] können Unterhaltszahlungen an den geschiedenen Ehegatten auch dann abgezogen werden, wenn der Empfänger nicht unbeschränkt

10

---

[28] EuGH v. 21.5.2015 C-657/13 – *Verder LabTec*, DStR 2015, 1166.
[29] EuGH v. 16.4.2015 C-591/13, DStR 2015, 870. Zu den Auswirkungen FG München v. 7.7.2014 5 K 1206/14, DStRE 2015, 1475, Rev. IV R 35/14.
[30] Im Einzelnen *Loschelder* DStR 2016, 9.
[31] FG Düsseldorf v. 8.5.2015 9 K 400/14 E, EFG 2015, 1355.
[32] I.d.F. des Jahressteuer-Ergänzungsgesetzes 1996 v. 18.12.1995, BGBl. I, 1959.

einkommensteuerpflichtig ist, er aber seinen Wohnsitz im Hoheitsgebiet eines anderen Mitgliedstaates der Europäischen Union hat. Voraussetzung ist nach Satz 3 dieser Regelung, dass die Besteuerung der Unterhaltszahlungen beim Empfänger durch eine Bescheinigung der zuständigen ausländischen Steuerbehörde nachgewiesen wird. Nach dem Urteil des FG München vom 20.2.2002[33] kam ein sog. Realsplitting nach § 1a Abs. 1 Nr. 1 EStG bei einer in Österreich ansässigen geschiedenen Ehefrau daher nicht in Betracht.

Der EuGH[34] schloss sich der Auffassung an, dass ein Verstoß gegen EU-Recht nicht vorliege. Die unterschiedliche Behandlung sei, wie die deutsche und die niederländische Regierung sowie die Kommission vorgetragen hätten, auf einen Unterschied des Steuerrechts von Deutschland und Österreich zurückzuführen. Der Bereich der direkten Besteuerung falle beim derzeitigen Stand der Entwicklung des Unionsrechts noch vollständig in die Zuständigkeit der Mitgliedstaaten, die diese Zuständigkeit allerdings unter Beachtung der grundlegenden Bestimmungen des EU-Vertrags ausüben müssten. Es stehe Deutschland und Österreich somit frei, an einen geschiedenen Ehegatten geleistete Unterhaltszahlungen steuerlich so zu regeln, wie sie es für angebracht hielten. Dies bringe es mit sich, dass zwischen den Mitgliedstaaten Unterschiede in der Behandlung bestünden und dass diese Unterschiede auch dann zum Tragen kämen, wenn nationale Steuervorschriften auf die im EStG vorgesehene Weise externe Umstände berücksichtigten.

3. Steuerberatungskosten

11   Der I. Senat des BFH[35] hielt es für zweifelhaft, ob die Versagung des Abzugs von Steuerberatungskosten (§ 10 Abs. 1 Nr. 6; § 50 Abs. 1 S. 5 EStG) für beschränkt Steuerpflichtige Art. 43 EG (jetzt Art. 49 AEUV) entspreche. Ein in den Niederlanden wohnender Kläger erzielte Einkünfte als Mitunternehmer aus einer gewerblich tätigen inländischen (deutschen) KG und beantragte, die Kosten für die Erstellung der inländischen (deutschen) Steuererklärung abziehen zu können. Nach Auffassung des EuGH dürfe Herr Conijn nicht schlechter behandelt werden als ein x-beliebiger Gebietsansässiger; der Abzug sei ihm daher zu gewähren.[36]

4. Schulgeld

12   Die BFH-Entscheidung vom 11.6.1997,[37] nach der Schulgeld an ausländische Schulen nach § 10 Abs. 1 Nr. 9 EStG nicht abziehbar sei, war mit dem geltenden EU-Recht nicht vereinbar.[38] Auf Vorlage des FG Köln und nach Einleitung eines Verfahrens der Kommission[39] hat der EuGH entschieden, dass das generelle Verbot, an ausländische Schulen gezahltes Schulgeld abzuziehen, gegen Art. 21, 45, 49, 56 AEUV verstoße.[40] Der Umstand, dass sich der Ort der Schule im EU-Ausland befindet, darf einem Abzug nicht entgegenstehen.[41]

---

[33] FG München v. 20.2.2002 9 K 3683/99, EFG 2002, 528.
[34] EuGH v. 12.7.2005 C-403/03 – *Schempp*, DStR 2005, 1265.
[35] BFH v. 26.5.2004 I R 113/03, DStR 2004, 1472; *Schnitger/Papatonopoulos* BB 2005, 407/8.
[36] EuGH v. 6.7.2006 C-346/04 – *Conijn*, DStRE 2006, 1328.
[37] BFH v. 11.6.1997 X R 74/95, BStBl. II 1997, 617.
[38] Vgl. *Valentin* EFG 2004, 46; *Fischer* jurisPR-SteuerR 24/2005 v. 13.6.2005.
[39] FG Köln v. 27.1.2005, EFG 2005, 709.
[40] EuGH v. 11.9.2007 C-76/05 – *Schwarz/Gootjes-Schwarz*, DStR 2007, 1670, und v. 11.9.2007 C-318/05 – *BRD*, BeckRS 2007, 70637; dazu *Meilicke* DStR 2007, 1892, und *Gosch* DStR 2007, 1895.
[41] *Ismer* in Herrmann/Heuer/Raupach, Einf ESt (8/2014), Rz. 496.

VIII. Gemischte Aufwendungen – Auslandsreise

Die steuerliche Berücksichtigung von Aufwendungen für einen Sprachkurs kann **13** nicht mit der Begründung versagt werden, er habe in einem anderen Mitgliedstaat der EU stattgefunden.[42] Die Ausführungen des EuGH in der Sache *Vestergard*[43] beinhalten eine verbindliche Auslegung des Art. 49 EG (jetzt Art. 56 AEUV) und seiner Bedeutung für die direkten Steuern. Das Prinzip des Vorrangs des Unionsrechts vor dem innerstaatlichen Recht gilt auch bei der Auslegung der § 9 Abs. 1, § 12 Nr. 1 EStG. Art. 49 EG (jetzt Art. 56 AEUV) verbürgt auch die Freiheit des Steuerpflichtigen, sich als Dienstleistungsempfänger zur Inanspruchnahme einer Dienstleistung in einen anderen Mitgliedstaat zu begeben, ohne durch irgendwelche Beschränkungen daran gehindert zu werden. Es widerspricht Art. 49 EG (jetzt Art. 56 AEUV), wenn ein Mitgliedstaat der Europäischen Gemeinschaft den steuerlichen **Abzug von Aufwendungen für Sprachkurse** von unterschiedlichen Voraussetzungen abhängig macht, je nachdem, ob der (auswärtige) Sprachkurs in dem Heimatstaat oder in einem anderen Mitgliedstaat stattgefunden hat. Deshalb kann abweichend von der bisherigen Rechtsprechung bei einem Sprachkurs in einem anderen Mitgliedstaat der Europäischen Union nicht mehr typischerweise unterstellt werden, dass dieser wegen der jeder Auslandsreise innewohnenden touristischen Elemente eher Berührungspunkte zur privaten Lebensführung aufweist als ein Inlandssprachkurs.

Dagegen hatten es der IV. und auch der IX. Senat des BFH[44] – seinerzeit – bei einem Auslandssprachkurs als ein gewichtiges, für eine private Veranlassung sprechendes Indiz angesehen, wenn der Besuch von Sprachkursen im Inland den gleichen Erfolg hätte haben können.

Der VI. Senat hat die Anknüpfung an die unterschiedliche Staatlichkeit (Inland/Ausland) zu Recht aufgegeben; nach Art. 12 EG (jetzt Art. 18 AEUV) ist jede Diskriminierung aus Gründen der Staatsangehörigkeit verboten. Weiterhin darf aber bei Sprachkursen darauf abgestellt werden, ob sie an touristisch interessanten Orten stattfinden, einerlei ob diese im Inland oder im EU-Ausland liegen.

IX. Dividendenbesteuerung (§ 20 EStG)

Der Anteilseigner hat ausgeschüttete Dividenden gem. § 20 Abs. 1 Nr. 1 EStG als **14** Kapitaleinkünfte zu besteuern. Gemäß § 3 Nr. 40 Buchst. d–h EStG sind diese Einnahmen nach dem sog. Teileinkünfteverfahren zu 40 vH steuerfrei. Zu **Problemen** kann die Steuerertragsverteilung auf den Wohnsitzstaat und den Kapitalanlagestaat führen, da sich unter Umständen eine Doppelbesteuerung ergeben kann. Problematisch ist ferner die Kapitalertragsteuer als Form der Bruttobesteuerung und deren Anrechnung; bei Dividenden sind in der Regel maximal 15 vH gezahlter Quellensteuer in Deutschland anrechenbar.[45] § 50d EStG sieht einen Quellensteuerabzug trotz Steuerfreiheit vor, der in einem Erstattungsverfahren korrigiert wird. Die Pau-

---

[42] BFH v. 13.6.2002 VI R 168/00, DStR 2002, 1709.
[43] EuGH v. 28.10.1999 C-55/98 – *Vestergaard*, EuGHE 1999, I-7641.
[44] Vgl. BFH v. 31.7.1980 IV R 153/79, BStBl. II 1980, 746; BFH v. 19.6.1991 IX R 134/86, BStBl. II 1991, 904 – insoweit nicht veröffentlicht.
[45] BZSt auf www.bzst.de „Ausl QuellenSt" mit Höchstabzugsbetrags-Übersichten.

schalbesteuerung von Erträgen aus sog. schwarzen Fonds (§ 18 AuslInvestmG a. F.) verstößt nicht gegen die Kapitalverkehrsfreiheit.[46]

X. Zinsbesteuerung

1. Zinsrichtlinie – Ziel und Inhalt

15   Die mehrfach geänderte Zinsrichtlinie sieht einen automatischen Informationsaustausch über Zinseinnahmen von Steuerausländern vor; sie könnte demnächst durch den von der OECD geplanten automatischen Informationsaustausch[47] und eine entsprechende Änderung der Amtshilferichtlinie ersetzt werden.[48]

2. Zinsinformationsverordnung (ZIV)[49]

16   Mit der **ZIV** sollen im Bereich der EU **grenzüberschreitende** Zinszahlungen im Wohnsitzstaat des Empfängers **effektiv** besteuert werden; dazu müssen die Zahlstellen (§ 4 ZIV) den (nationalen) Finanzbehörden (§ 5 ZIV) die notwendigen **Auskünfte** (§§ 8, 9 ZIV) über die von Wirtschaftsbeteiligten (nicht z. B. Private) an natürliche Personen (wirtschaftliche Eigentümer; §§ 2, 3 ZIV) geleisteten Zinszahlungen (§§ 6, 15 ZIV) erteilen.[50]

> **Beispiele:** Ein Deutscher unterhält in Frankreich ein Tagesgeldkonto. Die Zinsen sind nach Art. 10 Abs. 1 DBA im Ansässigkeitsstaat zu besteuern. Die französische Bank meldet die Zinseinkünfte an das BZSt. In Frankreich kann KapESt einbehalten werden, die nach Art. 25b DBA auf Antrag zu erstatten ist. – Die in Deutschland niedergelassenen Zahlstellen müssen die Zinserträge (z. B. des VZ 15) von im Ausland ansässigen natürlichen Personen bis zum 31.5.2015 dem BZSt melden, das die Daten bis zum 30.6.2015 an die betroffenen Staaten weiterleitet.

Das **BZSt** erteilt die Auskünfte nach § 8 ZIV der zuständigen Behörde des Mitgliedstaats, in dem der wirtschaftliche Eigentümer ansässig ist; es nimmt die entsprechenden Meldungen über Zinszahlungen von Zahlstellen aus dem Gebiet der EU entgegen und leitet sie an die Landesfinanzverwaltungen weiter. – Die innerstaatlichen Regelungen der Mitgliedstaaten über die Besteuerung von Zinserträgen bleiben unberührt.

XI. Berücksichtigung von Einkünften im Wege des Progressionsvorbehalts

17   Nach der Rechtsprechung des EuGH kann die Garantie der Freizügigkeit auch durch steuerrechtliche Vorschriften und speziell dadurch beeinträchtigt werden, dass ein Umzug von einem in einen anderen Staat der Gemeinschaft zu nachteiligen

---

[46] BFH v. 28.7.2015 VIII R 2/09, DStR 2015, 2824; EuGH v. 21.5.2015 C-560/13 – *Wagner-Raith* BB 2015, 1828.

[47] Dazu *Meinhardt* RdF 2014, 285; *Zipfel* Und sie bewegen sich doch (9.5.2014), www.dbresearch.de.

[48] Im Einzelnen vgl. oben § 22.

[49] Zur Umsetzung der RL 2003/48/EG des Rates vom 3.6.2003 im Bereich der Besteuerung von privaten Auslandszinsen (ZinsRL; ABl. 2003 L 157, 38) ist § 45 e ERStG durch Art. 1 Nr 28 des Gesetzes v. 15.12.2003 (BGBl I 2003, 2645) in das EStG eingefügt worden und hat die Bundesregierung die Zinsinformationsverordnung (ZIV) erlassen (v. 26.1.2004, BGBl. I 2004, 128, BStBl. I 2004, 297, nachfolgend mit mehreren Änderungen).

[50] Im Einzelnen Schmidt/*Weber-Grellet*, EStG, § 45 e Rz. 1.

steuerlichen Folgen führt.[51] Ebenso kann ein Steuerpflichtiger dadurch Nachteile erleiden, dass er ausländische Verluste nicht im Inland geltend machen kann.

Mit Beschluss vom 13.11.2002[52] hatte der BFH dem EuGH die Frage vorgelegt, ob die Nichtberücksichtigung ausländischer Verluste im Wege des (negativen) Progressionsvorbehalts gemeinschaftsrechtswidrig ist. Der EuGH entschied, dass Art. 39 EG (jetzt Art. 45 AEUV) dahin auszulegen sei, dass er einer nationalen Regelung wie der im Ausgangsverfahren betroffenen entgegenstehe, wonach natürliche Personen, die Einkünfte aus nichtselbständiger Arbeit in einem Mitgliedstaat (Deutschland) bezögen und dort unbeschränkt steuerpflichtig seien, keinen Anspruch darauf hätten, dass bei der Festsetzung des Steuersatzes für diese Einkünfte in diesem Staat Verluste aus Vermietung und Verpachtung berücksichtigt würden, die sich auf ein von ihnen selbst zu Wohnzwecken genutztes Wohnhaus in einem anderen Mitgliedstaat (Frankreich) bezögen, während positive Einkünfte aus Vermietung und Verpachtung bezüglich eines solchen Hauses berücksichtigt würden.[53] Endgültig entschieden hat der BFH den Fall durch Urteil vom 20.9.2006;[54] danach sind die negativen Einkünfte – entgegen § 32b Abs. 2 EStG 1987 – im Rahmen des Progressionsvorbehalts zu berücksichtigen.

XII. Unterhaltsleistungen (§ 33a EStG)

§ 33a Abs. 1 Sätze 1 und 6 EStG beschränkt den Abzug von Unterhaltsleistungen **18** an nicht unbeschränkt steuerpflichtige Personen. Diese **Beschränkung des Abzugs auf Unterhaltsleistungen** verstößt weder gegen Art. 3 Abs. 1 GG noch gegen Europarecht.[55]

Die Beschränkung des Abzugs von Unterhaltsleistungen in § 33a Abs. 1 Satz 1 EStG auf solche an nach BGB gesetzlich unterhaltsberechtigte Personen verstößt auch nicht gegen das Diskriminierungsverbot in Art. 9 des Assoziierungsabkommens zwischen der europäischen Wirtschaftsgemeinschaft und der Türkei vom 12.9.1963.[56] Diese Vorschrift, die jede Diskriminierung aus Gründen der Staatsangehörigkeit verbietet, ist durch Art. 10 Abs. 1 des Beschlusses Nr. 1/80 des Assoziationsrates sowie Art. 37 des Zusatzprotokolls vom 23.11.1975[57] konkretisiert worden. Danach dürfen türkische Arbeitnehmer gegenüber Arbeitnehmern der Gemeinschaft hinsichtlich Arbeitsentgelt und Arbeitsbedingungen nicht diskriminiert werden. Art. 39 Abs. 1 des Zusatzprotokolls i.V.m. Art. 3 Abs. 1 des Beschlusses Nr. 3/80 des Assoziationsrates räumt in einem Mitgliedstaat lebenden Personen die gleichen Rechte und Pflichten wie den Angehörigen des Mitgliedstaates ein. § 33a Abs. 1 Satz 1 EStG verletzt diese Vorschriften schon deshalb nicht, weil der Kläger nicht anders behandelt wird als inländische Steuerpflichtige.

XIII. Anrechnung ausländischer Steuern nach § 34c EStG

Nach Auffassung des EuGH war die Höchstbetragsanrechnung gem. § 34c **19** Abs. 1 S. 2 EStG 2002 unionsrechtswidrig. Art. 63 AEUV verlangt, dass Sonderausgaben und außergewöhnliche Belastungen als Kosten der persönlichen Lebensführung sowie der personen- und familienbezogenen Umstände berücksichtigt werden. Es sei grundsätzlich Sache des Wohnsitzstaats, dem Steuerpflichtigen sämtliche an seine persönliche und familiäre Situation geknüpften steuerlichen Vergünstigungen

---

[51] EuGH v. 8.5.1990 C-175/88 – *Biehl*, EuGHE 1990, I-1779; ähnlich zu Art. 43 EG (jetzt Art. 49 AEUV) EuGH v. 27.6.1996 C-107/94 – *Asscher*, IStR 1996, 329.

[52] BFH v. 13.11.2002 I R 13/02, DStR 2003, 685, EuGH-Az. C-152/03 – *Ritter-Coulais;* kritisch *Cordewener* IStR 2003, 413, der eine Kurskorrektur am falschen Fall moniert; ferner *Laule* IFSt-Schrift Nr. 407 (2003), 65 f., 70; Schlussantrag des GA *Léger* v. 1.3.2005, IStR 2005, 237.

[53] EuGH v. 21.2.2006 C-152/03 – *Ritter-Coulais*, DStR 2006, 362.

[54] BFH v. 20.9.2006 I R 13/02, IStR 2007, 149.

[55] BFH v. 4.7.2002 III R 8/01, BStBl. II 2002, 760.

[56] BGBl. II 1964, 509, 1959.

[57] Abgedruckt im EuGH-Urteil v. 14.3.2000 C-102/98 und C-211/98 – *Kocak und Örs*, EuGHE 2000, I-1287, 1294, 1316 f.

zu gewähren, da dieser Staat am besten die persönliche Steuerkraft des Steuerpflichtigen beurteilen könne, weil dieser dort den Mittelpunkt seiner persönlichen und seiner Vermögensinteressen habe.[58]

Dementsprechend hat der BFH im Urteil v. 18.12.2013[59] entschieden: „Die Berechnung des Anrechnungshöchstbetrags nach Maßgabe von § 34c Abs. 1 S. 2 EStG 2002 verstößt im Hinblick auf das unionsrechtliche Gebot, das subjektive Nettoprinzip vorrangig im Wohnsitzstaat zu verwirklichen, gegen die Freiheit des Kapitalverkehrs. Der Höchstbetrag ist deswegen ‚geltungserhaltend' in der Weise zu errechnen, dass der Betrag der Steuer, die auf das in Deutschland zu versteuernde Einkommen – einschließlich der ausländischen Einkünfte – zu entrichten ist, mit dem Quotienten multipliziert wird, der sich aus den ausländischen Einkünften und der Summe der Einkünfte ergibt, wobei der letztgenannte Betrag um alle steuerrechtlich abzugsfähigen personenbezogenen und familienbezogenen Positionen, vor allem Sonderausgaben und außergewöhnliche Belastungen, aber auch den Altersentlastungsbetrag sowie den Grundfreibetrag, zu vermindern ist. Das gilt für Einkünfte aus EU-Mitgliedsstaaten gleichermaßen wie für Einkünfte aus Drittstaaten."

20   Der Gesetzgeber hat sich im Zollkodexanpassungsgesetz[60] bei der Neuregelung des § 34c Abs. 1 S. 2 EStG für einen einheitlichen Anrechnungshöchstbetrag entschieden, der unabhängig davon gilt, ob in der konkreten Situation ein Sachverhalt vorliegt, der unter die EU-Grundfreiheiten fällt. Auch diese Regelung wird für unionsrechtswidrig gehalten, weil der Grundfreibetrag nicht voll berücksichtigt werde.[61]

XIV. Lohnsteuerbefreiung eines ausländischen Arbeitnehmerverleihers (§ 39b Abs. 6 EStG a.F.)

21   Ein ausländischer Arbeitnehmerverleiher konnte anders als ein inländischer Arbeitgeber keine Bescheinigung über die Freistellung von der Lohnsteuer auf gezahlten Arbeitslohn beanspruchen. Der I. Senat des BFH hat deshalb dem EuGH die Frage vorgelegt, ob es Art. 49 EG (jetzt Art. 56 AEUV) widerspreche, wenn zwar der inländische Arbeitgeber, nicht aber der ausländische Verleiher von Arbeitnehmern von der Verpflichtung zum Abzug der Lohnsteuer entbunden werde, weil der gezahlte Arbeitslohn nach einem Abkommen zur Vermeidung der Doppelbesteuerung von der Lohnsteuer freizustellen sei.[62] Der Fall ist nicht weiter geführt worden, offenbar weil § 39b Abs. 6 EStG a.F. aufgehoben worden ist.[63]

XV. Bauabzugssteuer (§§ 48ff. EStG)

22   Nach §§ 48 bis 48d besteht für Bauleistungen eine beschränkte Abzugspflicht, die **für von In- und Ausländern erbrachte Bauleistungen** gilt. Die Regelung ist – anders als die belgische Bauabzugssteuer[64] – gemeinschaftskonform.[65]

---

[58] EuGH v. 28.2.2013 C-168/11 – *Breker,* BStBl. II 2015, 431; dazu auch BFH v. 20.5.2015 I R 47/14, DStR 2015, 1962.

[59] BFH v. 18.12.2013 I R 71/10, BStBl. II 2015, 361.

[60] Gesetz zur Anpassung der Abgabenordnung an den Zollkodex der Union und zur Änderung weiterer steuerlicher Vorschriften v. 22.12.2014, BGBl. I 2014, 2417.

[61] Im Einzelnen *Desens* IStR 2015, 77.

[62] BFH v. 4.9.2002 I R 21/01, DStRE 2003, 156.

[63] Vgl. nunmehr § 39 Abs. 4 Nr. 5 EStG.

[64] EuGH v. 9.11.2006 C-433/04, BFH/NV Beilage 2007, 13.

[65] BFH v. 29.10.2008 I B 160/08, BFH/NV 2009, 377; zweifelnd *Balmes/Ambroziak* BB 2009, 706.

Einzelne Regelungen (wie die Ansässigkeitsbescheinigung als Voraussetzung der Freistellungsbescheinigung (§ 48b Abs. 1 Nr. 3, § 48d Abs. 1 S. 4 EStG) beeinträchtigen zwar die Dienstleistungsfreiheit von EU-Ausländern;[66] sie sind aber als **Maßnahmen der Steueraufsicht** gerechtfertigt; gerade im Baugewerbe bestehen hinsichtlich der steuerlichen Erfassung erhebliche Unzulänglichkeiten, so dass der Gesetzgeber in der beschriebenen Weise angemessen und verhältnismäßig tätig werden durfte. Die Verschärfung der Kontrollen war zulässig; der weniger einschneidende Informationsaustausch auf der Grundlage der Amtshilfe-RL hätte nicht den erwünschten Erfolg gebracht.

XVI. Mindeststeuersatz bei Veranlagung (§ 50 Abs. 3 EStG)

Nach § 50 Abs. 3 EStG a.F. bemaß sich die Einkommensteuer bei beschränkt **23** Steuerpflichtigen, die veranlagt wurden, nach § 32a Abs. 1 EStG; sie betrug mindestens 25 vH des Einkommens. Der Mindeststeuersatz von 25 vH nach § 50 Abs. 3 S. 2 EStG a.F. ist – nach Ergehen des Urteils ,*Gerritse*'[67] – durch das JStG 2009 abgeschafft worden. Die Steuer auf beschränkt steuerpflichtige Einkünfte richtet sich mit Wirkung ab VZ 2009 gem. § 50 Abs. 1 S. 2 EStG nach § 32a Abs. 1 EStG, jedoch grundsätzlich ohne Berücksichtigung des Grundfreibetrags.[68]

XVII. Steuerabzug (§ 50a EStG)

Bei bestimmten beschränkt Steuerpflichtigen wird die Einkommensteuer im **24** Wege des Steuerabzugs erhoben (§ 50a Abs. 1 EStG). Der BFH[69] hatte dem EuGH die Frage vorgelegt, ob es Art. 59 EG (jetzt Art. 66 AEUV) widerspreche, wenn der im Inland beschränkt steuerpflichtige Angehörige eines anderen Mitgliedstaats die Erstattung der auf seine inländischen Einnahmen entfallenden und im Wege des Steuerabzugs erhobenen Steuer nur dann beanspruchen könne, wenn die mit diesen Einnahmen in unmittelbarem wirtschaftlichen Zusammenhang stehenden Betriebsausgaben höher seien als die Hälfte der Einnahmen.

Dem Beschluss vom 26.5.2004 lag folgender Sachverhalt zu Grunde: Die Klägerin, eine Kapitalgesellschaft portugiesischen Rechts mit Sitz und Geschäftsleitung in Portugal, nahm im Streitjahr 1996 an einer in Deutschland, Irland und Großbritannien durchgeführten Tournee mit pferdesportlichen Darbietungen teil. Aufführungen in Deutschland fanden in 11 Städten statt. Im Dezember 1997 beantragte sie beim BfF nach § 50 Abs. 5 S. 4 Nr. 3 EStG die Erstattung der gem. § 50a Abs. 4 EStG vom inländischen Vergütungsschuldner im Wege des Steuerabzugs einbehaltenen und abgeführten Körperschaftsteuer.

Der EuGH entschied, dass Art. 49 EG (jetzt Art. 56 AEUV) einer nationalen Regelung wie der im Ausgangsverfahren in Rede stehenden nicht entgegenstehe, soweit diese die Erstattung der im Wege des Steuerabzugs von einem beschränkt Steuerpflichtigen erhobenen Körperschaftsteuer davon abhängig mache, dass die Betriebsausgaben, deren Berücksichtigung dieser Steuerpflichtige zu diesem Zweck beantrage, in unmittelbarem wirtschaftlichem Zusammenhang mit den Einnahmen

---

[66] *Hey* EWS 2002, 153.
[67] EuGH v. 12.6.2003 C-234/01 – *Gerritse*, BStBl. II 2003, 859.
[68] Schmidt/*Loschelder* EStG, § 50 Rz. 10, 11.
[69] BFH v. 26.5.2004 I R 93/03 – *Centro Equestre*, DStRE 2004, 1083; *Korn/Strahl* KÖSDI 2005, 14.557/68; *Schnitger/Papatonopoulos* BB 2005, 407/8.

stünden, die im Rahmen einer im betreffenden Mitgliedstaat ausgeübten Tätigkeit erzielt worden seien, und soweit alle Kosten, die sich von dieser Tätigkeit nicht trennen ließen, unabhängig vom Ort oder Zeitpunkt ihrer Entstehung als solche Ausgaben betrachtet würden. Art. 49 EG (jetzt Art. 56 AEUV) stehe dagegen einer nationalen Regelung entgegen, soweit sie die Erstattung der betreffenden Steuer an diesen Steuerpflichtigen von der Voraussetzung abhängig mache, dass die genannten Betriebsausgaben die Hälfte der erwähnten Einnahmen überstiegen.[70]

Die Belange des Unionsrechts werden nunmehr durch die mit der Neufassung der §§ 50, 50a EStG geschaffenen Alternativen zur bisherigen Bruttobesteuerung (Nettobesteuerung zu 30 vH, Antragsveranlagung gem. § 50 Abs. 2 Nr. 4b und Nr. 5 EStG n. F.) und durch die Modifizierung des Bruttosteuerabzugs (Berücksichtigung bestimmter Aufwendungen, Steuersatz von 15 vH) hinreichend berücksichtigt.[71]

XVIII. Unilaterales Treaty Override (§ 50d Abs. 8 EStG)

25   Die durch das StÄndG 2003 mit Wirkung ab VZ 2004 geschaffene Regelung soll in Form eines unilateralen **Treaty Override** (unilaterale Rückfallklausel) die einmalige Besteuerung für nach DBA steuerfreie Lohneinkünfte (nur) bei unbeschränkter Steuerpflicht sicherstellen (Verhinderung „weißer Einkünfte").[72] Entgegen der FG-Rechtsprechung[73] hält der BFH dies wegen eines nicht zu rechtfertigenden Verstoßes gegen den allgemeinen völkerrechtlichen Grundsatz des *pacta sunt servanda*, gegen Art. 3 Abs. 1 GG und gegen die verfassungsmäßige Ordnung für verfassungswidrig und hat die Frage dem BVerfG vorgelegt.[74] Das BVerfG hat die Vorlage zurückgewiesen.

XIX. Kindergeld

26   Wer im Inland wohnt, erhält für abhängige Kinder Kindergeld (§§ 62ff. EStG). Nach EuGH v. 12.6.2012[75] können auch Wanderarbeitnehmer und Saisonarbeiter grds Kindergeld beziehen (**„Meistbegünstigung"**). – Die VO (EG) 1408/71 ist ab 1.5.2010 ersetzt durch die VO 883/04 i. V. m. VO 987/09.[76] Dem EuGH geht es um den Schutz der Grundfreiheiten und um das Verbot faktischer Behinderung; bei Beschäftigung im Ausland hat der Steuerpflichtige ein faktisches Wahlrecht, wo er (bei versicherungspflichtiger Tätigkeit) Kindergeld beantragt (Anknüpfung an Wohnsitz und an Beschäftigungsland); allerdings ist eine Kumulierung ausgeschlossen. – Deutschland muss Kindergeld an polnische Saisonarbeiter zahlen; das in Polen ge-

---

[70] EuGH v. 15.2.2007 C-345/04 – *Centro Equestre*, IStR 2007, 212.

[71] Schmidt/*Loschelder* EStG, § 50a Rz. 3.

[72] Schmidt/*Loschelder* EStG, § 50d Rz. 53.

[73] Vgl. FG Rheinland-Pfalz EFG 2008, 385, rkr; FG Bremen EFG 2011, 1431, rkr; FG Köln EFG 2012, 134, rkr.

[74] BFH v. 10.1.2012 I R 66/09, DStR 2012, 949, ergänzt durch Beschluss v. 10.6.2015, IStR 2015, 627; kritisch *Kube* StuW 2015, 134 (Prozessvertreter der Bundesregierung vor BVerfG); BVerfG v. 15.12.2015 2 BvL 1/12, BeckRS 2016, 41952; dazu auch *Oellerich* in S/E, Rz. 8.178.

[75] EuGH v. 12.6.2012 C-611/10, DStRE 2012, 999 auf Vorlage von BFH v. 18.3.2013 III R 35/10, BFH/NV 2011, 364.

[76] BFH v. 4.8.2011 III R 55/08, BStBl. II 2013, 619; BFH v. 4.8.2011 III R 36/08, BFH/NV 2012, 184; BFH v. 13.6.2013 III R 10/11, BStBl. II 2014, 706.

zahlte Kindergeld ist anzurechnen.[77] Der Anspruch auf Familienleistungen ruht, wenn im Wohnmitgliedstaat kein Antrag gestellt wurde;[78] Art. 68 Abs. 1 VO 883/04 regelt die Prioritäten bei Zusammentreffen von Ansprüchen.

XX. Riesterrente

Die Beendigung der unbeschränkten Steuerpflicht war nach § 95 Abs. 1 EStG ein **27** Fall schädlicher Verwendung. Die Beschränkung der Eigenheimzulage auf Wohnungen in Deutschland verstieß gegen Art. 21, 45, 49 AEUV.[79] Ebenso war der Inlandsbezug der „Riester-Rente" europarechtswidrig.[80] Die Regelungen sind entsprechend geändert worden: Das Eigenheimzulagegesetz ist ausgelaufen; § 79 EStG wurde (durch Bezugnahme auf § 10a EStG) geändert; die Wegzugsfälle innerhalb der EU/EWR sind nicht mehr betroffen.[81]

Übersicht zu § 24: Einkommensteuergesetz

▶ Während die unbeschränkte Steuerpflicht auf die „soziale Verwurzelung" am Wohnsitz abstellt, beruht die beschränkte Steuerpflicht auf einer wirtschaftlichen Beziehung zum Tätigkeitsort. § 49 EStG als solcher ist nicht EU-rechtswidrig. Die Besteuerung inländischer Einkünfte ist grundsätzlich zulässig; die beschränkte Steuerpflicht muss wegen fehlender dauerhafter persönlicher Anknüpfungspunkte zwangsläufig einen **objektsteuerartigen Charakter** haben.

▶ Die Zusammenveranlagung darf nicht versagt werden, weil Wohnorte in verschiedenen Mitgliedstaaten bestehen.

▶ Verluste aus Drittstaaten-Betriebsstätten (hier: USA) brauchen EU-rechtlich nicht berücksichtigt zu werden. Die Verluste einer EU-Betriebsstätte müssen nicht im Inland absetzbar sein, sofern die Verluste nach einem DBA im Betriebsstättenstaat berücksichtigt werden. Zu berücksichtigen sind aber (bei dem inländischen Mutterunternehmen) sog. „finale Verluste"; das sind solche Verluste, bei denen eine Verlustnutzung im (ausländischen) Quellenstaat endgültig ausscheidet.

▶ Die Versagung der Anwendung des § 3 Nr. 26 EStG für eine Lehrtätigkeit, die ein in einem Mitgliedstaat Steuerpflichtiger für eine Universität ausübe, die sich in einem anderen Mitgliedstaat befindet, fällt in den Anwendungsbereich von Art. 56 AEUV.

▶ Die Entstrickungsregelungen bei Überführung von Wirtschaftsgütern ins Ausland (§§ 4 Abs. 1 S. 3, 4g EStG), die eine zeitlich gestaffelte Aufdeckung der stillen Reserven vorsehen, sind unionsrechtskonform.

▶ Das generelle Verbot, an EU-ausländische Schulen gezahltes Schulgeld als Sonderausgabe (§ 10 EStG) abzuziehen, verstößt gegen Art. 21, 45, 49, 56 AEUV.

---

[77] EuGH v.12.6.2012 C-611/10, C-612/10, DStRE 2012, 999.
[78] BFH v. 5.2.2015 III R 40/09, BFH/NV 2015, 893, im Anschluss an EuGH C-4/13.
[79] EuGH v. 17.1.2008 C-152/05, EWS 2008, 140.
[80] EuGH v. 10.9.2009 C-269/07, DStR 2009, 1954; *Wellisch/Lenz* IStR 2008, 489.
[81] Schmidt/*Wacker* EStG, § 95 Rz. 1.

▶ Die Zinsrichtlinie ist am 24.3.2014 geändert worden (2014/48/EU) und verpflichtet alle Mitgliedstaaten zum automatischen Informationsaustausch; die geänderte Richtlinie ist bis zum 1.1.2016 umzusetzen.

▶ Der BFH hält § 50d Abs. 8 EStG ('unilaterale Rückfallklausel') wegen eines nicht zu rechtfertigenden Verstoßes gegen den allgemeinen völkerrechtlichen Grundsatz des 'pacta sunt servanda', gegen Art. 3 Abs. 1 GG und gegen die verfassungsmäßige Ordnung für verfassungswidrig; das BVerfG hat die Vorlage zurückgewiesen.

▶ Auch Wanderarbeitnehmer und Saisonarbeiter können grds. Kindergeld beziehen („Meistbegünstigung"). Deutschland muss Kindergeld an polnische Saisonarbeiter zahlen; das in Polen gezahlte Kindergeld ist anzurechnen. Der Anspruch auf Familienleistungen ruht, wenn im Wohnmitgliedstaat kein Antrag gestellt wurde.

▶ Die Beschränkung der Eigenheimzulage (Riesterrente) auf in Deutschland gelegene Wohnungen verstieß gegen Art. 21, 45, 49 AEUV.

§ 25 Körperschaftsteuergesetz

I. Gemeinnützigkeit (§ 5 Abs. 2 Nr. 2 KStG)

Die dem Status der Gemeinnützigkeit korrespondierende Steuerbefreiung des § 5 **1**
Abs. 1 Nr. 9 KStG bestand nur für inländische Körperschaftsteuersubjekte (§ 5
Abs. 2 Nr. 2 KStG), wie z.B. Landesbanken. In der Literatur war umstritten, ob die
Regelung europarechtskonform ist.[1] § 5 Abs. 2 Nr. 2 KStG schließt die Steuer-
befreiung von **beschränkt Steuerpflichtigen** (Körperschaften, die im Inland weder
Sitz noch Geschäftsleitung haben, § 2 Nr. 1 KStG) nach Gesetzesänderung durch
das JStG 2009[2] (nur) aus, sofern es sich nicht um Steuerpflichtige i.S.d. § 5 Abs. 1
Nr. 9 KStG mit Sitz und Geschäftsleitung in einem anderen EU- oder EWR-Staat
handelt.

II. Verbot des Betriebsausgabenabzugs (§ 8b Abs. 1 KStG a.F.; § 3c EStG)

Seit Einführung des Halbeinkünfteverfahrens galt bis zum 31.12.2003 für In- **2**
landsdividenden die Abzugsbeschränkung des § 3c Abs. 1 EStG. Ab dem 1.1.2004
gilt § 8b Abs. 5 KStG auch für Auslandsbeteiligungen; d.h. 5 vH des Beteiligungs-
ertrags gelten als nicht abziehbare Ausgaben. Dies bedeutet, dass im Ergebnis die
laufenden Beteiligungserträge gem. § 8b Abs. 1 KStG nur zu 95 vH steuerfrei gestellt sind, allerdings verbunden mit einem uneingeschränktem Betriebsausgabenabzug. Die früheren EU-rechtlichen Bedenken[3] sind damit hinfällig geworden.

III. Fiktive nicht abziehbare Betriebsausgaben (§ 8b Abs. 5 KStG)

Nach § 8b Abs. 5 KStG i.d.F. des StVergAbG gelten von den Bezügen i.S.d. **3**
Abs. 1, die bei der Ermittlung des Einkommens außer Ansatz bleiben, 5 vH als
Ausgaben, die nicht als Betriebsausgaben abgezogen werden dürfen (Schachtelstrafe).
Dadurch sind nur 95 vH der Dividenden steuerfrei. Mit Wirkung ab VZ 2004 wurde den unionsrechtlichen Bedenken[4] gegen die bisherige Beschränkung auf Auslandsbeteiligungen Rechnung getragen und der pauschalierte Betriebsausgaben-
Abzugsausschluss in § 8b Abs. 5 KStG auch auf inländische Beteiligungserträge
ausgedehnt. § 8b Abs. 5 KStG ist auch auf nach DBA freigestellte Dividenden anzuwenden.[5]

---

[1] Dafür *Jachmann* BB 2003, 990; dagegen *Helios* BB 2002, 1893; kritisch auch *Strobl-Haarmann*
FS Röhricht 2005, 1065 zur beschränkten Steuerpflicht ausländischer Pensionsfonds.
[2] V. 19.12.2008, BGBl I 2008, 2794.
[3] Hessisches FG v. 10.12.2002 4 K 1044/99, EFG 2003, 1120; dazu BFH v. 14.7.2004 I R 17/03,
BStBl. II 2005, 53 – EuGH-Vorlage: Abzug von Refinanzierungskosten (erledigt durch Rücknahme
der Revision).
[4] BFH v. 13.6.2006 I R 78/04, IStR 2007, 70; so auch BFH v. 9.8.2006 I R 50/05, DStR 2007,
154.
[5] FG Saarland v. 24.3.2015 1 K 1162/13, EFG 2015, 1850; Rev. BFH I R 29/15.

IV. Sitzverlegung von Kapitalgesellschaften in das Ausland
(§ 12 KStG)

4   Im Fall der Sitzverlegung von Kapitalgesellschaften in das Ausland wird die
Entstrickung als Veräußerung behandelt – mit der Folge der sofortigen Auflösung
und Besteuerung stiller Reserven. Allerdings verweist § 12 KStG auf § 4g EStG, so
dass ein Verstoß gegen EU-Recht nicht vorliegt. Die Entstrickungsregelungen bei
Überführung von Wirtschaftsgütern ins Ausland (§§ 4 Abs. 1 S. 3, 4g EStG), die
eine zeitlich gestreckte Aufdeckung der stillen Reserven vorsehen, sind unionsrechtskonform.[6]

V. Ertragsteuerliche Organschaft über die Grenze

5   Nach § 14 Abs. 1 Nr. 2 KStG muss der Organträger eine unbeschränkt steuerpflichtige natürliche Person oder eine nicht steuerbefreite Körperschaft bzw. Personengesellschaft, jeweils mit Geschäftsleitung im Inland, sein. Ein inländischer Sitz
ist nicht mehr erforderlich (kein doppelter Inlandsbezug).[7] Neu eingeführt ist aber
das Verbot, die Geschäftsleitung in das Ausland zu verlegen. Nach § 14 Abs. 1 Nr. 5
KStG besteht ein Verlustabzugsverbot, soweit das negative Einkommen in einem
ausländischen Staat berücksichtigt wird.[8] Für europarechtswidrig in Gestalt einer
versteckten Diskriminierung wird das Erfordernis eines Ergebnisabführungsvertrags gehalten, der in den meisten anderen Mitgliedstaaten gesellschaftsrechtlich
nicht bekannt ist; angreifbar sind ferner der Inlandsbezug bei der Organgesellschaft
(§ 14 Abs. 1 S. 1 KStG) und die Einschränkung des Verlustabzugs nach § 14 Abs. 1
S. 1 Nr. 5 KStG.[9]
     Ersatz für die sog. Organschaft böte das Modell einer sog. Gruppenbesteuerung.
Grundgedanke des Gruppenbesteuerungssystems ist das Zusammenfassen der steuerlichen Ergebnisse finanziell verbundener Körperschaften ohne das Erfordernis
einer wirtschaftlichen oder organisatorischen Über- bzw. Unterordnung. Das
wesentliche Merkmal einer modernen Gruppenbesteuerung ist der Ausgleich von
Gewinnen und Verlusten innerhalb einer Unternehmensgruppe. Insbesondere für
die mittelständische Wirtschaft würde dadurch bei Gründung einer Auslandstoch-
tergesellschaft der bisher meist verschlossene Weg des steuerlichen Ausgleichs von
Anfangsverlusten mit Gewinnen des Mutterunternehmens eröffnet. In Österreich
wurde mit dem Steuerreformgesetz 2005 neben der Körperschaftsteuersenkung eine
Gruppenbesteuerung eingeführt.

---

[6] EuGH v. 21.5.2015 C-657/13 – *Verder LabTec*, DStR 2015, 1166.
[7] *Oellerich* in S/E, Rz. 8.110.
[8] Kritisch *Meilicke* DB 2002, 911. – Zur Europarechtswidrigkeit der Organschaftsbesteuerung
und ihre Ersetzung durch eine Gruppenbesteuerung (mit der Möglichkeit der Berücksichtigung
von Auslandsverlusten) *Gassner* DB 2004, 841, FR 2004, 518; zur finnischen Gruppenbesteuerung
in der Sache Oy Esab (EuGH C-231/05) *Herzig/Wagner* DB 2005, 2374 (Gewinntransfer an ausländische Muttergesellschaft).
[9] *Oellerich* in S/E, Rz. 8.116 f.

VI. Körperschaftsteueranrechnung

Nach der Entscheidung des EuGH im Fall *Manninen*[10] kann ausländische Körper- **6** schaftsteuer, die auf EU-ausländische Dividenden entfällt, im Inland angerechnet werden. Damit war auch die vom FG Köln[11] vorgelegte Frage beantwortet, ob die deutsche Beschränkung der KSt-Anrechnung allein auf Inlands-Dividenden mit den Grundfreiheiten des EU-Vertrags vereinbar ist.[12] Nach der EuGH-Entscheidung verstößt es gegen die Kapitalverkehrsfreiheit (Art. 56 EG; jetzt Art. 63 AEUV), wenn ein Steuerpflichtiger keine Steuergutschrift für die Dividenden bekommt, die er von Aktiengesellschaften erhält, die ihren Sitz nicht in demselben EU-Staat haben.[13] Der BFH hat mit Urteil vom 15.1.2015[14] abschließend zum alten Anrechnungsverfahren darüber entschieden, ob und unter welchen Voraussetzungen die Körperschaftsteuer, die im Ausland gegen dort ansässige Kapitalgesellschaften festgesetzt worden ist, im Inland auf die Einkommensteuer der hier ansässigen Anteilseigner dieser Gesellschaften angerechnet werden kann.

Übersicht zu § 25: Körperschaftsteuergesetz

▶ Die Nichtanerkennung von Beteiligungsaufwendungen als Betriebsausgabe gem. § 3c EStG verstößt gegen die Niederlassungsfreiheit und die Kapitalverkehrsfreiheit, wenn die im Inland steuerfreien Beteiligungserträge in einem anderen EU-Staat steuerpflichtig sind.

▶ Die Ungleichbehandlung ausländischer Dividenden bis Veranlagungszeitraum 2003 war europarechtswidrig (§ 8b Abs. 5 KStG).

▶ Für europarechtswidrig in Gestalt einer versteckten Diskriminierung wird das Erfordernis eines Ergebnisabführungsvertrags gehalten, der in meisten anderen Mitgliedstaaten gesellschaftsrechtlich nicht bekannt ist; angreifbar sind ferner der Inlandsbezug bei der Organgesellschaft (§ 14 Abs. 1 S. 1 KStG) und die Einschränkung des Verlustabzugs nach § 14 Abs. 1 S. 1 Nr. 5 KStG.

---

[10] EuGH v. 7.9.2004 C-319/02 – *Manninen*, DStRE 2004, 1220; zum Problem *Krebs/Bödefeld* BB 2004, 1416; *Hamacher/Hahne* DB 2004, 2386; *Korn/Strahl* KÖSDI 2005, 14.557/65; zur rückwirkenden Anwendung *de Weerth* DB 2005, 1407; zum Umfang der Anrechnung *Meilicke*/Sedemund DB 2005, 2040; vgl. auch EFTA-Gerichtshof v. 23.11.2004 E-1/04 – *Fokus Bank,* IStR 2005, 55: Während im Fall *Manninen* eine ausländische Beteiligung im Streit war, ging es im Fall der *Fokus Bank* um die inländische Beteiligung eines beschränkt Steuerpflichtigen (dazu *Cordewener* FR 2005, 345). – Generell zum Abkommen über den Europäischen Wirtschaftsraum (EWR) *Cordewener* FR 2005, 236.

[11] FG Köln v. 24.6.2004 2 K 2241/02 – *Meilicke*, EFG 2004, 1374, EuGH-Az. C-292/04; GA Tizzano hat vorgeschlagen, die zeitliche Wirkung des Urteils zu begrenzen (ab Verkündung des Urteils vom 6.6.2000 C-35/98 – *Verkooijen*, EuGHE 2000, I-4071; Pressemitteilung des EuGH Nr. 96/05 v. 10.11.2005); kritisch *Meilicke* DB 2005, 2658.

[12] Zu den verfahrensrechtlichen Begleitumständen *Friedrich/Nagler* DStR 2005, 403; *Gosch* DStR 2005, 413.

[13] So jetzt EuGH v. 6.3.2007 C-292/04 – *Meilicke*, DStR 2007, 485 (dazu *Rainer* DStR 2007, 527). – Zur Bedeutung des Urteils *Meilicke* DB 2007, 650: Weiterführung von Maninnen (Anrechnung ausländischer KSt) und Claimants (v. 12.12.2006 C-446/04, keine zeitliche Begrenzung): zeitliche Begrenzung nur in dem Urteil, in dem die Auslegungsfrage erstmals geklärt wird.

[14] BFH v. 15.1.2015 I R 69/12, DStR 2015, 1297 („Meilicke").

▶ Der BFH hat mit Urteil vom 15.1.2015 I R 69/12, DStR 2015, 1297 („Meilicke") abschließend darüber entschieden, ob und unter welchen Voraussetzungen die Körperschaftsteuer, die im Ausland gegen dort ansässige Kapitalgesellschaften festgesetzt worden war, im Inland auf die Einkommensteuer der hier ansässigen Anteilseigner dieser Gesellschaften angerechnet werden konnte.

§ 26 Gewerbesteuergesetz

Nach dem BFH-Urteil vom 18.9.2003[1] führt die Erhebung der Gewerbesteuer weder zu einem übermäßigen Eingriff in Freiheitsrechte des Gewerbetreibenden noch stellt sie eine Verletzung des Gleichheitssatzes dar. Die Erhebung der Gewerbesteuer verstoße auch nicht gegen eine der Grundfreiheiten des EU-Vertrags. Insbesondere stelle die Beschränkung der Erhebung der Gewerbesteuer auf Gewerbebetriebe, soweit sie im Inland betrieben werden, keine Diskriminierung im Sinne des Gemeinschaftsrechts dar. Auch die Hinzurechnung von Miet- und Pachtzinsen ist nicht zu beanstanden.[2] **1**

§ 27 Umsatzsteuergesetz

Die Mehrwertsteuer ist harmonisiert;[1] der EuGH hat dazu bereits mehr als 1000 Entscheidungen getroffen, alle Bereiche sind betroffen, etwa die Steuerbarkeit, die Steuerbefreiung und der Vorsteuerabzug.[2] **1**

Der Verkehr mit Waren und Dienstleistungen berührt primärrechtlich die Warenverkehrs- und die Dienstleistungsfreiheit, aber auch das Diskriminierungsverbot des Art. 110 AEUV. Sekundärrechtlich wird dieses Konzept durch das **Verbot der Doppelbesteuerung** und das Gebot der innerstaatlichen **Wettbewerbsneutralität** ergänzt.[3]

Nach der Rechtsprechung des EuGH[4] wird die Mehrwertsteuer durch folgende Merkmale gekennzeichnet: **2**
– Sie gilt ganz allgemein für die Lieferung von Gegenständen und für Dienstleistungen.
– Sie ist proportional zum Preis dieser Gegenstände und Dienstleistungen.
– Sie wird auf jeder Stufe der Erzeugung und des Vertriebs erhoben.
– Sie bezieht sich auf den Mehrwert der Gegenstände und Dienstleistungen, d.h. die bei einem Geschäft fällige Steuer wird unter Abzug der Steuer berechnet, die bei dem vorherigen Geschäft schon entrichtet worden ist (Vorsteuerabzug).
– Sie wird letztlich vom Verbraucher getragen.[5]

---

[1] BFH v. 18.9.2003 X R 2/00, BFH/NV 2004, 141.
[2] BFH v. 15.7.2005 I R 21/04, BStBl. II 2005, 716; BFH v. 17.9.2014 I R 30/13, DStR 2014, 2561.

---

[1] Zu den Einzelheiten s. oben § 11.
[2] Sölch/Ringleb/Klenk, Wesen der Umsatzsteuer, Rz. 23 (73. ErgLfg 2014).
[3] *Schön* USt-Kongress-Bericht 2001/02, 17, 31 f.: kein allgemeines Gleichbehandlungsprinzip, enge Anwendung von Befreiungstatbeständen; kombinierte Leistungen; Rechtsform- und Konzernneutralität; illegale und legale Geschäfte; Entgeltfragen; Vorsteuerfragen; unternehmerische und private Nutzung; materielles Steuerrecht und Verfahren.
[4] Vgl. z.B. EuGH v. 26.6.1997 C-370/95 – *Careda SA,* EuGHE 1997, I-3721; v. 3.10.2006 C-475/03 – *Banca popolare di Cremona,* EuGHE 2006, I-9373.
[5] Sölch/Ringleb/Klenk, Wesen der Umsatzsteuer, Rz. 9 (73. ErgLfg 2014).

§ 28 Auslandsbeziehungen und Außensteuergesetz (AStG)

I. Berichtigung von Einkünften

1   Gemäß **§ 1 Abs. 1 AStG** sind Einkünfte, die aus Geschäftsbeziehungen zum Ausland mit nahe stehenden Personen resultieren, so anzusetzen, als ob sie voneinander unabhängige Dritte vereinbart hätten. § 1 AStG enthält die nationale Ausformung des im internationalen Steuerrecht allgemein anerkannten *Dealing-at-arms-length*-Prinzips;[1] problematisch sind hierbei die sog. Verrechnungspreise und die Erfassung von Funktionsverlagerungen.[2]

Nach dem BFH-Beschluss vom 21.6.2001[3] ist es ernstlich zweifelhaft, ob § 1 Abs. 1 AStG mit den Diskriminierungsverboten in Art. 43 f. und Art. 56 f. EG (jetzt Art. 49 f. und 63 f. AEUV) vereinbart werden könne.[4] Derjenige Steuerpflichtige, der Geschäfte mit einem nahe stehenden Geschäftspartner in einem anderen EU-Mitgliedstaat tätige, werde ungünstiger behandelt, als ein solcher Steuerpflichtiger, der entsprechende Geschäfte im Inland tätige. Dem ist nicht zu folgen. § 1 AStG dient der Verhinderung von steuerlichen Missbräuchen; auch nach nationalem Recht ist bei Geschäftsbeziehungen zwischen nahestehenden Personen ein Fremdvergleich vorzunehmen.[5]

2   Es erscheint zweifelhaft, ob das AStG überhaupt noch auf EU-Sachverhalte angewandt werden darf.[6] Das AStG will das deutsche Besteuerungssubstrat für den Fall der „Auslandsverlagerung" sichern; die Annahme einer Realisierung (wie bei der Wegzugsbesteuerung) ist (mit den entsprechenden Sicherungen) zulässig; besondere Tatbestandsanforderungen, wie etwa ein (sonst nicht üblicher) Fremdvergleich, sind europarechtlich bedenklich.

Die erweiterte beschränkte Steuerpflicht bei Wohnsitzwechsel **(§§ 2 ff. AStG)**, die der Steuerflucht entgegenwirken soll, verstößt nach Literaturmeinungen[7] ebenso gegen Europarecht wie die Hinzurechnungsbesteuerung der §§ 7–14 AStG,[8] die die Beteiligung an ausländischen Zwischengesellschaften regeln. Steuerinländer würden abgeschreckt, sich im EU-Ausland niederzulassen oder ihr Kapital in Gesellschaften anzulegen, die ihren Sitz in einem anderen EU-Staat oder Drittstaat hätten.

Der EuGH hat die der deutschen Hinzurechnungsbesteuerung ähnlichen Bestimmungen der britischen CFC-Regeln (Regeln zu Controlled Foreign Companies; Vorschriften zur Hinzurechnungsbesteuerung) außer in Missbrauchsfällen als mit der Niederlassungsfreiheit nicht vereinbar angesehen und einer sofortigen Wegzugsbesteuerung bzw. der Stellung von Sicherheiten in diesem Zusammenhang erneut eine klare Absage erteilt.[9] Eine EUV-kompatible Hinzurechnungsbesteue-

---

[1] *Carlé* KÖSDI 2003, 13.585.

[2] Dazu *Oellerich* in S/E, Rz. 8.124.

[3] BFH v. 21.6.2001 I B 141/00, DStR 2001, 1290; *Korn/Strahl* KÖSDI 2005, 14557/69 f.

[4] S. oben § 8 Rz. 11; dazu auch *Laule* IFSt-Schrift Nr. 407 (2003), 50; *Rasch/Nakhai* DB 2005, 1984.

[5] Schmidt/*Weber-Grellet* EStG, § 2 Rz. 34.

[6] S. oben § 8 Rz. 13; zur EU-Widrigkeit des § 15 AStG (Familienstiftungen) vgl. FinVerw. Berlin v. 1.2.2005, IStR 2005, 174.

[7] *Laule* IFSt-Schrift Nr. 407 (2003), 57 f.

[8] Vgl. *Rättig/Protzen* IStR 2003, 195; *Laule* IFSt-Schrift Nr. 407 (2003), 65; *Schönfeld* StuW 2005, 158.

[9] Gegen eine Hinzurechnungsbesteuerung EuGH v. 12.9.2006 C-196/04 – *Cadbury-Schweppes*, DStR 2006, 1686; kritisch auch *Oellerich* in S/E, Rz. 8.141 f.

rung setze eine andere Regelungstechnik voraus; das Gesetz müsste den materiellen Grund der Beschränkung (z.B. Missbrauch, Steueraufsicht) klar erkennen lassen.

II. Wegzugsbesteuerung; Entstrickung; Anwendung von DBA

Mit Urteil vom 11.3.2004[10] hat der EuGH entschieden, dass die französische **3** **Wegzugsbesteuerung** gegen Art. 43 EG (jetzt Art. 49 AEUV) verstoße. Die Kommission hatte mit Schreiben vom 3.4.2003[11] gegen die Bundesrepublik Deutschland ein Vertragsverletzungsverfahren eingeleitet, weil sie Zweifel an der Vereinbarkeit des § 6 AStG mit den unionsrechtlichen Regelungen über die Freizügigkeit von Personen (jetzt Art. 21, 45, 49 AEUV; Art. 28, 31 EWR-Abkommen) habe. Deutschland hat als Reaktion auf das von der Kommission geführte Vertragsverletzungsverfahrens[12] § 6 AStG dahingehend geändert, dass im Wegzugsfall innerhalb der EU/EWR eine Steuerfestsetzung bei gleichzeitiger zinsloser Stundung der fälligen Steuer auf die Wertzuwächse erfolgt.[13]

Die Entstrickungsregelungen bei Überführung von Wirtschaftsgütern ins Ausland (§§ 4 Abs. 1 S. 3, 4g EStG), die eine zeitlich gestreckte Aufdeckung der stillen Reserven vorsehen, sind unionsrechtskonform.[14]

Formen der Wegzugsbesteuerung   **4**

- Außensteuergesetz
  - Internationale Verflechtungen (§ 1 AStG)
  - Wohnsitzwechsel in niedrig besteuernde Gebiete (§§ 2–5 AStG)
  - Behandlung einer § 17 EStG-Beteiligung bei Wohnsitzwechsel ins Ausland (§ 6 AStG)
  - Beteiligung an ausländischen Zwischengesellschaften (§ 7 ff. AStG)
- Wegzugsbesteuerung (insb. § 4 I 3, 4 EStG)
- DBA-Einschränkungen
  - § 50d EStG (Quellensteuerabzug trotz Steuerfreiheit)
  - § 50i EStG (Besteuerung eines Veräußerungsgewinns trotz Wegzugs im Inland)
  - Treaty Override (nach BFH I R 66/09 unzulässig, BVerfG-Vorlage unbegründet (2 BvL 1/12); gegen BFH auch *Kube* StuW 2015, 134)
- EuGH-Rechtsprechung
  - C-9/02 v. 11.3.2004 – *Lasteyrie du Saillant*
  - C-470/04 v. 7.9.2006 – *N*
  - C-371/10 v. 29.11.2011 – *National Grid Indus*

---

[10] EuGH v. 11.3.2004 C-9/02 – *Hughes de Lasteyrie du Saillant,* DStR 2004, 551; zu den Folgen auf andere Entstrickungsnormen (§§ 12, 11 KStG; §§ 11 I Nr. 1, 20 III, 21 II Nr. 2 UmwStG; Überführung von Wirtschaftsgütern in eine ausländische Betriebsstätte; § 6b EStG) vgl. *Schnitger* BB 2004, 804; ferner *Kleinert/Probst* NJW 2004, 2425; *Ettinger/Eberl* GmbHR 2005, 152; *Deininger* Inf 2004, 460: „Emigration" nach Österreich; *Wilhelmi* DB 2008, 1611, zur Sache C-210/06 – *Cartesio* (Verlagerung des operativen Geschäftssitzes von Ungarn nach Italien).

[11] SG (203) D/220.268.

[12] Nr. 1999/4371.

[13] Finanzgericht Rheinland-Pfalz v. 7.1.2011 1 V 1217/10, Rz. 9, BeckRS 2011, 94937; *Ettinger, Jochen* (Hrsg.), Wegzugsbesteuerung, 2. Aufl. 2015, 23.

[14] EuGH v. 21.5.2015 C-657/13 – *Verder LabTec,* DStR 2015, 1166; dazu auch *Englisch* in S/E, Rz. 7.228 ff.; *Ismer* in Herrmann/Heuer/Raupach, Einf ESt (8/2014), Rz. 493.

– C-164/12 v. 23.1.2014 – *DMC*
– C-657/13 v. 21.5.2015 – *Verder LabTec*

5 • **Fazit:** Bei Wegzug kann eine der Entstrickung Rechnung tragende Steuerfestsetzung vorgenommen werden, aber Stundung geboten (Streckungsregelung).

Übersicht zu § 28: Auslandsbeziehungen und Außensteuergesetz (AStG)

▸ Es erscheint zweifelhaft, ob das AStG überhaupt noch auf EU-Sachverhalte angewandt werden darf. Das AStG will das deutsche Besteuerungssubstrat für den Fall der „Auslandsverlagerung" sichern; die Annahme einer Realisierung (wie bei der Wegzugsbesteuerung) ist (mit den entsprechenden Sicherungen) zulässig; besondere Tatbestandsanforderungen, wie etwa ein (sonst nicht üblicher) Fremdvergleich, sind europarechtlich bedenklich.

▸ Der EuGH hat die der deutschen Hinzurechnungsbesteuerung ähnlichen Bestimmungen der britischen CFC-Regeln (Regeln zu Controlled Foreign Companies; Vorschriften zur Hinzurechnungsbesteuerung) außer in Missbrauchsfällen als mit der Niederlassungsfreiheit nicht vereinbar angesehen.

▸ Deutschland hat § 6 AStG dahingehend geändert, dass im Wegzugsfall innerhalb der EU/EWR eine Steuerfestsetzung bei gleichzeitiger zinsloser Stundung der fälligen Steuer auf die Wertzuwächse erfolgt.

§ 29 Erbschaftsteuergesetz

Bei den persönlichen Freibeträgen gem. §§ 16, 17 ErbStG, der Begrenzung der 1
sachlichen Steuerbefreiung des § 13 Abs. 1 Nr. 4a ErbStG und den Beschränkungen
der Privilegierungen des § 13a ErbStG ist im Einzelnen zu prüfen, ob ein Verstoß
gegen Unionsrecht, insbesondere gegen die Grundfreiheiten gegeben ist.[1]

Im Fall **Barbier**[2] war bei einem Belgier, der ein in den Niederlanden belegenes Grundstück ge-
erbt und sich verpflichtet hatte, dieses auf eine von ihm beherrschte niederländische Gesellschaft zu
übertragen, dieser Umstand nicht steuermindernd berücksichtigt worden, wie es bei niederländischer Ansässigkeit der Fall gewesen wäre.[3] Der EuGH beurteilte die niederländische Regelung als
Verstoß gegen die Kapitalverkehrsfreiheit und als Ausländerdiskriminierung; die fraglichen nationalen Regelungen könnten einen in einem anderen Mitgliedstaat Ansässigen vom Kauf im betreffenden Mitgliedstaat gelegener Immobilien abhalten. – In der Sache **van Hilten** hielt der EuGH die
erweiterte unbeschränkte ErbSt-Pflicht für konform mit EU-Recht;[4] die Regelung des niederländischen Erbschaftsteuerrechts, wonach ein niederländischer Staatsangehöriger, der innerhalb von
10 Jahren nach seinem Wegzug aus den Niederlanden versterbe, zum Zeitpunkt seines Todes in den
Niederlanden wohnhaft gelte, verstoße nicht gegen die europarechtlich gebotene Kapitalverkehrsfreiheit.

Die Art. 56 EG und 58 EG (jetzt Art. 63 und 65 AEUV) sind dahin auszulegen, 2
dass sie einer Regelung eines Mitgliedstaats (Deutschland) über die Berechnung von
Erbschaftsteuern entgegenstehen, die vorsieht, dass ein Freibetrag für den Fall des
Wohnsitzes in der Schweiz niedriger ist als bei einem inländischen Wohnsitz.[5]

§ 30 Grunderwerbsteuergesetz

Das deutsche Grunderwerbsteuerrecht ist nicht unionsrechtswidrig. Es erfüllt 1
nicht die Charakteristika einer Umsatzsteuer.[1] Auf Vorlage des FG Niedersachsen
entschied der EuGH, dass Art. 33 der 6. Richtlinie 77/388/EWG einen Mitgliedstaat nicht daran hindere, beim Erwerb eines noch unbebauten Grundstücks künftige Bauleistungen in die Bemessungsgrundlage für die Berechnung von Verkehrsteuern wie die „Grunderwerbsteuer" des deutschen Rechts einzubeziehen und
somit einen nach der 6. Richtlinie der Mehrwertsteuer unterliegenden Vorgang zusätzlich mit diesen weiteren Steuern zu belegen, sofern diese nicht den Charakter
von Umsatzsteuern hätten.[2]

---

[1] *Busch* IStR 2002, 448, 475; vgl. auch *Müller-Etienne* Die Europarechtswidrigkeit des Erbschaftsteuerrechts, 2003.
[2] EuGH v. 11.12.2003 C-364/01 – *Barbier*, IStR 2004, 18; dazu *Meincke*, ZEV 2004, 353.
[3] Ähnlich liegt der Fall, den der BFH mit Urteil vom 5.5.2004 II R 33/02, ZEV 2004, 382, entschieden hat.
[4] EuGH v. 23.2.2006 C-513/03 – *van Hilten*, IStR 2006, 309; dazu *Wachter* FR 2005, 1068.
[5] EuGH v. 17.10.2013 C-181/12, DStR 2013, 2269; ähnlich *Schaumburg* in S/E, Rz. 8.70.

---

[1] BFH v. 2.4.2008 II R 53/06, BStBl. II 2009, 544.
[2] EuGH v. 27.11.2008 C-156/08 – *Monika Vollkommer*, DStR 2009, 223.

§ 31 Vermögensteuergesetz

1   Die Versagung des Schachtelprivilegs gegenüber einer Kapitalgesellschaft italienischen Rechts für deren Anteile an einer inländischen GmbH verstößt – ohne dass es einer Anrufung des EuGH bedarf – gegen die Niederlassungsfreiheit (Art. 49, 54 AEUV).[1]

§ 32 Eigenheimzulagengesetz

1   Nach Auffassung der Kommission verstieß die Beschränkung der Eigenheimzulage auf in Deutschland gelegene Gebäude gegen den Grundsatz der Freizügigkeit. Der EuGH folgte dieser Beurteilung. Ein Mitgliedstaat, der in seinen Rechtsvorschriften die Gewährung einer Eigenheimzulage an unbeschränkt Einkommensteuerpflichtige für in einem anderen Mitgliedstaat belegene Wohnungen ausschließe, verstoße gegen seine Verpflichtungen aus den Art. 21, 45 und 49 AEUV. Solche Rechtsvorschriften hätten nämlich eine abschreckende Wirkung für die in dem betreffenden Mitgliedstaat unbeschränkt Einkommensteuerpflichtigen, denen das Recht auf Freizügigkeit nach den Art. 21, 45, 49 AEUV zustehe und die eine Wohnung zu eigenen Wohnzwecken in einem anderen Mitgliedstaat herstellen oder anschaffen möchten. Eine solche Beschränkung könne nicht mit dem Ziel gerechtfertigt werden, den Wohnungsbau in diesem Mitgliedstaat zur Gewährleistung ausreichenden Wohnraums im Inland zu fördern, da sie über das hinausgehe, was zur Erreichung dieses Ziels erforderlich sei.[1]

§ 33 Umwandlungssteuergesetz

1   Mit Hilfe der Fusionsrichtlinie[1] soll die Verlagerung und Umstrukturierung der Unternehmenstätigkeit innerhalb des Binnenmarktes erleichtert werden. Sie begünstigt den Aufbau von Konzernen innerhalb der EU durch die Ermöglichung steuerneutraler Transaktionen und Strukturveränderungen; sie soll verhindern, dass Fusionen oder Spaltungen (Strukturänderungen) eine Besteuerung des Unterschieds zwischen dem tatsächlichen Wert und dem steuerlichen Wert des übertragenen Aktiv- und Passivvermögens auslösen (Gewährleistung der Steuerneutralität). Nach

---

[1] FG München v. 1.3.2006 7 K 3966/03, EFG 2006, 854, rkr.

---

[1] EuGH v. 17.1.2008 C-152/05, BStBl. II 2008, 326.

---

[1] Richtlinie 90/434/EWG des Rates v. 23.7.1990 über das gemeinsame Steuersystem für Fusionen, Spaltungen, die Einbringung von Unternehmensteilen und den Austausch von Anteilen, die Gesellschaften verschiedener Mitgliedstaaten betreffen, ABl. 1990 L 225, 1; Richtlinie 2005/19/EG des Rates vom 17. Februar 2005 zur Änderung der Richtlinie 90/434/EWG über das gemeinsame Steuersystem für Fusionen, Spaltungen, die Einbringung von Unternehmensteilen und den Austausch von Anteilen, die Gesellschaften verschiedener Mitgliedstaaten betreffen. – *Ismer* in Herrmann/Heuer/Raupach, Einf ESt (8/2014), Rz. 544; *Fehling* in S/E, Rz. 17.1 f.

der Fusionsrichtlinie sind EU-grenzüberschreitende Transaktionen steuerneutral möglich.

Art. 63 AEUV ist (zu § 20 Abs. 4 UmwStG a. F.) dahin auszulegen, dass das Ziel **2** der Wahrung der Aufteilung der Besteuerungsbefugnis zwischen den Mitgliedstaaten eine Regelung eines Mitgliedstaates rechtfertigen kann, wonach Vermögen, das eine Kommanditgesellschaft in das Kapital einer Kapitalgesellschaft mit Sitz im Hoheitsgebiet dieses Mitgliedstaates einbringt, mit seinem Teilwert anzusetzen ist, wenn der Mitgliedstaat seine Besteuerungsbefugnis hinsichtlich dieser stillen Reserven bei ihrer tatsächlichen Realisierung tatsächlich nicht ausüben kann, was vom nationalen Gericht festzustellen ist. Die Regelung eines Mitgliedstaates, nach der in seinem Hoheitsgebiet entstandene nicht realisierte Wertzuwächse sofort besteuert werden, geht nicht über das hinaus, was erforderlich ist, um das Ziel der Wahrung der Aufteilung der Besteuerungsbefugnis zwischen den Mitgliedstaaten zu erreichen, sofern für den Fall, dass der Steuerpflichtige eine Stundung wählt, die Obliegenheit zur Stellung einer Banksicherheit nach Maßgabe des tatsächlichen Risikos der Nichteinbringung der Steuer auferlegt wird.[2]

---

[2] EuGH v. 23.1.2014 C-164/12, DStR 2014, 193; *Sydow* jurisPR-SteuerR 16/2014 Anm. 2.

§ 34 Entwicklungen

I. Tendenzen

1 Auch in den Bereichen, in denen das Steuerrecht noch nicht harmonisiert ist, schützt das Unionsrecht die EU-Bürger „in vergleichbarer Situation" EU-weit vor materieller Ungleichbehandlung, die sich bei der Anwendung des Steuerrechts ergeben kann, wie etwa bei der Definition der Bemessungsgrundlage, bei den anwendbaren Steuersätzen, beim Anrechnungsguthaben zu Steuergutschriften, bei der Differenzierung durch Verfahrensvorschriften.[1] Das Unionsrecht verlangt den Vergleich von Ansässigen und Nichtansässigen, insbesondere wenn der Nichtansässige im besteuernden Staat eine Betriebsstätte hat. Diesen Zielen entsprechend versucht der EuGH sicherzustellen, dass ein EU-Bürger, der in einen anderen Mitgliedstaat wechselt, weiterhin nach seiner persönlichen Leistungsfähigkeit besteuert wird.[2] Der einheitliche Binnenmarkt verlangt, dass örtliche Veränderungen im EU-Raum zu keinem Nachteil führen. Ungeachtet der weiter bestehenden Steuerrechtssouveränität der Mitgliedstaaten ist es dem nationalen Recht untersagt, EU-grenzüberschreitende Aktivitäten zu benachteiligen. So sollen z. B. die persönlichen Steuervorteile, die an die Person und den Familienstand anknüpfen, nur einmal gewährt werden. In einer grenzüberschreitenden unionsrechtlichen Situation ist die persönliche Leistungsfähigkeit nicht mehr eine rein nationale Frage.[3] Nach der Entscheidung *de Groot*[4] kann der Wohnsitzstaat von der Verpflichtung zur Berücksichtigung persönlicher Lasten entbunden werden, soweit ein anderer Staat sie übernimmt.[5]

Der freie Kapitalverkehr kann nicht dahin verstanden werden, dass ein Mitgliedstaat verpflichtet ist, seine Steuervorschriften auf diejenigen eines anderen Mitgliedstaats abzustimmen, um in allen Situationen eine Besteuerung zu gewährleisten, die jede Ungleichheit, die sich aus den nationalen Steuerregelungen ergibt, beseitigt, da die Entscheidungen, die ein Steuerpflichtiger in Bezug auf eine Investition im Ausland trifft, je nach Fall mehr oder weniger vorteilhaft oder nachteilig für ihn sein können.[6] Insoweit ist zu beachten, dass der Vertrag einem Unionsbürger nicht garantiert, dass die Verlegung seiner Tätigkeit in einen anderen Mitgliedstaat als denjenigen, in dem er bis dahin gewohnt hat, steuerneutral ist. Aufgrund der unterschiedlichen Regelungen der Mitgliedstaaten in diesem Bereich kann eine solche Verlegung für diesen Bürger je nach dem Einzelfall mehr oder weniger vorteilhaft oder nachteilig sein.[7]

2 Unionsrecht ist europaweit in nahezu jeder steuerlichen Situation anwendbar, bei der EU-Bürger oder EU-Unternehmen grenzüberschreitende Aktivitäten entfalten, um Einkommen zu erwerben; sie können die steuerlichen Vorschriften sowohl des Heimatstaates als auch des Zielstaates auf ihre Vereinbarkeit mit ihren Rechten auf

---

[1] *van Thiel/Achilles* IStR 2003, 553.

[2] *Beiser* StuW 2005, 295 zum Leistungsfähigkeitsprinzip im Lichte des Gemeinschaftsrechts; zur Gefahr der Erosion nationaler Besteuerungsprinzipien *Hey* StuW 2005, 317.

[3] *van Thiel/Achilles* IStR 2003, 553, 555.

[4] EuGH v. 12.12.2002 C-385/00, IStR 2003, 58.

[5] Dazu *Hahn* IStR 2003, 64, 66.

[6] EuGH v. 7.11.2013 C-322/11, BeckRS 2013, 82119.

[7] Vgl. in diesem Sinne EuGH v. 15.7.2004 C-365/02, EuGHE 2004, I-7183, Rz. 34; EuGH v. 12.7.2005 C-403/03 – *Schempp*, EuGHE 2005, I-6421; EuGH v. 15.9.2011 C-240/10, BStBl. II 2013, 56.

Mobilität und Gleichbehandlung hin überprüfen lassen. Diese subjektiven Rechte gehen entgegenstehendem nationalen Recht und DBA-Recht vor. Problematisch ist daher z.B. die Besteuerung der stillen Reserven bei Wegzug, die Bewertung von Anlagegütern bei Zuzug mit den historischen Anschaffungskosten, besondere Steuersätze, besondere Erhebungsverfahren oder Beschränkungen, die sich aus DBA ergeben können.[8]

Die Konsequenz, mit welcher der EuGH nationale Vorschriften des Steuerrechts zu Fall bringt, steht in Übereinstimmung mit dem Bild eines funktionierenden Binnenmarktes sowie mit ausgewogenen Leistungs- und Kapitalströmen unter den Marktteilnehmern. Die durch DBA-Regelungen abgesicherte Integration schreitet unaufhaltsam voran; der in der Vergangenheit eher zögerliche deutsche Gesetzgeber war und ist gezwungen, diesen Entwicklungen Rechnung zu tragen. 3

II. Entwicklung der EuGH-Rechtsprechung

- Das gesamte EU-Recht steht unter dem Grundsatz der Verhältnismäßigkeit und dem Prinzip des möglichst schonenden Eingriffs. 4
- Keine Schlechterstellung wegen Auslandsberührung.
- Eine grenzüberschreitende Betätigung darf nicht zum Verlust von Abzugsmöglichkeiten führen.
- Eine Wegzugsbesteuerung (Aufdeckung der stillen Reserven) ist generell zulässig; es muss aber eine Stundung möglich sein.
- Aufteilung der Besteuerungsbefugnis.
- „Finale" Verluste müssen abgezogen werden können.
- Die Vorteile des Splitting-Verfahrens dürfen nicht bei Auseinanderfallen von Wohnsitz und Arbeitsort gänzlich versagt werden.
- Die besondere Situation von Grenzgängern ist zu berücksichtigen.

III. Konturen eines Europäischen Steuerrechts

- Primärrechtlich betrachtet hat das Steuerrecht nur eine untergeordnete Bedeutung. Art. 113 AEUV ermächtigt zur Harmonisierung der indirekten Steuern; eine Harmonisierung der direkten Steuern ist allein unter den engeren Voraussetzungen des Art. 115 AEUV durch einstimmigen Beschluss möglich. 5
- Aus EU-Sicht geht es darum, potenzielle **negative Wirkungen** der nationalen Steuerrechte zu beseitigen („negative Integration"); dieses begrenzte Interesse steht im Einklang mit dem Subsidiaritätsprinzip und dem Prinzip der begrenzten Einzelermächtigung.[9] 6
- Ziel der jüngsten Schritte ist es, die nachteiligen Auswirkungen der **Steuerkonkurrenz** und des **Steuerwettbewerbs** zu unterbinden, insbesondere die „Abwanderung" der nationalen Steuersubstrate zu verhindern, da sich die Unternehmen auf der Suche nach dem günstigsten Steuersystem zwischen den Mitgliedstaaten hin- und herbewegen.[10] 7
- Die Europäische Kommission verfolgt einen pragmatischen Ansatz auf der Grundlage des Subsidiaritätsprinzips, der den Fortbestand paralleler nationaler 8

---

[8] *van Thiel/Achilles* IStR 2003, 553, 558.
[9] Vgl. oben § 1 Rz. 3.
[10] Vgl. § 18 Rz. 13f.

Steuersysteme nicht in Frage stellt, der aber die Binnenmarktkompatibilität der nationalen Steuersysteme verlangt.[11] Die Einkommensteuer wird daher auch dann den Mitgliedstaaten überlassen bleiben, wenn die EU ein höheres Integrationsniveau als das derzeitige erreicht. Nachteile, die sich in Ermangelung einer Harmonisierung auf Unionsebene aus der parallelen Ausübung der Besteuerungsbefugnisse der verschiedenen Mitgliedsstaaten ergeben, stellen keine Beschränkungen der Grundfreiheiten dar, sofern eine solche Ausübung nicht diskriminierend ist. Die Mitgliedsstaaten sind nicht verpflichtet, ihr eigenes Steuersystem den verschiedenen Steuersystemen der anderen Mitgliedsstaaten anzupassen, um namentlich Doppelbesteuerungen zu vermeiden.[12]

9 • Angesichts der fortbestehenden Souveränität der Mitgliedsstaaten im Bereich der direkten Steuern kann sich bei einem grenzüberschreitenden Vorgang ein Konflikt zwischen Territorialität und Neutralität ergeben, z.B. durch Formen der Doppelbesteuerung.[13] Die Auflösung dieses Konflikts ist eine zentrale Aufgabe des EuGH, z.B. durch eine ausgewogene Aufteilung der Besteuerungsbefugnisse.

10 • Die nationalen Steuerrechtsordnungen beruhen auf dem Prinzip einer (in sich kohärenten) „geschlossenen Staatlichkeit"; auch mit Hilfe der Grundfreiheiten dürfen die Rahmenbedingungen der nationalen Steuerrechtsordnungen nicht bedingungslos und ohne Rücksicht auf steuerliche Gerechtigkeit beseitigt werden.[14]

11 • Im Hinblick auf die beschränkten Kompetenzen der EU-Organe im Steuerrechts-Bereich scheidet eine Vereinheitlichung der nationalen (direkten) Steuersysteme von vornherein aus. Die EU muss sich insoweit auf die Rahmenbedingungen beschränken. Dementsprechend steht auf der Agenda der Kommission für 2015 die Beseitigung „unfairer Zustände":
  • ein Aktionsplan gegen Steuerumgehung und Steuerbetrug, der u.a. Maßnahmen vorsieht, durch die Gewinne dort besteuert werden, wo sie erwirtschaftet wurden,
  • ein automatischen Informationsaustausch in Steuersachen und
  • eine Stabilisierung der Körperschaftssteuer-Bemessungsgrundlage. Im Mai 2015 hat die EU-Kommission einen neuen Vorstoß zur Vereinheitlichung der KSt-Bemessungsgrundlage unternommen, der die Unternehmen verpflichten soll, ihren Gewinn nach einer einheitlichen Formel zu berechnen; die früher vorgesehene Option soll entfallen.[15]

12 Ein eigenes Europäisches Steuerrecht, das die nationalen Steuerrechte ablösen wird, kann und soll es nicht geben. Es ist gerade die besondere Kunst und die besondere Herausforderung, die Selbständigkeit des eigenen nationalen (Steuer-)Systems (mit der individuellen Steuerbelastung der eigenen Bürger im Hinblick auf die Finanzierung der demokratisch definierten gesellschaftlichen Aufgaben) zu wahren, andererseits aber Behinderungen bei grenzüberschreitenden Aktivitäten zu vermeiden: Ziel ist die Beseitigung von Hindernissen und die Herstellung fairer Zustände, die die Steuersouveränität der Mitgliedstaaten berücksichtigen, andererseits aber die Aktivitäten der EU-Bürger vor Behinderungen und Beschränkungen schützen.

---

[11] *Bolkestein* Auf dem Wege zu einer europäischen Besteuerung?, DSWR 2002, 271, 273.
[12] EuGH v. 21.11.2013 C-302/12, HFR 2014, 86.
[13] *Schön* in Schön/Heber, Grundfragen des Europäischen Steuerrechts, 2015, 109.
[14] *Wieland* a.a.O., 488; *Drüen/Kahler* StuW 2005, 171, 183. – Zu den Schwierigkeiten juristischer Systembildung im Europäischen Ertragsteuerrecht vgl. *Kube,* in Schön/Heber, Grundfragen des Europäischen Steuerrechts, 2015, 41.
[15] FAZ v. 28.5.2015, 16.

Schlagwortartig lassen sich die EU-rechtlichen Perspektiven wie folgt zusam- **13** menfassen:

– Doppelbesteuerungs- bzw. Benachteiligungsvermeidung.
– Verhinderung der Vermeidung doppelter Nichtbesteuerung (gegen aggressive Steuerplanung internationaler Konzerne).[16]
– Konzept der Mindestharmonisierung.
– Anwendungsvorrang des Europarechts.
– Positive Integration durch Harmonisierung.
– Negative Integration durch Grundfreiheiten; Relativierung der Grundfreiheiten durch Rechtfertigungsgründe.
– Geltung des Grundsatzes der Verhältnismäßigkeit (z.B. bei Wegzugsbesteuerung).
– Rangfolge und angemessene Aufteilung der Besteuerungsbefugnisse (z.B. bei Verlustabzug).
– Konkrete Durchsetzung durch umfassenden Informationsaustausch.
– Weitgehende Gleichbehandlung des „virtual resident" (Schumacker-Doktrin); Marks & Spencer – Doktrin (allgemeine Auffangzuständigkeit des Ansässigkeitsstaates).

Übersicht zu § 34: Entwicklungen

▶ Der einheitliche Binnenmarkt verlangt, dass örtliche Veränderungen im EU-Raum zu keinem Nachteil führen. Ungeachtet der weiter bestehenden Steuerrechtssouveränität der Mitgliedstaaten ist es dem nationalen Recht untersagt, EU-grenzüberschreitende Aktivitäten zu benachteiligen.

▶ Der freie Kapitalverkehr kann nicht dahin verstanden werden, dass ein Mitgliedstaat verpflichtet ist, seine Steuervorschriften auf diejenigen eines anderen Mitgliedstaats abzustimmen, um in allen Situationen eine Besteuerung zu gewährleisten, die jede Ungleichheit, die sich aus den nationalen Steuerregelungen ergibt, beseitigt, da die Entscheidungen, die ein Steuerpflichtiger in Bezug auf eine Investition im Ausland trifft, je nach Fall mehr oder weniger vorteilhaft oder nachteilig für ihn sein können.

▶ Im Hinblick auf die beschränkten Kompetenzen der EU-Organe im Steuerrechts-Bereich scheidet eine Vereinheitlichung der nationalen (direkten) Steuersysteme von vornherein aus. Die EU muss sich insoweit auf die Rahmenbedingungen beschränken. Dementsprechend steht auf der Agenda der Kommission für 2015 in erster Linie die Beseitigung „unfairer Zustände.

▶ Ein eigenes Europäisches Steuerrecht, das die nationalen Steuerrechte ablösen wird, kann und soll es nicht geben. Es ist gerade die besondere Kunst, die Selbständigkeit des eigenen nationalen (Steuer-)Systems zu wahren, andererseits aber Behinderungen bei grenzüberschreitenden Aktivitäten zu vermeiden: Ziel ist die Beseitigung von Hindernissen und die Herstellung fairer Zustände, die die Steuersouveränität der Mitgliedstaaten berücksichtigen, andererseits aber die Aktivitäten der EU-Bürger vor Behinderungen und Beschränkungen schützen.

---

[16] *Fehling* in S/E, Rz. 10.30 f.

Sachverzeichnis

Die fettgedruckten Zahlen bezeichnen die Paragraphen,
die mageren Zahlen die Randziffern.

Abgabenordnung **23** 1 f.
Anwendung von Unionsrecht **21** 1 ff.
– Allgemeine Grundsätze **21** 3
– Auslegung **21** 8 f.
– Grundrechtsschutz **21** 7
– Missbrauchsverhinderung **21** 10
– Verfahrensautonomie **21** 14
– Vollzug **21** 15
Amsterdam, Vertrag von **2** 4
Amtshilfe-Richtlinie **22** 2 f.
AStG **8** 13 f. *s. auch Außensteuergesetz*
Auslandsreise **24** 13
Auslegung von Unionsrecht **21** 8 f.
– Allgemeine Grundsätze **21** 3 f.
Außensteuergesetz **8** 13 f., **28** 1 f.
– Berichtigung von Einkünften **28** 1
– Wegzugsbesteuerung **28** 3 f.
Ausstrahlungswirkung der Grund-
   freiheiten **9** 26 f.
Automatischer Informationsaustausch **22** 10

Bachmann **9** 92
Bauabzugssteuer **24** 22
Beihilfeverbot **7** 8 f.
Beschränkte Steuerpflicht **8** 10; **24** 1
Beschränkungsverbote **9** 12 f.
Bosal Holding **19** 24
Bundesverfassungsgericht **20** 13 f.

Dienstleistungsfreiheit **9** 140
– Rechtsprechung des EuGH **9** 144 f.
– Unzulässige Beschränkungen **9** 148 f.
– Vertragliche Regelungen **9** 140 f.
– Zulässige Beschränkungen **9** 153 f.
Direkte Steuern **17** 1 ff.
– Ausblick **17** 9 f.
– Fortbestehende nationale Steuerrechts-
   souveränität **17** 1
– Partielle Harmonisierung **17** 4 f.
– Stille Harmonisierung **17** 7
Diskriminierungsverbote **9** 9 ff.
– Allgemeines Diskriminierungsverbot **9** 45 f.
– Beschränkungsverbot **9** 12 f.
– Realsplitting **9** 55.
Dividendenbesteuerung **24** 14
Doppelbesteuerungsabkommen (DBA) **8** 3 f.
Dublin-Docks **23** 3
Durchsetzung des Unionsrechts durch den
   EuGH **20** 1 ff.

Eigene EU-Steuern **6** 5 f.
Eigenheimzulagengesetz **33** 2
Eigenmittelsystem **6** 3
Einkommensteuergesetz **24** 1 f.
Empfängerbenennung (§ 160 AO) **23** 5
Energiesteuer **15**
– Harmonisierung **15** 3
– Ziele **15** 7
Entnahme **24** 7
Entwicklungen des EU-Rechts **34**
Erbschaftsteuergesetz **29** 1
EU-Finanzen **6**
EuGH **3** 7; **20** 2 f.
– bedeutende Entscheidungen **20** 6
EU-Haushalt **6** 2
Europasteuer **6** 6
Europäisches Parlament **3** 2 f.
Europäisches Steuerrecht **1** f.
Europäische Union **2** 2
EU-Verfassung **2** 6

FATCA-Abkommen **22** 8
Finanztransaktionssteuer **6** 9
Fiscalis **22** 7
Freier Warenverkehr (Art. 28, 29 AEUV)
   9 60 f.
Freizügigkeit der Arbeitnehmer (Art. 45
   AEUV) **9** 80 ff.
– Steuersatzzuständigkeit **9** 94
– Verdeckte Diskriminierung **9** 85
– Zusammenveranlagung **9** 93
Fusionsrichtlinie **19** 5 f.

Gemeinnützigkeit **23** 4; **25** 1
Gerichte **20**
– Bundesverfassungsgericht, Verhältnis zum
   20 13 f.
– EuGH **20** 2
– Gericht **20** 12
– Rückwirkung **20** 11
– Vorabentscheidungsverfahren **20** 10
– Urteile, bedeutende **20** 6
Gesellschaftsformen **18** 16
Gesellschaftsteuerrichtlinie **19** 22 f.
Gesetzesumgehung **23** 3
Gestaltungsmissbrauch **23** 3
Gewerbesteuer **26**
Grenzpendler **9** 21
Grunderwerbsteuer **30**

Grundfreiheiten (Funktion, Inhalt und
    Grenzen) **9** 1 f.
– Ausstrahlungswirkung auf das nationale
    Steuerrecht **9** 26 f.
– Räumlicher Anwendungsbereich **9** 16 f.
– Persönlicher Anwendungsbereich **9** 20 f.
– Prüfungsmaßstab **9** 24 f.
– Rechtfertigungsgründe **9** 29 f.

Handlungsformen der EU-Organe **4** 4 f.
Harmonisierung der direkten Steuern **17** 1 ff.
Harmonisierung der indirekten Steuern **10** ff.
Harmonisierung des Gesellschaftsrechts **18** 15 f.
Harmonisierung des Unternehmenssteuer-
    rechts **18** 1 f.
Harmonisierung der Körperschaftbesteuerung
    18 8 f.
Harmonisierung der steuerlichen Gewinner-
    mittlung **18** 13 f.

Indirekte Steuern (Überblick) **10** 1 ff.
Inländerbehandlung **9** 8
Integrationsprozess **2** 1 ff.
Internationales Steuerrecht **8**

Kapitalverkehrsfreiheit **9** 170 ff.
– Rechtsprechung des EuGH **9** 175 f.
– Vertragliche Regelungen **9** 170 f.
Kerosinsteuer **6** 8
Kindergeld **24** 26
Körperschaftsteueranrechnung **25** 6
Körperschaftsteuergesetz **25** 1
Kohärenz **9** 40 f.
Kommission **3** 6
Kompetenzen **1** 3
Konkrete Auswirkungen auf das deutsche
    Steuerrecht **23** ff.
Konturen eines Europäischen Steuerrechts
    34 5
Konzernsteuerrecht **19**
– Entwicklungen **19** 1 ff.
– Fusionsrichtlinie **19** 5
– Gesellschaftsteuerrichtlinie **19** 22
– Mutter-Tochter-Richtlinie **19** 13
– Schiedsverfahrenkonvention **19** 21
– Zinsen-Lizenzgebühren-Richtlinie **19** 20
Kraftfahrzeugsteuer **14**
– Deutsche Kraftfahrzeugsteuer **14** 1
– Harmonisierung **14** 2

Lankhorst-Hohorst **18** 17
Lohnsteuerbefreiung eines ausländischen
    Arbeitnehmerverleihers **24** 21

Maastricht, Vertrag von **2** 2
Marks & Spencer **9** 119; **24** 4
Mehrwertsteuer *s. Umsatzsteuer*
Mindeststeuersatz (§ 50 Abs. 3 EStG) **24** 23

Ministerrat **3** 5
Mutter-Tochter-Richtlinie **19** 13 f.

Nicht abziehbare Betriebsausgaben **24** 6
Niederlassungsfreiheit **9** 100 ff.
– Beschränkung durch steuerrechtliche
    Regelungen **9** 111 f.
– Betriebsstätten **9** 123 f.
– Diskriminierung durch Betriebsbeihilfen
    9 127 f.
– Grenzüberschreitender Sachverhalt
    9 108 f.
– Gründungsfreiheit **9** 104
– Rechtsprechung des EuGH **9** 103 f.
– Tochtergesellschaften **9** 115
– Vertragliche Regelungen **9** 100 ff.

Organe der EU **3** 1 ff.
Organschaft **25** 5

Primäres Steuerrecht **4** 6 f.
Progressionsvorbehalt **24** 17

Realsplitting **9** 53; **24** 10
Rechtfertigungsgründe für Eingriffe in Grund-
    freiheiten **9** 29 f.
– Kohärenz **9** 40 f.
– Maßnahmen der Steueraufsicht **9** 42
– Zwingende Gründe des Allgemeininteresses
    9 34 f.
Rechtsgrundsätze **5** 1 ff.
Rechtsquellen **4** 1 ff.
Richtlinienkonforme Auslegung **21** 9
Riesterrente **24** 27

Schadenversicherung-Richtlinie **13** 1 ff.
Schiedsverfahrenkonvention **19** 21 f.
Schulgeld **24** 12
Schumacker **9** 86
Sekundäres Steuerrecht **4** 14 f.
Sitzverlegung **25** 4
Spendenabzug **23** 4
Steuerabzug (§ 50 a EStG)
    24 24
Steueranrechnung **25** 6
Steuerberatungskosten **24** 11
Steuergeheimnis **23** 2
Steuerkonzept der EU **7**
Steuerpolitik der Union **7** 4; **34** 7
Steuerrechtskompetenz der Mitgliedstaaten
    1 3
Strukturen der Union **2** 8 f.
Subsidiaritätsprinzip **5** 3

Territorialitätsprinzip **1** 3; **24** 1
Tertiäre steuerliche Rechtsquellen **4** 23
Tobinsteuer **6** 7
Treaty-Override (§50d EStG) **24** 25

Übereinkommen über die gegenseitige
  Amtshilfe **22** 11
Umsatzsteuerrecht **11, 27**
– Bemessungsgrundlage **11** 28
– Entwicklung **11** 7 f.
– Grundlagen **11** 1 f.
– Lieferung/Leistung **11** 19
– Steuerbarkeit **11** 15
– Steuerbefreiung **11** 24 f.
– Steuersatz **11** 30
– Unternehmerbegriff **11** 18
– Vorsteuerabzug **11** 29
Umwandlungsteuer **33**
Unterhaltsleistungen **24** 18
Unternehmenssteuerpolitik **7** 10 f.
Unternehmenssteuerrecht **18**
– Entwicklungen **18** 1 f.
– Harmonisierung der Körperschaft-
  besteuerung **18** 8 f.
– Harmonisierung der steuerlichen
  Gewinnermittlung **18** 13 f.

Verbrauchsteuerrecht **12**
– Entwicklungen **12** 1 f.
– Konkretisierungen **12** 8
– Vertragliche Regelungen **12** 4

Verhältnismäßigkeitsgrundsatz **5** 5; **21** 3
Verlustabzug **24** 4
Verkehrsteuer **10** 1; **30** 1
Vermögensteuer **31**
Versicherungsteuer **13**
– Konkretisierungen **13** 8 f.
– Vertragliche Regelungen **13** 2 f.
Verträge der EU **1** 4
Verwaltungsverfahren **23** 1
Vollzug des EU-Rechts **21** 5
Vorrang des Unionsrechts **5** 6 f.; **21** 1

Wallentin **24** 1
Wegzugsbesteuerung **28** 3
Weitere Entwicklungen **34**
Werner **9** 87; **9** 108

X und Y II **19** 25

Ziele der Steuerpolitik **34** 7
Ziele der Union **2** 9
Zinsbesteuerung **24** 15 f.
Zinsrichtlinie **22** 7
Zollrecht **16**
– Konkretisierungen **16** 4
– Zollkodex **16** 1